林 淳一［著］

変化の経営学

Change Management
Organization, Strategy, and the Management

組織・戦略・経営者

東京　白桃書房　神田

序　文

　本書は，変化の経営学の研究である。従来の経営学界において，変化が重要だと声高に叫ばれてきた。にもかかわらず，変化とは何かを本質的に追究することは手薄のままであった。本書では，特に「戦略」，「組織」，「経営者」という3つの柱とともに，戦略論の理論体系において「変化とは何か」を追究する。

　戦略論は，変化に対応することを理論的基盤とする学問体系である。戦略論は，1960年代初頭にアメリカにおいて生まれ，隣接諸学から知見の摂取を続けた。今日では経営学の主要な学問分野である。しかし，変化に対応するための戦略論そのものが，学問的にも理論的にも変化に対応できていないのである。戦略論は学術的陥穽にはまったといってよいであろう。さらに，組織内部の現実をより適切に反映した戦略論のあり方に対しても大いなる疑問を抱かざるをえない。合理的な側面のみを注視するという戦略論の基本的前提そのものこそが問題視されなければならないのである。こうした閉塞状況を打破することが本書を貫く基本姿勢である。

　まずは，この状況を鮮明にするために，戦略論という1つの学問領域が，なぜ，どのように成り立ち，またその現在はどのように在るのかを示す。何が語られ何が語られなかったのかを丹念に解き明かす学説史的研究によって，閉塞状況を打破するための最優先課題を明らかにする。そのうえで，われわれは問われるべき研究課題に対してどのような姿勢で格闘するべきか，どのような解決の方向性がありうるのか，どのような結論を導き出すことができるのかを提示する。

　本書は筆者の研究の出発点である。あくまでも研究途上の通過点にすぎず，現時点での理論的到達点を示したものである。今後の研究上のスタートラインを設定したいわば序説である。今後なすべき課題はさらにいっそう拡がっている。ただ，筆者が対峙した研究対象のアポリアは従来よりも鮮明にできたものと自負している。

本書のきっかけ

　本書の主題を得た経緯を述べたい。数々の学会に出入りを許された私は，ライフワークとなるようなテーマを見出そうと懸命になった。私にとって学会という場はいわば眷恋の地であった。そこでの瑕疵のない報告，プロの呼吸，かみそりの刃のような雰囲気に息がとまるほどだった。学界重鎮の一言一言にはすなおに兜をぬいだ。学界はまるで広大な海のようであった。大学院生の私のような小舟が漕ぎ出すには風も強く，浪も高く，果てしないものを感じた。もちろん，こころをわくわくさせるようなテーマはいくつもころがっていた。学習，管理，リーダーシップ，パートナーシップ等々。しかし，どれも魅力的ではあるけれども，自分の生涯をか

序　文

　けるほどではなかった。悶々とする日々が続いた。海図のない航海にいるようであった。
　ある瞬間，1つの素朴な疑問にとりつかれた。
　「変化とは何か」である。
　誰もが変化を叫び，誰もがこの追究こそが学びの基本だといった。すでに世界の学界では変化を黙殺することは不可避となっていた。にもかかわらず，この問いに誰もが触れているようで触れていないということに気がついたのだ。誰もが表面を撫でながらもその内奥に足を踏み入れない。その深淵さえも覗こうとはしなかった。胸を躍らせるような試みはみられなかった。さらにいえば，「変化とは何か」が真摯に問われないままでいるために組織論も戦略論も色あせてみえた。
　戦略論そのものへの懐疑もふくらんでいった。当時，わが国の企業経営の惨状がそこかしこにみられた。経営者たちは平衡感覚を失ったかのようだった。重苦しい空気が澱んでいた。なにもかもが閉塞し，呼吸さえもが困難な日々だった。そこで戦略論がおおきく貢献しているようには思えなかった。戦略の類書に頻出する「実践的」ということばが空疎に響いた。「戦略」ということばが学問的にも脆弱に思えた。
　誹を甘受していえば，戦略論自体の学術的鮮度が落ちたともいえるし，制度疲労が始まったともいえる。あるいは戦略論自体の体幹がまことに細くなったともいえる。
　もちろん従来の戦略論の堅牢な体系に毒づくわけではない。その体系を覆すのだと嘯くつもりもない。けれども，昨今の戦略論はなぜかどこかで凝固してしまったように思われた。戦略論は組織の浅さばかりをみようとして深さに立ち入ろうとしない。組織という実際の空間を離れ，戦略計画を策定しようという単なる形式だけをいじるに終始していた。そのために，行き詰まりをみせていたのはまちがいなかった。そんな学界の風潮に埋もれたままでいてはいけない，黙視してはいけないと思い始めた。自分の疑いには勇を鼓して対峙しなければならない。男の男たるゆえんは，野望の有無である。
　こうした疑念，鬱屈，憤懣が，私を本書のテーマに奮い立たせたのである。
　「変化とは何か」
　これほどの輝きを放つテーマはほかにない。この問いに，私が果敢に攻め込まなければならいと確信した。
　湯川秀樹の著書『旅人：ある物理学者の回想』の一節におおいに励まされた。「自分の研究テーマは自分でさがし出す。そして自分の力で，やれる所までやって見たい。何度失敗してもよい。もし成功したら，その上で外国の学者とも話し合おう。こんな風に考えた。これは一種の我執である。虚栄心といってもよいかも知れない。うぬぼれであるかも知れない。それもあるだろう。しかし，私が一

番恐れたのは，日本であろうと外国であろうと，自分のやりたくない問題を押しつけられることであった。私は自分の研究に，知・情・意の三つをふくむ全智全霊を打ちこみたかった。」(223-224頁)

本書は，ある意味では，先人の英知を得ながらも，それを換骨奪胎しようという試みである。本書は，私なりの，時代への提案であり，学界への一学徒としての挑戦である。また，私自身が惰弱に過ごした生きざまへの決着でもある。

本書の構成

読者への手助けとして，本書の構成を以下に示す。本書を貫く大テーマは「変化とは何か」である。大まかに区分すると，第Ⅰ部第1-3章が「戦略」，第Ⅱ部第4-5章が「組織」，第Ⅲ部第6-9章が「経営者」となる。本書の副題にある「戦略・組織・経営者」はこの意味である。換言すれば，本書は，戦略・組織・経営者という経営学の主柱に，変化を取り入れる試みである。

本書を仕上げるうえで，筆者の念頭に置いたのは次の3点である。

第1に，「戦略とは何か」を理論的に追究することである。戦略論は，経営学のなかで最も強く政策的志向性が要請されてきた分野である。戦略論は経営政策論にその学問的前身をもつ。特にアメリカにおいて産業界との密接なつながりをもつ経営学大学院をその知的生産の拠点としているためである。また，その知的現場では，理論的な基礎研究や学際的な理論構築よりもむしろ，新奇なビジネス用語の輩出が多かった。さらに，時代的要請に即した実践的で短期即効性をもつマネジリアル・インプリケーションの提示も強く求められてきた。よって，戦略に関する関心が，戦略とは成長への鍵であるとか，利潤最大化への切札であるといった，単純で表面的な思考に終始してしまうことがある。その最適解の発見にのみ満足する傾向もままみられる。戦略的という形容詞を掲げて，表現をすりかえただけの用語の氾濫もある。

しかしながら，このままでは「社会科学としての戦略論」をあまりにも皮相的なものへと陥れる危険性を伴う。わが国の学界における戦略論の研究においても，同様の傾向がみられる。80年代のアメリカの学界を席捲した産業組織論を基盤とする戦略論が，いまだに支配的である。特に製品・サービスに偏った研究動向は，研究開発部門もしくはマーケティング部門に研究の焦点を絞ってしまっている。さらにいえば個別の事例研究の乱発乱造が戦略論であるというような偏りがある。

本書は，このような学界動向に与するものではない。ひとたび甲論乙駁の学界動向に巻き込まれてしまうと，多くの学徒はその主流への追随を優先してしまうことがある。しかし，本書は違う。本書が挑もうとしているのは，戦略論の理論的な追究を愚直に目指すことである。先人による知的蓄積を紐解くことによって，未解決の理論的諸課題に対して自らの見解を析出しようとする試みである。社会科学にお

序　文

ける一分野として成り立つ戦略論を精緻に確立しようという試みである。私は「戦略とは何か」を理論的に追究しなければならないと考えるのである。従来の戦略論では何が解き明かされ，何が未解決のままなのか，その理論的発展方向にどのような可能性があるのかといった諸課題の探究を迂遠ながらも始めなければならないと考えるのである。

　第2に，「組織とは何か」を追究することである。戦略は戦略だけで成り立つものではない。戦略とそれを司る組織メンバーを共に考究しなければならない。戦略と組織，この共に経営学の中心に根ざす2つの概念のあいだには密接で複雑なつながりがある。しかし，特に近年の戦略論の研究動向をみても分かるように，そのつながりは表面にあまりあらわれることはなく，その大深度にある交錯のほんの一部がかろうじて露見しているにすぎない。また，そのつながりは同じ大地にありながらも個々別々に存在しているように捉えられている。しかも，そこにはおよそ人としての組織メンバーが出てくることはないのである。

　本書では，戦略の本質には戦略を策定し実施する「組織メンバー」があることを見逃してはならないということを強調する。組織とはそれを構成するメンバーの一人ひとりによって成り立つものである。より詳しくいえば，彼らは組織のなかの単なる部品として機能しているモノではなく，組織のなかで懸命に生き抜いている人々なのである。組織のなかに身を置く一人ひとりは，苦悶し試行錯誤を繰り返す。同時に，彼らはおなじ組織のなかにおいてもときには対立し，ときには協調する。環境だけが不確実なのではなく，組織の内部においても不確実性は存在するのである。環境に適応するための術を述べるためには，組織のなかのさまざまなメンバーの生々しい活動が視野に収められるべきであろう。身近なことばで表現すれば，戦略とは組織メンバーの努力と活動の結晶なのである。この点をしっかりと明示したいのである。

　第3に，「経営者とは何か」を追究することである。企業は，戦略を策定し実施する。その頂点たる経営者を理論的に把握しなければならない。従来の経営学ではBarnard以降の研究蓄積が経営学界の主流を占めた。しかしながら，経営者と戦略，経営者と意思決定，経営者と企業家概念といった理論的関連性への追究が精緻になされたとはいえなかった。さらに，経営者の交替およびその戦略，経営者が実施する提携，経営者が模索するような企業合併など，いまだ手つかずの領域が数多くある。

　経営者が何を思い，何を考え，どのように実施したのか。彼らはどのように夢を描き，実現に邁進したのか。彼らの着想の背景，苦悩の発露，苦渋の決断など，その内奥にあるはずの原点はいったい何か。こうした苦悩の裏側をも描ききることができるような理論体系を構築しなければならない。本書ではこれらの理論的追究を行う。

序　文

　以上の3点を念頭に置いて構成された本書は，新たな戦略論を展開するという観点からすればすでになされた説明を経由しすぎているような印象を与えるかもしれない。しかしそれは，既存の戦略論の構図をいっそう明確にするために，一つひとつの概念や理論をあらためて吟味し直し，新たな戦略論の構図を緻密に構築しなければならなかったからである。既存の戦略論を理論的に脱構築しようという壮大な試みはまだ緒についたばかりである。

　さて，読者に向けて本書の読み方も提示したい。初学者（大学1-2年生）には第1-3章を主に読んでもらいたい。研究者・大学院生には，本来ならば冒頭から順序良く読んでいただきたいが，特に気になるキーワードをピックアップして読んでもらえばよい。実務家には，まずは第1-2章を熟読していただきたい。そのうえで，さらに自社に照らし合わせてみようとする場合には自己の工夫をおもちいただきたい。理論がそのまま企業で通用するなどということはない。さらに，実務家にはひとことお断りを述べなければならない。既存の代表的な戦略論は，そのほとんどが即効性のある処方箋を提唱しようと試みている。これに対して筆者が提唱するテーマには即効性はない。より詳しくいえば，即効性よりもむしろ，長期的に経営者を育成しようとするための理論的な支援である。よって，長時間を要する対策であるともいえる。実務家の諸兄にはこうした本書の内容に物足りなさを感じるかもしれない。しかし，即効性のある戦略や，すぐに他社に模倣されてしまうような安直な戦略などと比べれば，一見迂遠な筆者の提案が実は本質に迫っているとお分かりいただけるだろう。

　なお，本書の各章は拙稿に基づいて構築した。本書の第1，2，3，4，7，8，9章は，主に筆者が名古屋大学大学院に提出した博士論文『組織における戦略変化とパワー』（2001年）を基盤とした。この博士論文によって名古屋大学大学院経済学研究科より博士（経済学）学位（第61号）を取得した後，筆者が各章をあらためて吟味し直した。各章をベースとする論考は以下の通りである。

　第1-2章は，拙稿「経営戦略論」羽路駒次・小嶋博編『新経営学』晃洋書房，2003年，53-70頁，および拙稿「経営戦略論の構図」岸田民樹編『現代経営組織論』有斐閣，2005年，158-183頁である。

　第3章は，拙稿「アサヒビールの価値創造」内藤勲編『価値創造の経営学』中央経済社，2003年，143-183頁である。

　第4章は，拙稿「戦略プロセス論」関東学園大学経済学部編『関東学園大学経済学紀要』第29巻第2号，2002年，45-77頁である。

　第5章は，拙稿「変化の理論：組織論と戦略論の視点から」関東学園大学経済学部編『関東学園大学経済学紀要』第30巻第2号，2003年，1-27頁である。

　第6章は，拙稿「戦略と経営者」上總康行・澤邉紀生編『次世代管理会計の構想』中央経済社，2006年，41-61頁および拙稿「変化のマネジメント」岸田民樹編

序　文

『組織論から組織学へ：経営組織論の新展開』文眞堂，2009年，149-172頁である。

　第7-9章は，拙稿「変化と戦略変化」『名古屋学院大学論集　社会科学篇』2009年，121-153頁および拙稿「戦略論と戦略変化論」日本経営学会編『経営学論集73集　IT革命と企業経営』千倉書房，2003年，210-211頁である。

　付論1と2は，拙稿「経営者交替と戦略（上）」『名古屋学院大学論集　社会科学篇』第43巻第2号，2006年，57-70頁，拙稿「経営者交替と戦略（下）」『名古屋学院大学論集　社会科学篇』第43巻第3号，2007年，113-135頁および拙稿「戦略的アライアンスと国際経営」関東学園大学経済学部編『関東学園大学経済学紀要』第31巻第1号，2003年，111-150頁，である。

謝辞

　本書は多くの方々にご支援いただいたおかげで出版できた。すこしだけ謝意を述べることをお許し願いたい。

　筆者は，名城大学商学部にて上總康行教授管理会計学ゼミの門を叩いた。そこでは管理会計の理論研究のほかに，管理会計の戦略性についてご教示をいただいた。特に，学部生の分際の私を，大学院生とのゼミ・研究会・合宿にも同行させていただいた。会計学研究者が集う新平湯温泉での夏合宿では，研究者という知的職人の真のすがたに触れた。迫力・気力が漲る雰囲気に全身がつつまれた。ときに柔和，ときに怒気を発する参加者の熱気に昏倒しそうにもなった。ああ研究者というのも男子一生の仕事として魅力があるなあとおぼろげながら感じた。実は，当時，私は起業を目指していた。が，上總教授が熱心に大学院進学をすすめてくださった。そのうえで，浅学非才な私に鞭打つように指導してくださった。大変不躾で恐縮だが，私にとって上總教授はオヤジのような存在である。

　名古屋大学大学院経済研究科経営学専攻にて，恩師・岸田民樹教授のもとで学徒としての訓練を受けた。師の謦咳に接することができたのは僥倖としかいいようがなかった。組織論・戦略論の初学者にとって，戸惑いの連続であった。組織とは何か，環境とは何か，戦略とは何か。こうした根源的で哲学的な議論と，ゼミ室をとび交う専門用語の応酬に，めまいすら覚えた。徹底して論理の彫琢をはかる執拗さ，自己と他者との違いを明確にする立ち位置の明確化，言葉の真意を探るという真摯な姿勢に私のこころは鷲掴みにされた。

　私の稚拙なゼミ報告にみなが眉をひそめ，浅学な発言と矩を越えたふる舞いをみなが冷淡にみていた。挫折と煩悶の連続であった。つねにどこかで孤独を感じていた。しかし，師は私をつねにあたたかく迎えてくださった。微に入り細を穿つように拙文に朱をもってご指導してくださった。糊口を凌ぐ私の生活に対しても師は奨学金申請をもって支えてくださった。文字通り，公私にわたってご指導をいただいた。これまでの学恩に対して，ふたりの師にはこの場を借りてこころからの感謝を

序　文

申し上げたい。

　さて，多くの先輩方の親炙に浴することもできた。内藤勲先生（愛知学院大学経営学部）には紫苑研究会を通じて知的探求のすばらしさを教えてもらっている。林徹先生（長崎大学経済学部）とご家族には院生時代からずっとやっかいになりっぱなしである。他にも，小松陽一先生（関西大学総合情報学部），島本実先生（一橋大学大学院商学研究科），涌田幸宏先生（名古屋大学大学院環境学研究科），佐々木宏先生（立教大学経営学部），木村彰吾先生（名古屋大学大学院経済学研究科），加藤寛之先生（国士舘大学経営学部），飯島康道先生（愛知学院大学経営学部），小室達章先生（金城学院大学国際情報学部），田中英式先生（愛知大学経営学部），石井圭介先生（椙山女学園大学現代マネジメント学部），小橋勉先生(愛知工業大学経営情報科学部）にいつも貴重なご助言をいただいている。

　組織学会・日本経営学会では，吉田猛先生（青山学院大学経営学部），田中政光先生（横浜国立大学経営学部），辻村宏和先生（中部大学経営情報学部），岩田憲明先生（愛知学院大学経営学部），中條秀治先生（中京大学経営学部），伊藤賢次先生（名城大学経営学部），荒深友良先生（朝日大学経営学部）にご指導いただいた。

　日本商業学会では，加藤勇夫先生（元愛知学院大学商学部），尾碕眞先生（愛知学院大学商学部），村松幸広先生（愛知大学経営学部），村松潤一先生（広島大学大学院社会科学研究科）羽路駒次先生（四天王寺大学経営学部），寳多國弘先生（愛知学院大学商学部），梶浦雅己先生（愛知学院大学商学部），脇田弘久先生（愛知学院大学商学部），松江宏先生（元愛知大学経営学部），塩田静雄先生（元中京大学大学院ビジネス・イノベーション研究科），伊藤万知子先生（愛知産業大学経営学部）にお世話いただいた。

　こうした先生方の，問題の深い根の底までをも掬いとろうという姿勢，つねに健筆を揮って論稿を世に問うというスタンス，そして異説にも他説にも目を瞑らない清々しさにおおいに感銘を受けた。知的というのはこういう思考の進め方なのかと，いつも目から鱗が落ちた。つねに凡庸な私の蒙を啓いてくださった。

　名城大学商学部時代にお世話になった先生方にも謝意を述べたい。小林康助先生，今井斉先生，水田洋先生，森川章先生，谷江武士先生，岸川富士夫先生，長尾晃宏先生には学部時代からご面倒いただいた。

　名古屋学院大学商学部のスタッフにはいつも公私にわたってご面倒いただいている。商学部長岡田千尋先生をはじめ，秋元浩一先生，伊藤昭浩先生，上田幸則先生，大宮有博先生，岡本純先生，小川文雄先生，川越めぐみ先生，姜喜永先生，岸田賢次先生，小谷光正先生，近藤和夫先生，佐伯靖雄先生，清水良郎先生，須川精致先生，髙木直人先生，宝島格先生，竹之下秀樹先生，達本美香先生，程鵬先生，中村義寿先生，濱満久先生，増田あゆみ先生，松永公廣先生，三井哲先生，皆川芳輝先生，三輪冠奈先生，山口翔先生，米田吉孝先生，故尾崎都司正先生に謝意を送

vii

序　文

　りたい。
　他学部の大西成長先生，岡澤憲一郎先生，坪田暢允先生，児島完二先生，伊沢俊泰先生，小林甲一先生，阿部太郎先生，黒田知宏先生，笠井雅直先生，河原林直人先生，水野晶夫先生，齋藤健治先生，谷口篤先生，赤楚治之先生，山本淑雄先生，米山雅浩先生，今仁生美先生，R.T. ダナヒュー先生にも，学部の枠を越えてご面倒いただいている。
　名古屋学院大学学術情報センターおよび総合研究所のスタッフには資料収集・研究活動支援でご尽力いただいている。さらに，キャリアセンター，教務課，学生課のスタッフにも教育指導についていつも適切なアドバイスを頂戴している。記して，謝意を述べたい。
　白桃書房の平千枝子氏には，お世話をおかけした。こころより感謝申し上げたい。
　以上の方々のご指導とご教示に応えるためにも今後いっそうの精進を期したい。
　なお，本書は筆者のはじめての単著である。本書に瑕疵があれば，すべて筆者に責任があることはいうまでもない。いまは読者諸賢の公正な判断をまつほかない。ここに一書を呈示して厳しい批判を仰ぐ次第である。
　さいごに，私事で恐縮であるが，骨身を削って私を育ててくれた両親に本書をささげたい。

2015年6月末日
名古屋学院大学白鳥学舎研究室にて　　林　　淳一

目　次

序　文

第Ⅰ部　戦略

第1章　問題意識　……………………………………… 2
1◆戦略と戦略論　2
2◆戦略内容・プロセス論　8
3◆組織論と戦略論　14
 3.1　理論と実践　14
 3.2　組織分析　15
 3.3　ミクロ-マクロ・リンク　23
4◆戦略論から戦略変化論へ　24

第2章　戦略論学説史　………………………………… 32
1◆戦略論の萌芽期　32
 1.1　戦略概念　33
 1.2　「戦略的」の意味　34
2◆成長期　39
 2.1　経営計画論から経営戦略論へ　39
 2.2　計画論批判　40
3◆成熟期　41
 3.1　Porterの競争戦略論　42
 3.2　Weickの戦略代替案　44
 3.3　創発的戦略と意図的戦略　45
 3.4　誘導的戦略行動と自律的戦略行動　47
 3.5　企業文化　48
4◆停滞期　50
 4.1　RBV　50
 4.2　コア・コンピタンス　52
 4.3　協調戦略　52

目次

    4.4   戦略論への懐疑   53

第3章　戦略内容論　63
 1◆競争と戦略   63
 2◆事例研究：アサヒビール㈱   67
    2.1   村井勉社長   67
    2.2   樋口廣太郎社長   70
    2.3   瀬戸雄三社長   72
 3◆戦略内容論による分析   74
    3.1   戦略型経営   75
    3.2   PPM   76
    3.3   競争戦略論   77
    3.4   課題   79

第Ⅱ部　組織

第4章　戦略プロセス論　86
 1◆プロセス   87
    1.1   社会学と政治学   87
    1.2   経営学   88
 2◆戦略プロセス論の諸相   91
    2.1   定義   91
    2.2   視点   92
    2.3   Allisonの意思決定   94
    2.4   分類   98
 3◆戦略的意思決定プロセス   99
    3.1   CEOの戦略的意思決定   100
    3.2   企業内イノベーション   102

第5章　変化の理論　111
 1◆変化の定義   111
    1.1   静と動   111
    1.2   変化とは何か   112
 2◆変化の多様化   114
    2.1   漸進的変化と急進的変化   114

2.2　一時的変化と連続的変化　　114
　2.3　第一次変化と第二次変化　　116
3◆変化の理論　　121
　3.1　Lewin モデル　　121
　3.2　Isabella モデル　　123
　3.3　経営組織の発展段階モデル　　127

第Ⅲ部　経営者

第6章　経営者　　138
1◆戦略の主体　　138
2◆経営者のタイプ　　143
　2.1　企業家　　143
　2.2　社内企業家　　143
　2.3　経営者　　144
3◆新展開　　148
　3.1　戦略的企業家精神　　148
　3.2　認知　　149
　3.3　経営者交替　　151
4◆変化のマネジメント　　152
　41.　変化の契機　　154
　4.2　変化のプロセス　　155
　4.3　変化の主体　　156
　4.4　変化に対する抵抗　　158
　4.5　抵抗への対策　　162

第7章　戦略変化論　　169
1◆戦略変化モデルの諸説　　169
　1.1　Rajagopalan & Spreitzer モデル　　172
　1.2　Hardy モデル　　177
　1.3　Pettigrew モデル　　181
　1.4　事例研究：ICI　　183
2◆意思決定における政治性　　189
　2.1　Ansoff の意思決定フロー　　189
　2.2　戦略の社会システム論　　191

2.3　非構造的意思決定　　193
　　　2.4　ポリティカル・プロセス　　194

第8章　戦略変化の本質 ………………………………………… 201
　1◆内部コンテクスト　　201
　2◆特定個人　　203
　　　2.1　経営者タイプ　　204
　　　2.2　戦略的選択　　204
　3◆パワーとポリティクス　　207
　　　3.1　定義　　207
　　　3.2　パワー・パースペクティヴ　　209
　4◆特定個人のパワーとポリティクス　　213
　　　4.1　発生順序　　213
　　　4.2　源泉　　214
　　　4.3　利用法　　215
　　　4.4　象徴　　216

第9章　結論 ……………………………………………………… 221
　1◆戦略変化モデル　　221
　2◆課題　　226
　　　2.1　理論的位置　　226
　　　2.2　方法論的限界　　227
　　　2.3　研究課題　　229

付論1　提携と合併 ……………………………………………… 233
　1◆ジョイント・ベンチャー　　233
　2◆戦略的アライアンス　　239
　3◆理論的課題　　259

付論2　事例研究：タカラ ……………………………………… 266
　1◆玩具産業　　266
　2◆タカラの盛衰　　270
　3◆分析　　284

あとがき
参考文献
事項索引・人名索引

第Ⅰ部

戦　　略

第1章 問題意識

1 ◆戦略と戦略論

　戦略という言葉が人口に膾炙して久しい。もともと軍事用語であったこの言葉は，大きな戦争を経て，今では日常用語と化している[1]。
　本節では，経営学における戦略論において，戦略概念はどのように用いられてきたのか，どのような語彙を示してきたのか，どのようなアプローチを輩出してきたのか，さらにはどのような新旧のアプローチの相違点が指摘されているのかを明らかにしよう。
　まず，戦略概念はこれまでにどのように用いられてきたのかを概観しよう。経営学文献においてはじめて戦略概念を1つの説明変数として明確に提示したのはChandler（1962）である。彼は，戦略をこう定義した。

　「企業の基本的な長期目標や目的を決定し，これらの諸目標を遂行するために必要な行動のコースを採択し，諸資源を割り当てること」（p.13）

　この戦略定義をもって，Chandler は概して戦略論の嚆矢であるとされる[2]。
　では，戦略の語源は何か。戦略（strategy）の語源は，ラテン語で将軍を意味する strategos である（Snow & Hambrick, 1980；Hambrick & Fredrickson, 2005）。
　Chander 以後，戦略概念はさまざまな定義が示されてきた。経営学における戦略論文献においては，戦略概念は多くの意味付けをもつ。戦略概念は，従来，曖昧性を大いに内包したつかみどころのない概念であるがゆえに多義的に用いられてきた。
　Pennings（1985）は，次のように戦略概念の3つの意味を示す。すなわち，明示的な戦略（その後の活動を制約するもしくは指揮するような意図の言明），暗黙的な戦略（その後の活動を制約するもしくは指揮するような，大きな影響力をもつ1つの活動），最後に合理化された戦略（先の活動に意味付けを与えるような「合理化」もしくは社会的構成物）である。
　Palmer & Hardy（2000）は，さらに多様な戦略概念の意味を次のように列挙する。すなわち，巧みなデザインとマスター・プランとしての戦略，競争的ポジショ

表1-1：戦略の定義

研究者	定義
Von Neumann & Morgenstern (1947)	戦略は，特定の状況に従って決定される，一企業による一連の諸行為である（pp.79-84）。
Drucker (1954)	戦略は，現在の状況を分析し必要であればそれを変えることである。ここに組み込まれているのは何がその人の資源であるのかもしくはその人たちは何をすべきかを見出すことである（p.17）。
Chandler (1962)	企業の基本的な長期目標や目的を決定し，これらの諸目標を遂行するために必要な行動のコースを採択し，諸資源を割り当てること（p.13）。
Ansoff (1965)	企業の事業活動についての広範な概念を提供し，企業が新しい諸機会を探究するための明確な指針を設定し，企業の選択の過程を最も魅力的な機会だけにしぼるような意思決定ルールによって企業の目標の役割を補足するもの（邦訳129頁）。 または，部分的無知の状態のもとでの意思決定のためのルール（邦訳20頁）。
Learned, Christensen, Andrews & Guth (1965)	戦略とは目的と主要な政策のパターンであり，それらのゴールを達成するための計画であり，その企業はどのような事業にありどこに行くのか，企業の特徴は何で今後どうなるのかを規定するものである（p.15）。
Andrews (1971)	企業が現在どのような事業に属していてどのような種類の企業なのか，あるいはどのような事業に属すべきでどのような種類の企業であるべきかという具合に定義された目標，意図ならびに目的のための主要なポリシーのパターン（p.28）。
Bowman (1974)	制度的な範囲は本質的には組織とその環境（諸）ドメインとの間の関係を扱う。これが企業戦略の領域である（p.35）。
Hofer & Schendel (1978)	組織がその目的を達成する方法を示すような，現在ならびに予定した資源展開と環境との相互作用の基本的パターン（p.25）。
Mintzberg (1978)	意思決定の流れのパターン（p.935）。
Porter (1980)	効果的な競争戦略とは，5つの競争要因ごとに防御可能な地位をつくり出すために，攻撃あるいは防御のアクションを打つことなのである。（邦訳50頁）
Axelrod (1984)	一般に戦略（すなわち，行動決定規則）とは，さまざまな状況に直面したときに，どうするかを決定するやり方のことである（邦訳13頁）。
Johnson (1987)	戦略は，ある意味で，管理上のイデオロギーの産物である。イデオロギーを形成する組織的に関連する諸意味付けのセットは，結果的に，組織生活の「現実」である（p.55）。
Hrebiniak, Joyce & Snow (1989)	戦略とは，一企業が操業しようと選んだ諸事業のもつ性格および範囲に関する，さらにはその諸事業の各々において用いられたという基本的に競合する諸々のアプローチに関する，一連の意思決定ならびに諸目的である（p.4）。
Weick (1979)	組織が戦略を定式化するのは，それを実施した後であって前ではない。人は，何か—何でもよい—をやってみてはじめて，それを振り返ることができ，自分がやったことを戦略と結論するのである（邦訳243頁）。

第Ⅰ部 戦　略

Burgelman（1983）	企業戦略概念は，企業が過去に達成したことに関する理論を多かれ少なかれ明示的に表明したものである（p.66）。
de Bono（1984）	戦略とは後から振り返ってみて合理化される幸運である（p.143）。
Weick（1987）	実行こそが分析であり，実施こそが戦略策定である（邦訳284頁）。

注）本表を作成する上でBracker（1980）を参考にし，加筆修正した。なお，de Bonoの定義は，上記のWeick（1987）の著述から引用した。

ニングとしての戦略，一連の諸意思決定もしくは諸行為における一パターンとしての戦略，コア・コンピタンスの合理的展開としての戦略，機会主義としての戦略，人的可能性の開放としての戦略，コミットメントとしての戦略，従業員参加としての戦略，環境への適応としての戦略，顧客との協力的操業（co-operating）としての戦略，総合品質の達成さらにはベンチマーキング上昇としての戦略，独自性としての戦略である。

では，戦略論はどのように分類されてきたのか。戦略論は，周知の通り，経営学全般において経営政策論を理論的前身としているものの，紛れもなく新興の研究領域である。が，戦略理論の分類方法は多様にある。

Chaffee（1985）は3つのメンタルモデルをもって戦略理論を分類する。リニアーなモデルは，連続的な（sequential）プランニングに焦点を当てる。適応的モデルは，内部・外部状況，特には環境に適応することに焦点を当てる。解釈的モデルは，戦略のプロセス的諸側面と戦略が正当性を賦与する程度に焦点を当てる。

Mintzberg（1990a）は戦略論を10の学派に区分する。デザイン学派では，戦略は公式化が実施とは区別されているような，CEOによって通常実施される統制された意識的な思考とする。プロセス学派では，競争的優位性を授ける独自の戦略があると考える。プランニング学派では，戦略は別々のステップに分解し，諸テクニックによって支援され，スタッフ・プランナーによって実行される，公式的プロセスであると考える。戦略はプログラム，予算，スケジュールを通して実施される。ポジショニング学派では，戦略は諸ポジションが「基本的」戦略を通して産業諸特性の観点から導き出される，公式化された意図的な思考プロセスである。企業家的学派では，戦略は企業家の直観的で本能的なヴィジョンに従うものと考える。認知学派では，戦略は意思決定／情報処理のメンタルなプロセスであると考える。学習学派では，戦略形成は集合的な学習の創発的なプロセスであると考える。戦略は多様な組織の部分から発する。戦略作成は試行錯誤のプロセスであるとする。政治学派では，戦略はパワー・プレイの結果もしくは手段であると考える。それは内的な（組織上の）ポリティカルなプロセスから結果として生じるか，その組織がその環境に対してポリティカルな影響力を働かせる諸手段かのどちらかである。文化学派では，戦略形成は共有された信念，規範，価値観等に根付いた，集合的プロセ

スであると考える。環境学派では，環境的勢力は戦略を指図し，戦略形成はしたがって適応のプロセスであり，それゆえに諸戦略が生存能力のあるニッチ（隙間）を見出しもしくは諸状況要因に反応すると考える。コンフィギュレーション学派では，戦略は組織，環境 – 戦略間の適合を含み，戦略変化はこれらの諸コンフィギュレーション間のエピソード的な動きを含むと考える。

　Whittington（1993）は 4 パースペクティヴをもって戦略論を分類する。古典的パースペクティヴでは，公式の戦略，利潤最大化目標，分析的プロセス，経済学と軍事的影響力を考察する。プロセス的パースペクティヴでは，巧妙に作られた戦略はポリティカルなプロセスであると考える。進化的パースペクティヴでは，戦略は有効であるという根本的理由は生存であると考える。その理論的支柱はダーウィン的プロセスに関わる市場の論理にある。システム的パースペクティヴでは，戦略は局所的なコンテクストに埋め込まれていると考える。重点は社会的プロセスにある。

　Zan（1990）は戦略論を 4 タイプに弁別する。評価的／政策策定では，勝利の選択，すなわち支配のためのプロジェクトとしての戦略と考える。説明的／政策策定：独自の選択もしくは意図としての戦略と考える。評価的／解釈的：勝利のための（支配的な）行動としての戦略と考える。説明的／解釈的：企業の行動のロジックとしての戦略と考える。

　Rouleau & Seguin（1995）はディスクルス・タイプをもって戦略論を分類する。古典的ディスクルスでは，合理的行為者としての管理者を想定する。非合理的行為者としての他の参加者，一元的システムとしての組織を考える。コンティンジェンシー的ディスクルスでは，構造的決定論が主要な理論である。組織は構造的諸変数から結果として生じると考える。社会 – 政治的ディスクルスでは，行為のための能力を認識しようと試みる。諸連合体としての組織を想定する。社会 – 認知的ディスクルスでは，個人は彼または彼女の諸経験と諸相互作用から構成されると考える。主観的現実としての組織を想定する。

　Palmer & Hardy（2000）は，このような多様な戦略への接近を概観し，従来の戦略論と新しい戦略論とに大きく二分できるとする。まず，戦略論の伝統的アプローチは戦略 – 環境間の適合（fit）としての戦略を中心に戦略的プランを意図し，既存の産業・市場構造における公式的プランニングが主流であった。次に，それとは対照的に，戦略論の新しいアプローチは戦略 – 環境間における伸縮性（stretch もしくは柔軟性）をもつ戦略を中心に戦略的アーキテクチャーを意図する。将来の潜在的な市場を見通すような戦略的思考（直観，センスメイキング，学習等）が問題解決のために重視される。

　したがって，Palmer らの説明から分かるように，環境 – 戦略の範囲のみにおいて研究されてきた従来の戦略論から，戦略を策定し実施する組織そのものへと，戦

第Ⅰ部　戦　　略

表1-2：戦略論のアプローチ

	伝統的アプローチ	新しいアプローチ
戦略－環境間の関係	適合（fit）としての戦略：環境に適合するために企業を転換する	伸縮性（stretch）としての戦略：企業に適合するために産業に再投資する
競争的分析の性質	既存の産業構造内で競争する：市場をロックインするための基本戦略	将来の産業構造を形成するために競争する：新市場の創造
競争的優位性の目標	市場シェアと製品リーダーシップへの競合：目的は既存の市場シェアもしくは市場ポジションにおけるインクリメンタルな改善	機会共有とコアコンピタンス・リーダーシップのために競争する：目的は産業ルールの書き換えと競争的空間の創造
把握された戦略的意図	戦略的プラン	戦略的アーキテクチャー
資源の優先順位	競合する諸プロジェクト間での資本予算編成と資源配分	コンピタンス獲得によって諸資源をレバレッジすることとより拡張的な移出入経路へ諸競争企業を駆り立てる
問題解決のロジック	公式的プランニング ・合理的分析 ・定式的で儀式的 ・既存の産業／市場構造がベースライン ・産業構造分析（セグメンテーション，価値連鎖，コスト構造） ・分析単位としての個々の事業	戦略的思考 ・直観とセンスメイキング ・探索的で自由解答式（exploratory and open-ended） ・潜在的な将来の不連続性がベースライン ・内部的にも外部的にも物事をなす新しい方法への探索 ・分析単位としての企業
戦略変化の性質	リニアー，インクリメンタル	ブレイクスルー，クォンタム
同盟の役割	単一主体として競争する	同盟として競争する
競争者の役割	コスト削減	学習
顧客の役割	マーケティング・ツール	学習
供給業者の役割	契約的	学習
従業員の役割	戦略的思考／戦略的行為から乖離	戦略的思考／戦略的行為へと統一化

(Palmer & Hardy, 2000)

略論の研究対象自体が移行しているのである。別言すれば，Ansoff流の計画性の戦略論からMintzberg流の創発性の戦略論へ移行しているのである。PlanからDoとSeeへの重点が移行しているので，誤解を恐れずにいえば，「戦略論は組織論化している」といえる。

　ではさらに，戦略はどのような分析枠組みをもって研究されているのか。Rouleau & Seguin（1995）は，多様な現象を示す戦略を明瞭に分析する枠組みにおいて一般的には以下の3つがあると指摘する。

第1章　問題意識

　第1に,「戦略内容 – プロセス論（Strategy Content-Process）」である。これは戦略論において最も支配的な分析枠組みである。何が良い戦略かということを戦略内容論は問い,さらにそれをどのようにつなぐかということを問うのが戦略プロセス論である。
　第2に,「戦略策定 – 実施（Strategy Formulation-Implementation）」である。これは,戦略の策定段階と実施段階の二分法において研究対象を分析するものである。Plan-Do-See の管理サイクルで言えば,Plan から Do を示している。が,研究対象を抽象化する努力を妨げ,記述的説明やケース研究に戦略論を限定してしまうという欠点をもつ。また,この二分法は上述の戦略プロセス論に包摂される議論である[3]。
　第3に,「経営学文献から拝借した理論的アプローチをモデル化した分類スキーマ」である。例えば,意思決定論,ゲーム論などの研究成果を戦略論に応用したものである。が,行為概念に基づくまたは新古典派経済学に基づくゆえに,個々人や集合的行為に論及しないという欠点がある。
　以上のように,従来の戦略論は多様な分析枠組みをもち,それゆえに戦略論は理論的に着実に深耕しつつあることが容易に理解できる。
　が,はたして戦略論は理論的に健全な状態で発展しているのか。
　近年,理論的に発展する戦略論に批判を投げかける指摘がある。Bettis（1991）は,戦略論全体を見渡して,戦略論は徐々に増殖しその資格がないうちに「通常科学の拘束衣なるもの（Straightjacket）」を纏ってしまったと批判する。戦略論の拘束衣とは,時代遅れの概念の使用,自民族中心的な焦点,大量サンプルの多変量統計研究の大量発生,不適切な経済学の利用,規範の欠如などといった近年の研究動向の有り様を指す。特に,時代遅れの概念とは,従来の大規模組織における戦略を理解するために一般に受容される諸概念がもはや時代遅れとなってパラダイム化してしまい,そこからは現代の複雑な戦略現象をより適切には説明できないようになってしまったことを指す。
　要するに,戦略論が従来蓄積してきた数々の知的伝統こそがもはや戦略論の発展の足枷となってしまっているのである。Bettis は過去のパラダイム化した知的伝統から脱却することができない現在の戦略論の苦境を「拘束衣」と表現しているのである。そこで,彼は,戦略論が今日の世界によりいっそうの現実的重要性をもつようにつくられるべきであり,そのために研究者はその行動を変えなければならない,と主張する。
　では,われわれは戦略論の研究者としていったい何を問題とすべきなのか。近年,上述の戦略内容 – プロセス論という戦略論における伝統的かつ支配的な分析枠組みが問題視されている。この分析枠組みが,現在の戦略論の閉塞状態をつくりだす根源として強く批判されているのである（Huff & Reger, 1987 ; Montgomery,

第 I 部　戦　　略

Wernerfelt & Balakrishnan, 1989 ; Summer, Bettis, Duhaime, Grant, Hambrick, Snow & Zeithaml, 1990 ; Pettigrew, 1992; Ketchen, Thomas & McDaniel, 1996 ; Johnson, Langley, Melin & Whittington, 2007など)。

　Bettis の主張を敷衍して言えば，この伝統的かつ支配的な戦略内容 - プロセス論という分析枠組みこそが戦略論というすでに通常科学化してしまった「拘束衣」である。

　次節では，この戦略内容 - プロセス論という分析枠組みとは何か，どのような既存研究があるのか，その淵源にある問題点はいったい何かを詳細に検討しよう。

2 ◆戦略内容 - プロセス論

　本節では，従来の戦略論において伝統的かつ支配的に用いられてきた戦略内容 - プロセス論の枠組みを吟味する。

　まず，戦略内容および戦略プロセスの定義を明らかにする。

　Fahey & Christensen (1986) は，次のように戦略内容と戦略プロセスを定義する。すなわち，戦略内容は何が意思決定されたかの詳細であり，戦略内容の研究は競争上の企業戦略もしくは事業戦略に関連するものである。戦略プロセスはそういった意思決定がどのように組織状況において達成されるのかに取り組むのである。

　Pfeffer (1987) は，戦略内容は企業がどのような市場に位置し，その市場に接近するために何をなすべきかということであるとする。戦略のプロセス的側面とはその実行の問題点の考え方に集約されることが多いとする。

　Huff & Reger (1987) は次のように定義する。すなわち，戦略内容研究は特定の意思決定と幅広い経済的構造を業績結果に結び付けることに焦点を当て，また企業内の戦略的単位間，産業内の戦略的グループ間，同一環境内の企業間の類似性および相違点を規定することに注意をはらう。対照的に，戦略プロセス論は戦略を先導しまたは支持するような諸行為に主に焦点を当てる研究であり，戦略の創出と実施に対する諸手段の有効性に注意をはらいつつプランニング方法や意思決定についての規範的研究および記述的研究を含む。

　Barney (1992) は，次のように主張する。すなわち，競争優位性を研究するための伝統的アプローチは，戦略プロセスと戦略内容にその分野を分別することである。この区別に通底する仮説は，戦略プロセスという課題（どのように企業は戦略を選択し実施するべきか）が，戦略内容という課題（どの戦略を企業が選択するべきか）と独立して分析されうる，ということのようである。

　Bromiley (1995) は，戦略内容論は概してどのような市場において企業が競争するのか，さらにはどのようにその企業がそういった市場において競争するのかに

表1-3：戦略内容論

項　　　目		代表的研究
目標		
	生存	Altman, Haldeman & Narayanan（1977）
	転回（turnaround）	Schendel, Patton & Riggs（1976）
	経済的成果	Rumelt（1974, 1982）
	社会的行為（social conduct）	Bowman & Haire（1975）
	コミットメント	?
範囲		
	多角化	Bettis（1981），Palepu（1985）
	範囲を変える方法	
	内部開発	Biggadike（1979）
	M&A	Kusewitt（1985）
	撤退	Porter（1976），Duhaime & Grant（1984）
	垂直統合	Galbraith & Stiles（1983）
	地理的拡大	Wolf（1975）
	戦略的同盟	Harrigan（1985）
競争戦略		
	戦略的グループ	Hatten & Schendel（1977）
	事業単位の成果の決定要因	Hambrick, MacMillan & Day（1982）
	マーケットシェア	Woo & Cooper（1981）
	戦略タイプの類型化	Miller & Friesen（1984）
	市場進化の段階	Harrigan（1980）
	シグナリングと競争企業反応	Iwata（1974）

(Fahey & Christensen, 1986, p.169)

取り組むものであるとする。戦略プロセス論は，ある市場においてある方法の基に競争するための選択に帰する，諸プロセスおよび諸メカニズムを検討し，さらにはその組織がそういった選択を実施しようと試みる方法を検討する（p.535）。

　Lechner & Muller-Stewens（2000）は，こう定義する。すなわち，戦略内容研究は企業とその環境との間の関係性に関わるような諸々の研究課題に主に焦点を当て，競争戦略，参入障壁，退出障壁，戦略的グループ，多角化などの用語を用いる。戦略プロセス研究は，ある企業単位の範囲内における戦略的に有意義な諸事象と諸手続きに焦点を当て，その焦点は企業の諸戦略がどのように経時的に形成されるのかという問題である。例えば，認知の影響力，不確実性を扱うこと，戦略的プ

第I部　戦　　略

ランニングの影響力などである，と．

　以上より，戦略内容と戦略プロセスは明確に区別されて定義されたきたことが分かる．要約すると，①「戦略内容論」は企業－環境間の適合（fit）であり何が良い戦略かを問う．すなわち，What の追究である．②「戦略プロセス論」はその意思決定および手続きを明らかにするということができる．すなわち，How の追究である．

　では次に，戦略内容論と戦略プロセス論は，実際にどのように研究が行われてきたのか．先行研究の体系的な整理の概観を通じて，それぞれの研究全体を把握しよう．

　Fahey & Christensen（1986）は，戦略内容論の体系的な文献整理を示す．彼らは，戦略策定において管理者が行う必要のある意思決定の3つの範疇（目標，範囲，競争戦略）を設定し，戦略内容論を体系的に整理する．例えば，目標（生存，経済的成果，社会的行為）は Ansoff（1965, p.27）において指摘され，範囲（多角化，内部開発，M&A，撤退，すなわち垂直統合，地理的拡大，戦略的同盟）と競争戦略（戦略的グループ，事業単位の成果の諸決定要因，マーケット・シェア，戦略タイプの類型化，市場進化の段階，シグナリングと競争企業反応）は Hofer & Schendel（1978）によって精緻に研究されている．

　Huff & Reger（1987）は，戦略プロセス論の先行研究を体系的に整理する．彼らは，戦略内容－プロセスの枠組みは戦略についての初期文献そのもの（Chandler, 1962；Ansoff, 1965；Andrews, 1971）に暗黙のうちに見出されると指摘したうえで，戦略プロセスの先行研究を戦略策定－実施の軸をもって9つの研究学派に峻別して体系的に整理する．①プランニング処方箋学派は，どのように戦略が策定されるかを分析する．②体系的実施学派は，一旦策定された戦略をどのように実施するかを分析する．③意思決定支援学派は，戦略策定の意思決定における組織的特異性やポリティカル・プロセスを分析する．④進化的処方箋学派は，前者と同様に，戦略実施における人間および組織の特性を考慮する．⑤プランニング実践学派は，質問表による大量観察による戦略策定を分析する．⑥構造－システム－結果学派は，構造，システム，業績，戦略などの関係を分析する．⑦案件・注意（agendas and attention）学派は，戦略的意思決定の認知的もしくは心理的，官僚的，政治的な影響を分析する．⑧コンテクスト的影響力学は，戦略実施における環境，センスメイキング，ポリティクス，リーダーシップなどを考察する．⑨統合的学派は，公式的プランニングと分析的テクニックの使用，常に前もって計画するのではない諸行為と諸意思決定の流れにおけるパターンをもって組織現象を分析する．

　これまでの考察より，戦略内容論および戦略プロセス論は多様な論者によって研究されてきたことが分かる．戦略内容－プロセス論の枠組みはその多様性ゆえに，多様な学問領域の知見を摂取しているのである．

第1章 問題意識

ステップ

	戦略策定	戦略実施	
大意的	1. プランニング処方箋学派 (Steiner, 1969, 1979 ; Ackoff, 1970 ; Ansoff, 1986)	2. 体系的実施学派 (Galbraith & Nathanson, 1978 ; Hrebiniak & Joyce, 1984)	
個人, ポリティカル	3. 意思決定支援学派 (Ramaprasad & Mitroff, 1984)	4. 進化的処方箋学派 (Lindblom, 1959; Wrapp, 1967 ; Quinn, 1980)	規範的
	5. プランニング実践学派 (Rhyne, 1986 ; Ramanujan, Venkatraman & Camillus, 1986)	6. 構造 – システム – 結果学派 (Chandler, 1962 ; Andrews, 1972 ; Burgelman, 1985)	
大意的, 個人, ポリティカル	7. 案件・注意学派 (March & Simon, 1958 ; Cyert & March, 1963 ; Bower, 1970)	8. コンテクスト的影響力学派 (Miller & Friesen, 1982 ; Guth & Macmillan, 1986)	記述的

(合理性仮説 ← / 目的 →)

9. 統合的学派
(Mintzberg & Waters, 1982, 1985 ; Burgelman, 1983, Mintzberg & McHugh, 1985)

図1-1：戦略プロセス論
(Huff & Reger, 1987)

では，戦略内容論および戦略プロセス論はどのような隣接諸学と関連するのか。Chakravarthy & Doz（1992）は，戦略内容論と戦略プロセス論を支える基盤的な学問分野を明瞭に示す。彼らは，意思決定に関する諸仮説（合理的，限定合理的，超合理的）と分析単位（環境，企業，個人）という2つの軸を設定することによって9つのセルに隣接諸学を区分したうえで，両者の研究範囲を明示する。戦略内容論は合理的な意思決定を中心にして環境と企業の分析単位を研究範囲とする。対照的に，戦略プロセス論はすべてのセルに一定程度重複し，その研究範囲の大きさを示す。

こうした戦略内容 – プロセス論という分析枠組みが生み出した研究成果は，従来の戦略論において大きな理論的貢献を示した。例えば，次のように好評価されている。すなわち，

「知識は弁別に基づいて認識されるべきである。弁別は仮説の規定および理論構築のための1つの土台として役立つような用語を定義することによって実際に用

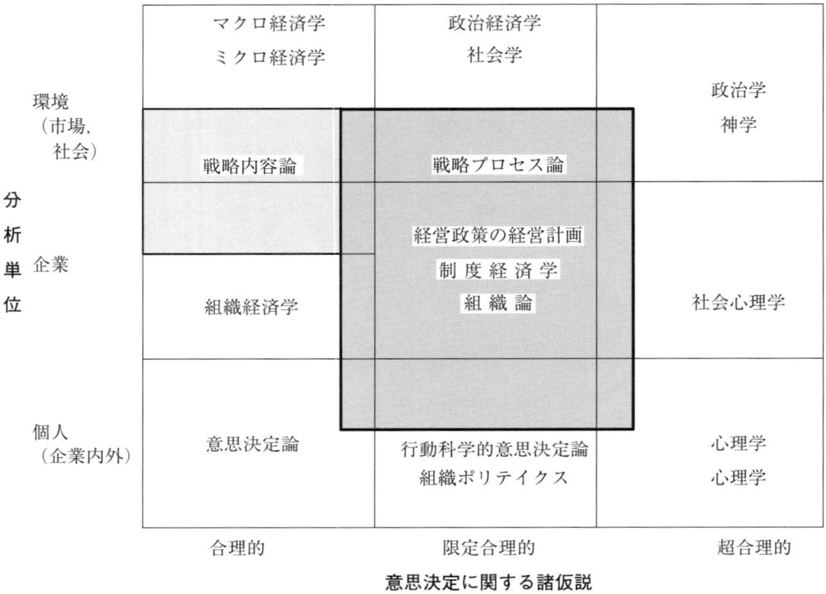

第Ⅰ部 戦　　略

	マクロ経済学 ミクロ経済学	政治経済学 社会学	
環境 （市場， 社会）			政治学 神学
	戦略内容論	戦略プロセス論	
企業		経営政策の経営計画 制度経済学 組織論	
	組織経済学		社会心理学
個人 （企業内外）	意思決定論	行動科学的意思決定論 組織ポリテイクス	心理学 心理学
	合理的	限定合理的	超合理的

分析単位（縦軸）／意思決定に関する諸仮説（横軸）

図1-2：戦略内容論と戦略プロセス論を支える基盤学問分野
(Chakravarthy & Doz, 1992)

いられる。1960年代以来成長してきた戦略論において最も有名かつ有力な弁別の一つは，戦略内容と戦略プロセスという弁別である。この弁別はChandler (1962), Ansoff (1965), Andrews (1971) の研究業績による科学的な説明において導入されてきたのであり，今日の戦略論の発展を依然として明瞭に形作る主導的な弁別を示す。一方で，プロセス研究―内容研究との間の区分は完全に実り多いものということはすでに分かっていた。さまざまな研究トレンドがこの区別から出現してきたし，それゆえにこれまで仮説生成と理論構築を支持してきたのである。」(Lechner & Muller-Stewens, 2000, p.1863)

以上のように，戦略内容 - プロセス論という戦略論における伝統的かつ支配的な枠組みはまさに戦略論そのものを代表する枠組みであり，これが果たした理論的貢献は絶大であることが分かる。

にもかかわらず，この戦略内容 - プロセス論の分析枠組み自体が90年代において批判の対象とされている。この分析枠組みこそが，Bettis (1991) のいう「通常科学の拘束衣なるもの」に陥り，現在の戦略論の閉塞状態をつくりだす根源として強く批判されているのである。

第 1 章　問題意識

　ここで問題となるのは，この分析枠組みの限界が研究者が培った研究蓄積の未成熟に基づくのか，それともこの分析枠組み固有の性質に基づくものなのかという点である。
　Rouleau & Seguin（1995）は，従来の戦略論の分類にはすでに限界があり，同時に戦略内容 - プロセス論という分析枠組み固有の定義に対しても疑問を呈している。すなわち，

　「『内容／プロセス』区分をめぐる諸々の議論は，戦略論における分類への主要な試みが大きな諸限界を内包していることを明らかにする。戦略論が自立した研究分野であるという事実を強調するのではなく，むしろ内容とプロセスの定義は一つの応用分野としての識別されることを補強されなければならないのである。実際に，『内容／プロセス』の諸定義がすでに既存である慣行のカテゴリーから外れて展開されているのである。競争，市場，業績と収益性は，文献にあらわれるようなさまざまな定義において周期的に生じる研究テーマである。したがって，研究された慣行から構成された外因的な視点を提供するのではなく，この分類のタイプは，むしろ，経済的発展に通底するような諸課題および諸価値観を統合する。別言すれば，知を発展させようと試みるような１つの分類スキーマとして考察される場合に，内容／プロセスの区別は，その区別そのものとそれが秩序付けようと試みている現実との間に求められる懸隔を容易には認めない。しかも，この区別は，内容とプロセスという諸定義において合意があるわけではないのである。この意味で，この区別は，ふつうに分類しようという試みを特徴付けるような，同質性の基準に従わない。この区別を特徴付けるようなコンセンサスの欠如は，その定義には説得力がなく，その定義がその分野の応用をしようとする実務家達にとっても知の生産に関心をもつ研究者達にとっても中心的な課題である，ということを意味するのである。」（pp.102-103：傍点引用者）

　Lechner & Muller-Stewens（2000）は，さらにそのうえで，戦略内容 - プロセス論という分析枠組みに対する今日の研究動向に関するきわめて重要な指摘を次のように示す。すなわち，

　「プロセス - 内容の区別はまた，多くの批判を引き寄せてきた。批判のキーポイントは，重要で相互に関連がある諸要素を人為的に区分けすることによる企業行動の説明である。その全体的な有用性には疑いが在るが，研究者達でさえその区分が非生産的であると考え，部分的には戦略分野のいっそうの発展の妨げであると考えている。結果として，現在の戦略分野の再調整が要請されるのである。しかしながら，近年の諸論稿の現状を考えると，この要請は，内容 - プロセス論を

第Ⅰ部 戦　略

主に扱っているジャーナルを見ても分かるように，学界では未だに達成されて
いないのである。」(pp.1863-1864：傍点引用者)

　すなわち，戦略内容－プロセス論という伝統的かつ支配的な分析枠組みは明らか
に戦略論そのものの発展を妨げており，同時に，その理論的解決は学界において未
だなされていない。
　これを戦略論のアポリアととらえることができる。これを理論的に解決すること
こそが，たとえ試論レベルに留まっているとしても，戦略論の理論的発展への1つ
の契機となることは間違いない。
　したがって，われわれは本書における問題意識を次のように提示する。すなわ
ち，

「本書の問題意識は，戦略論の発展を妨げる伝統的かつ支配的な戦略内容－プロ
セス論という分析枠組みをどのように統合できるか，である。」

　では，この分析枠組みを統合するために，どのような接近法がわれわれにとって
最善であるのか。もちろん，このアポリアを既存の戦略論の範疇において解決でき
るわけではない。
　われわれは本書において特に戦略論の理論的土台となる組織論（organization
theory）の知見を戦略論の理論的課題の解決に向けて積極的に援用することが最善
であると考える。次節では，組織論と戦略論との関係性を再認識する作業を通じて
この点を明らかにする。

3 ◆ 組織論と戦略論

3.1　理論と実践

　戦略論を構成する大前提の1つに，「理論」と「実践」の対立がある。すなわ
ち，戦略論はしばしば「実践」に立脚する学問であり，学術的要請に応える組織論
のような「理論」志向の学問領域とは，根本的に異なるものであるという前提であ
る。
　たしかに，戦略論と組織論では，それぞれが扱う研究対象が異なる。一方は，実
際に実務家が格闘する現実的課題にどのように対処するかという「実践」を扱い，
他方では，学術的な前進のために「理論」を扱う。特に1960年代以降の組織論は
システム論をその理論的支柱に据え，より理論志向の立場をとっている。
　しかしながら，戦略論も組織論も，理論と実践という異なる前提をもつとはい

え，両者が扱うその研究対象は本質的に同一の「組織」である。すなわち，戦略論は戦略を独立変数として第一義に扱い，従属変数として二義的に組織を扱う。組織論は，それとは対照的に，組織を独立変数として第一義に扱い，従属変数として二義的に戦略を扱っているのである。研究対象としての組織とそこから派生する戦略を理論化し普遍的な説明を加える際に，それぞれが用いる表現や方法は，それぞれの用語において表面的な差異はあるにせよ，基本的には同じものである。ゆえに，実際，戦略論といっても通用する組織論もあるし，組織論といっても通用する戦略論もある。言語として記述される研究としてみれば，戦略論も組織論も，互いに区別しえないのである。したがって，われわれは戦略論の理論的課題を解決するために積極的に組織論の知見を応用することが可能であると考えるのである。

では，どのように戦略論と組織論が関係しているのか。手始めに，われわれは多少の回り道をするとしても，そもそも組織論自体がどのように発展してきたのかを確認しておかなければならない。

3.2 組織分析

組織は，周知の通り，複雑かつ多様な現象を示す。それゆえに，組織の構造・行動・変化を主題として扱う組織論は多様であり学際的である。ここでは，2つの視点を用いて組織論を概観することができる。第1に，組織論の発生論的説明（どのように組織論は発展してきたのか）である。第2に，組織論の機能論的説明（どのような機能のもとに組織論は分類できるのか）である。

まず，組織論の発生論的説明としてHatch (1997) を概観しよう。

Hatchは，組織論に対してインスピレーションを与えた源泉となる研究者・思想家や研究分野を示す。彼女は，従来の組織論を「古典的組織論（1900年代〜）」，「近代的組織論（1950年代〜）」，「シンボリック−解釈的組織論（1980年代〜）」，「ポストモダン的組織論（1990年代〜）」の4つに区分し，それらに影響を与えた学際的な研究領域を提示した。

例えば，経済学，工学，社会学から始まり，ポストモダン構造主義理論，文学理論，文化研究までをも網羅する。彼女はこの4つの区分についての関連性や意義を明確に示してはいないものの，この区分は組織論が隣接諸学を摂取して発展した順序を体系的に把握するためには有益である。

Reed (1996) は，組織研究は19世紀の社会−政治学の思想家の著作にその歴史的根源があると指摘して，6つのメタ物語−解釈的枠組みを通じて組織論における歴史的に競合しあう研究領域を要約している。

その6つの枠組みとは，秩序を問題とする合理性枠組み，コンセンサスを問題とする統合枠組み，リバティを問題とする市場枠組み，支配を問題とするパワー枠組み，統制を問題とする知枠組み，参加を問題とする公正枠組みである。もちろん，

第Ⅰ部　戦　　略

```
                                                        文化研究
                                                      文学理論
                                                  ポスト構造主義理論
                                              ポストモダン建築
                                          言語学
                                        記号論
                                      民俗学
                                    文化人類学
                                  社会人類学
                                産業社会学
                              生物学－生態学
                            政治学
                          社会学
                        工学
                      経済学
```

1900年代～	1950年代～	1980年代～	1990年代～
古典的	近代的	シンボリック－解釈的	ポストモダン的
Adam Smith (1776)	Hebert Simon	Alfred Schutz (1932)	Michel Foucault
Karl Marx (1867)	(1945, 1958)	Phillip Selznick (1948)	(1972, 1973)
Emile Durkheim	Talcott Parsons (1951)	Peter Berger (1966)	Charles Jencks (1977)
(1893)	Alfred Gouldner (1954)	Thomas Luckmann	Jacques Derrida
F. W. Taylor (1911)	James March (1958)	(1966)	(1978, 1980)
Henri Fayol (1919)	Melville Dalton (1959)	Clifford Geertz (1973)	Mikhail Bakhtin (1981)
Max Weber (1924)	Ludwig von Brtalanffy	Erving Goffman (1971)	Jean-Francois Lyotard
C.I. Barnard (1938)	(1968)	W.F. Whyte (1943)	(1984)
		Paul Ricoeur (1981)	Richard Rorty (1989)
		Vladimir Propp (1828)	Jean Baudrillar (1988)
		Roland Barthes (1972)	
		Ferdinand de Saussure	
		(1959)	
		Kenneth Burke (1954)	

図1-3：組織論へのインスピレーションの源泉
(Hatch, 1997)

　この組織研究の分析的物語は，その分類基準が不明瞭であり，同時に組織論の最新動向にまで踏み込んでいるとは言いがたい．が，組織分析の淵源がかなり多様に広がっていることが分かる．
　この２つの発生論的説明を通観して分かることは，組織論が多様な隣接諸学からの影響を受けただけでなく，思想的・哲学的な知的蓄積をも包摂しているということである．すなわち，組織論の深度はきわめて深く，またその地平はきわめて広い

第1章　問題意識

表1-4：組織分析における分析的物語

メタ物語的な解釈枠組み	主要なプロブレマティーク	説明的／例証的な諸パースペクティヴ	文脈上の諸変遷
合理性	秩序	古典的組織論, 科学的管理, 意思決定論, Tayler, Fayol, Simon	夜警国家から産業国家へ
統合	コンセンサス	人間関係論, 新人間関係論, 機能主義, コンティンジェンシー／システムズ理論, 企業文化, Durkheim, Barnard, Mayo, Parsons	企業家的資本主義から福祉資本主義へ
市場	リバティ	企業の理論, 制度経済学, エージェンシー理論, 資源依存性, 個体群生態学, リベラル組織論	管理者社会主義からネオ・リベラル資本主義へ
パワー	支配	ネオ・ラディカル・ウェーバー主義, 批判的／構造的マルクス主義, 労働過程, 制度論, Weber, Marx	リベラル集合主義から交渉済みのコーポラティズムへ
知	統制	エスノメソドロジー, 組織文化／シンボル, ポスト構造主義者, ポスト工業, ポスト・フォード主義／近代, Foucault, Garfinkel, 行為者ネットワーク理論	産業主義／近代性から脱工業主義／ポスト近代性へ
公正	参加	ビジネス倫理, モラル性と組織行動論, 産業民主主義, 参加理論, 批判理論, Harbermas	抑圧的民主主義から参加的民主主義へ

(Reed, 1996)

のである。

　では次に，組織論の機能論的説明を概観しよう。

　Pfeffer (1982) は，行為に対する視角と分析レベルの2軸によって従来の組織論を包括的に把握する。行為に対するパースペクティヴは，①合目的的，意図的，目標志向的，合理的である視角，②外的に制約的で伝統的な視角，③創発的でほとんど無作為的な過程と社会的構造に依存するパースペクティヴの3つである。分析レベルは，①主に個人を中心として，連合体，下位単位というミクロなレベル，②組織全体を扱うマクロなレベルの2つである。

　この6つのセルにおいて従来の行為に関するパースペクティヴを体系的に整理している。

　Burrell & Morgan (1979) は，組織分析の背景となる社会学的パラダイムを明らかにする。従来の組織論の研究を網羅的な分類において，ラディカル・チェンジとレギュレーションの社会学を縦軸に，主観的と客観的を横軸に設定する[4]。

　この縦軸と横軸によって示される4つの象限は次の通りである。第1象限のラディカル構造主義者は，ラディカル・チェンジの社会学と客観性を強調する。第2

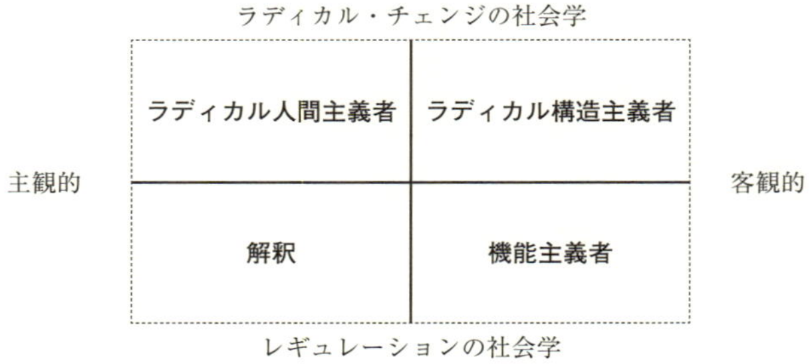

第Ⅰ部 戦　略

```
                ラディカル・チェンジの社会学
        ┌─────────────┬─────────────┐
        │             │             │
        │ ラディカル人間主義者 │ ラディカル構造主義者 │
        │             │             │
 主観的  ├─────────────┼─────────────┤ 客観的
        │             │             │
        │    解釈     │  機能主義者  │
        │             │             │
        └─────────────┴─────────────┘
              レギュレーションの社会学
```

図1-4：4つのパラダイムによる社会理論の分析
(Burrell & Morgan, 1979)

表1-5：組織論における理論的パースペクティヴの類型化

		「行為に関する諸パースペクティヴ」		
		合目的的，意図的，目標志向的，合理的	外的に制約的，統制的	創発的，ほぼ無作為的，過程と社会的構造に依存
分析レベル	個人，連合体，もしくは下位単位	・期待理論 ・目標設定 ・欲求理論と職務設計 ・政治モデル	・オペラント条件づけ ・社会的学習理論 ・社会化 ・役割理論 ・社会的コンテクスト効果と集団 ・回顧的合理性 ・社会的情報処理	・エスノメソドロジー ・組織の認知論 ・組織における言語 ・感情に基づく過程
	組織全体	・構造的コンティンジェンシー理論 ・市場の失敗／取引コスト ・マルクス主義者または階級的視角	・個体群生態学 ・資源依存性	・パラダイムとしての組織 ・意思決定過程と管理理論 ・制度化理論

(Pfeffer, 1982)

象限のラディカル人間主義者は，ラディカル・チェンジの社会学と主観性を強調する。第3象限の解釈主義者は，レギュレーションの社会学と主観性を強調する。エスノメソドロジーや現象学的な相互作用論を代表とする。さいごの第4象限における機能主義者は，レギュレーション社会学と客観性を強調する。組織研究の大半の理論的・実証的研究を含み，組織分析において支配的なWeber社会学と社会科学研究において支配的な実証主義を結ぶ。

この2つの機能論的説明を通観して分かることは，組織における多様な分析レベ

表1-6：社会変化に関する理念型の諸理論

ファミリー	ライフサイクル	進化論	弁証法	目的論
メンバー	・発展主義（developmentalism） ・存在発生（ontogenesis） ・生物の変態（motamorphosis） ・段階と循環モデル	・ダーウィン的進化論 ・メンデルの遺伝子 ・突然変異説（saltationism） ・段階的均衡	・コンフリクト理論 ・弁証法的唯物論 ・多元主義 ・集合的行為	・目標設定，プランニング ・機能主義 ・社会的構成 ・シンボリック相互作用論
開拓者	Conte（1798-1857年） Spencer（1820-1903年） Piaget（1986-1980年）	Darwin（1809-1882年） Mendel（1822-1884年） Gould & Eldridge（1977年）	Hegel（1770-1831年） Marx（1818-1883年） Freud（1856-1939年）	Mead（1863-1931年） Weber（1864-1920年） Simon（1916年- ）
鍵となるメタファー・ロジック	「有機的成長」 ・内在的進歩（immanent program） ・予想された連続性（prefigured sequence） ・追従的適応（compliant adaptation）	「競争的生き残り」 ・一個体群における諸競争者間の自然淘汰	「対立，コンフリクト」 ・相対立する勢力 正 反 合	「目的をもった協働」 ・予想された最終段階 ・社会的構成 ・等結果性
事象の進展（event progression）	始まりにおいて現在ある内在的可能性を開示する場合に，予め表示された諸段階のもつリニアーで不可逆的な連続性	変異，陶汰，把持事象の再帰的で，蓄積的で，蓋然的な連続性	相対立する価値観もしくは諸事象間での正面衝突，コンフリクト，統合という，再帰的で，不連続的な連続性	望ましい最終段階に到達するための諸手段の目標設定，実施，適応という，再帰的で，不連続的な連続性
勢力の創発（generating force）	自然，論理，もしくは諸制度によって規定された，予想された連続性／ルール	個体群稀少性競争（動植物の）片利共生（commensalism）	対立する諸勢力，諸利害，諸階級間のコンフリクトと正面衝突	目標エナクトメント 諸手段に関するコンセンサス協働／共生

(Poole, Van de Ven, Dooley, & Holmes, 2000, p.59)

ルの追究と，主観－客観という社会科学固有の問題領域への追究という点である。
　Poole, Van de Ven & Dooley（2000）は，社会変化に関連する理念型を4つに分類する。すなわち，社会学者コントやスペンサーを中心とするライフサイクル，ダーウィンを始祖とする進化論，ヘーゲルやマルクスを起源とするコンフリクト理論，ウェーバーを基軸とする目的論である。
　以上で概観してきた組織論の発生論的説明と機能論的説明に基づいて，われわれ

は，戦略論に対して，組織論の知的蓄積を援用できると考える。

ただし，上記の諸文献に共通して言えることは，戦略論にそれらをそのまま援用することはできないということである。その理由は次のように示すことができる。すなわち，①組織自体の構造・行動・変化を扱うものではないためである。②これらのパラダイムを設定することによってこれらを統合する別のパラダイムを創出できないためである。③マクロとミクロをどのように結ぶかという社会諸科学に通底する課題に対処できないためである。

では，こうした組織論のみの分類とは別に，組織論と戦略論がどのような関係にあるのか。

Rouleau & Seguin (1995) は，組織論と戦略論の関係を次の表1-7をもって明らかにする。彼らは，戦略論にはさまざまなアプローチがあるにもかかわらず，その諸分類の限界を打破できないのは組織論が考察されていないからであると指摘する。すなわち，彼らは，戦略についての説明（ディスクルス）は自立的ではないがゆえに，個人・組織・環境を示す諸方法においてみられる戦略論と組織論との共通性を認識すべきだと強調するのである[5]。

そのうえで，彼らは，戦略論のディスクルスを古典的，コンティンジェンシー的，社会－政治的，社会－認知的ディスクルスに弁別する。よって，ここから分かることは組織論と戦略論はその底辺において大きく共通しているということである。が，ここでは環境・組織・個人をそれぞれ4つのディスクルスに分類し，単に組織研究者と戦略研究者とを分類したにすぎない。

ここで注目すべきは，岸田（1985，1994a，1994b，1999，2000a 等）である。彼は，合理的モデル－自然体系モデルと Closed System Approach-Open Systems Approach の2軸を設定し，① Closed & 合理的モデル，② Closed & 自然体系モデル，③ Open & 合理的モデル，④ Open & 自然体系モデルという4つに識別できるとする。組織（Organization）は，要するに，(1)新しい組織構造の形成に向けて人々の活動を相互に連結する組織生成（Open & 自然体系モデル，すなわち Organizing）の側面と，(2)形成された組織構造が集合目的に向けて人々の活動を規制する構造統制（Open & 合理的モデル，すなわち Organized）の側面からなる。

この(1)Organizing と，(2)Organized の繰返しを通じて，古い組織形態から新しい組織形態へと段階的・不連続的に発展する。この経営組織の発展段階プロセスが「革新のプロセス」である。

Organized と Organizing は，先述の Palmer & Hardy (2000) が示した戦略論の伝統的アプローチと新しいアプローチに対して，①議論の焦点が戦略から組織へ（分析レベルの移行），②議論の出発点が外部環境から個人へ（分析視点の相違），という2点について大筋において符合する。すなわち，先述の Palmer & Hardy (2000) が示した戦略論の新しいアプローチは Organizing の側面であり，伝統的ア

表1-7：戦略におけるディスクルス・タイプ

	古典的ディスクルス	コンティンジェンシー的ディスクルス	社会－政治的ディスクルス	社会－認知的ディスクルス
個人	2モデルの存在；管理者は自由意志をもって合理的である；他の参加者は非合理的で影響を与えられる	究極的に，構造的決定論（管理者さえも除かれる，もしくは彼の行為は大きく制約される）	行為に対する能力についての認識	個人はその人の経験と相互作用なしで構成されるものとして理解される
組織	幅広い協働を基盤とした，個々人によって表面的な一元的システム	環境―業績間を媒介する，構造的な諸変数もしくは諸パラメータの結果	具体的な諸行為をもつ一連の諸グループ，諸連合体もしくは諸システム	個人によってもしくは諸グループによって構成された，ある主観的現実
環境	他の企業（経済的），均衡もしくは適応	他の企業（経済的），制約的で決定論的	企業とそのコミュニティ（経済的と社会的），複雑で制約的であるが，介入の可能性をもつ	個々人によってもしくは諸グループによって構成されたある主観的現実
組織論研究者	Barnard (1938) Simon (1945) Selznick (1948)	Woodward (1958) Lawrence & Lorsch (1967) Pugh & Hickson (1976) Child (1972)	Cyert & March (1963) Crozier & Fiedberg (1977)	Weick (1979) Silverman (1970)
戦略論研究	Ansoff (1965) Andrews (1971) Westley & Mintzberg (1988)	Chandler (1962) Miles & Snow (1978) Porter (1981) Williamson (1981)	Bower (1970) Burgelman (1983) Johnson (1987) Narayanan & Fahey (1982) Pettigrew (1973)	Brunsson (1982)

(Rouleau & Seguin, 1995)

プローチはOrganizedの側面であるといえる。戦略論の研究動向は，岸田が示すように，組織の成立するプロセスに沿うかたちで進められているのである。したがって，本書は，岸田の組織分析枠組みを理論的土台にして，戦略論を検討することにする。

　以上のように，組織論と戦略論の関係は密接であり，組織論の知見を援用する可能性があることが分かった。同時に，本書において岸田の組織分析枠組みを理論的土台として設定することを明らかにした。

　では次に問題視すべきは，どのように戦略内容－プロセス論を統合することができるのかという点である。

　われわれはここで戦略変化（strategic change）という新興の議論に注目する。

第Ⅰ部　戦　略

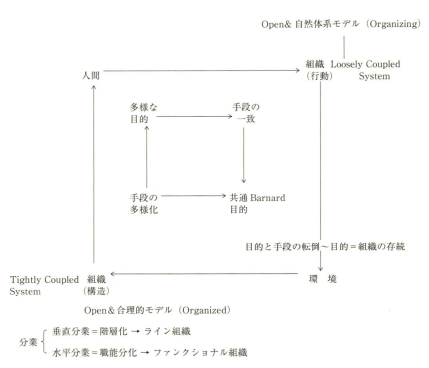

図1-5：組織の生成・発展のプロセス
(岸田，1994a)

後述するように，戦略変化は概して組織の Behaviour の変化である。特に，代表的な戦略変化モデルを提示している Pettigrew (1985) は，Content, Context, Process という3点を重視するコンテクスト主義を提唱する。これらのうち Content および Process は，本書の問題意識である戦略内容 - プロセス論（strategy content-process）に相応する。したがって，われわれは彼のいう戦略変化に関する議論がわれわれの問題意識を解決する可能性をもつという仮説を立てることができる。

しかし，戦略変化はかなり新興の議論である。ゆえに，既存の戦略変化モデルを

概観し吟味する必要がある。同時に、仮に既存の戦略変化モデルが戦略内容 - プロセス論を統合する可能性がないもしくは可能性が低いならば、われわれは新たに戦略変化モデルを独自に構築しなければならないだろう。

3.3 ミクロ - マクロ・リンク

では、どのように戦略変化モデルを構築することができるのか。Van de Ven (1987) は、戦略変化を健全に理論構築するための4つの必要条件を提示する。すなわち、条件1は、ミクロレベルとマクロレベル分析を関連付けて説明すべきであるということである。条件2は、組織内部の構造の機能付けもしくは個々人の外的な合目的的行為によって、どのように変化が生み出されるのかを説明すべきであるということである。条件3は、安定性と不安定性の両方を説明すべきであるということである。さいごの条件4は、主要な歴史的な測定基準として時間を含めるべきであるということである。

ここで注目すべきは、条件1において指摘されているミクロ - マクロによる分析である。ミクロ - マクロとは、組織論・戦略論に限らず、特に近年きわめて強く認識されている社会諸科学が追究するテーマである。

社会諸科学における「社会秩序はいかにして可能か」という問いは、きわめて多様に展開されてきた（大澤、2000等）。それは、パーソンズによるホッブズ的秩序問題を出発点として、決定論 - 主意主義、客観主義 - 主観主義、方法論的個人主義 - 方法論的集合主義などがその解決の糸口を求めてきた[6]。

その2つの分析視座は、社会の構成要素としての部分（もしくは個）を追究するミクロ理論と、部分には還元できない全体を追究するマクロ理論であった。それらは一方でミクロの論理で説明し、他方でマクロの論理で説明するというそれぞれの領域での議論に弁別されていた。が、近年それら両者を結ぼうという全く新しい局面に逢着しつつある。ミクロ - マクロ・リンク（micro-macro link）と呼ばれているものがこれである。この主導者は Alexander et al. (1987) である。彼らはこう主張する。

「（この新しい局面を特徴付けるのは）あらゆる理論的伝統の内部で、またミクロとマクロに深く分断された2つの立場の双方から、ミクロ的視角とマクロ的視角を結び合わせようとする真摯な企てが進行していることである。われわれは、こうした新しい展開が理論的な不同意をいわばニュートン的に綜合するだろうというような幻想を抱いてはいない。しかし、リンケージを模索する動向の拡がりと強度が社会学史上空前の出来事であることは確信している。」(Alexander et al., 1987, 邦訳50頁)

第 I 部 戦　　略

　同時に，彼らは「ミクロ－マクロ問題は，パラダイムの境界をまたいで，異なる伝統に連なる理論どうしのコミュニケーションや学問領域の統合をうながしている」(1987,邦訳10頁)と，その可能性を強調する。
　経営学の中核たる組織論は，こうした社会諸科学全体を見渡すような方法論的議論を，一部の例外 (Burrell & Morgan, 1979 ; Morgan, 1997 etc.) を除いて，ほとんど行ってこなかった。ミクロとマクロ，個と全体といった視点をしばしば無視したままで存立していたのである。が，われわれは，組織を社会と個人の中間に位置するものとみなす。それゆえに，社会・組織・個人という主題をあつかう社会諸科学における1つの確立された学問領域として組織論を設定するならば，ミクロとマクロ，個と全体といった視点を包含する考え方を理論的土台として設定しなければならないと考えるのである[7]。
　また同時に，Van de Ven (1987) が指摘するように，戦略変化モデルを構築する際にもこのミクロ－マクロを考慮しなければならない。
　岸田 (1985) は，前述の通り，Open& 合理的モデル (Organized) と Open& 自然体系モデル (Organizing) による組織の成立を示している。言うまでもなく，これはミクロ－マクロのつながりを提示しているのである。
　したがって，本書では，彼の一連の組織分析 (岸田，1985，1994a，2000a 等) が提示している Open & 合理的モデル (Organized) と Open& 自然体系モデル (Organizing) を理論的土台として設定する。この合理的モデル・自然体系モデルという両モデルを理論的土台として，本書の問題意識を追究するのである。
　戦略内容－プロセス論という支配的な分析枠組みを含めて，従来の戦略論は，多くの場合，合理的モデルに属するものであり，自然体系モデルの側面に傾注する研究はほとんどなかった。従来の大勢である合理的モデルの側面に対して，自然体系モデルの側面を接合することによって，ミクロとマクロの統合への試論的解答を示すことが可能となる。
　ただし，注意すべきは，本書は戦略論においてミクロ－マクロ・リンクのような方法論的統合の完全なる達成を提示するのではないということである。換言すれば，本書は戦略論の方法論的統合への可能性をもつ1つの試論的見解を提示するのである。この基礎的研究作業を通じて，戦略内容－プロセス論の枠組みの統合への1つの試論的見解を提示するのである。

4 ◆戦略論から戦略変化論へ

　では，ここで本書の流れを示そう。戦略論は，主に，内容とプロセスという1つの軸をもつ伝統的かつ支配的な分析枠組みにおいて研究されてきた。これが戦略論において果たした理論的貢献は絶大であった。にもかかわらず，戦略論はこの枠組

第1章 問題意識

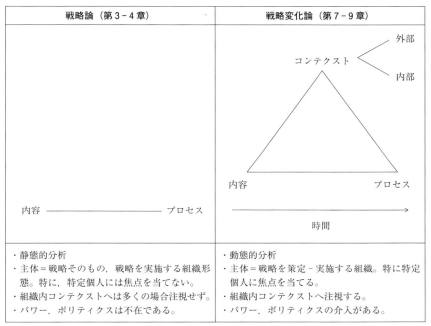

図1-6：戦略論と戦略変化論

み自体がその理論的発展を妨げる障害となっている。いわば，戦略論の知的伝統そのものがさらなる知的生産への桎梏と化しているのである。

したがって，本書は，戦略論と戦略変化論の図1-6から分かるように，内容とプロセスという軸にコンテクストを補足する戦略変化の議論を用いて理論的発展を促そうという試みである。後述するように，コンテクストを含めた理論的な枠組みはPettigrew（1985, 1987a）の戦略変化モデルにその端緒がある。

では，なぜ戦略変化を理論的に扱う必要があるのか。これは後述される論点であるが，ここで次のように要約しておこう。

第1の理由は，戦略変化論が戦略内容－プロセス論の統合の可能性をもつためである。従来の戦略論は戦略内容および戦略プロセスを合理的な説明のもとに提示することを追究してきた。が，この伝統的かつ支配的な戦略内容－プロセス論の枠組み自体が疑問視されている（Pettigrew, 1985, 1992；Rajagopalan & Spreitzer, 1997 etc.）。本書の第Ⅱ部の結論として提示されるように，戦略変化論はこの枠組みに対して特定個人のパワーとポリティクスおよび内部環境というコンテクストを補足的に追加することによってその統合への1つの可能性を提示するためである。

25

第 I 部　戦　　略

　第2の理由は，動態性（変化のプロセス）の追究である。従来の戦略論は，良い戦略とは何か（戦略内容論），どのように戦略は策定－実施されるのか（戦略プロセス論）を追究してきた。いわば「何が，どのように」のみへの追究に限定されてきたのが，従来の戦略論であったともいうことができる。これらは，いうまでもなく，静態的な分析のみに限定される。もちろん，Galbraith & Nathanson（1978）の発展段階モデルのように比較静学という点で，動態的な分析はある。

　戦略変化論は，対照的に，主に研究対象の動態的な分析を主眼に置く。さらに，戦略変化論はある点から次の点への「変化のプロセス」を表現する可能性をもつ。すなわち，戦略変化論は，△t1 → △t2 → △t3……という「変化のプロセス」を，なぜ・誰が・いつ・どこで戦略を策定－実施するのかを中心として示すものである。

図1-7：戦略変化のプロセス（マクロの視点）

　ただし，注意すべきは，このトライアングルとなっている3点は合理的モデル（マクロ）を表現しているにすぎないということである。Mintzberg et al.（1998）のコンフィギュレーションはまさにこのトライアングルであるということもできる。が，むしろわれわれはこのトライアングルの内にある自然体系モデル（ミクロ）の存在を重視しなければならないと考える。その自然体系モデル（ミクロ）は次の理由に密接に関連する。

　第3の理由は，特定の戦略主体の顕在化である。従来の戦略論は環境－組織間の分析を中心としていた。対照的に，戦略変化論は組織における特定の戦略主体をその戦略策定－実施において明確に示し，現象の具体的で現実的な説明を提供する可能性をもつ。

　われわれは，本書においてこのような特定の戦略主体を「特定個人」と呼ぶ。この「特定個人」が変化のプロセスに影響する自然体系モデル（ミクロ）の側面を表現するのである。

　たしかに，経営者，CEO，管理者といったAnsoff（1965, 1978）の合理的かつ抽象的な概念説明を用いれば特定の戦略主体を顕在化させる必要はない。が，後の章のアサヒビールの事例のように，村井勉社長，樋口廣太郎社長，瀬戸雄三社長という実名のもとに説明することによってその組織の内部コンテクストを含めて現象の現実的な説明を可能とするのである。第2の理由との関連でいえば，「変化のプロセス」における「なぜ，誰が」を説明する可能性をもつのである。換言すれば，既存の企業家史的研究もしくは経営史的研究により近接する研究方法である。Pettigrew (1995) はこのような研究を長期的ケース・スタディ研究 (longitudinal case study research) と呼ぶ。

　第4の理由は，戦略論に対する積極的な組織論の応用である。従来の戦略論は環境分析もしくは環境適応を主に研究するために組織自体もしくは組織形態が主体であった。対照的に，戦略変化論は組織内部の「特定個人」を主体とする。すなわち，具体的に主体の実名，役職，経歴，実績などを仔細に（歴史記述的に）描写するだけでなく，主体の権限・パワー・ポリティカルな手腕，主体をとりまく支配的連合体（派閥等），主体をとりまく組織風土・文化・コンテクストなどを精確に（歴史記述的に）描写するのである。この点で，特に行為者レベルに関する組織論の研究蓄積を戦略論に応用することができるのである。

　以上より，次章からは下記のような順序で展開する。

　第2章において，戦略論の学説史分析から改めて戦略論そのもののもつ固有の問題点・限界を明らかにする。

　第3章において，戦略内容論を検討する。特にここでは日本の急成長企業であるアサヒビールの事例分析を通じて，戦略内容論そのもののもつ問題点・限界を明らかにする。

　第4章において，戦略プロセス論を検討する。プロセスの意義を検討し，戦略プロセス論の諸相を吟味し，さらには戦略的意思決定プロセスの問題点・限界を明らかにする。

　第5章において，変化の理論を吟味する。変化の先行研究をふまえて，変化の多様化（類型化，変化の介入，レベル），変化の理論（Lewinモデル，Isabellaモデル，経営組織の発展段階モデル）を検討する。

　第6章において，経営者を理論的に追究する。戦略の主体，経営者のタイプ，経営者論の新展開を明らかにし，変化のマネジメント（変化の契機，変化のプロセス，変化の主体，変化に対する抵抗，抵抗への対策）を吟味する。

　第7章において，戦略変化論を分析する。静態的な分析であった戦略内容－プロセス論を統合する可能性をもつ戦略変化論の3つの代表的諸説を吟味し，その問題点を明らかにする。そのうえで，意思決定における政治性を吟味する。

　第8章において，戦略変化の本質を探る。内部コンテクストと，それを支える特定個人という2つの要素（変数）を吟味し，特に特定個人のもつパワーとポリティクスを概観する。そのうえで，それらを包括する独自の戦略変化モデルを提示する。

　さいごに，第9章において，われわれの結論となる独自の戦略変化モデルを提示する。そのうえで，その理論的位置付け，方法論的限界，今後取り組むべき研究課題を明示する。

第Ⅰ部　戦　　略

注
1）「戦略」という用語そのものが日常用語として汎用されるようになって久しい。ただし，森川 (1997) は次の2つの理由からあえて戦略という用語を活用しないと断言する。その理由は，①大学で初めて経営学の授業を受ける学生にとって戦略は耳慣れないことばであるためである。②最近の戦略概念の乱用のためである。例えば，単なる組織の態度や重点事項をわざわざ情報重視戦略とかムダ減らし戦略と名付けたり，単なる実施計画を百貨店などが子供お年玉市場戦略などと用いて乱用されているためである，と。ここで注意しなければならないのは，経営学においては，Closed System を前提とする方針概念から Open System を前提とする戦略概念へと変遷したという学説史上の概念的変遷があるということである。この点を考慮するならば，やはり戦略概念を用いなければならないとわれわれは考える。また，同様に，企業によって「戦略」という言葉の使用頻度に違いがあることも明記しておきたい。例えば，三品 (1998) はこう指摘する。日本の自動車メーカーの多くが世界戦略，北米戦略，欧州戦略などを高らかに謳う。それとは対照的に，トヨタは，その社史において商品戦略という表現は散見されるものの，企業全体の経営戦略や海外戦略といった言葉は不在であり，かわりに「強化」をかなり用いている，と。上記文献は，三品和広「ジャストインタイム・マネジメントの道程：トヨタから TOYOTA へ」加護野忠男他編『ケースブック日本企業の経営行動2：企業家精神と戦略』有斐閣，1998年，144-167頁；森川英正『はじめての経営学』有斐閣，1998年。

2）戦略の定義表は，合理的モデルと自然体系モデルという2つの視点を意図して作成した。von Neumann & Morgenstern から Hrebiniak, Joyce & Snow までが合理的モデルに依拠する戦略の定義である。Weick (1987) から4つの定義が自然体系モデルに依拠する戦略の定義である。戦略論における基本的な定義は前者である。その役割は，基本的には「組織と環境との間の適合 (fit)」である。が，後者の定義も近年注目されつつある。したがって，本書においては，これらの2つの視点を包含して次のように広義に定義する。すなわち，本書における戦略の定義は，「組織の成長・維持のための組織 – 環境間の適合およびそのための組織自体の調整」である。なお，戦略と目的との関係は，Hofer & Schendel (1978) が示しているように広狭の戦略概念において次のように示されている。広義の戦略は，Andrews (1971, p.28) の定義に示されるように，目標とその達成手段の双方を含むゆえに目標設定も戦略策定の一部とする。狭義の戦略は，Ansoff (1965, 邦訳129頁) に示されるように，戦略策定と目標設定とを分離し，戦略を目的達成のための（合理的な）手段に限定する。

3）田中 (1992) は，戦略策定 – 実施の二分法的枠組みに批判を示す。すなわち，意図的で，計画的に策定された伝統的な戦略論に対して，Weick (1987) や Mintzberg & Waters (1985) が指摘するように，環境変化に対する戦略の適応能力もしくは学習能力による創発的な戦略にも優位性がある。創発的な戦略に必要となる「戦略的に構成されたイデオロギー」をもって進行するさいに，組織は伝統的戦略のジレンマに陥ることはない，と。なお，三上 (2010) は，創発特性 (emergent property) を「創発特性とは諸要素が集合することによって，元の要素には存在しなかった新たな高次の全体的特性が出現することである」(100頁) と定義する。上記文献は，田中政光「戦略からイデオロギーへ」『研究年報経済学』第53巻第3号，1992年，71-86頁；三上剛史『社会の思考：リスクと監視と個人化』学文社，2010年。

4）パラダイムは，Kuhn (1962) が提出した概念である。彼は，その定義を多様に示したが，概して「一般に認められた科学的業績で，一時期の間，専門家に対して問い方や答え方のモデルを与えるもの」(邦訳 v 頁) であると考える。彼のいう「科学革命 (scientific revolutions)」とは，天動説から地動説へと人々の認識の転換を示したコペルニクス的転回のようにパラダイムが変わることを指す。ただし，批判もある。例えば，富永 (1993) は，Kuhn の科学革命においては一度革命が起これば旧学説が再度復権するということはけっして起こりえないだろうが，社会科学

第 1 章　問題意識

の場合には旧学説は必ずしも誤りとして棄てられたわけではないから一定期間の後にまた復活することもあるために Kuhn のパラダイム概念を用いない，と主張する。なお，組織論において，パラダイム概念をはじめて用いたのは Burrell & Morgan (1979) である。近年，マルチパラダイム・アプローチ (multiparadigm approaches) として多くの組織論文献が提出されている。このアプローチは近年の組織論・戦略論の流行であり，このような諸パラダイム間の対話によって知的前進を促すことができると考えられる (Lincoln, 1985 ; Hassard, 1991 ; Scherer, 1998)。しかし，野家 (1993) はマルチパラダイムを次のように批判する。複数のパラダイムがともに立脚し，それらを貫通する共通の基準が見出せないとすれば，その優劣を比較することははなから無意味であるし，いわんや連続的な「進歩」を云々することはできない，と。

5）ディスクルスは，仏語では discours，ドイツ語では Diskurs，英語では discourse である。もともとは方法的に進行し，各部分から全体を築き上げる思考ないし発話のことである。現代では Foucault が「言説」といい，Habermas が「討議」の意味で用いる。上記は，中岡成文「ディスクール」廣松渉他編『岩波哲学・思想辞典』岩波書店，1998年，1109頁を参照した。ほかにも，ディスコースについては Grant, Hardy, Oswick & Putnam (2004), Heracleous & Barrett (2001), Heracleous (2006), 鈴木 (2007) も参照した。

6）秩序をめぐる議論は，主に社会学においてなされてきた。佐藤 (1993) によれば，特にこれを社会学ではホッブズの秩序問題 (Hobbesian problem of order) という。ホッブズ問題とも呼ばれる。これはもともとパーソンズがホッブズの中に発掘した課題である。すなわち，人々が私的な利害関心を合理的に追求する際に，いかにして社会秩序は可能かという問題である。何ものにもとらわれず，独立で平等な近代的な人間たちが，互いに私的利益を自在に追求するとすれば，分配をめぐるさまざまな利害の対立が生じる。力と暴力による対立闘争に陥る。結局のところ，万人の万人に対する戦争状態に帰着してしまう。とするならば，自由・平等・独立の近代人にとって，いかに社会秩序はありうるのかを問うのである。友枝 (1998) によれば，ホッブズ問題は社会システムに秩序が生成されるメカニズムと，秩序が維持されるメカニズムを解明することである。よって，このホッブズ問題は社会学の根本問題をなすのである。以上は，佐藤勉「ホッブズ問題」森本清美・塩原勉・本間康平編『新社会学辞典』有斐閣，1993年，1352頁；友枝敏雄『モダンの終焉と秩序形成』有斐閣，1998年を参考にした。他にも参考文献として以下を参照した。上記文献は，金子勝・児玉龍彦『逆システム学：市場と生命のしくみを解き明かす』岩波書店，2004年；前田泰樹・水川喜文・岡田光弘編『ワードマップ エスノメソドロジー：人びとの実践から学ぶ』新曜社，2007年；Westwood, R. & S. Clegg (eds.), *Debating Organization : Point-Counterpoint in Organization Studies*, Blackwell, 2003。

7）複雑系 (complexity) の議論も，社会諸科学と自然諸科学をまたいで，ミクロとマクロのつながりを念頭に置く (Dooley & Van de Ven, 1999；高橋，1991；吉岡，1997；井庭・福原，1998等)。岸田 (2000b) は，複雑系という新しい科学論を組織論との関連において次のように論じている。複雑系は自己組織化するシステムであり，非線型性という特徴をもち，そこには，カオスやフラクタルという性質が含まれる。また，ミクロがマクロを創り出す点で還元主義的な性質をもち，ミクロとマクロの関係に関するパラドキシカルな性質（自己言及から生じる循環的因果関係）をもつ。組織 (organization) が Organizing と Organized という相反するプロセスからなると考えるなら，複雑系は Organizing のプロセスに関する議論である，と。なお，ミクロ−マクロ・リンク（ミクロ−マクロ問題）については以下も参照した。今井賢一・金子郁容『ネットワーク組織論』岩波書店，1988年；片桐雅隆『自己と「語り」の社会学：構築主義の展開』世界思想社，2000年。

29

第Ⅰ部 戦　略

付表1-1：マルチパラダイム・アプローチ

例	テクニック	関心のある現象	アウトプット
メタパラダイム概観			
Alvesson（1987）	括弧入れ（Bracketing）	作業	解釈的枠組み
Astley & Van de Ven (1983)	括弧入れ	組織理論	議論
Morgan（1983）	括弧入れ	研究方法	関わりの様式（Modes of Engagement）
Morgan（1997）	括弧入れ	組織	メタファー／イメージ
Reed（1996）	括弧入れ	組織研究	分析的物語
Smircich（1983）	括弧入れ	文化	研究プログラム
Gioia & Pitre（1990）	括弧入れと橋渡し（bridging）	理論構築，構造	パラダイム；変遷圏—構造化理論
Grint（1991）	括弧入れと橋渡し	技術	パラダイム；変遷圏—行為者ネットワーク理論
Kagham & Philips（1998）	橋渡し	知識	構成主義者パースペクティヴ
Weaver & Gioia（1993）	橋渡し	構造	構造化理論
Willmott（1993）	橋渡し	労働過程	ラディカル労働過程理論
マルチパラダイム研究			
Bradshaw-Camball & Murray（1991）	パラレル	組織ポリティクス	3焦点観
Graham-Hill（1996）	パラレル	小企業戦略	4ケース研究
Hassard（1991）	パラレル	作業組織	4経験的研究
Martin（1992）	パラレル	文化	3パースペクティヴ枠組み
Gioia, Donnellon & Sims（1989）	連続的（sequential）	認知スクリプト	客観的-主観的研究
Gioia & Thomas（1996）	連続的	戦略変化	主観的-客観的研究
Lee（1991）	連続的	組織	連続的戦略
Sutton & Rafaeli（1988）	連続的	情動的表示（emotional display）	三角測量の研（Triangulated study）

メタパラダイム理論構築

Gioia & Pitre (1990)	メタ理論作り (metatheorizing)	組織構造	推測転換 (Conjecture inversion)
Grimes & Rood (1995)	メタ理論作り	局所的認識論	諸認識論を橋渡しする
Morgan (1983)	メタ理論作り	研究方法	反省的会話
Poole & Van de Ven (1989)	メタ理論作り	構造	パラドクス的戦略
Bouchikhi (1998)	相互作用 (interplay)	組織パラドックス	弁証法的緊張
Clegg (1990)	相互作用	パワー	メタパラダイム理論
Gaventa (1980)	相互作用	パワー	メタパラダイム理論
Reed (1997)	相互作用	構造―行為	成層的存在論 (Stratified ontology)
Schultz & Hatch (1996)	相互作用	文化	パラダイム相互作用
Spender (1998)	相互作用	知識	多元主義認識論
Ybema (1996)	相互作用	文化	メタパラダイム理論

(Lewis & Grimes, 1999)

第2章 戦略論学説史

本章では、戦略論の学説史分析を行う[1]。

ある研究領域を考える場合に、1つの焦点となるのはその歴史的系譜をどのように評価するかである。そもそも戦略論はどの程度の歴史的深度において論じられてきたのか。これは過去への問いであると同時に、実はすぐれて現代的な問いでもある。どのような学問領域であれ、学説史分析はわれわれに潜在的な知的刺激と明瞭な問題意識を提示する。

にもかかわらず、戦略論は学説史分析によってその理論的深度が明らかにされることはあまりなかったといってよい。たしかに部分的な学説紹介もしくは定義的変遷（Hofer & Schendel, 1978 ; Hrebiniak, Joyce & Snow, 1989 ; Hrebiniak & Joyce, 1984 ; Hendry, 1992 ; Steingraber, 1995 ; Bowman, 1995 ; Schendel, 1995 etc. ; 加護野, 1997, 1999等）は若干あるものの、その体系的な学説史はほとんどなかった。

さらに付け加えていうならば、戦略論は、概して政策的志向および実践的願望が強く、その現象面の説明に追われてきた感がある。それゆえに、戦略論は手法、理論的枠組み、ケース・スタディに傾注することが研究の大勢であった（Scherer, 1998）。

戦略論の全体像を把握しようとする文献は、およそその歴史的変遷を積極的に問うことはなかった。戦略論の学説を歴史的に並べ、その詳細を概観するような学説史はほとんどなかったのである[2]。

したがって、本章では、戦略論の学説史分析を行う。1960年代前後を戦略論の萌芽期として設定し、1970年代、1980年代、1990年代という順序で、その研究環境の変遷を織り交ぜながら展開する。最後に、戦略論の学説史上において何が変わったのか、逆に一貫して変わらなかったのは何かを明らかにする。

1 ◆戦略論の萌芽期

戦略論が戦略論として確立される以前の時期を手始めに概観しよう。

古来より軍事用語として使われていた戦略概念は、現在では非常に多岐に使われている。特に社会諸科学においては、組織の成長をとらえる戦略論という1つの確立した分野として研究されている。したがって、戦略とは古くて新しいテーマであ

るといえる。

1.1 戦略概念

さて、戦略はどのように定義されているのか。Bracker（1980）は、戦略概念の歴史的経緯を次のように論じている。すなわち、

「戦略のもつ通底的な原則はホメロスやエウリピデスといった多くの論者によって吟味された。われわれのいう戦略概念は、ギリシャ語のstrategos、すなわち『軍隊（army）』や『弾丸（lead）』の意味をその語源にもつ将軍（a general）に由来する。ギリシャ語の動詞であるstrategoは、『諸資源の効果的利用を通して敵の破壊を計画する』を意味する。軍隊もしくは政治的状況における戦略概念は、歴史全体を通じてこれまで顕著なままであったし、シェイクスピア、モンテスキュー、カント、ミル、ヘーゲル、クラウゼビッツ、リデル・ハート、トルストイといった偉大なる著述家によって吟味されてきた。こうした著述家によって展開された重要な概念は、数多くの軍人や政治理論家、例えばマキャベリ、ナポレオン、ビスマルク、山本、ヒトラーなどによって用いられてきた。」（p.219）

戦略は、戦術（tactics）とは区別される。例えば、Ansoff（1965）は次のように区別する。すなわち、

「軍隊では、戦略というのは、敵に対して大規模な兵力を動員するための、いわば用兵についてのむしろばく然としたきわめて広範な概念である。また、戦略は戦術と対照的に使われているが、戦術のほうは割当てられた資源を使用するための個別的な計画である。」（邦訳146-147頁）

戦略は、方針（policy）とも区別される。Ansoff（1965）は次のように区別する。すなわち、

「方針というのは一種の条件付き決定であり、戦略とは意思決定のためのルールなのである。したがって、方針の実施は下位に委譲できるが、戦略の実施は委譲できないのである。というのは、後者の場合には最後の瞬間に経営者の判断が必要になるからである。数学的意思決定学派の人たちの使うテクニカル・タームで表現すれば、戦略の決定は部分的無知の状態のもとで行わざるをえないものであり、その時点では、各種の代替案を事前に整理して検討するようなことはできないのである。」（邦訳149頁）

第Ⅰ部　戦　略

戦略（strategy）概念が経営学において用いられることになったのは1955年頃である（Ansoff, 1965, 邦訳128頁）。

さらに経営学において戦略概念が広範に用いられるようになったのは，ゲーム理論が開発されて以後である。von Neumann & Morgenstern（1947）は，ゲーム理論を開発する際に，それは戦争においてもビジネスにおいても，あらゆる葛藤状況での分析枠組みを提示するものであるとするのである（Ansoff, 1965, 邦訳147頁）。

1.2 「戦略的」の意味

「戦略的（strategic）」という形容詞についても，戦略論においては独自の意味がある。すなわち，

「戦略的ということばを"企業とその企業を取り巻く環境との関係に関するもの"という意味に使っている。したがって，"戦略的"ということばによって"重要な"という意味を表すようなありふれた使い方とは違って，もっと専門的な意味を持たせているのである。企業によっては，その立場からすれば，戦略的意思決定よりも重要な業務的意思決定があるかもしれないのである。」（Ansoff, 1965, 邦訳14頁）

「われわれが"戦略的意思決定"について話しているときは，"戦略的"というのは"企業の，その環境に対する適応ということに関係のある"という意味であり，また"戦略"について話しているときには，そのことばは"部分的無知の状態のもとでの意思決定のためのルール"という意味である。」（Ansoff, 1965, 邦訳150頁）

この戦略的という形容詞を，Barnardも用いている。

Barnard（1938）は，周知の通り，公式組織を「2人以上の人々の意識的に調整された活動や諸力の体系」（邦訳76頁）と定義した。公式組織の解明を通じて，Barnardは戦略的要因（strategic factor）を指摘している[3]。

戦略的要因とは，「正しい方式で正しい場所と時間にそれをコントロールすれば，目的を満たすような新しい体系ないし一連の条件を確立せしめるごとき要因」（邦訳212頁）である。すなわち，いろいろな要因のうちのどれか1つに働きかければそれが扇の要のように組織全体の状況が一変し，目的を達成できるという枢要な要因である（土屋, 1984）。

要するに，Barnardのいう「戦略的」とは単に「重要な」という意を指していたにすぎないのである。Barnardが戦略論の端緒であったわけではない。というのも，彼の理論体系においては組織－戦略－環境という枠組みの中での説明が無かったためであり，同時に彼は組織の内面を解明しているもののその組織環境との関係

第2章　戦略論学説史

で論じられるべき戦略については言及していないからである。

Drucker（1954）は，1950年代に入り，Barnardと同じように戦略の問題を暗示的に示した（Hofer & Schendel, 1978）。彼は，「われわれの事業とは何か，そして，それはいかにあるべきか」と問いかけたのである。

また，この頃，長期経営計画や経営政策，経営方針（business policy）といった計画過程の議論が当時の有力学派であった経営過程学派（process school）によってなされてはいた。経営政策とは，概して，企業内の諸職能の方針を問うものであり，計画と理念の中間に位置して目的を具体化することを目指すものである。Newman & Logan（1959）は，例えば，計画過程をはじめて直接的に捉えている。が，企業内部のみの販売，調達，人事，財務の方針を論じたにすぎず，環境は考慮されていないのである。

よって，これらは直接的に戦略論の契機とはならなかった。経営政策論と戦略論を峻別すると，前者がClosed Systemとして組織を扱い，後者がOpen Systemとして組織を扱うのである。

以上のように，組織の環境をとらえるための戦略問題はつねに問題視されてはいたといえる。が，明示的に環境を扱うものはなかったのである。

環境をはじめて明示し，同時に環境との関わりにおいて戦略概念を明示したのは経営史家のChandlerである。

Chandler（1962）は，アメリカの大企業（GM，DuPont，Searsなど）における事業部制組織（divisionalized organization）の成立史をとらえた。彼は，特に，戦略と組織との関係の経営史的分析を「組織構造は戦略に従う（structure follows strategy）」という有名な命題で実証したのである。ただし注意すべきは，彼はそこで戦略そのものの展開過程を論理的に立ち入ってとらえようとしたわけではなかったということである。その書名からもわかる通り，事業部制というStructureを説明するために，奇を衒った語呂合わせからStrategyを用いていたにすぎなかったのである（降旗，1984；土屋，1979）。

表2-1：成長ベクトルの構成要素

市場 （ニーズ） ＼ 製品	現	新
現	市場浸透力	製品開発
新	市場開発	多角化

（Ansoff, 1965, 邦訳137頁）

第Ⅰ部　戦　　略

　しかし，周知の通り，これが紛れもなく戦略論の嚆矢となった（加護野他，1985）。その後，Chandlerの学問的影響を受け，経営多角化等の戦略を策定する際に既存事業との関係で新しい戦略を見出し論理と手続きを論じたのが，次のAnsoffである。

　Ansoff（1965）は，アメリカ企業の経営多角化（diversification），すなわち製品，市場の選択の指針となる戦略的計画（strategic planning）の立案手続きという手段のみを詳細に論じたのであった。実のところ，彼自身は戦略の定義を明確には示していない。しばしば引用される箇所を抜き出してみると以下の通りである。すなわち，

「企業とその環境とのあいだに"インピーダンス・マッチ"を作りあげるためのものである。」（邦訳7頁）

「部分的無知（Partial Ignorance）の状態のもとでの意思決定のためのルール。」（邦訳20頁）[4]

「企業の事業活動についての概念を提供し，企業が新しい諸機会を探究するための明確な指針を設定し，企業の選択の過程を最も魅力的な機会だけにしぼるような意思決定ルールによって企業の目標の役割を補足するもの。」（邦訳129頁）

　要約すると，戦略とは環境と企業との間の部分的無知のもとでの意思決定のルールである。Ansoffの第1の貢献は，戦略論における論理性の提示である。例えば，製品・市場領域，成長ベクトル，競争優位，シナジー効果という4つの共通の脈絡（common thread）によって，企業戦略論において論理性を見出したことである。

図2-1：Ansoffの3つの意思決定

第2章　戦略論学説史

　第2の貢献は，戦略論への意思決定論の応用である。この点で，彼はカーネギー学派の意思決定論の影響を多分に受けていることが分かる。「意思決定の観点からすれば，企業経営上の全体的な問題は，企業の目標達成を最適度に可能にするような方法で，資源の転化のプロセスを方向づけることである」（Ansoff, 1965, 邦訳6頁）が，このためには多種多様で大量の意思決定が必要になるゆえに，彼は企業における意思決定を3つのカテゴリー（戦略的意思決定，管理的意思決定，業務的意思決定）に類別するのである（本書第6章145頁参照）。

表2-2：企業における主たる意思決定

	戦略的意思決定	管理的意思決定	業務的意思決定
問題	企業の資本収益力を最適度に発揮できるような製品－市場ミックスを選択すること	最適度の業務をあげるために企業の資源を組織化すること	資本収益力を最適度に発揮すること
問題の性格	総資源を製品－市場の諸機会に割り当てること	資源の組織化，調達，開発	・主要な機能分野に資源を予算の形で割り当てること ・資源の適用と転化を日程的に計画すること ・監督しコントロールすること
主要な決定事項	・諸目標および最終目標 ・多角化戦略 ・拡大化戦略 ・管理面の戦略 ・財務戦略 ・成長方式 ・成長のタイミング	・組織構造─情報，権限，および職責の組織化 ・資源転化の組織化─仕事の流れ，流通システム，諸施設の立地 ・資源の調達と開発─資源調達，施設および設備，人材，原材料	・業務上の諸目標と最終目標 ・販売価格とアウトプットの量的水準（生産高） ・業務上の諸水準─生産の日程計画，在庫量，格納 ・マーケティングの方針と戦略 ・研究開発の方針と戦略 ・コントロール
主たる特性	・集権的に行われるもの ・部分的無知の状態 ・非反復的 ・非自然再生的	・戦略と業務との間の葛藤 ・個人目標と組織目標との葛藤 ・経済的変数と社会的変数との結びつき ・戦略的問題や業務的問題に端を発していること	・分権的に行われるもの ・リスクと不確実性を伴うこと ・反復的 ・多量的 ・複雑さのために最適化が二義的にならざるをえないこと ・自然再生的
代表的研究者	Ansoff（1965）	Chandler（1962）	Cyert & March（1963）

（Ansoff, 1965, 邦訳12頁）

第Ⅰ部　戦　　略

　しかし，Ansoffの理論体系においては戦略のみをとらえて組織の問題が欠如していたといえる。さらに，戦略計画策定（formulation）の理論であって実施（implementation）の理論が欠けていたことなどの問題点も指摘されている（藤本，1982）。
　Andrews（1971）は，ハーバード・ビジネス・スクールの講義の1つである経営政策論を担当し，その普及に努めた。彼は，Ansoffが目的を含めない手段として狭義に戦略概念を定義したのに対して，目的を介在させた手段として広義に戦略概念を定義した。
　Andrewsの戦略の定義はこうである。

　「企業が現在どのような事業に属していてどのような種類の企業なのか，あるいはどのような事業に属すべきでどのような種類の企業であるべきかという具合に定義された目標，意図ならびに目的のための主要なポリシーのパターン。」（Andrews, 1971, p.28）

　以上のように，1960年代ははじめて環境を取りいれた研究がなされたゆえに「戦略論の萌芽期」であったといえる。
　このような戦略論の歴史を築く土台となったのは，アメリカの大学機関すなわちビジネス・スクールである。ここで，戦略論史を語るうえで切り離すことのできないビジネススクールについて少々触れておくことが有益であろう。
　アメリカにおけるビジネス教育は19世紀初頭からの商業学校に始まる。が，さらに高度な教育が行われたのは大学教育においてである。
　中上流階級出身でエンジニアリングを専攻した大学卒業生が企業に入るケースは，1860年代からすでに増加していた。当初，正式なビジネス教育にはほとんど関心が向けられていなかった。が，合併運動の所産としてビジネス教育は注目され，それを受けた学卒者の需要がすでに生じていた（Wilson, 1995）。
　アメリカの大学で実践的な経済学が提供されたのは，1884年のルイジアナ大学である。その内容は商学，政治経済学，統計学を結合したようなものであったといわれる。アメリカでは1871年までに，23の大学が商業教育を提供するようになっていた。アメリカにおける本格的なビジネス高等教育を提供したのは，1881年のペンシルバニア大学に開設されたウォートン・スクールである。これは，フィラデルフィアの製鉄業者ジョゼフ・ウォートンが当時10万ドルを寄付して開設した本格的なファイナンスと商学に関するプログラムであった。このウォートン校は，3ヶ年の本格的履修科目をもってスタートし，一躍成功を収めるに従って4年制大学となった。ウォートン・スクールの成功に多くの大学も続いてビジネス学部を設立した。カリフォルニア大学やシカゴ大学も1889年にはビジネス関係の学部をスタート

させて，主要大学においても経営者養成校が開設された。とりわけ1908年にハーバード大学が，医学部や法学部と並んだプロフェッショナル・スクールとして経営大学院（Harvard Graduate School of Business Administration）を開設した。これはハーバード・ビジネス・スクールと呼ばれる。トップ・マネジメントを養成する大学院として今日でも名高いハーバード・ビジネス・スクールでは，ロー・スクールで成功した「法学的なバックグラウンドのない学生に，実践的な事例を用いて法学を理解させる」いわゆるケース・メソッドを用いることによって，高等ビジネス教育の世界的名声を博したのである。ハーバードの新しい学位経営学修士号MBA（Master of Business Administration）は，ケース・メソッドと相まってアメリカの産業界において好評を博し，他の大学も追従した。経営大学院は20世紀初頭にかけて出現した巨大企業のトップ・マネジメントあるいはミドル・マネジメントを専門的に教育する場となり，その学生たちが次第にアメリカ企業の中枢をしめるようになった。この大学院の修士号MBAは，アメリカ・ビジネス界における貴重な学位となったのである（米倉，1999；Mintzberg，2004）。

以上のように，今日の戦略論を下支えする制度が着実にその成果を上げていったのである。次に，戦略論の成長段階を概観しよう。

2 ◆成長期

1970年代に入り，大規模企業の多角化が一般的になった。そのうえで，多角化した事業活動をどのように管理するかという問題が発生した。これに対して，経験曲線，PPM，PIMSといった手法（概念）が登場する。企業の長期計画を作成するための戦略計画論はこういった状況をふまえて多くの研究文献の輩出によって1970年代にその隆盛をきわめたのである（Abell & Hammond，1979；Abell，1980；Aaker，1984 etc.）。まさに1970年代は「戦略論の成長期」であったといえる。

2.1 経営計画論から経営戦略論へ

1970年代後半にかけては，経営戦略の実施をめぐる問題が大きく取り沙汰されることになる。というのも，それまでの戦略論には人間ならびに組織の問題が欠けていたためである。この反省をふまえて，Ansoff（1978）は経営戦略論（strategic management）を主張した。計画一辺倒の経営計画論から企業組織内の人間を包摂して経営戦略論へとその議論の幅を彼はひろげたのである。

Ansoff（1978）は，企業組織をESO（environment-serving organization：企業環境に貢献する組織）であると設定した。彼は，能力，パワー，文化，リーダーシップといった構成要素に分解して，それら組織要因と戦略パターンの相互関係を分析する方法に到達した。

第Ⅰ部　戦　　略

表2-3：戦略と組織

研究者	戦略と組織
Chandler 説	戦略　→　組織
Ansoff 説	組織　→　戦略

　ここで強く認識すべきことは，組織論とは乖離したままで展開されてきた戦略論が組織論と大きく結びついて議論されることになったということである。ここに至って，戦略論は文字通りの「計画-組織-統制（Plan-Do-See）」という一連のサイクルを含む管理プロセスの問題となったといえる。というのは，これまでの戦略論が，戦略を策定し実施する組織という場を軽視していたからである。組織なくしては戦略はありえない。したがって，Chandler 命題とは逆の「組織が戦略をつくる」のである。

2.2　計画論批判

　さて，1970年代では石油危機による低成長経済への移行とともに，企業環境の変化が著しくなった。乱気流（turburent），不確実性（uncertainty），脱工業（post-industrialization）といった言葉が流布したのはこの頃である。

　このような企業環境ではたらく組織内の人間という現実的な側面を捨象し，机上の空論のごとき合理的な側面だけを追求していた経営計画論に対して，実務家の不満は募るばかりであった。おりしもアメリカ経済は停滞し始め，学界からも経営計画論への批判が高揚した。例えば，以下のそれぞれが計画論を批判しようと試みる問題提起的な論調である。

　Hayes & Abernathy（1980）は，経営者が依拠してきた経営理論に疑問を投げかけた。彼らは分析的推論と方法論的優雅さを志向し，経験に基づく深い洞察力による経営を排除するものであると主張した。いわゆる経営計画論批判に先鞭をつけたのである。

　ここでは，経営計画論批判をより深く理解するために，後の議論も概観しよう。Gray（1986）は，1980年代のアメリカ企業の競争力の衰退の原因の1つが戦略計画への固執であるとした。戦略計画批判が実務界から噴出しているにもかかわらず，企業の多くがそれに固執してしまう傾向を指摘した。現業管理者の準備不足，SBU（strategic business unit：戦略的事業単位）の定義のまずさ，曖昧な目標設定，計画のための情報不足，戦略計画と管理部門との不適切な連携など，すなわち戦略実施における組織上の諸問題が露呈していたのである。

　したがって，Gray は①計画自体の是非ではなく，どのように戦略計画を策定するのか，②どのように戦略策定-実施を調整するのかに焦点を当てることを主張したのである。

表2-4：戦略論の研究対象

	戦略	環境	組織（人）
経営政策論	○		
経営計画論	○	○	
戦略経営論	○	○	○

注）○印は主に重視することを示す。

　Mintzberg（1990a）は，同様に，戦略計画の背後にある基本前提への懐疑を抱いた。彼は3つの誤謬を指摘した。

　まず，事前的意思決定の誤謬（fallacy of predetermination）である。変化の激しい環境下においては事前的に計画を立てることそれ自体が困難であるということである。

　次に，分離の誤謬（fallacy of detachment）である。組織上の意思決定を階層的に分離してしまうことによって，情報の流れを遮断してしまうことである。

　さいごに，公式化の誤謬（fallacy of formalization）である。すなわち，戦略策定－実施を諸段階に区分けすることによってそれらが形骸化してしまうことである。

　これら3つの誤謬が，戦略計画そのものを阻害もしくは妨害するのである。

　以上が1980年代後半以降の代表的な戦略計画批判である。それぞれが計画論を批判しようと試みる問題提起的な論調であった。要するに，容易に推測できるように，GrayもMintzbergも，組織－環境間の問題点ではなく，組織上の障害について指摘したのである。

　以上のように，戦略計画論が注目され，のちにその翳りを見せ始めるのが1970年代の戦略論の状況であったといえる。

　次に，戦略論の成熟期と停滞期を概観しよう。

3 ◆ 成熟期

　1980年代では，政府規制の緩和，技術革新の促進などの新しい環境変化が始まった。

　戦略論は，こうした中で2つの大きな流れを経験する。第1に公式性，合理性，計画性などを重視する戦略論の徹底である。第2にそれとは対照的な流れとして，公式性批判，合理性批判，計画性批判といった戦略論の基本的特性への懐疑である。

　まず，第1に，公式性，合理性，計画性などの戦略論のいっそうの徹底を概観する。この点は，特に，経済学者が経営学に大きく参入したことを示すものである。

第Ⅰ部　戦　略

産業組織論という経済学の一分野が企業を対象とする経営学の一分野である戦略論に大きく参入した。Porterをその代表とする競争戦略論である[5]。

3.1　Porterの競争戦略論

Porter（1980）は，産業組織論（industorial organization theory）を戦略論に適用して，特定事業のために戦略を立案する実務家向けに，事業部レベルの戦略，いわゆる競争戦略（competitive strategy）を展開した[6]。

競争戦略は，産業の中に防御可能な位置をつくり出すため，また5つの競争要因（新規参入の脅威，既存競争企業間の敵対関係の強さ，代替製品からの圧力，買い手の交渉力，売り手の交渉力）にうまく対処し，企業にとってのより望ましい投資収益を上げるための攻撃的ないし防衛的アクションと定義されている。そのための3つの基本戦略（コストのリーダーシップ，差別化，焦点化）のいずれか1つが明確に意識されて追求されなければならないと提唱した（本書第3章77-78頁参照）。

5つの競争要因は，5フォース・モデルともいわれる。では，5つの競争要因を詳述しよう。

第1に，新規参入の脅威である。企業がある産業に参入するためには数々の参入障壁を乗り越えなければならない。参入障壁とは，例えば，規模の経済性，特異な製品差別化，ブランド信用度，流通チャネル，必要資材の入手可能性，政府の政策なのである。

第2に，売り手の交渉力である。売り手とは，供給業者（取引業者・協力企業）を指す。売り手は高価格で製品・部品・原材料を売ろうとするために，自社との間で競争が生じる。その要因は，例えば，資材差別化の程度，代替資材の出現，供給業者の専業化，川下統合の脅威なのである。

第3に，買い手（顧客）の交渉力である。製品・サービスを安く購入しようとする顧客は，自らがもつ情報量，代替品の有無，注文量，川上統合の可能性などの交

図2-2：3つの基本戦略（Porter, 1980, 邦訳61頁）

第2章 戦略論学説史

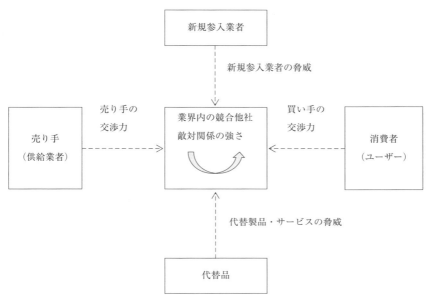

図2-3：5フォース・モデル（Porter, 1980, 邦訳18頁）

渉能力をもつ。また，顧客は，製品差別化，ブランド・アイデンティティ，購入決定者の動機などの価格敏感度をもつ。

第4に，代替品の脅威である。企業は，自社が提供する製品に対して，代替品のもつ相対的価格パフォーマンス，代替品への切替えコスト，買い手の代替品への好みという数々の脅威にさらされている。

第5に，競争業者間の敵対関係の強さである。複数のライバル企業がもつ敵対関係の程度を指す。企業はつねにライバル企業と競争し，共存し，ときには提携（アライアンス）を組むこともある。これは，上述の4つの競争要因の度合いに依存する。

以上の5つの競争要因をもって，企業は自らの競争優位性を構築しようとするのである。

さらに，Porter (1985) は，価値連鎖（value chain）を提唱した。企業のもつ相互の連結活動が全体として買い手のための価値を創造しているので，これをうまく管理することこそが競争優位の源泉であると主張したのである。すなわち，事業部レベルを対象にしていたPorterが，その下位単位である職能部門レベルとの相互作用へと議論の対象レベルを下げたということを意味する。彼のいう価値連鎖とは，価値をつくる諸活動およびマージンから成る。企業は，価値連鎖，すなわち購買物流，製造，出荷物流，販売・マーケティング，サービスという5つの主要活動

43

第 I 部　戦　　略

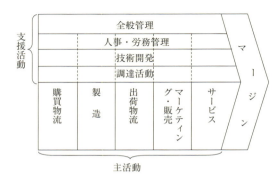

図2-4：価値連鎖
(Porter, 1985, 邦訳49頁)

と全般管理，人事・労務管理，技術開発，調達活動の4つの支援活動をもって活動すると考えるのである。

　第2に，公式性批判，合理性批判，計画性批判といった戦略論の基本的特性への懐疑を示す見解を概観する。1980年代には，従来の合理的な意思決定もしくは計画性重視の戦略に対して，理論的にも実証的にも対抗する見解が多様に示された。

3.2　Weick の戦略代替案

　Weick（1987）は，戦略の代替案（substitutes for strategy）を重視する。これは従来の支配的であった Chandler 命題，すなわち組織は戦略に従う（structure follows strategy）とは対照をなすものである。対して，Weick の戦略の代替案は，リーダーが選択するものを中立化する条件であり，実施によって戦略が生まれると考えるのである。戦略は合理的な戦略策定だけではなく，経営者の認知を通じて組織という場で戦略が策定される，すなわち戦略は組織構造に従うのである（strategy follows structure）。それゆえに，彼の戦略定義は，明確には示されていないものの，「実行こそが分析であり，実施こそが戦略策定である」（Weick, 1987, 邦訳284頁）と記す。同時に，彼はこう主張する。すなわち，

> 「しばしば戦略は行為が過ぎた後の回顧的要約であるために，また戦略のみた目の首尾一貫性や合理性はしばしばあと知恵でより鮮明に浮かびあがるものであるために，戦略からの結論は，今何ができるのか，将来何をする必要があるのかについては，人を誤らせるような要約になってしまいうる。」（Weick, 1987, 邦訳286頁）

　したがって，戦略は結果としての事後的な概念であり，事前的戦略に固執するこ

表2-5：Chandler と Weick の戦略

Chandler 命題 　　組織は戦略に従う（structure follows strategy）
Weick の戦略の代替案 　　戦略は組織に従う（strategy follows structure）

とは組織を麻痺させるのである。言うまでもなく，Weick（1979, 1987）は，現実を社会的に構成する，いわゆる現象学的社会学（Berger & Luckmann, 1966；Schutz, 1970；西原他，1998）という学問的潮流の影響を受けている[7]。

さらに，Weick は，戦略の中心たる計画（planning）に対して次のように指摘する。すなわち，

「プランニングに関するわれわれの見解によれば，プランニングとは未来完了時制における思考である，と考えると最もよく理解することができる。…計画がうまくいくのは，計画によって過去の類似した行為を照合しなおすことができるからであって，計画によって将来起るかもしれない出来事が正確に予測できるからではない。計画の成否の原因となるのは，計画によって生じる特定の内省形式であって，特定の予測形式ではない。計画によって，行為者が過去の経験を思い起こし，それを浮き彫りにできる明瞭性には違いがある。計画の重要な特性とは，過去をどのように見ればよいかが計画によって決定されるということである。計画は，予測の文脈よりも正当化の文脈のなかにより多く見られるようである。つまり，それらは，これから遂行されることよりも，遂行されたことに一層関係しているのである。」（Weick, 1969, 邦訳195-196頁）

3.3　創発的戦略と意図的戦略

Mintzberg とその同僚たち（Mintzberg, 1978, 1987a, 1994；Mintzberg & Waters, 1982；Mintzberg & McHugh, 1985 etc.）は，一連の著作において，現場レベルから創発される創発的戦略（emergent strategy）を強調する。

Mintzberg & Waters（1985）は，意図的戦略と創発的戦略という２つの戦略の形成過程を識別する。まず，意図された戦略が意図的・計画的に実現化されていく側面，すなわち意図的戦略（intended strategy）である。意図的戦略→計画された戦略→実現された戦略への順序である。これは従来の戦略論の基本的な考えであり，計画性，合理性，公式性を重視する立場である。

次に，これとは対照的に，予期せぬ環境変化を捉えて創発的に戦略を創造する側面が創発的戦略（emergent srategy）である。創発的戦略 → 実現された戦略への順序である。Mintzberg が強調する創発的戦略は，当初には明確に意図しなかった

戦略が実現したパターンであり，個々の活動が経時的にある種の一貫性やパターンに集中することを指摘するのである。
　次のような明快な例を彼は挙げている。すなわち，

「例えば，企業は一つの多角化戦略（計画書）を遂行するよりも，市場調査を実施しながら，次のように少しずつ多角化の意思決定を行う。最初に都市のホテル，次にレストラン，さらにリゾート・ホテルを買収する。その後，他の都市のホテルとレストラン，もう一つ他のホテルとレストランを次々に買収して，都市のレストラン付きホテルへの多角化の戦略（パターン）が最終的に出現する。」（Mintzberg, 1994, 邦訳77頁）

彼は，さらに，創発的戦略を次のような比喩をもって説明している。
　Mintzberg（1987b）は，陶芸家の作業のように徐々に練り上げていくプロセスこそが戦略であると主張する。彼はこれをクラフティング戦略（crafting strategy）と呼ぶ。すなわち，

「戦略という言葉は通常の場合，未来との関係で使われているけれども，その過去との関連も同様に重要である。キルケゴールがかつていったように，人生は過去を理解しながらも，未来に向けて生きていくわけである。管理者としても，未来に向けての戦略とともに生きる必要があるけれども，それは過去を通じて理解していかなければならない。ちょうどロクロに向かう陶芸家のように，企業組織も，未来を管理したいと望むのであれば，過去から学んでいかなければならない。自らの組織行動のなかに生じてきているパターンを認識することによってのみ，組織はその能力，成長可能性を理解できるわけである。したがって，戦略を練りあげていくということは，ちょうど工芸品を作っていくのと同様に，未来，現在，過去を自然の形で統合していくことが要求されるわけである。」（邦訳17頁）

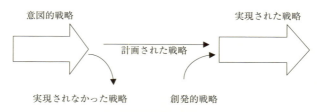

図2-5：戦略形成プロセス
（Mintzberg & Waters, 1985）

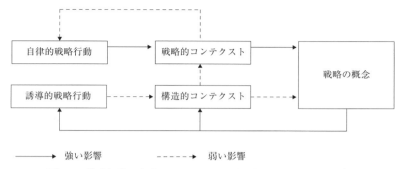

図2-6：戦略行動，企業コンテクスト，戦略概念の相互作用モデル
（Burgelman, 1983, p.65）

これは，明らかに創発的戦略を示すものである。

したがって，Mintzberg は，実際の企業においてみられる戦略の形成過程を意図的戦略と創発的戦略という全く対照的な方向性をもつことを明らかにした。同時に，創発的戦略こそが戦略の実際的側面を示すと強調したのである。

3.4 誘導的戦略行動と自律的戦略行動

Burgelman は，一連の著作（Burgelman, 1983；Burgelman & Sayles, 1986；Burgelman, 2002 etc.）において，Mintzberg と同じような点で，従来の伝統的な戦略と創発的な戦略とを区別する。

Burgelman & Sayles（1986）は，社内ベンチャーの事例研究を進めるうえで，誘導的戦略行動（induced strategic behavior）と自律的戦略行動（autonomous strategic behavior）という2つの戦略の方向性を明らかにした。まず，誘導的戦略行動は，従来の伝統的な戦略論，すなわちトップ・マネジメント主導の戦略行動を示す（先導的戦略行動とも訳す）。この中の構造的コンテクストは，「トップ・マネジメントが組織の中の現業レベルやミドル・レベルの戦略的個人の関心に巧みに影響を与える管理的，象徴的メカニズムに属する」（Burgelman & Sayles, 1986, 邦訳307頁）ものである。これは Chandler の「組織は戦略に従う」という命題に相当するものである。

次にこれとは対照的なのが，自律的戦略行動である。これは，「企業家精神が典型的には会社の組織構造の多様なレベルでのマネジャーの戦略行動の組み合わせによって構成される」（邦訳309頁）ものである。この自律的戦略行動において「ミドルのマネジャーは，戦略構想力を達成することによってニュービジネス活動の領域で，より広い戦略を形成することを好み，そしてこれらの計画を支援することをトップ・マネジメントに納得させようとする。……彼らは企業に関連する環境を再

定義し，事業ポートフォリオの範囲を拡げるように導く」(邦訳308-309頁)。

戦略的コンテクストは，ミドル・マネジャーが現在の戦略概念を問題視してトップ・マネジメントに対して自律的戦略行動を提案する政治的な機構のことを指す。この過程を通じて現場レベルでの成功的な自律的戦略行動は戦略概念に統合されるのである。

したがって，MintzbergとBurgelmanの見解は次のように整理できる。第1に，Mintzbergの創発的戦略＝Burgelmanの自律的戦略行動（すなわち創発性重視の新しい戦略），である。第2に，Mintzbergの意図的戦略＝Burgelmanの誘導的戦略行動（すなわち計画性重視の伝統的な戦略）である。

以上のように，1980年代は戦略論において2つの大きな流れが見られた。が，他にも戦略論に影響を与えた議論があった。企業文化論がその筆頭に挙げられる。

3.5 企業文化

1980年代の大きな経済動向は日本経済のいちじるしい興隆であり，欧米では日本的経営（論）が注目された。もちろん，日本的経営論は多くの場合アメリカ企業との対比で語られるものであり，日本的経営と呼ばれる特徴がアジア一般にも散見される。が，こうした議論が日本企業の特異な急成長をより適切に説明するものとして学術的に注視されたのである。

Peters & Waterman (1982) が，その端緒である。彼らは，世界中の優良企業（3M，IBM，P&Gなど）の調査を行い，それらをエクセレント・カンパニーと呼んだ。その特徴は，行動の重視，顧客への密着，企業家精神の尊重，"ひと"を通じての生産性向上，価値観に基づく実践，基軸から離れない多角化，単純な組織と小さな本社，緩急自在の同時コントロールの8つである。

加護野 (1988a，1988b) は，企業文化を企業パラダイムと書き換え，このパラダイム変革こそが日本企業の競争優位であると強調した。

戦略の策定と実施における経営者の認知的側面にも焦点が当てられた (Schwenk，1988a，1988b)。

製造現場つまり職能部門レベルに焦点を当てた研究では，日本企業の製造業，特にトヨタ生産方式（TPS）に焦点を当てたリーン生産方式，リエンジニアリングなどの議論が盛んに行われた（藤本，1997）。

リーン生産方式（lean production）とは，従来の大量生産に比べて，工場スペース，工作機械投資，新製品開発時間といったあらゆるものが少なくて済み，欠陥ゼロ・在庫ゼロといった一層のコスト低減をはかって完璧を目指すものである (Roos，Womack & Jones，1990，邦訳26頁)。「リーンな（贅肉を削ぎ落とした）」生産とは，MITから産学官協同が，日本の自動車メーカー，特にトヨタ自動車の生産システムを参考に，アメリカの自動車産業が重視すべき諸点を示したものであ

る。

　リエンジニアリングとは，コスト，クオリティ，サービス，スピードなど現代の重要なパフォーマンス指標に対して劇的な改善を遂げるために，ビジネスのプロセスを根本的に考え直し，徹底的に変革すること（Hammer & Champy, 1993）である。

　こういった日本経済の成長とは対照的に，衰退したアメリカ企業に関する考察結果が提出された。アメリカの各研究機関からの分析結果は以下の通りである。

　ハーバード・ビジネス・スクールは，Abernathyを中心として『インダストリアル・ルネッサンス』（1983）を提出した。これは，デトロイトを中心とするアメリカ自動車産業の衰退の現状分析およびその解決策を模索する研究書である。当時，高品質，高性能，低価格をもつ，日本企業などがアメリカ市場へ進出した。そのため，産業の国際化，産業成熟化への技術革新の加速化，製造部門への重視をアメリカの産業界に向けて提案した。さらに，結論として，マーケティングと財務への過度の傾倒よりも，生産部門への注力を促した。

　カリフォルニア大学バークレー校（U. C. Berkeley）は，Teeceを中心として『競争への挑戦』（1987）を上梓した。これは，アメリカの「産業革新と再生のための戦略と組織」という一連の講義のもとで発表された論文集である。戦略論も組織論もまだ未成熟であり，どうあるべきか，どうすべきかといった規範的な論争において妥当な理論的枠組みが欠如しているとする。それゆえに，戦略，組織，企業家精神といった基礎的な論点の探求が必要である。1980年代のアメリカの苦境が本書の研究背景にあり，戦略と組織の体系的統合という戦略上の欠陥をテーマとしている。

　マサチューセッツ工科大学（MIT）は，*Made in America*（1989）を提出した。これは，副題として「アメリカ再生のための米日欧産業比較」と示されているように，アメリカ産業界の低迷を背景に，アメリカのインダストリアル・パフォーマンスに生じた異変は何か，事態の打開と改善のためにアメリカができることは何かを問うた。その調査は，半導体関連産業，化学，自動車，工作機械などの8分野に及び，製品開発と生産上の技術的能力の相対的低下，人的資源の軽視，企業内の協調体制の欠如，産業-政府間の連携の遅れが明らかにされ，具体的で実践的な示唆を与える。

　こうした研究書に通底するのは，日本企業の脅威に対するに際してのアメリカ産業界への実践的提案を示しているということである。このことは，日本企業が国際的に高評価を得たことの証左であるといえる。

　よって，1980年代の戦略論の主要テーマが隆盛する日本企業を解明するための諸点を含んでいたといえる。

　ほかにもこの頃の戦略論には特筆すべきことがあった。1980年代の戦略論の4つ

の特徴を総括している。第1に，戦略論の学術雑誌 *Strategic Management Journal* が1980年に創刊されたことである。さらに，*Advances in Strategic Management* が1983年に創刊された。同書は戦略論の研究論文集として年1-2回のペースで発刊されつづけている。これらは戦略論が制度化されたことの証である。第2に，戦略策定－実施のプロセス論への注目である。戦略プロセス論については，本書の第4章において詳述する。第3に，戦略変化，戦略転換論の発展である。戦略変化論については，本書の第7章において詳述する。第4に，新たに組織の集合レベルに注目し始めたことである（山倉，1993など）[8]。

以上より，1980年代は戦略論の成熟期であったといえる。

4 ◆停滞期

1990年代に入ると，冷戦終了に伴う市場経済圏の拡大，情報通信の発達，新興工業諸国の台頭などにより，大競争時代に突入した。こうした状況はハイパー・コンペティション（D'aveni，1994）とも呼ばれる[9]。

わが国ではバブル経済が崩壊し，複合不況や金融不況といわれる戦後最悪の長期不況へと突入した。対照的に，アメリカ企業は，生産性の向上とIT革命の後押しによって巻き返しをはかってきた。

国際化やグローバル化は，経済学に限らず，経営学全般にわたって主要な研究対象とされるに至った（Bartlett & Ghoshal，1989，1991 etc.）[10]。

1990年代の戦略論の研究動向は，組織内部への限定的な注視と協調の重視の2点にまとめることができる。

第1に，組織内部へ限定的に注視するという大きな研究の流れがある。これは大きく2つに分かれる。すなわち，①組織内の経営資源こそが企業のもつ戦略の根幹であると主張する資源ベース観（resource-based veiw：以下，RBVと略す）と，②組織内の独自の能力こそが戦略の源であると主張するコア・コンピタンス・アプローチである。

4.1 RBV

まず，資源に基づく戦略論の新しいアプローチであるRBVを概観しよう。RBVは，Wernerfelt（1984）に始まる。彼の「企業の資源ベース観」は，戦略論において新しい概念化の試みであり，また戦略内容研究へとあらためて方向づけるための最重要研究の1つであると評価されている（Foss，1997）。その基本的前提は，①なぜ企業は異なるのか，②どのように企業は競争的優位性を達成し維持するのか，である。

このRBVの視点の源は，けっして新しいものではない。例えば，古典的な経営

学にその端緒がみられる。例えば，Selznick（1957）の独自能力（distinctive competence），Ansoff（1965）が諸能力の組み合わせによって内的に創出されるものとして示したシナジー（synergy），Andrews（1971）が提示している独自能力の識別につながる企業の強みと弱みの内的な評価である。RBVの開拓的業績としては，Penrose（1959）が挙げられる。彼女は，企業成長の理論を提示するうえで，資源の束（a bundle of resources）として企業を把握する。すなわち，

> 「会社はたんなる管理単位以上のもので，生産資源の集合体（a collection of productive resources）でもある。その生産資源は，管理上の意思決定によって各種の用途と時期に配分されるのである。」（Penrose, 1959, p.24, 邦訳32頁）

Penroseは，資源を物的資源と人的資源の2つに峻別する。さらに，資源を利用可能な用役（service）の束としてみることも示している。彼女のいう物的資源と人的資源とは何か。

> 「会社の物的資源は有形のものからなっている。すなわち工場，設備，土地および天然資源，原料，半製品，屑および副産物，そして製品の売残りの在庫品すらこれにはいる。……また会社には利用できる人的資源，すなわち未熟練労働者，熟練労働者，業務，財務，法律，技術，経営スタッフがある。」（邦訳32頁）

さらに，彼女は用役をこう説明する。

> 「用役とは，会社の生産活動にたいしてこれらの資源がなしうる貢献である。そこで，資源とは可能な用役のたばとして見ることができる。」（邦訳87頁）

Wernerfelt（1984）は，上記のようなPenroseの研究業績をその理論的支柱として，経営資源をベースにして企業を評価することが従来の伝統的なアプローチとは異なる研究視点につながりうると示唆する。彼は，有形資産と無形資産の2つに資源を分けて，その資源と収益性との関係を検討する。

RBVは，Wernerfeltの研究の後，組織のルーティン，組織学習，戦略的リーダーシップ，KBV（knowledge-based view），吸収能力などの諸研究に受け継がれて多様なひろがりをみせている。ただし，この研究上の難点としてケース・スタディなどの経験的研究をどのように行うのかという点が挙げられる（Hoskisson, Hitt, Wan & Yiu, 1999 ; Barney, 2002）。

4.2 コア・コンピタンス

次に，組織の能力に注目するコア・コンピタンス・アプローチを概観しよう。

Prahalad & Hamel（1990）のコア・コンピタンス（core competence）論が代表的研究である。彼らは，企業の競争優位性の根幹は企業のコア・コンピタンスに見出すことができると主張する。彼らは，その定義を大木にたとえて次のように示す。すなわち，

「多角化企業は，大きな木にたとえられる。幹と大きな枝はコア製品であり，小枝はビジネス・ユニット，そして葉，花，果実は最終製品といえよう。成長や生命維持に必要な養分を補給し，安定をもたらす根がコア競争力である。枝葉しか見ていないとその木の強さを見逃すのと同様に，最終製品しか見ていないと競合企業の実力を見逃してしまうことがある。コア競争力とは組織内における集合的学習であり，とりわけ多様な製造技術をいかに調整し，複数の技術の流れをいかに統合していくかを学ぶことである。」（Prahalad & Hamel，1990，邦訳7頁）

組織内の能力を強調する文献（Porter, 1991；Hamel & Prahalad, 1994；Teece, Pisano & Shuen, 1997；Williamson, 1999 etc.）は，戦略論においてしばしば抽象的なままで議論されている。例えば，その具体的な中身は製品開発能力（Clark & Fujimoto, 1993 etc.）に限定して議論されることが多い。

この2つの戦略論の新しいアプローチの共通点は，組織内部を注視し，同時にミクロ経済学や組織経済学といった企業を対象とする経済学を理論的土台として設定していることである。

ただし，以下のような顕著な相違に注意しなければならない。例えば，RBVは主に多角化した大企業の企業（全社）レベルを分析対象とし，コア・コンピタンス・アプローチは事業部レベルから職能部門レベルを主な分析対象とする。また，RBVは主に有形・無形の資源の識別から企業を把握するが，コア・コンピタンス・アプローチは製品開発能力だけを限定的に研究対象としている。

4.3 協調戦略

1990年代の戦略論の第2の研究動向は，協調戦略（cooperative strategy）である。Faulkner & de Rond（2000）は，協調戦略の研究の高揚を次のように示している。すなわち，

「協調戦略は，Porterの研究業績（1980, 1985）が先導した1980年代の競争戦略とは異なり，1990年代の学界の1つの時流に乗った研究分野となった。この理由

は，単なる流行にとどまるものではなくかなり深淵なものである。市場はこの時期にますますグローバルになり，嗜好は収斂し，技術は長期にわたって持続的なものではなくなり，製品ライフサイクルは広告業者の絶えまない喧伝によっていっそう短くなった。こうしたすべては大規模ではないけれども，1つの企業が通常扱っている資本投資よりもずっと巨大な資本の必要性，さらには地球という大きな市場を拡大しグローバル市場の需要を満たすために必要となる能力をもつ諸同盟の必要性を意味したのである。」(Faulkner & de Rond, 2000, p.3)

もちろん，産業内の共同的な企業行動は，実際には多くある。例えば，ジョイント・ベンチャー，コンソーシアム，ライセンス契約，供給協定，M&Aなどは，特定の産業に限らずみられる現象であった。

近年，戦略論においてはこうした企業行動を理論的かつ実証的に論じる傾向がある。例えば，戦略的アライアンス（strategic alliance），戦略的ネットワーク（strategic network），ダイナミック・ネットワーク（dynamic network），戦略的パートナーシップ（strategic partnership）などである。これらに通底するのは複数の組織の結合である。もちろん，こうした諸概念は1980年代からの組織間関係論においてすでに論じられてきたものであった。むしろ90年代において戦略論の一部としても議論されるようになったとみるほうがよい[11]。

また，協調戦略を表現することばとして，近年，コラボレーションが挙げられる。特に，変化のめまぐるしい情報技術産業の研究開発においてこのコラボレーションが散見される。学界においても，1990年代における研究開発は，「競争からコラボレーションへ（from competition to collaboration）」という傾向が顕著になっている（Doz & Baburoglu, 2000）。

他にも，製造業者 - 供給業者間の協調的連携を示すサプライ・チェーン・パートナーづくり（supply-chain partnering）も注目されている（Boddy, Macbeth & Wagner, 2000）。

以上のように，1990年代の戦略論には，組織内部への限定的な注視，さらには競争から協調へという戦略そのもの変遷があることが分かった。

4.4 戦略論への懐疑

1990年代において戦略論はこうした研究動向の高まりを示したが，しかし他方では戦略もしくは戦略論そのものの根幹を追究するしようという試みが始まった。要するに，戦略論への懐疑である。具体的に言えば，以下の4点を示すことができる。

第1に，合理的戦略論批判が再燃したことである。Mintzberg (1994) は，とりわけ Ansoff (1965) と Porter (1980, 1985) を主な標的にしながら，従来の合理的

第Ⅰ部　戦　　略

戦略論の不毛さを指摘している。すなわち，

> 「公式的な計画作成は，マネジャーの仕事の中のある計算されたカオスを消滅させようとしたり，ハード・データを強調して，実行可能な戦略を構築するためにそれに接触しているマネジャーの支援というよりも，むしろ妨げになっている。こうして筆者の結論では，公式的な戦略計画に依存するマネジャーは効果的な戦略家にはなり得ない。」(Mintzberg, 1994, 邦訳287頁)

　第2に，戦略概念そのものの混迷化である。その大きな原因は，戦略定義のあいまいさであると指摘されている。企業の全社レベル，事業レベル，職能部門レベルについてあらゆる研究者が自由気ままに「戦略」概念をつかっている（Whipp, 1996；土屋，1979）。戦略という用語そのものが日常用語として汎用され，学術用語としての重要性が薄らいでいるのである。
　第3に，「戦略論のサファリ」(Mintzberg, Ahlstrand & Lampel, 1998) といわれている混迷状態である。もちろんこの窮状を打開するための戦略論統合化の動向は一部においてみられる。Thomas & Pruett（1993）によれば，隣接諸学による分析からは所与の戦略の一面を捉える研究はなされてきたが，統合的な理解はほとんど得られなかったのである。
　Bowman（1990）は，従来の戦略論には中心的なパラダイムが欠如していたと指摘している。特に戦略論が経済学と社会学に大きく依拠してきたこと，実務と理論という本質的に異なるものに対して戦略論が取り組んできたことがその理由であるという。
　第4に，戦略現象のダイナミクス研究の欠如である。たしかに1980年代から続く戦略変化の議論を軸にした戦略論の新しい展開は一部ではみられる（Johnson, 1987, 1988；Pettigrew, 1985, 1987a, 1987b）。が，こうしたダイナミクスへの追究は，戦略論の学界においては，十分に吟味されているわけではない。この点については，後の章で論ずる。
　以上，本章では，1960年代に始まる戦略論の学説史を年代順に把握した。学説史を通観すると，変わった点と変わらなかった点が明らかになった。
　変わった点は以下の通りである。第1に，組織の上位レベルから下位レベルへと議論の焦点が推移したことである。すなわち，全社レベルの議論（企業戦略論）から事業部レベル（競争戦略論もしくは事業戦略論）へ，さらには職能部門レベル（職能部門戦略）へと分析対象レベルが下位へと推移したのである。もちろん，経済学から戦略論へ参入してきたRBVなどは全社レベルを研究対象として議論を展開してきたものの，1960年代からの議論の変遷は大筋において下位レベルへと議論の焦点が推移したといえる。

第2章 戦略論学説史

　第2に，戦略の説明理論が学際的に多様化したことである。すなわち，経営史をその出発点とする戦略論は，その後において意思決定論，産業組織論，ミクロ経済学などの隣接諸学からの参入もしくは摂取を許容し，多様かつ複雑化しているのである。特に，組織論と経済学との大きな相互作用によって，戦略論は，その学問領域上の境界をあいまいにしたままで，大きく前進してきたといえる。
　対照的に，われわれが重視すべき，戦略論の学説史上で一貫して変わらなかった点は次の通りである。
　第1に，戦略現象の変化への追究の軽視である。すなわち，「変化のプロセス」が等閑視されてきたのである。変化とはダイナミクスとも言い換えられる。戦略現象のダイナミクスへの追究とは，時々刻々と移り変わる戦略現象が，なぜ，どのように変化するのかということへの追究である。換言すれば，戦略を策定し実施する組織そのものが，なぜ，どのように歴史的視点（もしくは時間概念）をもつのかである。ダイナミクスの把握，変化性の説明方法，時間概念の掌握など，変化を研究対象とすることが大きく取り上げられてこなかったことが，戦略論の学説史上で一貫して変わらなかったのである。例えば，Whipp（1996）は，従来の戦略論が静態的であったことを指摘している。戦略論の理論的停滞を打破するためには歴史的視点を含めた変化の理論が要請されるのである。
　第2に，組織メンバーの現実的な把握の欠如である。環境に適応するため組織は戦略を策定し実施する。にもかかわらず，実際には組織メンバーのうちで「なぜ，誰が」ある戦略を策定し，また，組織メンバーを説得し実施へと進むに至ったかは明らかにされてこなかった。昨今わが国にみられる企業不祥事の数々を見渡しても組織メンバー全員が組織成長のために協働しているとはいえない。組織メンバーにはそれぞれに多様な利害があり，そのためにパワーを獲得し行使するからである。
　以上が，本章の結論である。われわれは，特に戦略論の学説史上で一貫して変わらなかった2点こそが戦略論におけるもっとも深刻な課題であると考える。
　では，変化とは何か。組織メンバーの誰が，なぜ変化に関わるのか。戦略論は，学説史分析を通観して分かるように，このような容易に解の見出せない難問に逢着しているのである。ただし，この2点が戦略論の限界であると短絡的に決めつけるわけではない。ここで問題となるのは，このような戦略論の限界が，その未成熟に基づくのか，それとも戦略論に固有の理論的特徴に基づくのかという点である。前者であれば，今後の戦略論の理論的発展によって解決されると思われる。後者であるとすれば，戦略論を越える広い研究領域からの理論的援用が要請される，もしくは戦略論における新しいアプローチを積極的に摂取することが要請されるのである。
　われわれがここで強調しなければならないのは，戦略論における新しいアプローチを徹底的に吟味し，戦略論の固有の限界を統合する試論的見解を示さなければな

第 I 部　戦　　略

表2-6：

・メタファとしての動物	デザイン	プランニング
	クモ	リス
〔基本要素〕		
・起源	Selznick（1957）（さらに，例えば Newman などの初期のもの）続いて Andrews（1965）	Ansoff（1965）
・基礎となる学問	なし（メタファとしての建築学）	エンジニアリング，都市計画，システム理論，サイバネティクス等と若干の繋がり
・推進者	ケース・スタディを教える教師（特にハーバードの教師，もしくは卒業生），リーダーシップ愛好家（特にアメリカ）	「プロフェッショナル」マネジャー，MBA，専門スタッフ（特に金融），コンサルタントならびに政府機関（特にフランス，アメリカ）
・意図されたメッセージ	適合	形式化
・実現されたメッセージ	思考（ケース・スタディ的戦略作成）	（策定でなく，むしろ）プログラム化
・教訓	「飛ぶ前に見なさい」	とりあえずひと針縫えば，あとの9針の手数が省ける
・キーワード	調和／適合，卓越したコンピタンス，競争的優位，SWOT，策定／実行	プログラミング，予算編成，スケジューリング，シナリオ
〔内容とプロセス〕		
・戦略	計画的パースペクティブ，独自性	計画をサブ戦略やプログラムに分解
・基本プロセス	知的，単純，非形式，断定的，計画的（規範的）	形式的，分解，計画的（規範的）
・変化	時々，核跳的	周期的，漸進的
・中心人物	最高経営責任者（「建築家」として）	プランナー
・組織	規則正しい，従順（「実行」のために），強み・弱みの源	構造的，分解，従順（プログラム化のために）
・リーダーシップ	支配的，断定的	手順に対して感度が高い
・環境	（脅威，または機会であろうと）臨機応変	従順（予測もしくはコントロールしなければならない要素のチェックリスト）
〔状況〕		
・状況（最適な適合環境）	（経済的，技術的，社会的に）描写可能，また安定している	簡単かつ安定（したがって予測可能），理想的にはコントロール可能であること
・適合しやすい組織形態	機械的組織（集権化され，やや形式的）	大規模な機械的組織（集権化，形式的，そして事業部化されている）
・最適な段階	再構想	戦略的プログラミング

第2章 戦略論学説史

戦略10学派

	ポジショニング	アントレプレナー	コグニティブ
	水牛	オオカミ	フクロウ
	Purdue 大学（Schendel, hatten）1970年代半ば 続いて特にPorter（1980, 1985）経済学（産業組織論），軍事史学	Schumpeter (1950) Cale (1959) その他経済界から なし（ただし，初期の文献は経済学者によるもの）	Simon (1947, 1957) March & Simon (1958) 心理学（特に認知心理学）
	プランニング・スクール同様，特に分析スタッフ，コンサルティング「ブティック」，そして特にアメリカの軍事に関する文献の著者たち 分析 （創造やコミットではなく，むしろ） 計算 「事実だけはお伝えしましょう」 包括的戦略，戦略グループ，競争分析，ポートフォリオ，経験曲線	大衆向けビジネス誌，空想的な個人主義，いたるところにいる小規模ビジネス経営者，しかし決定的なのはラテンアメリカと華僑 ビジョンの構想 中央集権化（そして希望） 「あなたたちのリーダーに導いて欲しい」 大胆，ビジョン，洞察	情報システムの主唱者，哲学的な純粋主義者，心理学に傾倒する一つの流れでは悲観論者，もうひとつの流れでは楽観主義者 フレーム 心配や想像（いずれにおいても対応できず） 「信じれば，見える」 マップ，フレーム，コンセプト，スキーマ，知覚，解釈，限定された合理性，認知スタイル
	計画された包括的ポジション（経済的，競争的）およびプロイ（策略） 分析的，系統的，計画的（規範的） 断片的，頻繁 アナリスト 競争優位の源，さもなければ偶発的 分析に対して感度が悪い 競争上の要求は厳しい，しかし経済面の分析は可能，究極には理解される従順さ	個人的，ニッチ的独自のパースペクティブ（ビジョン） ビジョン構想力，直観的，多くは計画的（包括的のようであるが詳細は創発的）（記述的） 時宜を捉える，好機を狙う，革命的 リーダー 従順，単純 支配的，直観的 画策可能，ニッチに溢れている	心的なパースペクティブ（個々人のコンセプト） 心的，創発的（圧倒的もしくは強制的）（記述的） まれ（心的に抵抗あるいは推進される） マインド（心／頭脳） 偶発的 認知の源，受動的もしくは創造的 圧倒的，さもなければ構築可能
	単純，安定，そして成熟（したがって構造的で，定量化可能） 大規模な機械的組織，望ましいのは必需品の生産，または大量生産（集権化，形式化），または事業部化されていて「グローバル」である 評価	ダイナミックだが単純（したがってリーダーが理解できる） 起業家的組織（単純，集権化） 始動したばかり，方向転換，小規模な維持可能	不可解 いかなる形態も可 独創的な構想，再構想，惰性

第Ⅰ部　戦　　略

・メタファとしての動物	ラーニング	パワー
	サル	ライオン
〔基本要素〕		
・起源	Lindbrum(1959), Cyert & March(1963), Weick (1969), Quinn (1980), Praharad & Hamel（1990年代初頭）	Allison (1971)（マクロ）, Pfeffer & Salancik (1978), Astrey (1984)（ミクロ）
・基礎となる学問	なし（心理学、ならびに教育学における学習理論との周辺部での若干の繋がり、数学のカオス理論）	政治学
・推進者	実験、曖昧性、適応性を好む者、特に日本とスカンジナビア諸国	権力、政治、そして陰謀を好む者（特にフランス）
・意図されたメッセージ	学ぶ	掴む
・実現されたメッセージ	（追求ではなく、むしろ）プレイ	（共有ではなく、むしろ）独占
・教訓	「最初は失敗しても、何度でも挑戦を繰り返しなさい」	「一番偉い奴の世話をすることだ」
・キーワード	漸進的、創発的戦略、意味づけ、起業家精神、起業化、推進、コア・コンピタンス	交渉、衝突、提携、利害関係者、政治ゲーム、集合的戦略、ネットワーク、アライアンス
〔内容とプロセス〕		
・戦略	パターン、ユニーク性	政治的、そして協同的なパターンやポジション。あからさま、あるいは、密かなプロイ（策略）
・基本プロセス	創発的、非形式、乱雑（記述的）	衝突的、攻撃的、乱雑。創発的（ミクロ）、計画的（マクロ）（記述的）
・変化	継続的、漸進的もしくは断片的、そして時折飛躍的洞察を伴う	頻繁、断片的
・中心人物	学習者（誰であろうと）	権力をもつ者（ミクロ）、組織全体（マクロ）
・組織	折衷的、柔軟	衝突的、バラバラ、コントロール不可能（ミクロ）。攻撃的、コントロール可能、もしくは協同的（マクロ）
・リーダーシップ	学習に対して感度が高い（自分、そして他人に対しても）	弱い（ミクロ）、特定されない（マクロ）
・環境	緻密、予測不可能	議論の余地がある（ミクロ）、従順もしくは交渉の余地がある（マクロ）
〔状況〕		
・状況（最適な適合環境）	複雑、ダイナミック（したがって予測不可能）、革新的	不和、敵意（ミクロ）、コントロール可能もしくは協同的（マクロ）
・適合しやすい組織形態	革新的および専門的組織（分散的）	何でも可、特に革新的そして専門的（ミクロ）、閉鎖的な機械的組織もしくはネットワーク化された革新的組織（マクロ）
・最適な段階	発展的、特に前例のない変化	政治的チャレンジ、阻止、流動的（ミクロ）、支配、協同（マクロ）

（Mintzberg et al., 1998, 邦訳400-403頁）

第2章 戦略論学説史

カルチャー	エンバイロンメント	コンフィギュレーション
クジャク	ダチョウ	カメレオン
Rhenman & Normann（1960年代後半のスウェーデン，他には明らかな起源はなし）	Hannan & Freeman（1977）条件適応理論家（例，Pugh 他，1960年代後半）	Chandler（1962），McGill Group（Mintzberg, Miller 他1970年代後半。Miles & Snow, 1978）
人類学	生物学，政治社会学	歴史学
社会的，精神的，集合的なものに傾倒する者（とくにスカンジナビアと日本）	組織エコロジスト，一部の組織理論家，総体的に見て細分派と実証主義者（特にアングロサクソン系の国々において）	一般的に合併派と統合派，および変革のエージェント。コンフィギュレーションの人気が最も高いのがオランダ，そして場合によってはドイツ。アメリカではトランスフォーム
連合する（変化させるのではなく，むしろ）永続させる	対処する（立ち向かうのではなく，むしろ）降伏する。	統合，トランスフォーム（ニュアンスをもたせ，適応するのではなく）併合，革命的変化
「リンゴは必ずその木の近くに落ちる」	「すべては成り行き次第」	「すべてには，季節がある」
価値，信念，神話，カルチャー，イデオロギー，象徴主義	適応，進化，条件適応，選択，複雑性，ニッチ	コンフィギュレーション，原型，時期，段階，ライフサイクル，トランスフォーメーション，変革，方向転換，再活性化
集合的パースペクティブ，ユニーク性	特定のポジション（組織エコロジーではニッチと呼ぶ），包括的	状況に応じて，すべてのスクールを含む
観念的，強制的，集合的，計画的（記述的）	受身，押し付け，したがって創発的（記述的）	統合的，一時的，連続的，そして状況によってすべてのスクールのプロセスを含む。（コンフィギュレーションでは記述的，トランスフォーメーションでは計画的で規範的）
まれ（イデオロギー的に抵抗）	まれ，そして（組織エコロジーにおいては）核跳的，（条件適応理論においては）断片的	時々，そして革命的（しかし他の時には漸進的）
集合体	「環境」	状況に応じて変わる（特にトランスフォーメーションでは最高経営責任者）
規範的，結合力がある	従順，単純	状態に応じて周期的に変わる
象徴的	無力	状態に応じて周期的に変わる
偶発的	急迫している	それぞれの状態に応じて
理論的には受身，急迫する可能性がある	適切，競争的，叙述的	それぞれの状態に応じて
伝道的組織，また停滞した機械的組織	機械的組織（従順）	それぞれの状態に応じてトランスフォーメーションにとっては，革新的で伝道的組織が望ましい
強化，惰性	成熟，死	トランスフォーメーションに特に焦点を当てる（例：方向転換，再活性化）。さもなければ分離可能であり，望ましくは，識別可能な順序であればどのスクールの段階でも

らないということである。したがって，われわれは後の諸章において既存の支配的分析枠組みを吟味し，新しいアプローチを検討しよう。

注

1) 佐伯（1986）は，研究の基礎修練をこう説明する。それは，タテ糸（それぞれの研究テーマに関する過去から未来へ向けての研究の歴史的流れ），ヨコ糸（異なる分野での同じような考え方，理論，モデル，主張），ナナメ糸（それぞれの時代のそれぞれの考え方に対する「批判」の流れ，すなわち闘う相手）の3つが織りなす全体像をつかみ，どのような論文も自分の視点からみて重要な要点を読み取るようになることである，と。本章は，彼の主張に触発されて，戦略論のタテ糸を把握するために1つの章として設定した。

2) ここでは次のようなわが国の教科書的文献を指す。奥村昭博『経営戦略』日本経済新聞社，1989年；土屋守章他編『現代の企業戦略』有斐閣，1982年；大滝精一他『経営戦略』有斐閣，1997年；小林喜一郎『経営戦略の理論と応用』白桃書房，1999年等。なお，石井淳蔵他『経営戦略論』有斐閣，1985年は既存の多様な研究蓄積を網羅した内容構成をもつゆえにわが国における戦略論の標準的な重要文献である。しかしながら，この中で明示されていた「戦略経営計画の社会的・政治的局面」（177-180頁）が同著『経営戦略論〔新版〕』（1996）において削除されている点に着目しなければならない。同様に，網倉末永・新宅純二郎『マネジメントテキスト経営戦略入門』日本経済新聞社，2011年においても，組織の政治性などの記述はみられない。これは，近年の戦略論が戦略の策定・実施における組織の現実性を軽視しているということの証左なのである。たしかに旧版（1985）から新版（1996）への潮流が戦略論の基本的動向とみなすことはできる。本書の結論から分かるように，われわれの主張はこのような動向に与するものではない。

3) 降旗（1986, 103-104頁）は，Barnard 批判を次のように簡潔に示す。すなわち，Barnard 理論は，①技術的要因を捨象した Social System 論に基づいており，②いわゆる能率を重視する，したがって存続を重視する Survival Model であり有意の変化を扱おうとせず，③ Natural System Model に基づく，と。盛山（1995, 17頁）によれば，組織論はこれまで「組織とは何か」という根源的な問いに晒されたことは無かった。しかし，近年，この最も有名な Barnard の組織の定義（「二人以上の人々の意識的に調整された人間の活動や諸力の体系」（邦訳76頁））を棄却し，再構成しようとする傾向がみられる。例えば，中條秀治『組織の概念』文眞堂，1998年；川端久夫「II図の誤謬：高橋反論への再反論」『熊本学園商学論集』第3巻第3・4号，1996年。

4) 田中（1991）は，Ansoff のいう部分的無知（partial ignorance）を次のように説明する。すなわち，戦略は「部分的無知」とでもいえる状況のもとにある。意思決定理論で馴染みのいい方をすれば，「構造化されていない（ill-structured）」ということであり，それが稀にしか起こらず構造化されていないその程度において，戦略は本来 Simon のいう意味で「プログラム化しえない」ものである，と（田中政光「経営戦略と環境の変化」高柳暁・飯野春樹編『新版 経営学（2）』有斐閣，1991年，127頁）。

5) Teece（1985）は，産業組織論という異端の経済学が戦略論に大きな貢献を果たしたと主張する。正統派経済学であるミクロ経済学が戦略論に貢献できない理由を次のように示している。すなわち，正統派経済学は，技術変化，組織変化を扱うことはせず，静態的な均衡分析に終始し，企業をブラックボックスと捉え，企業家に関する議論を行わないためである。「正統派ミクロ経済学は，経済問題や公共政策には有効ではあるが戦略マネジャーには有効ではないのである」（p.42）。

6) 競争戦略（論）は，概して，単なる戦略の同義語にすぎないものとして扱われる傾向がしばしばみられる。Porter が戦略論を代表する論者だといわれるゆえんかもしれないが，このような傾

第 2 章　戦略論学説史

向は「競争的な（competitive）」の意味を精確に把握していないものと考えられる。Porter がいう「競争的」とは，彼が産業組織論を理論的背景にもつゆえに，「ある産業内における競争，もしくはある産業内における企業の事業部レベルの活動」を意味している。すなわち，彼は企業（全社）レベルの戦略論を論じているわけではなく，Porter（1980, 1985）は，企業内の事業部レベルの戦略を扱ったものである。その証左として，Porter（1987）は，事業戦略では不充分な事柄を企業レベル（全社レベル）と扱うべきだとして，事業戦略から企業戦略へと議論の転換を促している。要するに，競争戦略＝事業戦略であるという点をわれわれは精確に認識すべきである。『ダイヤモンド・ハーバード・ビジネス』1997年3月号は Porter 戦略論の特集号である。また，*Strategic Management Journal*, Vol.12, Special Issue, Winter, 1991. は，経済学と戦略論における基本的諸問題の特集号である。特に本書において直接触れてはいないが，戦略は会計との密接なつながりをもつ。上總康行『管理会計論』新生社，1993年. が参考となる。なお，わが国の近年の戦略論の研究動向は，浅羽茂「競争行動分析の現状と将来展望」，新宅純二郎「戦略行動の分析アプローチ」『2001年度組織学会年次大会報告要旨集』2000年. から理解できるため，本書において詳細な紹介はさけた。ただし，上記2文献は1980年代の競争戦略論，別言すれば産業組織論（産業経済学）をベースとする戦略論を現在に至っても設定している点に留意すべきである。これらは企業をブラックボックスとみなし，組織メンバーを合理的経済人とする。したがって，本書のように組織論を基盤とする戦略論とは明らかに異なるのである。

7）歴史家はしばしば「すべての歴史は現代史である」，「歴史家が歴史をつくる」と主張する。すなわち，歴史というのはもともと現在の歴史家の眼を通して，現在の問題に照らして過去を見るところに成り立つものであり，歴史家の主たる仕事は記録することではなく，それを評価することである。この点で，Weick らの社会的意味構成の見解は，歴史学もしくは歴史家の意義に通底する。Carr, E. H., *What is History?*, Macmillan, 1961（清水幾太郎訳『歴史とは何か』岩波書店，1962年）。

8）2000年以降の戦略論の研究動向の1つとして指摘しなければならないのは，戦略論の論文集が世に問われたことである。Johnson, P. & M. Clark, eds., *Business and Management Research Methodologies*, Sage, 2006. として全6巻が出版された。Ketchen, D. J. & D. D. Berth, eds., *Research Methodology in Strategy and Management*, JAI Press, 2007. として全5巻が出版された。Augier, M. & D. J. Teece, eds., *Fundamentals of Business Strategy*, Sage, 2008. として全6巻が出版された。Wood, J. C. & M. C. Wood, eds., *Michael Porter: Critical Evaluations in Business and Management*, Routledge, 2010. として全4巻が出版された。

9）今日の高度情報化社会の議論においてヴァーチャル・リアリティがしばしば注目される。これはしばしば「仮想現実」と訳されるが，明らかに適訳ではない。吉岡（1997）によれば，virtual に「仮の」という意味はなく，正確には「事実上同じ効果をもつ」の意味である。この概念の背後には，効果が同じならばそれは現実と見なしてよいというプラグマティックな哲学的決断が潜んでいる。また，若林（1997）によれば，光学上はヴァーチャル・リアリティのvirtual とは「虚像」を意味する。すなわち，「virtual reality＝虚構の現実」は矛盾した表現であるが，光学的な虚像によってもたらされる実像的な体験を意味する。例えば，本当は虚像であるにもかかわらず，その虚像が本当の戦場や宇宙のように見えて，あたかも本当の宇宙空間にいるような体験が実際に味わえるというのが，いわゆるヴァーチャル・リアリティである。なお，組織・戦略と情報通信技術の関係は次が詳しい。内藤勲「仮想と現実をめぐって」『オフィス・オートメーション』第17巻第1号，1996年，7-13頁：涌田幸宏他編『デジタルストラテジー』中央経済社，1999年。

10）グローバリゼーション（globalization）と国際化（internationalization）は，同義語のように扱われることが多い。が，佐伯（1998）は次のように区別している。すなわち，グローバリズム

第Ⅰ部　戦　　略

は，「グローブ（地球的）」という語から派生した言葉で，環境問題，紛争，安全保障などの問題を一国や地域の枠を越えた地球的規模のものともなす立場である。これは国家という主権を経由しない超国家的な主体が前提となる。例えば，国連やIMFなどの国際機関，企業活動，資本の動きである。対して，「国際的（インターナショナル）」という語は，主権国家を前提にした国家間の利益の調整を基軸にする。ゆえに，グローバリズムはインターナショナリズム（国際主義）の延長線上にあるというより，むしろ対立している，と。近年，経済のグローバル化にともなうアメリカ型市場主義への批判的論調が，Gray（1998），金子（1999）などによって高揚している。以上の文献は，佐伯啓思『「アメリカニズム」の終焉：シヴィック・リベラリズム精神の再発見へ（増補版）』TBSブリタニカ，1998年；Gray, J., *False Dawn*, Granta Publications, 1998（石塚雅彦訳『グローバリズムという妄想』日本経済新聞社，1999年）；金子　勝『反経済学：市場主義的リベラリズムの限界』新書館，1999年。なお，*Strategic Management Journal*, Vol.12, Special Issue, Summer, 1991. はグローバル戦略の特集号である。

11) 山倉健嗣「『組織論とは何か』を考える」『組織科学』第46巻第1号，2012年，101頁は，過去40年間を振り返り，実証研究が学界では主流となり，逆に理論研究・学説研究が不在になったと指摘する。さらには，学界では大問題が問われなくなったとも指弾する。すなわち，実証研究では小問題や小さなトピックが中心となり，大きな視点でのフレームワークの構築やパースペクティヴを考究することが手薄になってしまったのである。なお，本書では「変化とは何か」という大問題を扱うことを念頭においている。

第3章 戦略内容論

本章は，戦略内容論を検討する。

第1章において設定したように，われわれの問題意識は，戦略内容－プロセス論という戦略論の伝統的かつ支配的な枠組みを再考することにある。

$$\boxed{内\quad 容} \text{————————} プロセス$$

本章は，まず，上記の二元論的理解のうちの左側である戦略内容論を検討する。日本のビール産業における急成長企業アサヒビール株式会社（以下アサヒと略す）を事例としてとりあげ，従来の戦略内容論の特徴および限界を追究する。アサヒは，元々ライバル企業キリンビール株式会社（以下キリンと略す）との体力差が6対1というきわめて劣勢な立場に置かれていた。にもかかわらず，アサヒは80-90年代を通じて急成長を遂げたので事例として適切である。

本章は，次の順序ですすめる。第1に，日本のビール産業で繰り広げられた競争を歴史的に把握し，その中において各社がどのような戦略をとったのかを確認する。第2に，アサヒにおける急成長過程を詳細に辿り，その戦略の実態を経時的に概観する。第3に，戦略内容論のアプローチを用いてアサヒの戦略を分析し，その諸々のアプローチ自体の特徴および限界を検証する[1]。

1 ◆ 競争と戦略

日本企業は，製造業を中心に類まれな急成長を成し遂げた。世界には優秀な日本製品があふれている。日本の製品は高性能・高品質の代名詞となり，日本企業は世界中からの注目の的となった。しかし，90年代に入って戦後最悪の景気後退により，多くの日本企業は後塵を拝している。日本企業の成長要因は言うまでもなくTQMや継続的改善といった生産的側面の効率化であり，全社的な低コスト重視によって国際市場においても競争優位性を獲得してきた。ところが生産拠点が世界的に移動したために，日本企業の優位性が国際市場ではもはや通用していない。

ではいったい何が日本企業の停滞をもたらしたのだろうか。Porter（1998）は，「日本企業にはほとんど戦略がない」としてその問いに答えている。すなわち，日本企業は明確な戦略ポジションを築き上げていないのである。ソニー，セガ，キヤノンといったそれを築いた企業はむしろ例外であって大勢ではない。その論拠はこ

第Ⅰ部　戦　　略

うである。

　第1に，業務効率化はそもそも戦略ではない。戦後，業務効率化を徹底して追究した日本企業はある一時期その隆盛をきわめたが，国際競争時代においてはそれだけでは通用しなくなっているのである。

　第2に，模倣可能性が強い産業は危険である。業務効率の差が縮小すれば当然に蚕食傾向が大きくなる。日本企業は模倣が多く，企業の独自性が不明瞭である。この意味で日本企業は非常に危険である。したがって，「日本企業は戦略を学ばなければならない（Porter, 1998）」のである。

　しかし，彼が指摘するように，模倣可能性の強い日本企業にはたして戦略が無いと断言できるであろうか。たしかに戦後の日本企業では欧米企業を模倣してきた経緯はあったが，近年そう言えるかどうか即断をせずに吟味すべきである。

　さらに，戦略があるとすればそれはなぜ・どのように発生・展開したのか，その戦略を従来の伝統的な戦略内容論の枠組みではどのように分析・説明できるのか，といった点にまで立ち入るべきである。

　本章は，アサヒビールを事例としてとりあげる。そこで，本節においては，先ず，わが国のビール業界の小史を概観しよう。

　ビール産業[2]は100年以上の歴史をもつ成熟産業である。現在のような寡占業界の始まりは，戦後の集中排除法による大日本麦酒株式会社分割にある。ここで西日本にアサヒ，東日本にサッポロビールと分割された。両社はいわば兄弟であったが共食いになるような骨肉の争いを演じ，市場を無視した行動をとっていた。特にアサヒは，東日本に販売網が広がらず，商品回転率も悪くなり，のちにはサントリーに販売網を貸与したことも手伝ってシェア低下の一途を辿った。これがキリンの独走を招いたのであった。

　アサヒとは対照的に，キリンは集中排除法による分割を免れた。戦中戦後には合併の動きも見られたが，キリンはあえて独立したままで伝統的な堅実経営と品質第一主義による生産体制をもって着実にシェアを伸ばしていった。60-70年代はビール消費の増大に伴い，市場シェアを拡大し60％を越えるにまで急成長した。

　1963年，洋酒メーカーであったサントリーがビール市場に参入する。同社の動きは時代錯誤的でありドンキホーテのようであったが，67年当時，ビアホールでしか味わえなかった非熱処理の生ビールを瓶生として他社に先駆けて発売（「サントリー純生」）した。サントリーはこのように確実に地盤を固めていった。

　ビール産業は，現在，これらの4社による典型的な寡占産業である。ビール産業は巨大資本投下による巨大生産設備もつ装置産業であり，強固な販売網の確立が要る。製造から販売まで免許制度によって強く固められ，実質的な管理価格となっている。しかも典型的な装置産業のため新規参入が難しく，販売競争はあるものの業界内規定での縛りが多いなど，ヤミカルテル的なぬるま湯体質を内包している。大

第3章 戦略内容論

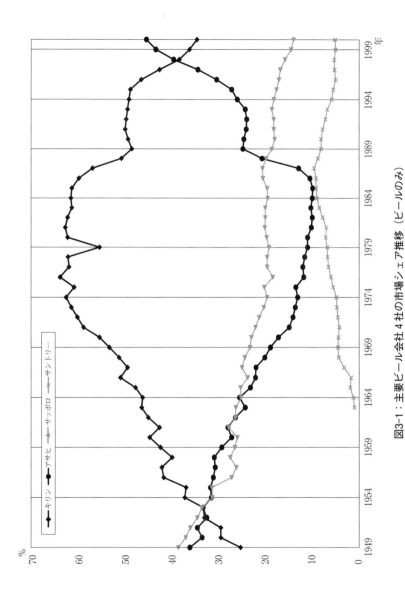

図3-1：主要ビール会社4社の市場シェア推移（ビールのみ）

注）飛田・島野 (1997) および各社発表の数字より作成。なお、2000年度は1-8月累計シェアに基づくものである。本図には発泡酒のシェアは含まれていない。

第Ⅰ部　戦　　略

手の外国企業も何度となく日本市場に参入しているが，販売網が確立できずに決定的なシェアを奪えるには至っていない。また，商品名にスーパーというネーミングをつけること自体においても業界は自粛を申し合わせていた（『日経ビジネス』1989年6月19日号；『日経産業新聞』1999年11月4日朝刊）。

ビール産業の寡占企業4社（キリン，アサヒ，サッポロ，サントリー）は，一社の成功に他社がすぐに模倣して追随してきた。ビール産業においてこれらの模倣・追随の競争は一般に"戦争"と呼ばれてきた（平林，1993）。

サントリーによる瓶生ビールの発売によって"生戦争（瓶生戦争）"が起こった。ビアホールでのビールの味を家庭においても味わってもらうために，熱処理の代わりにNASA開発のミクロフィルターを用いた非熱処理の生ビールがサントリーから初めて発売され，各社がこれに追随したのである。

また，83年からの"（面白）容器戦争"は，低成長下脱出のためにイメージや容器に活路を求めての商品開発競争の激化であった。生ビール志向が強まり，テイクアウト型消費を好む消費者が，ファッション感覚のある感性的付加価値づくりによる差別化された商品を求めたのである。

88年には"ドライ戦争"が生じた。辛口ニーズに見事に応えたアサヒが大ヒット商品「スーパードライ」で口火を切り，各社がこれに追随した。しかしすべてあえなく失脚していきアサヒの独り勝ちで，3社惨敗という結果に終わった。このブームは世界的にも波及し，10ヵ国31銘柄のドライビールが輩出されてドライビール市場を確立した。

ドライビールの大流行に対して，別の流れとして多様な商品開発・販売が始まった。これは"味覚戦争"と呼ばれている。季節限定商品，原産地・品質重視の商品，製法特性の発掘を追求した商品作りが繰り返されたのである。

90年代半ば，酒税法の改正によって地ビールが解禁されるに伴い，地域限定や期間限定の新商品が続々と発売された。そのなかで景気後退と円高による価格破壊からビールタイプの発泡酒も発売された。"発泡酒戦争"の始まりである。発泡酒にサントリーがまず先鞭をつけ（発泡酒「ホップス」），しばらくは節税ビールとかビールの亜流であるとか揶揄されていたが，やがてサッポロ（「ドラフティー」），キリン（「麒麟淡麗〈生〉」）がこれに追随した。現在ではワインと並ぶ成長商品である。このようにビール産業の歴史は，Porter（1998）が言ったように，まさに模倣の歴史であった。これらを次のように略述できる。

　　　生戦争　→　容器戦争　→　ドライ戦争　→　味覚戦争　→　発泡酒戦争

以上の日本のビール産業を振り返って分かったのは，もともと戦略的な競争の局面がみられなかったことである。日本企業には戦略がそもそもなかったということである。製品価格までもが統一されていた完全な4社寡占状態であった。そこで繰

り返された競争（各種の"戦争"）は全社的な戦略と呼べるほどの大袈裟なものではなく，小手先だけの他社への模倣の繰り返しであった。少なくとも，アサヒのドライビールの記録的大ヒットが生まれる前まではそうであったと言える。ただし，環境の変化は80年代に生じた。その変化を的確に捉えたアサヒは急成長していくのである。

アサヒの成長要因は一般的には次のように指摘されている（日本経済新聞社編,1998；飛田・島野，1997；海藤，1999；清丸，1999）。まず，内的要因は以下の2点である。第1に，辛口ビール「スーパードライ」の開発販売と焦点化，鮮度品質向上，一貫性のある宣伝，第2にスーパー，ディスカウントストア，コンビニエンスストアといった新業態での販売網の開拓，そして他には環境問題への取組み，情報化・国際化への積極的投資，グループ戦略への取組みである。

さらに外的要因は次の2点である。まず，消費者嗜好変化への的確な対応である。アメリカでの74年の白色革命に引き続いて生じた日本での白色革命が第1次焼酎ブーム（77年），第2次焼酎ブーム（82年）に至る経過を冷静に観察し，消費者味覚調査からニーズを探ったことである。次に，上述の新業態の台頭である。酒販店が酒販許可によって守られていた時期を経て，規制緩和の煽りをうけて流通構造が大きく変化したことに的確に反応したのである。

明らかに，ここではアサヒには戦略が発生し展開していったということが分かる。端的に言うと，アサヒには寡占市場に甘んじて戦略がなかったが，80年代の環境変化に対しては，明確な戦略を生み出し展開していったのである。このようにみると，先のPorterの指摘は一応のところ排除できたといってよい。しかし，実際にはアサヒの急成長ははたしてこういった単純な道程であったのだろうか。

以下では，近年のアサヒ急成長の詳細を検討しよう。なお，次節では，低迷していた70年代までを除いて急成長過程に焦点を当てるため，81年から99年までに研究対象期間を限定する。

2 ◆事例研究：アサヒビール㈱[3]

2.1 村井勉社長

アサヒの急成長は村井勉社長就任から始まる。住友銀行副頭取だった彼は，81年に起こった京都の医療法人十全会によるアサヒ株式買占めで経営危機に陥ったアサヒを救済するために送り込まれた。財務的にも苦しかったがなによりも，当時のアサヒは平凡な企業のもつ悩みに苦しんでいた。49年分割以来，慢性的なシェア低迷であっても資産の売り食いで一度も赤字決算をださなかったことがささやかな誇りであった。彼は当時を次のように振り返る。すなわち，

第Ⅰ部　戦　　略

「アサヒビールはのんびりしていましたねえ。資産を持っていましたから，業績は悪くても売り食いで利益を出せたのです。だから，『何だかんだと言っても黒字になっているではありませんか』というわけですよ。まるで危機感がないのです。その分，意識改革は大変でしたよ。」（村井，1997，136頁）

村井社長は，屈折した社内風土の改善のために「なによりも社内の意識を根本的に変えていくことが必要だ」（石山，1999）と主張して，CI（Corporate Identity）の導入に着手した[4]。

村井社長就任すぐの82年には，第一次長期計画（5ヵ年計画）を策定した。ビール対非ビール構成比率を50対50にし，売上高を3000億円にするため，具体的には企業イメージ向上計画，TQC導入，業務効率化・環境整備の3つを懸案事項とした。11月には，CIの徹底のために社内横断的プロジェクトチームである"CI導入設置委員会（のちFS（ファイアストーム）委員会）"を設立した。そこで社内外へのヒアリング調査を実施し，次の課題が提起された。①企業イメージの統一と個性化のためのコンセプト設定，②経営理念の徹底的浸透，③社会とのコミュニケーションの徹底，であった。これらの解決のためにCI計画の実施，具体的にはラベルやマークのデザイン変更から企業風土改革までを目指す本格的CIが望まれた。TQCをテーマにした管理職全員の合宿研修によって悪しきセクショナリズムを払拭していった。

83年には，"TQC導入準備委員会"を設立し，製造部門－販売部門間のセクショナリズムを解消するために両部門合同の合宿研修を繰り返し実施した。

84年には，村井社長自身が推進本部長として"AQC（アサヒのQC活動）推進室"を設立し，方針管理，品質保証，サークル活動（小集団活動）の3つを柱に全社的な推進がはかられた。

CI計画もいよいよ"CI導入実施委員会"として新設され，CI委員会，CI事務局，ワーキンググループが下支えした。特にワーキンググループは，CIの社内啓蒙，アサヒビールとしての見直しと統一化，新しいデザイン開発に奔走した。

85年にはCI計画の骨子として，その集大成である"泉谷レポート"が完成した。その内容は，①新しい時代への当社の対応方向（消費者の多様化・個別化），②新しいアサヒの心づくり（"LIVE ASAHI for LIVE PEOPLE"コンセプト），③新しいアサヒの体質づくり（マーケティング志向の体質），④新しいアサヒのシンボルづくり（4事業分野の統一的なコーポレート・ブランド），⑤新しいアサヒのイメージづくり（社内コミュニケーション活性化）である。

CIの実施は村井社長直轄の実権をもった"CI本部"が同年に設置されて始められた。このように現実味を帯びてきたCI導入計画に，村井社長と実務委員会，

ワーキンググループは推進派として活気に溢れていたが,対照的に役員・部長クラスの大半は消極派であった。この積極的な革新派と保守的な現状維持派の対立は,ビールの味の変更とマークラベルの変更という2つの大きな問題に逢着したのである。

　第1に,ビールの味の変更は組織的な抵抗だけでなく技術的にも難航した。味の変更は飲料メーカーにとっては最大の難問であった。したがって,社内で味変更について現状維持を主張するメンバーが大半であっても当然であった。

　折しも,アメリカではニューコーク騒動[5]が起こった矢先であった。コカ・コーラ社は85年に行った19万人の味覚テストで好感をもって支持された,従来のコークとは異なる新商品ニュー・コークを市場に投入した。しかし実際には,ただちに多くの消費者の苦情を受け,もとの味に戻したのであった。この窮状は80年代最大のマーケティングの失敗とも非難されている。

　この頃,村井社長を中心として一部のメンバーのみの社内秘のままで,"消費者ニーズに添った商品づくりに徹する"という経営理念に従って,新ビール商品開発への試験醸造が始められていた。5000人に及ぶ消費者味覚調査(85年7月)を実施したうえで,若い世代を中心として,多くの消費者が苦味だけでなく口に含んだときの味わい(コク)と,喉ごしの快さ(キレ)を求めているという事実を発見した。消費者は明らかにコクとキレが共存するビールを求めていた。しかし,研究開発にとってコクとキレは矛盾する概念だった。コクとキレは本来トレードオフの関係にあり,技術的にも味変更は難問であった。

　第2に,商品パッケージであるマークのデザイン変更についても組織内に抵抗があった。新しいビールを新しいラベルで発売するという方向には向いていたものの,大衆商品であるビールの"顔"であるラベル変更は非常に危険であり,多くの管理者たちが難色を示した。

　この2つの問題は最終的には経営会議にまでもつれ込んだ。が,結局のところ村井社長の積極的な後押しによって味・ラベル変更の意思決定を下すことになった。

　これを機に,同年9月,それまでは社内秘で進められていた計画が,CI導入社内宣言として明確に発表された。社内的には,全社員を対象とした,CI説明会,社章デザイン選考キャンペーン,CI計画愛称募集キャンペーン,社員年賀状キャンペーンなどで社内の理解を深め,雰囲気を盛り上げていった。CI計画も"ニューセンチュリー計画(NC計画)"と命名された。全営業社員を対象にした決起集会ビアコンベンション,全事業所一斉の新ビール試飲会によって,社内に新しい味とラベルをお披露目し,組織活性化は最高潮に達した。社外的には,全国5ヵ所で特約店会ライブ・コミュニケーション・パーティーを開き,アサヒの経営幹部たちが多くの特約店に挨拶を繰り返した。

　86年はこうしてアサヒにとって急成長への「第1転換点」となった。2月19日,

第 I 部　戦　　略

「Asahi 生ビール」が発売されたのである。キャッチフレーズは"コクがあるのに，キレがある"。発売日には，新発売生ビールのインパクトを強めるため，ほとんどの酒販店から前商品が18億円をかけてあえて回収された（『Will』1988.8.）。

　村井社長就任の4年間を振り返ってみてみると，彼自身による積極的な後押しが随所でみられた。アサヒ急成長の基盤作りは紛れもなく彼の大きな貢献であった。しかしこの時期，経営状況は惨憺たるものだったと言える。10％シェアが全国メーカーの分岐点となると言われるビール市場で，アサヒは85年にシェア10％を割込んでしまったのである。そのうえ，主力の吾妻橋工場を閉鎖，売却に追い込まれるまでに至ったのである。

2.2　樋口廣太郎社長

　1986年3月，瀕死のアサヒの新社長として樋口廣太郎が就任した。村井社長の後を受けて同じく住友銀行から送り込まれたのである。

　同月には，ビール業界初の"100万人大試飲キャンペーン"を社外的に実施して「Asahi 生ビール」の積極的な販売を展開した。イベントカーに乗ったキャラバン隊が3ヵ月間全国縦断して消費者への販売促進を推し進めたのである。樋口社長も自ら先頭に立ち，全社的な販売促進運動を推し進めた。社内的には，全社員を対象にした"FOR LIVE PEOPLE キャンペーン"を展開した。酒販店や消費者からの情報収集を全社員によって始めさせ，また社員からの業務の提案募集も積極的に行ったのである。

　初夏，気温上昇と共に「Asahi 生ビール」の売上も上昇して市場に浸透していった。ビール産業にとって最大の市場であった首都圏ではアサヒはこれまで苦戦を強いられていたが，家庭用市場が拡大しテイクアウト型消費者の増大もあいまって確実に市場拡大を達成した。さらに，樋口社長は，製造から20日以内に工場から出荷し，製造後3ヵ月以上経過した店頭在庫は回収するという，商品のフレッシュローテーション活動を徹底させた。彼はまた広告への資本投資を惜しまず，広告費前年比50％増の約70億円もの巨額を投じた。こうして夏のビールシーズンが終わった9月に入っても家庭用市場が確実に伸び，シェアも10.4％に回復した。環境は確実に変化していたのである。

　87年，つまり新生アサヒの2年目には，家庭用に普及してきた缶ビールの拡販に注力した。立て続けに新商品も発売された。2月「100％モルト」，3月「スーパードライ」，4月「クアーズ」が畳み掛けるように発売された。前2商品は大ヒットした。とりわけ世界初の辛口生ビール「スーパードライ」は，アサヒの「第2転換点」となった。"さらりとした飲み口，アルコール度ちょっと高め，キレ味さえる辛口ビール"というキャッチコピーで，若者世代を中心に人気を集めた。この「スーパードライ」は，先のコク・キレ「Asahi 生ビール」をさらに改良し，キレ

味を強くした世界初めての辛口ビールであり，アルコール度は普通ビールよりも0.5％高い５％に設定され，発酵力の強い318号酵母を使用している。淡色麦芽，米・コーン・スターチ，ハラタウ，ザーツ，国産ホップといった諸原料の多用も特徴の一つである（平林，1993；飛田・島野，1997）。

ただし，この「スーパードライ」発売までには社内で大いに議論を呼んだ。樋口社長はのちにこう記している。すなわち，

> 「コク・キレビールのヒットによって，従来のアサヒビールの沈滞イメージは払拭されつつあったとはいえ，生ビールは既存の商品ジャンルである。そこには当然のこととして他社も商品を出しており，競争はますます激しくなることが予想される。こういった状況の中で，業績を大きく伸ばすためには既存ジャンルで争うのではなく，既存ジャンルのビールを"ブレークスルー"するスーパービールの開発が必要であった。ドライビールという言い方は今でこそ一般化しているが，『スーパードライ』が陽の目を見るまでには，一年以上の紆余曲折があった。」（樋口，1993）

若手社員（松井康雄，当時マーケティング部長）は，これこそビールの主な消費者層の求める新しい味であり，オリジナリティの高いビールであると経営会議に提案した。が，世界中をみてもビールのドライは無いため，その上好調の「Asahi生ビール」との共食いが懸念されたため，当初は却下された。しかし，試作品をもちこんでの再度の提案では，一応関東地域限定販売ということで許可されたのである。樋口社長はこの当時の微妙な心境の変化を次のように記している。すなわち，

> 「昭和61年春先に，マーケティング部や生産プロジェクト部の若手から後にスーパードライとなる新商品の提案が経営会議にあがってきた。『辛口のビール』をつくりたいというのである。ところが古参の技術者や役員のほとんどから，『辛口の生ビールなんて見たことも聞いたこともない。そんなものは世界に前例がない』と反対意見が大勢を占めた。『前例がないからこそ独創性があるわけであり，是非やらせてほしい』と若手は主張する。会議は平行線をたどった。その後も改めて経営会議にかけられ，都合２回否決され，ほぼ開発の芽はなくなりかけていた。
> 　私も経営会議の雰囲気に押され，最初は試作ビールに反対する側にいた。しかし，それでも若手の挑戦意欲を育てたいという思いがあったので研究は続けさせることにした。『前例がないことに賭けてみよう』と考えたのだった。その後，開発担当の役員が変わり，また同じ話を経営会議にあげてきた。今度は試作品も出された。全員で飲んでみると，これが『なかなかいける』という意見が多い。

第Ⅰ部　戦　　略

そして2ヶ月後，さらに味を磨き上げた製品ができてきた。これを飲んだ経営会議メンバーの顔を注意深く見ていると皆一様に，『これはいける』という反応を示した。その後，3回の経営会議を経て，スーパードライの誕生が決定されることとなった。」(樋口，1994，傍点引用者)

このような複雑な誕生話とはうらはらに，この商品は発売年1350万ケースという空前のヒットを記録した。のちにはアサヒ急成長の起爆剤となった。他社も競ってドライビールの発売を開始した。いわゆる"ドライ戦争"である。しかしあえなくアサヒの独り勝ちで，3社惨敗に終局したのである。

88年，アサヒはコク・キレの「Asahi生ビール」と辛口の「スーパードライ」の2本柱をもって，シェア20.6％へ急上昇し，業界2位に躍進した。旧吾妻橋工場跡地を買い戻し，創業100周年記念事業としてそこに総工費240億円の本部ビルを建設した（完成89年11月）。

このように急成長の立役者となったのは紛れもなく樋口社長の6年間だった。彼は，急成長の下支えとなる積極的な設備増強への投資をしていた。例えば，ビール工場への大規模な先行投資を行い，工場の大型化，効率化を大胆にすすめた。このため，アサヒの生産性はキリン，サッポロの30-40％上をいく。

ただし，清丸（1999）によれば，実は彼は3つの大きな負の遺産を残したという。第1に，オーストラリア大手ビール企業フォスターズへの1000億円もの巨額投資で，その2割の損失を出した。第2に，特定金銭信託を含む有価証券に対して2000億円を超える投資をしたが，その5割を超える損失を出し，99年に至ってもその残務処理は残っている。つまり，樋口社長は，住友銀行時代に培ったインベストメント・バンキング業務において大きな失敗をしていたのである。彼はアサヒの国際化を推進する一方で，「スーパードライ」の相次ぐ増産に伴って最大時92年に7500億円にまで膨れ上がった有利子負債を財務面の収益で補完しようとして失敗したのである。第3に，本業のビールでも失敗していた。89年に「スーパーイースト」，91年に生ビール「Z」と「ほろにが」，92年に「オリジナルエール6」，93年には「ピュアゴールド」が発売された。しかしこれらの商品がことごとく失敗した。

結局のところ，樋口社長は自ら指揮して開発したビールはすべて生産中止に追い込まれたのである。多産多死という非効率的な悪循環が当然アサヒの成長の足を引っ張ったといえる。世間的な評判から言えば，樋口社長はアサヒ急成長のリーダーであったが，その内実は以上のような大きな禍根を後に残していたのである。

2.3　瀬戸雄三社長

1992年9月，アサヒ生え抜きの瀬戸雄三が社長に就任する。彼は新商品開発をほ

とんどせずに，社内の情報化に着手する。これがアサヒの「第3転換点」となる。フレッシュローテンション活動を，全社的なフレッシュ・マネジメント活動として改善活動・鮮度管理の計画管理へ移行させた。社内横断的な"フレッシュマネジメント委員会"も設置し，情報インフラの整備を果たし，製造後5日の社内出荷を実現した。本社ビル，工場，中央研究所の情報を共有化するためにLAN整備をした。94年，情報インフラ整備活用委員会を発足させ，電子メールを導入した。95年，具体的な社内情報ネットワーク整備として，全国主要事業場間での電子メール・ネットワークの"ASN（アサヒ・スーパー・ネット）"の展開が始まる。96年，全国の内勤者1人につき1台のパソコンを設置し，97年には営業担当者全員にもノート型パソコンを支給し，アサヒの情報化は貫徹された。新商品は，小規模な地域限定商品を除いて，ほとんど市場には出さなかった。このため，「スーパードライ」焦点化の恩恵を受けて，やがて商品別出荷量（個別ブランド）で首位を獲得した（96年6月）。ビール市場全体でも97年2月にはトップシェアを獲得し，アサヒの急成長は最高潮に達した。

　ライバル企業キリン[6]は，対照的に，消費者嗜好の変化に対応できなかったばかりか，ドライ戦争とフルライン戦略の失敗（90年），総会屋への利益供与事件（93年），製品雑菌混入事件（95年），定番商品「ラガー」の味変更（従来の熱処理を非熱処理の生化へ）の失敗（96年）など，多くの障害と失態によって低迷した。

　では，なぜ瀬戸社長は「Asahi生ビール」も終売（93年4月）し，徹底的な「スーパードライ」焦点化に固執したのであろうか。むしろ，93年当時，先の樋口社長の財務的失敗によってそうせざるをえなかったのである。後に瀬戸雄三はこう吐露している。

　「本音を言えば，他をいろいろとやる余裕などなかったんですよ。私が社長に就任した当時，売上が六千億円規模なのに有利子負債は七千四百億円もありました。過去の大きな負債もありましたし，『スーパードライ』のヒットで増産体制を急遽くみましたからフル回転でしたからね。だからとにかく持てる力を全て『スーパードライ』に注ぎ込んで活路を拓こうという選択が現実的だったわけです。」（西村，1999，19頁）

　92年社長就任時に多産多死を停止させて，前社長までの一貫性をとぎれさせた。この"不連続"が生じたのはこのような理由による。
　しかし瀬戸社長は，後期になって，アルコール市場の多様化（カクテル市場拡大，ワインブーム）という外的要因をみこして，自社ビールの多様化へと進む。プレミアムビール，期間・地域限定ビール，低カロリーライトビール，女性向けビールといった90年代中期の市場トレンドを追いかけたのである。95年「黒生」，96年

第Ⅰ部　戦　略

「ファーストレディ」，97年生ビール「レッズ」，98年「スーパープレミアム」（のちに「富士山」と改称），99年「Will スムースビア」（異業種企業との実験的商品），2000年「スーパーモルト」が全国的に新発売された（『日本経済新聞』1999.12.16. 朝刊；『日経産業新聞』1999.12.27. 朝刊）。

　92年に多産多死を一旦停止させた瀬戸社長は，なぜその後期から新商品を次々に世に送り込み始めたのか。そのうえ，90年代後半の市場トレンドは定番商品への集中であり，季節・期間・地域限定などの単発商品の付け入る隙はない（清丸，1999）。にもかかわらず，なぜ瀬戸社長はあえて多産化へ邁進したのか。財務的な安定化がその要因ともみてとれるが，それだけでは説明がつかない。なぜなら，第1に，なぜ樋口社長時代の不安定な財務状況と投資の失敗の時に多産化へ進めたのか，第2に，なぜ約70億円にも上る額を広告費につぎ込めたのか，の2点が説明できなくなってしまうからである。

　以上がアサヒ急成長の過程の詳細である。事例から分かったことは，ビール産業におけるアサヒの急成長の背後には，CIによる長期計画の策定や，経営理念の実施等にともなう戦略はあったのではないかということである。したがって，その点を吟味する必要がある。

　次節では，上述の経緯を伝統的な戦略論のアプローチではどのように分析できるのかを検討しよう。

3◆戦略内容論による分析

　戦略論は，60年代以降隣接諸学の知見を積極的にとり入れながらさまざまなアプローチをこれまでに輩出してきた（Mintzberg, Ahlstrand & Lampel, 1998; Grant, 2013）。ここでは本事例に対して適切なアプローチを選出しなければならない。しかし，実際には戦略論（あるいは戦略ツール）として流布しているものを本事例に当てはめて説明しようとするとその不十分さが分かる。例えば，伝統的な戦略論の代表的研究者から検討しよう。

　Chandler（1962）の戦略概念は，「一企業体の基本的な長期目的を決定し，これらの諸目的を遂行するために必要な行動方式を採択し，諸資源を割当てること」（邦訳29頁）である。彼はアメリカ企業の大規模企業4社の発展に関する詳細な研究を含めて100社にわたる研究からさまざまな示唆を提示した。

　Ansoff（1965）は「製品＝市場分野の選択」を戦略としている。彼は多角化戦略が企業戦略であると限定的に示しているため，Chandlerの戦略概念を踏襲したものと言える。彼らが戦略を多角化に限定したのは，60年代のアメリカ企業の最大関心事が資金的余裕を生かした多角化であり，またM＆Aブームに乗じたコングロマリットなる企業形態が流行だったことがこの理由である。

しかし，両者は戦略をそもそも大規模企業の多角化戦略と限定的に示し，本事例のようにアサヒのビール事業に問題設定を限定した分析には不適切である。両者に共通して言えることは，多様な戦略のうちの一種である多角化戦略について論じ，それは単に企業の全社レベルの戦略すなわち企業戦略論（Corporate Strategy）を説明しているに過ぎないということである。本章で扱うアサヒのビール事業は，あくまでも事業レベルでの戦略であることに注意しなければならない。

3.1 戦略型経営

Miles & Snow（1978）は，環境変化に適応する組織の類型を戦略型経営として指摘した。組織がどのように戦略を定義し，それに適合した組織構造と組織プロセスを構築するのかについての4つの類型である。すなわち，組織の環境適応を分析する中で有効な適応をしている組織は整合的なパターンがあり，その類型とは①防衛型（Defender），②探索型（Prospecter），③分析型（Analyzer），④反応型（Reactor）である。

はじめに，防衛型は，徹底した効率性追求によって競争優位性を確立しようとし既存事業を守り抜く組織である。例えば，トヨタ生産方式をもつトヨタはこの代表である。次に，探索型（先取り型とも訳される）は，自ら市場機会を探索してやまず他社に先んじて新市場，新製品，新サービスを創造していく組織である。よって，効率性よりも革新に関心をもつのである。例えば，ソニー，ホンダ，花王がこの代表例として挙げられる。分析型は，防衛型と探索型の利点を併せ持って利潤最大化を狙いながら，リスクの最小化をはかろうとする組織である。PPMが指摘するような理想的な商品構成をもち，例えば日立がこの好例である。最後に反応型は，一貫したパターンをもたず環境の変化に全く受け身の姿勢で反応も遅く，ゆえに業績も低い組織である。

彼らの問題点は以下のようにまとめられる。第1に，岸田（1985）が指摘するように，防衛型，探索型，分析型，反応型といった4つの組織形態の分類は貧弱であり，戦略パターン間の関係は不明瞭である。彼らは，組織と環境とを媒介する経営者の戦略的選択を強調して，その状況に相応しい戦略パターンが組織形態を規定するという点を強調したのであるが，その戦略パターン間の関係が明らかにはされていないのである。

第2に，戦略そのものを分析対象として扱っていない。すなわち，戦略をもつ組織の全社的な姿勢を理念的・概念的に区別して，戦略策定－実施している組織の区別をしているにすぎないのである。本章のようにアサヒのビール事業に限定して分析する際には，彼らの枠組みは不適切である。ビール産業の4社を区別するには分かりやすいが，一社に限定して彼らの枠組みを当てはめても他社との区別・比較については説明できない。

第Ⅰ部　戦　略

　第3に，分析対象を経時的に把握することができない。例えば，新興の組織（ベンチャー企業）が成熟組織へと急成長する場合，この枠組みでは把握できない。すなわち，ある短い期間での把握しかできず，その変化するプロセスを把握することはできないのである。アサヒの場合，80年代半ばからは探索型であったが，90年代前半には新商品をほとんど発売していないので紛れもなく彼らの言う防衛型である。このように経時的に類型が変化するため，本章の問題設定においてはやはり不適切である。

3.2　PPM

　では，製品レベルでの戦略を徹底して観察するPPMではどのように分析できるであろうか。PPM（Product Portfolio Management）[7]は，経験曲線と製品ライフサイクルを前提として，ボストン・コンサルティング・グループ（BCG）によって開発された。これは，市場シェアと市場成長率が企業の資金の流出入に影響と考えて，各事業・各商品に明確な位置づけを与え企業の資源配分の指標を示した手法である。そもそも，PPMは理想的な事業構成・商品構成をもって明示することを意図している。

　しかし，PPMの問題点は一般的には以下のように指摘されている。第1に，PPMでは将来の成長力予測が不正確である。将来生じるであろう環境変化に対して，既存商品に大きく依存する場合，その将来予測が誤ることによって大きな痛手を負うことになる。特に，ビール商品に限らず飲料メーカーは，世界的に長期にわたって愛好される定番商品（例えば，バドワイザー，ハイネケン，コカ・コーラなど）に大きく依存する傾向が強く，その失敗が企業にとっての大きな痛手となる。先に触れた，ニュー・コーク騒動はその好例である。

　第2に，PPMでは成熟製品への軽視を招く。企業にとって金の成る木は他の商品への重要な資金源となるものである。よって，成熟製品に対しては収穫を目的とした戦略が組まれる。しかし，その成熟性の判断があいまいになる。例えば，環境変化，他社の技術革新によって大きく左右される可能性があるのである。特に，ビール企業の場合，定番商品が新商品によって蚕食されるケースがある。上述のアサヒの事例でも，「Asahi生ビール」が好調なときには，「スーパードライ」の発売には批判的な組織メンバーがいた。

　第3に，PPMでは新製品への探索機会が考慮されていない。既存諸製品だけに対する分析にすぎないのである。例えば，「スーパードライ」のような画期的な製品開発への示唆は全くないのである。

　第4に，PPMでは経時的に製品の位置づけの変化は把握できたとしても，そのプロセスの変化を分析することはできない。例えば，金の成る木がどのように花形に変わるのかは説明できない。その変化の背後にある組織上の問題には一切触れて

	高	低
市場成長率 高	花　形 (今後，急成長が見込まれる商品)	問　題　児 (もっと投資し，花形に育てるべき商品)
市場成長率 低	金の成る木 (自社の柱となる商品。ドル箱商品)	負　け　犬 (すぐに撤退または売却すべき商品)

市場占有率（マーケットシェア）

図3-2：PPM

いないのである。特にビール産業では，部門間の密接な関連はいうまでもなく，とりわけ社長の経時的な動向が重要になってくる。したがって，本章の問題設定には不適切である。

たしかに，伝統的な戦略論がこれまでに優れた成果を生み出したことは疑いない。特に，70年代を代表するアメリカ企業の隆盛はこれらの貢献が大きかったはずである。しかし，本章の問題設定のように，特定組織を長期的に観察する場合は，少なくとも現在までに提唱されている伝統的な戦略論では説明不可能となることが明らかである。本節をまとめると次のようになる。

第1に，伝統的な戦略論はあくまでもある時点での戦略のみを扱い，静態的であった。経時的な戦略を把握しようと試みるには，伝統的な戦略論の多くは無効である。

第2に，伝統的な戦略論は，戦略を策定し実施する組織メンバーの動向が把握できない。ある戦略を組織内の誰が提案し，誰が計画を立て，誰の反対を受け，誰が実施していったかは，伝統的な戦略論ではそもそも範疇外である。これは組織の表面上（外見上）を示しているにすぎず，組織メンバーの表情はとらえられない。前述の Miles & Snow (1978) が告白しているように，これらの枠組みでは「現実の豊かで多様な組織戦略・機構のうちにある部分がとらえきれない」（邦訳 x 頁）のである。

3.3　競争戦略論

Porter の競争戦略論は今日においても戦略論における支配的な位置を占める (Magretta, 2011)。では，彼の分析枠組みを用いて分析しよう。

Porter (1980) は事業レベルでの戦略（事業戦略または競争戦略）を最も明示的に打ち出した。彼が提示した基本戦略は，①コスト・リーダーシップ，②差別化，③焦点化の３つである（本書第２章42頁の図2-2参照）。

はじめに，コスト・リーダーシップ（Cost Leadership）とは，同業他社よりも低いコストの実現によって平均以上の収益を生み出し，同業者，買い手，供給業者

第Ⅰ部　戦　略

からの攻撃を回避し，参入障壁を築き，代替製品について同業他社よりも優位な立場を確立しようとするものである。次に，差別化（Differentiation）とは，自社の製品・サービスを産業内での独創的なものにすることである。独自の製品設計，ブランド・イメージ，独自技術等によって同業他社からの攻撃を回避し，顧客の忠実性を獲得し価格差を受け入れさせ，参入障壁を築いて高マージンを獲得する。前二者は共に，フルラインで操業している企業に当てはまる。さいごに，焦点化（Focusing）とは，産業内での特定市場（特定顧客，特定製品ライン，特定地域，特定時期等），いわゆるニッチ市場に絞り込むことによって，コスト・リーダーシップあるいは差別化を達成しようとするものである。以上が，Porterの3つの基本戦略である。

　Porterの枠組みは，本章の事例分析にはもっとも当てはめやすい。まず，商品上に彼の枠組みを当てはめる。アサヒはキリンに対して徹底的に商品上の差別化をした。先に触れたように，そもそもビールの味にはコク（苦味の味わい）とキレ（喉ごしの快さ）というトレードオフの関係があった。従来，ビール市場の支配的商品であったキリンの主力商品「ラガー」は熱処理で，コク（苦味の味わい）を特徴としていた。これに対して，アサヒは，第1に，コクとキレを両方併せもち，しかもラガーとは異なる生のコク・キレビール「Asahi生ビール」を発売した。第2に，コクとは対極にあるキレを重視した生のドライビール「スーパードライ」を発売した。両商品ともに非熱処理の生である。アサヒは味と製法によって，キリンに差別化をはかったのである。

　次に，同社のもつ戦略について彼の枠組みを当てはめる。アサヒは，上述の差別化概念の説明通り，自社の商品を産業内である程度独創的なものとした。すなわち，独自の商品設計（コクキレ，キレ重視，生醸造），ブランド・イメージ（業界の常識から外れるメタリック・デザイン），独自技術（コク・キレの技術的克服）によって他社からの攻撃を回避し，顧客の忠誠心を獲得したのである。

　しかし，残念ながら，やはり彼の枠組みにも限界がある。第1に，発売当初の商品は差別化と焦点化の区別が不明瞭である。例えば，「スーパードライ」の発売当初（86年）は世界初の辛口ビールということで差別化商品ともいえるし，関東地域限定販売という焦点化商品ともいえる。すなわち，差別化も焦点化もともに単なる概念用語であることに注意すべきである。同様に，商品の位置づけが観察者の視点によって異なることを説明できないことも彼の枠組みの限界といえる。認知上の相違は説明できないのである。

　第2に，商品の位置づけが経時的に変化するプロセスの原因・理由も把握することはできない。例えば，なぜ「スーパードライ」が発売当初に関東地域限定であったのか，どの時点で全国販売へと変わったのかを説明できないのである。環境変化のなかで戦略は変化を遂げる。そこには，組織外の状況と組織内の状況が，複雑に

絡み合っているはずである。しかし，彼の枠組みでは組織内外の状況を把握することはできないのである。

要するに，Porterの枠組みは，本章のアサヒのビール事業に限定した事例研究において，ある局所的な時期の戦略を説明することは伝統的な戦略論のなかでは最も明瞭にできるのであるが，しかし経時的な変化のプロセスを網羅することはできないのである。さらに言えば，戦略を策定し実施する組織メンバーの動きは把握できない。戦略が変化するときに特に組織メンバーの活発な動きがあることは，前章の記述をみても明らかである。

3.4 課題

以上，伝統的な戦略論の枠組みを提示し，アサヒの事例に当てはめてみた。ここで分かったことは，これらはアサヒの急成長の背後にあった戦略を分析するにはほとんどのアプローチに限界があり，不適切であったということである。

アサヒの戦略の変遷をここでもう一度整理してみると次のようになる。80年代中期，社内での意識改革に専念し，社外的には瀕死の状況に陥る。86年，「Asahi生ビール」で飛躍の足がかりをつかみ，「スーパードライ」で急成長を確実なものとし，多様な商品展開を行い，商品多産多死へ向かう。90年代初頭，一旦それが途切れ，ドライビールのみへの焦点化を徹底し，社内的には全社的な鮮度・品質管理体制と情報化整備に邁進する。これがまた途切れ，90年代後半には多品種展開していく。ここから分かることは，アサヒの急成長には一貫性が無いということであり，連続する時期と不連続となる時期があるということである。アサヒの80年代から90年代までの戦略は常に合理的一貫性が貫かれているわけではなかった。要するに，戦略といえるようなアサヒの一貫した姿勢は，この20年間ではみられなかったのである。

さらに言えば，長期的に観察することによって分かったのは，組織内では一貫性の発生と消滅，すなわち戦略の連続と不連続がみられたということである。その連続と不連続には上述のように特にアサヒの社長が交替していくたびに変化している。アサヒの急成長には戦略が存在しており，それを規定するのは組織メンバーである社長という人的側面が大きな役割を果たしている。アサヒの急成長への3つの転換点は特に社長の交替に大きく符合するのである。

図3-3に示されるように，アサヒビールの急成長に社長交替を符合させてみるとたしかにこの点が了解できる。

ここからの示唆は明らかである。先に論じた点を繰り返すと，アサヒの急成長過程での戦略は常に合理的一貫性が貫かれているわけではなかったのである。たしかに，単純な評価をみれば「村井氏が種をまき，樋口氏が芽を出させ，そして瀬戸氏が一本の木に成長させたのである」（飯塚，1999）と言えるが，しかしそこには合

第Ⅰ部 戦　略

歴代社長	焦点化　⇔　フルライン		組織内での主な事象
村井（前期）	「アサヒビール」		乗っ取り危機への対応，CI導入（経営理念，社内意識改革），第1次長期計画策定
（後期）			CI本部設置，5000人消費者味覚調査，ラベル変更，社内キャンペーン，業界シェア10%割込み
樋口（前期）		「Asahi生ビール」「スーパードライ」	会社更生法申請危機，"For Live People キャンペーン"展開，"100万人大試飲キャンペーン"展開
（後期）		「スーパーイースト」「生ビールZ」「オリジナルエール6」「ほろにが」	投資失敗による財務的危機の発生，本社ビル建設（東京吾妻橋）
瀬戸（前期）	「スーパードライ」		財務的危機の存続，フレッシュ・マネジメント委員会の全社的品質管理，情報ネットワークのASN
（後期）		「スーパードライ」「アサヒ黒生」「ファーストレディ」「Will」	「スーパードライ」が商品別首位獲得

図3-3：アサヒビールの戦略と社長の動向

理的な一貫性がみられない。すなわち，誤解を恐れずにいえば，アサヒには長期的な一貫性をもった戦略がなかったとも言える。

　重要な点は，第1に社長という組織メンバーの動向，第2に社内の経営資源状況（本章の事例では財務的資源），第3に組織の外部環境である。これらによって組織は大きく揺れるのである。

　以上，考察したように，戦略内容論の数々の戦略ツールによってアサヒの急成長を分析・説明しようとすることは，明らかに困難である。従来の戦略内容論では研究対象を動態的に把握することはできないという決定的な限界がある。ある時点でのスナップショット的な把握しかできないのである。

　したがって，戦略が策定され実施されるプロセスの諸研究，すなわち戦略プロセス論に対しても視点を向けなければならない。

　以上のように，本章では，戦略内容論を吟味した。アサヒの戦略は，なぜ・どのように発生・展開したのか。さらに，その戦略を従来の戦略論の枠組みではどのよ

うに分析・説明できるのか。このような問題意識に対しての結論は次の通りである。

第1に，アサヒ急成長の過程を詳細に検討した結果，日本企業における急成長企業アサヒには寡占市場に甘んじて戦略がなかったが，80年代の環境変化には明確な戦略を生み出し展開していった。アサヒの急成長過程を振り返ると，そこに観察されるのは戦略の連続と不連続であった。しかも，これが特に社長という組織メンバーの交替と符合していることが分かった。

第2に，従来の伝統的な戦略内容論を用いてアサヒの戦略を分析することを通じて，それら固有の問題点を明らかにした。そこで結論として分かったことは，明らかに従来の戦略内容論には限界があるということである。

第3に，戦略プロセス論を吟味する必要があることが分かった。例えば，本章のアサヒの事例において，次のような疑問が残る。①一貫性の無い行動がなぜ・どのように生じるのか。②逸脱がなぜ・どのように生じ，それがさらに逸脱拡大に到るのか。また，なぜその逸脱拡大過程が反転するのか。③焦点化の徹底と放棄を支えた組織メンバーは誰か，どのようなグループだったのか。例えば，ドライ焦点化派と製品多角化派との対立・妥協はあったのか。あるいは，職能部門間での政権争いもありえないか。④アサヒ急成長の戦略には歴代社長の影響力が決定的に強かったのか。あるいは，彼らをとりまく組織メンバー（例えばミドル・マネジメント）が影響力をもっていたのか。⑤メインバンクとアサヒはどのような関係にあったのか。住友銀行の副頭取を包摂すること（すなわち天下りを受け入れること）によって，アサヒの組織メンバーの士気は低下することが予想されるが，なぜCIによって社内意識改革が強力に進んだのか。これを日本企業の特殊性として簡単に排除することはできない。

次章では，以上のような諸点を踏まえて，戦略プロセス論を吟味する。

注
1）本章での研究課題を追究する際に注意すべき事柄を2点だけ記しておく。第1に，文献資料（史料）の妥当性である。本章は，各社から発刊されている社史を第1次の資料とし，さらに研究者・ジャーナリストによる文献を第2次の資料として作成した事例研究である。本来ならば1次資料を収集すべきであるが，多くの2次資料を用いることによって，特定の論者の恣意性を排除するように努めた。このため研究上の深化をはかるならば，自らアンケート調査やインタビュー法を実施しなければならない。ただし，中川（1983）が論じるように，社史であっても成功失敗の両面を記したものは多くない。その上，何次の資料であってもその作成者の意図や解釈が介入しているものである（野家，1996）。また，インタビュー法においてのいかなる場合も研究者の恣意性が介入する，つまり自らの仮説を支持する回答を誘導的に引き出そうとすることもある（植田，1999）。第2に，本事例の一般的妥当性である。本章ではビール産業という特定産業内の一企業の分析から得られた知見であり，したがって現段階では容易に一般化することはできない。ただし，ビール産業はたしかに特殊性があるが，以下のような一般性および研究上の利

第Ⅰ部　戦　略

　　点があるため，ある程度の一般化は可能であると信ずる。すなわち，①ビール産業は他産業と同様に単一商品の大量生産大量販売こそが利益最大化を約束するという特徴が重視される（『日経ビジネス』1989年6月19日号）。②ビール産業では技術力が拮抗しているため組織的側面や戦略的側面による比較対照を行いやすい。③HBSのケーススタディの題材（Salter et al., 1989）に示されているように，研究対象としての周知度は世界的であり消費者にとっても身近な事例である。④経営多角化（医薬，アグリバイオ，外食事業など）やグローバリゼーション，情報化，環境対策といった経営学の今日的テーマを内包している。もちろんより多くの事例研究を行うことも今後の課題である。

2）ビール産業は成熟産業といわれている。しかし，各社間の戦争や酒類販売（消費）数量の推移（新納，1997；国税庁課税部酒税課編，1999），を見る限り，ビールの消費量は増加の一途にあり，市場は飽和状態に至っていない。また多様な商品の頻繁な輩出があるので，成熟産業というよりはむしろ成長産業といえる。本章執筆にあたり，ビール産業全体については主に平林（1993），飛田・島野（1997），新納（1997），国税庁長官官房企画課編（1997），国税庁課税部酒税課編（1999），日本経済新聞社編（1998），海藤（1999），水川（2002），を参考にした。

3）アサヒの歴史的事実は，紙幅の都合により後の節の説明に必要な事実だけを次から記述した。Salter, M.S. et al., "Asahi Breweries, Ltd.," Harvard Business School, 1989（野村マネジメント・スクール訳「アサヒビール株式会社」）；アサヒビール株式会社社史資料室編『Asahi100』アサヒビール株式会社，1990年；石山順也『アサヒビールの快進撃』日本能率協会，1987年；溝上幸伸『アサヒ・スーパードライの奇跡』あっぷる出版，1996年；石山順也『アサヒビールの奇跡』講談社，1999年；山田泰造『アサヒビール「ガリバーに勝った最前線の男たち」』プレジデント社，1999年；藤沢摩彌子『アサヒビール大逆転：どん底時代をいかに乗り越えたか』ネスコ，1999年；飯塚昭男『アサヒビール・大逆転の発想：真の経営革新とは何か』扶桑社，1999年；清丸恵三郎『スーパードライvs発泡酒』東洋経済新報社，1999年；西村晃『アサヒビールの経営戦略』たちばな出版，1999年；生島淳「ビール：差別化の戦略」宇田川勝他編『日本の企業間競争』有斐閣，2000年，110-129頁；松井康雄『たかがビールされどビール：アサヒスーパードライ，18年目の真実』日刊工業新聞社，2005年．なお，村井勉社長の発言等は次を参考にした。村井勉『村井勉の辞めるヤツは教育しない』中経出版，1996年；村井勉『人間万事塞翁が馬：村井流人と企業の活性化哲学』ブレーンセンター，1997年．樋口廣太郎は多くの著作を残しているが，本章は次を参考にした。樋口廣太郎『知にして愚：〝緩〟の精神が，奇跡を生む』祥伝社，1993年；『樋口廣太郎の元気と勇気が出る仕事術』オーエス出版社，1994年．瀬戸雄三社長の発言は，瀬戸雄三『逆境はこわくない』徳間書店，2008年，瀬戸雄三『給料取りになったらアカン：私の履歴書』日本経済新聞社，2012年．を参考にした。

4）戦略ドメインとCIとの相違点には注意を要する。戦略ドメインとは，「企業が長期的に自社の存立を委ね，経営資源を効率的に投入していく市場内生存領域を指し，まさに戦略的マーケティングや経営戦略の中核となるもの」（嶋口・石井，1987）である。企業の社会的価値や存在意義を明確にした上で事業展開をするための重要な手段である。これに対して，CI（Corporate Identity）とは，戦略ドメインと同様に，企業の独自性をどこに求めるかということである。しかしながら実際には，CIの多くが企業の内外活動の単なる宣伝手法として展開され，お題目的で空虚なスローガンの打ち上げにすぎないと批判される傾向も見られる。参考として，石井淳蔵・奥村昭博・加護野忠男・野中郁次郎『経営戦略論〔新版〕』有斐閣，1996年；嶋口充輝・石井淳蔵『現代マーケティング』有斐閣，1987年。

5）ニュー・コーク騒動は，Oliver（1986），Pendergrast（1993），石井（1999）を参考にした。

6）キリンビールは以下を参考にした。中田重光『キリンビールの変身：ライフ・インダストリー革命への挑戦』ダイヤモンド社，1988年；日経ビジネス編集部編「特集・キリンビール：『成功

の復讐」に悩むガリバー」『日経ビジネス』1989年6月19日号，6-21頁；猪口修道『アンラーニング革命：キリンビールの明日を読む』ダイヤモンド社，1992年；赤川善樹『甦れ！キリンラガー』キャンパス・シネマ，1996年；中村芳平『キリンビールの大逆襲：麒麟淡麗〈生〉が市場を変えた！』日本工業新聞社，1999年；キリンビール株式会社広報部社史編纂室編『キリンビールの歴史［新戦後編］』『キリンビールの歴史［新戦後編］：資料集』キリンビール株式会社，1999年。

7) 本章では，「製品レベル」の資源配分の最適化としてPPMを用いている。もともとPPMは「事業部レベル」の資源配分の最適化をはかることが主目的であり，その実施のための組織として戦略的事業単位（SBU：Strategic Business Unit）がGE社等で採用された。たしかに，東芝の事業再構成のケースをPPMによって分析した東北大学経営学グループ編（1998）にみられるように，事業部レベルのPPMによる事例研究が経営学一般においては主流である。しかし，実際には製品レベルの分析のためにPPMを用いることも多い。例えば，山田・山根・根来（1993）は，上島珈琲（UCC）がコーラ市場へ参入したケースをこの製品レベルのPPM分析に基づいて説明している。また，製品と事業の区別を明らかにしないままでPPMを解説する文献（たとえば石井・嶋口，1987）もある。こうしたある種の混乱が生じる原因は，おそらくPPMの名称自体にある。すなわち，PPMはプロダクト・ポートフォリオ・マネジメントの略称であって，ビジネス・ポートフォリオ・マネジメントのそれではない点に注意すべきである。なお，アメリカのコンサルティング企業の実情は，McDonald（2013）において明らかにされている。

第Ⅱ部

組　　織

第4章　戦略プロセス論

　本章は，戦略プロセス論を検討する[1]。先の第1章において設定したように，われわれの問題意識は，戦略内容 – プロセス論という戦略論の伝統的かつ支配的な枠組みを統合することにある。

$$\text{内　容} \longrightarrow \boxed{プロセス}$$

　本章では，上記の二元論的理解のうちの右側である戦略プロセス論を検討する。戦略プロセス論は，概して「どのように（How）企業の戦略が経時的に形成されるか」（Lechner & Muller-Stewens, 2000）を解明することを主旨とする。戦略内容論は良い戦略とは何か（What）を解明する。例えば，それはポートフォリオ・マネジメント，多角化，M&A，製品 – 市場の選択などである。第1章において要約したように，

(1)　「戦略内容論」は企業 – 環境間の適合（Fit）であり何が良い戦略かを問う。すなわち，What の追究である。

(2)　「戦略プロセス論」はその意思決定および手続きを明らかにするということができる。すなわち，How の追究である。

　近年，戦略内容と戦略プロセスとの重要な関係性への考察が高まるにつれて，この戦略プロセス論への知的関心が高まっている（Rajagopalan, Rasheed & Datta, 1993）。

　戦略プロセス論は，1980年代の戦略論の中心的課題の1つである。すなわち，組織が好業績を達成するための手法・ツールは何かという戦略内容論から，それがどのように組織上で策定され，実施されるのかというプロセスへと戦略論の焦点が移行したのである。このような戦略プロセス論には隣接諸学から多くの研究者が参入し，非常に多様な研究が展開されており，1つのパラダイムには収まりきらない状況となっている。それゆえに，多様化した戦略プロセス研究を体系的に整理することが，個々の研究者にとっても，将来的な研究の方向性を示すうえでも有益である。したがって，本章は戦略プロセス論の体系的な整理を行うために以下の順に展開する。第1に，プロセスの意義を概観する。第2に，代表的な戦略プロセス論の特徴および問題点を検討する。第3に，戦略プロセス論の中心課題たる戦略的意思決定プロセスを吟味する。さいごに，戦略プロセス論の限界を提示する。

1 ◆プロセス

　社会諸科学の全体を通観して分かることは，プロセスもしくは過程という名を冠する学問領域が多く存在するということである。例えば，社会学には社会過程論があり，政治学には政治過程論がある。まずは，これらの社会諸科学においてプロセスとは何を意味していたのかを概観する。

1.1　社会学と政治学

　社会学における社会過程（Social Process）とは何か。森（1993）はこう指摘する。

「社会内で行われるもろもろの相互行為の全体的な進行と推移を総称する用語。したがって社会過程は絶えず動いている進行形的な社会の側面を捉えた概念であり，相互行為のパターン化された社会関係の複合体としての安定状態を意味する社会構造という静態的概念に対応する。」（森，1993，606頁）

　では，政治学における政治過程（Political Process）とは何か。間場（1993）によれば，こうである。

「社会における価値の配分をめぐって展開される集合的相互作用の動態をいう。政治過程の概念は，伝統的政治学がもっぱら国家の制度論的研究を主題にしてきた傾向を批判し，政治的決定の過程を社会との関係にまで拡大しつつ，政治の動態を機能論的に分析する視野から提起されてきた。（中略）政治過程論は一方で集団均衡論的思考への批判を深めつつ，他方，政策決定が多様な政治的諸集団の複雑な相互作用の合成物であるという事実認識を踏まえて，政治の機能主義的動態分析としての新しい理論構築をめざす段階にさしかかっているといってよい。」（間場，1993，845頁）

　また，伊藤他（2000）によれば，こうである。

「政治過程論は，政治学のなかでこのような政治的現実をダイナミックにかつ実証的に分析することを課題とする分野である。かつて，政治過程分析の多くは，一方で，事実発見的で，政治的出来事の個別的な記述に関心があり，記述的研究としていくつかの優れた研究があったものの，多くは理論的一般化の乏しい実態分析にとどまっていた。他方では，外国で開発された政治過程に関する理論の理

解や紹介が精力的になされたが，その理論の有効性を実証分析によって検証するという作業はあまりなされなかった。すなわち，事実への関心と理論への関心が十分にはリンクしていなかったのである。これに対して，今日の政治過程論は，現実の分析や説明の手段としてできるだけ明示の共通の枠組，モデル，理論を利用して政治現象を実証的に分析し，さらに逆にそうした実証研究を通してそれらの枠組，モデル，理論を発展，洗練さらには修正させていこうとする志向をもつ。」(伊藤他，2000，ⅰ頁)

以上のように，これらの諸学問はそれぞれの分野における研究対象のダイナミクスへの要請に応えようと企図されて成立し展開されたものであるということが分かる。

1.2 経営学

では，こうしたプロセス研究が，近年の経営学においてどのように行われてきたのか。まず，その先行研究においてどのようにプロセスが扱われてきたのかを理解するために，理論的諸アプローチの体系的な整理を概観しよう。

Langley (1999) は，組織論においては組織学習，競争的相互作用，革新と変化，戦略的進化などのプロセス研究とダイナミクス研究が大きく注目されているとする。そのうえで，次の2つの研究グループの存在を指摘する。まず，先験的にプロセス諸理論を定式化したり，長期的研究 (Longitudinal Time Series) やイベントヒストリー法によってダイナミクスを研究する研究グループである。次に，リアルタイムではないけれども上質な定性的データを収集し，徹底的に理論抽出して研究者自らがプロセスに没入して研究するグループ (Pettigrew, 1992；Van de Ven, 1992 etc.) である。Langley 自身はこれに属する。

プロセス・データの複雑さは，組織上の現象の複雑さを反映する。それゆえに，これらの研究グループをしても，プロセスおよびそのプロセス・データに関する研究は依然として厄介なものであり，それらの意味付けは普遍の難題である。その理由は，主に諸事象の連続を扱うためである。また，境界が曖昧で多様な分析レベルおよび分析単位を含むためである。さらにはそこに埋め込まれたものは正確性・耐性・関連性が多様であるためにも難題である。プロセス・データは変化する関係，思考，感情，解釈などの現象で活用される際に折衷的なためである。

以上を認識したうえで，彼女は，研究の要点，プロセス・データの複雑性に伴う適合，特定データの必要性，グッド・セオリー次元，センスメイキングのかたちといった分類の次元 (基準) に従って，次の7つのプロセス研究戦略を分類する。第1に，ナレイティヴ研究戦略 (Narrative Strategy) である。これは，Chandler (1962) や Pettigrew (1985) のように1つもしくは少数の内容豊かなケースを用

第4章 戦略プロセス論

表4-1：プロセス研究の分類

研究戦略	要点	代表的研究	プロセス・データ複雑性に伴う適合	特定のデータの必要性	「グッド・セオリー」次元（Weick）	センスメイキングのかたち
ナレイティヴ研究戦略	時間	Chandler (1962) Bartunek (1984) Pettigrew (1985)	曖昧な境界、可変的一時的埋め込み性、折衷主義に伴う、適合。	1つもしくは少数の内容豊かなケース。比較によって手助けされうる。	高度の精確性。低度の簡略性と普遍性。	物語、意味付け、メカニズム
定量化研究戦略	諸事象、諸結果	Garud & Van de Ven (1992) Van de Ven & Pooley (1992)	「諸事象」およびその諸特性に焦点を当てる。曖昧性を避ける	統計分析のために多くの類似する諸事象を必要とする：1つもしくは少数の内容濃密なケースが最良。	高度の簡略性、潜在的には高度の普遍性、中庸の精確性（源データからの抽象）。	パターン、メカニズム
代替可能テンプレート研究戦略	諸理論	Allison (1971) Markus (1983) Pinfield (1986) Collis (1991)	さまざまな種類の複雑性に適応可能。多様なテンプレートがさまざまな要素を把握する。	一ケースで充分。自由度はマルチプルなテンプレートから生じる。	各理論は簡略や普遍になりうる。共に、両者は精確性を提供する、が簡略性と普遍性はり論統合と共に消える。	メカニズム
データ対話型研究戦略	諸出来事（テクスト単位）諸カテゴリー	Sutton (1987) Isabella (1990) Gioia, Thomas, Clark & Chittippeddi (1994)	折衷データと曖昧性に上手く適応する。広範な高レベルパターンを見失うだろう。	多くの類似する諸出来事の詳細を必要とする。一ケースの多様なプロセスもしくは個人レベル分析となりうる。	高度の簡略性、中庸の簡略性。代替的理論からより普遍的レベルにいくことが難しい。	意味付け、パターン
視覚的マッピング研究戦略	諸事象、諸秩序	Meyer (1984,1991) Nutt (1984,1993) Langley & Truax (1994)	時間、関係などを上手く扱う。情動や解釈にとってあまり良くない。	パターンの創出（5-10もしくはそれ以上）を始めるために中庸レベルにおいていくつかのケースを必要とする。	精確性、普遍性、一般性の中庸レベル。メカニズム探索に必ずしも良くない。	パターン

第Ⅱ部 組　　織

一時的括弧入れ研究戦略	諸局面	Barley (1986) Dennis, Langley & Cazale (1996) Doz (1996)	折衷データを扱いうる。しかし諸局面を規定する明確な一時的分岐点を必要とする。	諸プロセスが反復のために使われたいくつかの局面をもつなら，1つもしくは2つの詳細なケースが充分である。	精確性は一時的な解体の適切性に依存する。中庸の簡略性と普遍性。	メカニズム
総合的研究戦略	諸プロセス（例：意思決定，変化努力，新製品）	Eisenhardt (1989a ; with Bourgeois, 1988) Meyer & Goes (1988)	諸尺度を創出するためにプロセス境界を明確にする必要がある。諸事象を典型的シーケンスに要約する。	説得力のある関係性を生み出すために充分なケース（5+）を必要とする。内的妥当性に必要とされる中庸レベルの詳細。	中庸の精確性（が，質問調査票研究よりずっと良い）。簡略で中庸に普遍的な諸理論を生み出しうる。	予期

(Langley, 1999, p.696)

いて高度の精確性を追究する。

　第2に，定量化研究戦略（Quantification Strategy）である。これは，諸事象の特性に焦点を当てて高度の簡略性を重視し，事象のパターンやメカニズムを追究する。

　第3に，代替可能テンプレート研究戦略（Alternate Templates Strategy）である。これは，Allison (1971) のように，1つのケースを多様なテンプレートを提示して現象を多様に把握して，そのメカニズムを探る。第4に，データ対話型研究戦略（Grounded Theory Strategy）である。これは，Isabella (1990) のように個人レベルの分析もしくは一ケースの多様なプロセスのデータをもって，高度の簡略性を追究する（本書第5章参照）。第5に，視覚的マッピング研究戦略（Visual Mapping Strategy）である。これは，現象のパターンの創出のためにいくつかのケースを用いるが，精確性，普遍性，一般性は中庸レベルにとどまり，メカニズム探索には必ずしも向かない。第6に，一時的括弧入れ研究戦略（Temporal Bracketing Strategy）である。これは，プロセスの諸局面を捉えてそのメカニズムを追究する。第7に，総合的研究戦略（Synthetic Strategy）である。これは，意思決定，新製品などのプロセスの境界を明確に設定し，現象の予期を追究する。

　もちろん，彼女のプロセス研究の7分類においては分類の次元（基準）が彼女の恣意的な分類である。その客観的基準もまた不明瞭である。また，そうした基準間の関係さえも明示されていないという問題点はある。が，彼女は，Weick (1979) が提示した研究上のトリレンマを的確に表現するGAS文字盤に従って，各研究戦略の特徴を明らかにする。すなわち，普遍性（General），精確性（Accurate），簡

略性（Simple）の程度を明示することによって，多様なプロセス研究蓄積を秩序だって体系的に分類することに成功している。この点で，Langleyの分類表は，組織論・戦略論のプロセス研究全体を把握しようと試みる際にきわめて重要である。

以上，社会諸科学におけるプロセス，さらにはプロセス研究の多様なアプローチを概観した。では次に，戦略論においてプロセスはどのように把握されているのかを問う。

2◆戦略プロセス論の諸相

2.1 定義

戦略プロセスの定義は，そもそも，代表的な戦略定義の内に暗黙のうちに示されていた。Pettigrew（1992）は次のように主張する。

「1979年，Schendel & Hoferがプロセス的な特徴をもつ経営戦略の定義を提示した。すなわち，『戦略経営は組織の企業家の仕事を扱い，組織上の刷新と成長を扱い，さらにとりわけその組織の諸々の運営をガイドするべき戦略の開発と活用を扱うという，一つのプロセスである（1979, p.11）。』この定義のうちに暗に示されているのは経営に対する一つのプロセス・アプローチの中核となる若干の格言（precepts）である。したがって，戦略を開発し活用する言語は，一つの状態ではなく，一つのプロセスとしての戦略を扱うことを仮定するのである。さらに，刷新と成長を重視することおよび企業家的な仕事を重視することすべては，企業分析における行為と動向にとっての重大関心事を示唆するのである。」（Pettigrew, 1992, p.5）

さらに続けて，彼はそのプロセス定義に内包される問題点を指摘する。すなわち，

「しかし残念ながら，Schendel & Hoferの定義において約束されたものはこれまで実現されてこなかった。戦略経営の研究文献の大半は，多くの社会諸科学にように，比較静学の研究なのである。クロス・セクショナルな研究設定は，企業の位置付けと資源ベースおよび多様な環境下での企業業績との間の適合を分析するために，コンティンジェンシー理論的な思考をもつ静態的な諸メタファーと結合されているのである。」（Pettigrew, 1992, p.5）と。

戦略プロセスは，このように代表的な戦略論文献に示された定義そのもののうち

第Ⅱ部　組　織

に示されていたものであったのである。ゆえに，戦略プロセスは戦略そのものであると主張することもできるのである。このように非常に重要な意義をもつ戦略プロセスは，前章でみた戦略内容論とは区別されて，戦略プロセス論という1つの研究領域として確立されている。

では，どのような研究があるのか。多くの研究者が戦略プロセスを分析するための視点もしくは分類を多様に示している。

2.2　視点

Hart & Banbury（1994）は，戦略プロセスに関して多様に行われた代表的な研究を次のように9つに要約している。すなわち，① Allison（1971）は合理的，組織的，官僚的，② Mintzberg（1973b）は企業家的，プランニング的，適応的，③ Chaffee（1985）はリニアー的，適応的，解釈的，④ Nonaka（1988）は演繹的，圧縮的，帰納的，⑤ Ansoff（1987）はシステム的，アドホック的，反応的，有機的，⑥ Bourgeois & Brodwin（1984）は命令，変化，文化的，コラボレーティブ的，漸次成長的（Crescive），⑦ Grandori（1984）は最適化，満足化，インクリメンタル，サイバネティック的，ランダム的，⑧ Mintzberg（1987）はプラン，ポジション，策略（Ploy），パースペクティヴ，パターン，⑨ Mintzberg & Waters（1985）は企業家的，プラン的，イデオロギー的，傘，プロセス，コンセンサス，非関連的（Unconnected），賦課的（Imposed），の以上である。

Van de Ven（1992）は，戦略プロセス論は以下の3つに大別できるという。まず，「差異理論のための説明としてのプロセス」である。これは，インプットープロセス―アウトプット・モデルの点で，差異理論（Mohr, 1982）における観察されたインプット（独立変数）と結果（従属変数）とのあいだの因果関係を説明するプロセス・ロジックを用いる。プロセスは直接観察されない，むしろ，プロセス・ストーリーもしくはプロセス・ロジックは，なぜ独立（インプット）変数が従属（結果）変数への因果的影響を行使するのかを説明するために用いられるとする。

次に，「諸概念のカテゴリーとしてのプロセス」である。これは，個々の行為および組織的行為の諸概念のカテゴリーやプロセスは組織環境・構造・業績などとは区別された諸概念のカテゴリーに関連する。プロセス諸概念は，諸構成要素として操作化され，固定された諸主体，すなわち多様な高低のスケールに沿って異なる諸属性として測定される。戦略作成プロセス（スキャニング，分析，プランニング）は，一連の諸活動または諸事象が企業の環境調整についての意思決定を手助けしつづけるということを意味する。しかしそれらの諸活動は直接に検討されるのでなく，むしろこれらのプロセス構成要素が諸変数として操作化されるとする。

さいごに，「発展的な事象の発生順序（Developmental Event Sequence）としてのプロセス」である。これは，どのように物事が経時的に変化するのかを説明し，

第4章 戦略プロセス論

表4-2:戦略論におけるプロセス・モデル

研究者とその要約	始まり ←――――― 活動の諸側面もしくは諸段階 ―――――→ 終わり					
戦略的意思決定モデル						
Mintzberg et al.(1976)―25の非構造的な戦略的意思決定研究	識別局面(意思決定認識ルーティン,診断ルーティン)	発展的局面(探索ルーティン,デザイン・ルーティン)	選別局面(スクリーン・ルーティン,評価-選択ルーティン,権威ルーティン)			
Cohen, March & Olsen(1972)―意思決定のゴミ箱モデル	意思決定は以下の組織内の比較的に独立した流れの確率論的な交差である。すなわち, ―選択 ――――――――――――――――――――――――――→ ―問題 ――――――――――――――――――――――――――→ ―解 ―――――――――――――――――――――――――――→ ―参加者のエネルギー ―――――――――――――――――――→					
Quinn(1980)―9主要企業のケース研究	必要性を感知し始めてコミットメントと統制システムを先導する14のプロセス段階。 　フローは一般に連続的順序にあるが,しかし秩序をもたず別々である。そのプロセスの段階は以下の通りである。すなわち,					
	1.必要性を感知	2.認識・理解を発展	3.部分的解を開発	4.支持を増やす	5.コンセンサスの構築	6.公式的コミットメント
戦略的プランニング・モデル						
Gluck, Kaufman & Walleck(1980)―120企業の公式的プランニング・システムの研究	1.基本的財務プランニング(予算を満たす)	2.予測基盤のプランニング(将来を予測する)	3.外部志向のプランニング(戦略的に考える)	4.戦略的経営(将来を創造する)		
Lorange(1980)―企業の戦略的プランニングの規範的モデル	1.目的設定(有意味な戦略的諸代替案を識別する)	2.戦略的プログラミング(選別目的達成へのプログラム開発する)	3.予算編成(近い将来の詳細な活動プログラムを確立する)	4.保守点検(戦略達成への進歩を測定する)	5.報酬(目的達成を動機づけるためのインセンティヴを確立する)	
組織発展モデル						
Scott(1971)―企業発展の諸段階	1.単一製品,チャネルと企業家的構造	2.単一製品,チャネルと職能部門制組織	3.多様な製品,チャネルと事業部制構造			
Greiner(1972)―進化と革命による組織的成長の諸段階	1.創造性による成長(リーダーシップの危機)	2.指揮命令による成長(自律性の危機)	3.権限委譲による成長(統制の危機)	4.協働による成長(形式主義の危機)	5.コラボレーションによる成長(新たな危機?)	

(Van de Ven, 1992)

第Ⅱ部　組　織

ある課題を扱う差異の主体による認知的変遷の根底的パターンを示す。これは，先述の「諸概念のカテゴリーとしてのプロセス」とは異なり，歴史的発展的パースペクティヴをとり，諸出来事・諸活動・諸段階の連続的順序（sequence）に焦点を当てる。とりわけ戦略的意思決定，戦略的プランニング，組織発展モデルがその代表的研究であるとする。

　以上のVan de Ven（1992）による分類の特徴を要約すると次のようになる。
　第1に，全てのプロセス・モデルは，一部の例外を除いて，多様な企業における，クロス-セクショナルな観察もしくは回顧的ケース・ヒストリーに帰納的に基づいて展開されている。企業は全ての段階もしくは局面を経験する事例はない。また企業発展プロセス・モデルの実証化・精緻化のための体系的な長期的研究の必要性が大きいのである。
　第2に，2つ目のプロセスで用いられた可変的な諸主体／諸属性モデルとは対照的に，戦略論文献におけるプロセス・モデルに反映される変数はない。

2.3　Allisonの意思決定

　戦略プロセス研究において最も代表的な研究課題とされてきたのは，次に示されるように，戦略的意思決定（Strategic Decision Making）である。では，戦略的意思決定とは何か。Eisenhardt & Zbaracki（1992）はこう指摘する。

　「戦略プロセスの諸課題のなかで中心的な課題は，戦略的意思決定である。戦略的意思決定は一企業のコースを形作るという基本的な諸意思決定を含む故に，重要なのである。過去30年の間に，多くの研究者達が，戦略的意思決定，さらにはより一般的にいうと組織的意思決定における諸課題に取組む事によってそのトピックの中心性を認識してきた。全体的に見て，研究は，Simonの初期の熟考からある範囲の研究者達によって数多くのアイデアへと進展してきた。」（Eisenhardt & Zbaracki, 1992）

　Allison（1971）は，意思決定の本質（The Essence of Decision）を解明するために，1962年10月のキューバ・ミサイル危機における一組織としてのアメリカ政府による戦略的意思決定分析を用いて次の3つの意思決定モデルを提出した。すなわち，ソ連政府によるキューバへの核ミサイル搬入過程，それに対するアメリカ政府による海上封鎖過程を仔細に検討すると，政府の指導者たちの一貫した意図を読み取ることが困難なのであるゆえに，彼は複数の視点を伴って現象に迫るのである。
　まず第1は，合理的行為者モデルである。これは，組織的，政治的複雑さを捨象して単一行為主体として政府を捉え，国家の目標を達成するため最も効果的かつ効率的な手段を選択するという政策をとる。が，実際の政策決定は生身の人間が行う

ものであり常に合理的選択に基づくとは限らないという欠陥をもつ。クレムリンやホワイトハウスによる指導の下で政府諸機関・軍部が合理的に目的達成を果たすのではなく，それよりも適切な説明が以下の2つである。

　第2は，組織過程モデルである。これは，政府内組織の標準作業手続き（Standard Operation of Procedures：SOP），レパートリー，プログラムに基づいて機能する大きな組織の出力として政策を把握する。が，SOPに基づくために前例重視型でインクリメンタルに陥り易いという欠陥をもつ。

　第3は，政府内（官僚）政治モデルである。これは，組織内に一元的なグループではなくそのうちの個々人を中枢の競争的ゲームにおけるプレーヤーとしての指導者を設定し，その政策は政府内の個々人の政策意思決定者間の駆け引きもしくは政治過程の産物としてとらえる。彼はこう主張する。すなわち，

> 「ほとんどの史家や分析家にとって，重大な事件が政府内の個人的押し合い・引き合いといった，その場限りの末梢的な事実によって決まるという考え方は，著しく分析を歪めるものであるように思われる。（中略）アメリカ政府が封鎖を選択した，本質的には政治的である過程をも慎重に検討する必要がある。」（邦訳214頁）

　しかし，難点もある。分析者にとって収集すべき情報が多大になり，意思決定の結果を予測するには有用性に欠けてしまう。また，派生的結果と呼ぶべきさまざまな個人の相対立する選好と不平等な力の混合物が生み出されることが多いという欠陥ももつ。また，この分析では現実の組織の多様性および意思決定プロセスの複雑さが豊かに示されてはいるが，1つのパラダイムからは1つの事実のみが見えてくるに過ぎないのである。残念ながら各パラダイム間の関係性は示されておらず，第4モデルとして統合パラダイムを重視しようと論じているものの，それを模索するところで終わっている。

　岸田（1994a, 27頁）が論じるように，組織現象が多岐にわたれば組織論も当然多様になり必然的にそれらを説明する多様なパラダイムが生じる。それゆえに，各パラダイム間の類似性および対立関係を整理し，包括的，統合的に捉える視点が必要なのである。

　たしかにAllisonの研究は政治学における古典的な業績であり，政府を研究対象としているゆえに戦略論への知的援用にはふさわしくないかもしれない。しかしながらAllison研究は後に組織の多元的研究の嚆矢となり，後の章におけるRajagopalan & Spreitzer（1997）などに応用され高く評価されている[2]。

　Schwenk（1988a）は，明らかにAllison研究を意識したうえで近年の認知科学の知見を取り入れ，戦略的意思決定の本質（The Essence of Strategic Decision

表4-3：Allisonの3モデル

パラダイム	合理的行為者モデル	組織プロセスモデル	政府内（官僚）政治モデル
分析基本単位	選択としての政府の行為	組織的出力としての政府の行為	政治的派生結果としての政府の行為
整理概念	国家＝行為者 問題 静態的選択 　合理的選択としての行為 　目標と目的 　オプション 　結果 　選択	組織的行為者（その集合体が政府を構成する） 問題の要素化と細分化された力 偏狭な優先順位と認知 組織的出力としての行為 　目標：受諾可能な行いを規定する拘束 　目標の連続的処理 　不確定性の回避 　　（調整された環境，標準的シナリオ） 　問題指向的探索 　組織学習の変化 中枢からの調整と制御 政府指導者の決定	地位にいるプレーヤー 偏狭な優先順位と認知 目標と利益 利害関係と立場 最終期限と問題の様相力 行為回路 ゲームのルール 政治的派生結果としての行為
支配的推理パターン	政府の行為＝目的に関する選択	政府の行為（短期的）＝現存するSOPとプログラムによってほぼ決められた出力 政府の行為（長期的）＝組織的目標，SOP等によって著しく影響された出力	政府の行為＝かけひきから派生する結果
一般的命題	代替効果	組織による実施 組織的オプション 限られた柔軟性と漸変的変化 長期計画 目標とトレード・オフ 縄ばり争い 選択と組織 行政的実行可能性 上からの指示による変化	政治的派生結果 行為と意向 問題と解決 立場は地位に依拠する チーフとインディアン 51対49の原則 国際，国内関係 誤認，誤った期待，ミスコミュニケーション，寡黙プレーのスタイル

（Allison, 1971, 邦訳297頁より）

第4章 戦略プロセス論

表4-4：Schwenk の3つの戦略的意思決定モデル

	認知プロセス・モデル	組織プロセス・モデル	ポリティカル・プロセス・モデル
組織化する概念	認知構造・プロセスの影響	組織構造・プロセスの影響	パワー・ポリティクス策略の影響
中核となるメタファー	組織＝意図的に合理的な人	組織＝機械	組織＝交渉テーブル
研究をカテゴリー化するルール	問題理解に影響を与える諸要因に関する研究	組織における情報の流れや意思決定に影響を与える諸要因に関する研究	パワーの源泉や活用に影響を与える諸要因に関する研究
各パースペクティヴによる問い	認知構造・プロセスやバイアスが意思決定成果にどのように影響を与えるか	組織構造・プロセスが意思決定成果にどのように影響を与えるか	パワーの配分が意思決定成果にどのように影響を与えるか

(Schwenk, 1988a)

Making)を解明する。彼は，認知プロセスを一モデルとして組み入れた次の3つの戦略的意思決定モデルを提出する。

彼によれば，戦略的意思決定とは①悪構造で非定型的，②全社的な意思決定，③きわめて複雑なものである。そのモデルは，第1に，認知プロセス・モデルである。これは，戦略策定者が戦略問題に接近し定義し解決する方法を左右する個人に着目し，ヒューリスティクス，バイアス，仮定，認知マップ，アナロジーといった認知科学の知見を総合して，スキーマの開発・適用を取り入れたモデルである。

第2に，組織プロセス・モデルである。これは，Allison の組織プロセス・モデルと同様に，古典的な組織論者の見解を用いて組織プロセスの流れを表現したものである。どのような解のための探索パターンがあるのか（Mintzberg, Raisinghani & Theoret, 1976），評価・報酬システムや戦略的計画システムといった組織システムおよび組織構造がどのように戦略的意思決定を左右するのか，どのような環境変化に対する戦略的・構造的適応プロセスがあるのかを考慮している。

第3に，ポリティカル・プロセス・モデルである。これは，組織的意思決定および行動が組織内の政治過程，交渉過程，パワーゲームの結果として把握し，とりわけ組織の戦略を左右する組織メンバーおよび集団を観る。組織の所有者，組織をとりあつかう同盟者，被雇用者を代表する団体，組織をとりまく大衆，外部連合体などである。このように，Schwenk の研究は，Allison が一組織としてのアメリカ政府を研究対象としたのに対して，企業の戦略的意思決定を上述の3モデルによって説明しようと試みたのである。

以上より，戦略的意思決定についてはさまざまな研究者が多様なモデルを提示してその解明に研究努力をはらってきたことが分かる。

表4-5：戦略的意思決定のパースペクティヴ

概　念	合理性と限定合理性	ポリティクスとパワー	ゴミ箱モデル
主要な貢献	完全合理性の打破	一貫した組織目標の打破	因果論理でなく一時的論理
組織	共通の方向性を追求する人々の集合	競合する利害をもつ人々の連合体	組織化された無秩序
参加	意思決定ニーズに依存する	諸利害，パワーに依存する	流動的：仕事量（load）と構造に依存する
認知	重い足取りの人	スーパーヒーロー	適応無し
探索と分析	局所的，1つの解決を見つけ出すため	見解を正当化すること，勝つこと	適応無し
諸目的	理にかなって一貫するもしくは連続的な注意	コンフリクトを起こしている，多元的	曖昧，シフトしつつある
コンフリクト	前向きの，しかし解決に注意向けず	高度なコンフリクト，ポリティクスの「ゲーム」を刺激する	適応無し
選択諸プロセス	認知的限界と認知的ループに伴って意図的に合理的	パワフルな諸連合体によって支配された諸利害のコンフリクト	問題，解，参加者，機会のランダムな衝突
強調点	問題解決	コンフリクトの解決	定着しない問題
新しい議論	一枚岩的な構成要素対ヒューリスティクスとしての合理性	効果的なもの対非効果的なものとしてのポリティクス	妥当な説明対未説明差異のラベリングとしてのゴミ箱

（Eisenhardt & Zbaracki, 1992）

2.4　分類

では，その多様な研究はどのように整理されているのか。以下の体系的な整理を概観しよう。

Huff & Reger（1987）は，戦略プロセス研究の主要研究動向として以下の9つに分類している（本書第1章参照）。すなわち，①プランニング記述学派，②体系的実施，③意思決定エイド，④進化的記述，⑤プランニング慣行，⑥構造システム&結果，⑦案件と注意，⑧コンテクスト的影響，⑨統合的（integrative）研究学派である。特に最後の統合的学派は，(a)公式的プランニングと分析的テクニックの使用，(b)常に前もって計画するのではない諸行為と諸意思決定の流れにおけるパターンをもって組織現象を観るという。例えば，Mintzberg & Waters（1982）は戦略形成の両面を指摘し，Quinn（1980）はそのプロセスを示しているとする。

Schwenk（1995）は，上記のHuff & Regerの戦略プロセス研究の9つの主要研

究動向を発展させるために，⑨統合的研究学派を除いて，戦略策定‐実施に区別できるとする。すなわち，戦略策定は，①プランニング記述学派，②体系的実施，⑤プランニング慣行，⑦案件と注意であるとし，戦略実施は，③意思決定エイド，④進化的記述，⑥構造システム＆結果，⑧コンテクスト的影響であるとする。

そのうえで，Schwenkは，戦略的意思決定に関連する研究動向を少なくとも次の4つについても分類することができると指摘する。第1に戦略的意思決定モデルと特徴である。戦略的意思決定の識別，発展，淘汰局面を示すMintzberg, Raisinghani & Theoretモデル（1976），戦略的意思決定の命令的，象徴的，合理的，取引的，基本的の5モードを示すHartの統合的モデル（1992）である。その特徴は，合理性とインクリメンタリズムを示すQuinn（1980）のロジカル・インクリメンタリズム[3]，コンフリクトとポリティクスを示すEisenhardt & Bourgeois（1988）のケースである。

第2に戦略的意思決定におけるバイアスである。近年の認知心理学の知見を出発点として，戦略的意思決定プロセスにおいてテニュアをもつ経営幹部が過去に固執することを示す研究などがここに含まれる。

第3に個々のマインドと組織的マインドである。マインドの地図の性質およびその目的，個人が行うように組織はスキーマか認知マップをもつのかどうか，個人レベルのスキーマが組織レベルの知識構造およびプロセスに組み合わされるプロセスを問う。

第4に上層部（Upper Echelons）である。CEO，経営者委員会，トップ・マネジメント・チーム（TMT）のメンバーの特性，彼らと業績との関係，彼らとイノベーションとの関係などを問う。

以上のように，戦略的意思決定研究は多様になされ，上記のように体系的に分類されている。次節では，さらに，戦略的意思決定プロセスを詳細に吟味する。

3◆戦略的意思決定プロセス

戦略的意思決定は，前述のように，戦略プロセス論の中心的課題である。Eisenhardt & Zbaracki（1992）は，多様に進展した戦略的意思決定研究の経験的研究を要約している（本章付表1参照）。彼らは，組織上の健全さと生き残りに強く影響するという組織のトップ・リーダーたちによってなされた稀少な意思決定に注目する。すなわち，

> 「人々が合理的であるがただ限定的に合理的であるにすぎないのであり，パワーは選択をめぐる諸々の争いに勝ち，チャンスが戦略的意思決定のコースに影響を及ぼすことは明らかである。限定合理性とポリティカルなパースペクティヴの統

合が競合する戦略的意思決定の説明を提供することもまた明らかである。しかし，これらの伝統的な諸パラダイムが単一目的と完全合理性についてのすでに疲弊した議論に基づいており，さらに人がどのように考え，行動し，感じるのかについての非現実的な諸仮説に基づいているのは，等しく明白である。」(p.18)

それゆえに，彼は特に合理性・限定合理性，ポリティクスとパワー，ゴミ箱モデルという3つのパースペクティヴを用いて戦略的意思決定を観察することがより適切であると指摘する。そのうえで，彼らは次のように結論を下す。すなわち，

「われわれが行った経験的研究成果の総合して裏づけられたのはこうである。すなわち，組織は，戦略的意思決定者が部分的にコンフリクトを起こしている目的をもち限定された認知的能力をもつ，ポリティカル・システムとして的確に表現されるということである。さらに，戦略的意思決定は，限定合理性とポリティカル・プロセスの両方の織り交ぜによってもっとも巧く説明される。戦略的意思決定者は，認知的に限定され合理的意思決定の諸ステップ間での循環に携わるので，戦略的意思決定は限定的に合理的である。戦略的意思決定者はまたポリティクスに携わり，その人達の間で究極的に最もパワフルな人が諸意思決定を決定するので，戦略的意思決定はポリティカルなのである。」(Eisenhardt & Zbaracki, 1992, p.35)

では，戦略的意思決定に関してはどのようなモデルが開発されているのか。次の2つの研究を概観しよう。

3.1　CEOの戦略的意思決定

Papadakis, Lioukas & Chambers (1998) は，CEOとのインタビュー，他の主要な参加者とのインタビュー，2つの異なる質問表，企業記録データをもとに，ギリシャの38製造企業においてなされた70の戦略的意思決定を調査した。

彼らの問題意識は，戦略的意思決定プロセスは多元的な性質があるにもかかわらず，従来の戦略的意思決定の多様な視点は限定された先行要因に焦点を当てるのはなぜかという点にある。従来の戦略的意思決定研究は，包括性／合理性次元，集権化の次元，プロセス公式化／標準化の次元，政治的・問題解決の意見対立次元等の限定的な次元に焦点を当てる場合が多かったのである。

彼らによれば，こうした諸次元をもって，戦略的意思決定プロセスは次のように多様な視点をもって別々に研究されてきたのである。まず，意思決定の視点 (Mintzberg, Raisinghani & Theoret, 1976 etc.) は，意思決定の性質もしくは戦略的意思決定プロジェクトに焦点を当てる。が，その理解はきわめて限定的であってプロセ

第4章 戦略プロセス論

ス全体を把握することはない。

次に，戦略的選択（Strategic Choice）の視点（Child, 1972 etc）である。これは，意思決定者の役割を重視する。が，その役割だけに限定される傾向にある。

さらに，環境決定論の視点は，環境決定論に応じて戦略プロセスもしくは戦略的意思決定プロセスを把握する。が，その経験的研究はほとんどない。

さいごに，企業特性・資源利用可能性の視点は，内部システム，企業業績，規模，企業統制などの内的要因を強調する。が，実際の企業においてみられる意思決定の大勢は公式プランニング・システムの外で生じる点を把握しきれていない。

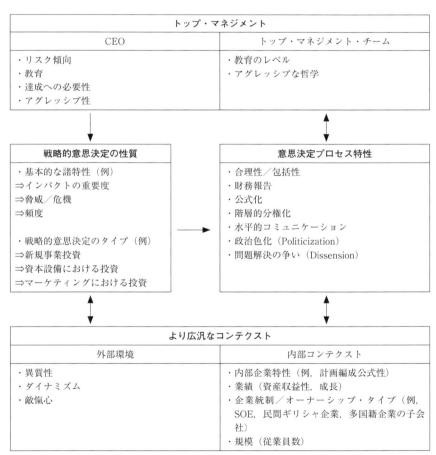

図4-1：戦略的意思決定プロセスに影響を及ぼす諸要因
(Papadakis, Lioukas & Chambers, 1998, p.121)

第Ⅱ部　組　織

　以上より，Papadakis, Lioukas & Chambers は，先行の研究蓄積を体系的に把握したうえで，自らの調査を用いて戦略的意思決定プロセスの統合的なモデルを定式化しようと試みるのである。特に，トップ・マネジメントに焦点を当て，意思決定における多様な要素を識別し，体系的なモデルが示されている。ただし，彼らのモデルからトップ・マネジメントとは何か，コンテクストとは何かといった点が読み取れるわけではない。トップ・マネジメントがどのように組織内のコンテクストに影響を及ぼすのかが不明瞭なままなのである。

3.2　企業内イノベーション

　Burgelman & Sayles（1986）は，企業内イノベーション（Inside Corporate Venturing：以下 ICV）を調査した。これは，既存の大規模企業の内部から発生する社内ベンチャー[4]である。彼らは，すでに確立された大規模組織でさえも革新的であり続けるような戦略プロセスを究明しようと試みる。

　ICV は，R&D の発展によって採算に合う製品開発の成否に関わるダイナミックなプロセスである。これは，既存研究が指摘したように，「トップ・マネジメントの決定ではなく『ボトムアップ』のプロセスなのである。アイデアや提案，きっかけは通常，組織の下位レベルで起こり，そこからシニアマネジメントの目にとまるころまで，しだいに『蒸留』していくのである。」（邦訳242頁）

　このボトムアップを行うのはどのような組織メンバーであるのか。Burgelman & Sayles は，それらを組織的擁護化（Organizational Championing）という仕事と位置づける。「成功する組織擁護者は，プロダクト・チャンピオンが用いる技術的用語とは異なり，ビジネスに対する的確で，かつ全体的な長期戦略を案出でき，戦略用語を使ってニューベンチャーを知覚できる人なのである。」（邦訳255頁）とりわけ，それは R&D の現場の状況をトップ・マネジメントに説得するミドル・マネジメントである。そのようなミドル・マネジメントの行う内容はおよそ次の通りである。すなわち，

　「トップマネジメントの時間が逼迫しており，しかも過去の記録があまりないニューベンチャーの業績を，あいまいにしか評価できないような要因が内部にあり，予期せぬ危機や負担が不可避的にふりかかるような場合，誰かがこのベンチャーは価値のあるものであるということを，トップに説得することが必要である。そのためにはトップマネジメントとの間に，適度のしかも通常の接触を確立し，維持しておくことが必要である。特にニューベンチャー活動をよく知ってもらい，熱意を育むことが必要なのである。この種の擁護化は，政治的活動である部分がかなりある。」（邦訳254頁）

第4章　戦略プロセス論

すでに確立された大規模組織からはイノベーションの発生はきわめてまれなことである。が，例外的に発展し続ける大規模組織はこのようなプロセスを経ているのである。「（この）プロセス・モデルを概念化するということは，根の深い諸問題を，トップマネジメントが『よりよくしかもより完璧に』理解し，かつ企業内ベンチャーがつくりだし，直面している『広範囲なダイナミックス』な動きを理解しやすくする。」（邦訳266頁）

重要なことは，ICVにおいてミドル・マネジメントが重要な役割を果たすということである。Burgelman & Saylesは，このようなミドル・マネジメント主導型の戦略プロセスを自律的戦略行動と呼ぶ。組織の擁護化に基づいてニューベンチャー開発に携わるミドル・マネジメントは，組織の下位から創発的に戦略の再構築を目指すのである。すなわち，戦略を主導的に変更を迫るのはミドル・マネジメントなのである。この自律的戦略行動は，既存の戦略論において主流と見なされてきたトップ・マネジメント主導型の誘導的戦略行動とは明らかに異なる戦略プロセスである（本書第2章参照）。

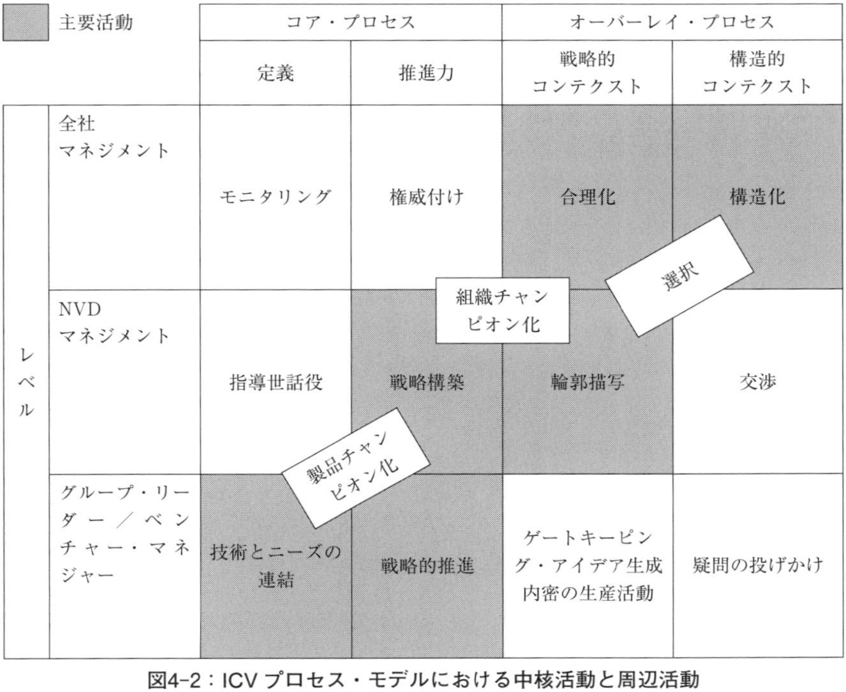

主要活動	コア・プロセス		オーバーレイ・プロセス	
	定義	推進力	戦略的コンテクスト	構造的コンテクスト
全社マネジメント	モニタリング	権威付け	合理化	構造化
NVDマネジメント	指導世話役	戦略構築	輪郭描写	交渉
グループ・リーダー／ベンチャー・マネジャー	技術とニーズの連結	戦略的推進	ゲートキーピング・アイデア生成内密の生産活動	疑問の投げかけ

（レベル）

（図中の斜め表記：組織チャンピオン化、選択、製品チャンピオン化）

図4-2：ICVプロセス・モデルにおける中核活動と周辺活動
（Burgelman & Sayles, 1986）

が，Burgelman & Sayles が論及していないのは，どのようなミドル・マネジメントが ICV を成功へと導くのか，それが一体どのようなコンテクストにおいて可能なのかという点である。

以上の 2 つのモデルを通観して分かることは，Papadakis, Lioukas & Chambers (1998) と Burgelman & Sayles (1986) にはそれぞれトップ・マネジメントとミドル・マネジメントを研究対象とするという相違点はあるものの，両研究ともにそれらが一体誰なのかが詳細に論じられていないことである。すなわち，具体的に誰が戦略の策定 – 実施に関わるのかが明示されていないのである。同時に，研究対象となった組織メンバーがどのような組織内のコンテクストにおいて戦略と関わるのかという具体的な論証があるわけでもない。

以上で述べたことを次の 2 点に要約することができる。第 1 に，戦略プロセス論は抽象的な組織メンバーのみを扱うにすぎないということである。第 2 に，戦略プロセス論は組織内のコンテクストに論及しないということである。

以上のように，本章では，戦略プロセス論の体系的な整理を行った。まず，プロセスの意義を概観した。次に，代表的な戦略プロセス論の特徴とその問題点を検討した。最後に，戦略プロセス論の中心課題たる戦略的意思決定を吟味し，そのプロセスにおける組織メンバーと内部コンテクストへの追究の欠如を指摘した。

以上を踏まえたうえで，本章の結論は次の通りである。

第 1 に，戦略プロセス論は組織上の戦略に関わる意思決定プロセスの理論である。すなわち，戦略プロセス論は伝統的な意思決定論からの影響を多分に受けており，したがって，合理的な意思決定プロセスのみを研究対象として捉えているのである。

第 2 に，同時に，戦略プロセス論は変化のプロセスを論じるわけではないのである。戦略プロセス論は，合理的な意思決定の単なる経時的な流れを示すにすぎない。したがって，戦略プロセス論は多様かつ複雑な組織上の変化のプロセスを包摂する可能性をもたないのである。

以上が本章の結論である。3 章と 4 章を通じて分かったことは，戦略論の伝統的かつ支配的な「戦略内容 – プロセス論」という二元論的な分析枠組みには「変化のプロセス」を表現できないという限界があるということである。では，われわれは，その限界を統合するためにはどうすべきなのか。ここではもちろん戦略内容 – プロセス論という分析枠組みそのものを排除しようと試みるわけではない。それよりもむしろ，戦略内容 – プロセス論という知的蓄積を包摂するような研究の方向性を模索しなければならない。

注

1）*Strategic Management Journal*, Vol.13, Special Issue, Winter, 1992 は，戦略プロセス論の特集号

である。
2）本書では，Allison（1971）を戦略プロセス論の１つとして紹介するが，これは近年の組織論において多元主義の見方を提示するものとして注目されている。多元主義（Pluralism）は，概して，一元的（単一）な真理観，価値観，世界観などに反対し，真理，価値，世界観などの多様性を謳う思想であり，複数主義とも呼ばれる（山脇, 1998）。近年の組織論において，Morgan（1997）は機械，有機体，脳，文化，政治，心的檻，転換，支配の８つのメタファーによって組織を捉えるという多元主義的な「組織のもつイメージ」を示す。が，Bouchikhi（1998）は彼の多元主義をこう批判する。すなわち，「（組織）行動は相対的に自律的で多方向的で相克的（dialectical）であるので，組織は他の科学的学問分野から拝借した単純な諸モデルによって適切に理解されうることはありえない。そういった諸モデルを用いることは組織理解の幻想のみを与えるにすぎない。しかも，組織が一体何たるかということに取組む理論の開発が遅れる。この事は，組織が機械，生命有機性，精神の檻，情報処理システムにある程度に似ているということを否定するわけではない。しかし問題なのは，組織がこれらのうちのどれでもないということである」（pp.223-224）と。なお，学術雑誌 Organization, Vol5, No.2, 1998は組織論・戦略論における多元主義と共役不可能性の特集号，『組織科学』第33巻第１号，1999年は組織のメタファーの特集号である。上記文献は，山脇直司「多元主義」廣松渉他編『岩波哲学・思想事典』岩波書店，1998年を参考にした。なお，共役不可能性についてはAldrich（2002）を参照のこと。
3）インクリメンタリズム（Incrementalism）は，もともと政治学において用いられてきた概念である。これは，政治的意思決定における従来の合理的な諸モデルに一定の修正を迫る一モデルである。インクリメンタルとは，数学の用語で「微増分」を意味する。インクリメンタリズムは概して漸変主義もしくは漸進主義と呼ばれる。その要点は，現状を大幅に変化させるような政策選択は，その結果の完全な予測に基づいて評価することが不可能であり，またそれについて必要な合意達成も困難であるから，望ましい政策の選択肢は，現状の不完全な部分を微調整して漸進的に変化させるものにとどまるという点にある。別言すれば，公共政策は過去の政策の延長なのである。たしかにインクリメンタリズムではその保守的含意が批判されることもあるが，それが政治的な意思決定のひとつの特徴を示していることは否定できない。参考として，加茂利男他『現代政治学』有斐閣，1998年；阿部斉『概説現代政治の理論』東京大学出版会，1991年。
4）安部（1995）は，近年のベンチャー・ビジネス（論）の動向を次のように評価している。シリコン・バレーを代表とするベンチャー・ビジネスは，技術革新は町の発明家がなしうるようなものではなく，大企業の整った大掛かりな研究所でなければもはや不可能になったとする旧来の常識的考えを覆すものである。すなわち，Chandler流の大きいことは良いことでありまた大きくなくては競争優位を保持できないとする考え方と，活力あるベンチャー・ビジネスこそが技術革新の担い手であるとする考え方とが議論の上で真っ向から対立するのである。近年，ベンチャービジネス流の小規模でチャレンジ精神旺盛なエネルギーを大企業内部に取り込むために，社内ベンチャーや社内企業家（intrapreneur）といった「起業家」なる言葉が使われることが多くなった，と（安部悦生「革新の概念と経営史」由井常彦・橋本寿朗編『革新の経営史：戦前・戦後における日本企業の革新行動』有斐閣，1995年，214-236頁）。

第Ⅱ部 組　　織

付表1：戦略的意思決定の経験的研究

A：合理性と限定合理性

研究者	方法	サンプル	説明	結論
Cyert & March（とその仲間）(1963)	コンピュータ・シュミレーション	サンプル無し	限定的に合理的なモデル	コンフリクトを起こしている目標，局所的合理性，満足で問題含みの探索，諸SOP
Allison (1971)	ケース・スタディ	1962年キューバ，ミサイル危機	意思決定諸プロセスは合理的で官僚的である	両側面は現存する（present）
Carter (1971)	諸ケース・スタディ	あるコンピュータ企業における6人のトップレベル意思決定	限定合理性の多様性	モデルを支持する，若干の修正
Mintzberg, Raisinghani & Theoret (1976)	諸ケース・スタディ	25戦略的意思決定プロセス	意思決定諸プロセスの多様性	秩序のない意思決定の諸局面；意思決定プロセスへの概念的構造
Janis (1982)	諸ケース・スタディ	7主要政府意思決定	貧弱で効果的な意思決定プロセスの事例	「グループシンク」は消極的で，回避されうる
Mintzberg & Waters (1982)	ケース・スタディ	60年以上にわたるSteinbergのグローサリー・ストア	経時的な戦略における諸変化	プランニングと戦略は環境，規模と構造に依存する
Anderson (1983)	ケース・スタディ	1962年キューバ，ミサイル危機	意思決定プロセスの経験的説明	諸代替案の連続的選択；目標発見；失敗回避
Fredrickson (1984)　Fredrickson & Mitchell (1984)　Fredrickson & Iaquinto (1989)	シナリオをベースにしたフィールド研究	38企業，安定的環境；29企業，不安定環境；45企業，両方の環境	包括的な意思決定プロセスと業績間の関係	包括的プロセスは安定環境では業績に正に相関する，不安定環境では負に相関する
Nutt (1984)	諸ケース・スタディ	78公共医療サービス企業における意思決定諸プロセス	ある規範的意思決定プロセスを用いる意思決定諸プロセスの多様性	管理者は規範的諸プロセスに従わない；さまざまな意思決定諸プロセス；意思決定志向の解決

第4章 戦略プロセス論

Fredrickson (1985)	研究室実験	321MBA学生，116アッパー・ミドルレベルの管理者	諸問題の効果対，包括性に対する諸機会と業績	経営幹部は直観を合理的分析に組み合わせる
Hickson, Butler, Cray, Mallory & Wilson (1986)	諸ケース・スタディ	30企業における150戦略的意思決定	意思決定諸プロセスの多様性	意思決定タイプに依存する多元的な意思決定諸プロセス
Isenberg (1986)	研究室実験	6企業3上級階層から12人の全般管理者	ある事業ケースを解決する際に用いられた意思決定プロセスの分析	管理者は学生よりも緩慢に行動する；より多く推論し経験を用いる
Pinfield (1986)	ケース・スタディ	カナダ政府の「経営幹部資源供給戦略」の開発	構造化されたごみ箱モデル意思決定諸プロセスの比較	構造化された諸プロセスは合意された諸目標にとって有益である
Schweiger, Sandberg & Ragan (1986)	研究室実験	120MBA学生 120急速に能力を上げたミドル管理者	中傷家 (DA), 弁証法的探究 (DI) とコンセンサスの比較	DAとDIアプローチはより良い探究を避けるが，あまり満足いかない
Schweiger, Sandberg & Rechner (1989)	研究室実験			
Bourgeois & Eisenhardt (1988)	諸ケース・スタディ	4マイクロコンピューター企業	高速環境下での戦略的意思決定	成功的な戦略は迅速だが合理的で，集権的だが権限委譲的で，大胆であるが安全である
Eisenhardt (1989)	諸ケース・スタディ	8マイクロコンピューター企業	高速環境下での戦略的意思決定のスピード	戦術はある点で合理的だが，他の点で迅速で効果的である
Langley (1989)	諸ケース・スタディ	3組織，27課題	公式分析の使用	公式分析と社会的相互作用は密接に関連する
Dean & Sharfman (1992)	フィールド研究	24企業における57の戦略的意思決定	諸組織における合理的意思決定プロセスの使用	諸組織は小さな脅威と未理解の諸課題のために手続き上の合理性を用いる

B：パワーとポリティクス

Allison (1971)	ケース・スタディ	1962年キューバの	バーゲニング・	諸プレイヤー間の

第Ⅱ部 組　織

		ミサイル危機	ゲームとしての意思決定諸プロセス	バーゲニングの結果
Baldridge (1971)	ケース・スタディ	ニューヨーク大学	ポリティカル・プロセスとしてのNY大学での政策形成	コンフリクト起こしている諸利害，シフトしつつあるパワー，諸コンフリクトのサイクル，パワーが勝つ
Sapolsky (1972)	ケース・スタディ	ポラリス・ミサイル・プログラム	ポラリス・ミサイル・システムの開発	ポラリス・プログラムの成功はポリティクスにおけるスキルに依存した
Pettigrew (1973)	ケース・スタディ	主要な英国小売業	コンピュータ・システム購入のための意思決定プロセス	意思決定プロセスはポリティカルな闘争である；コミュニケーション・チャネルに対する統制は結果にとって不可欠
Pfeffer & Salancik (1974) Salancik & Pfeffer (1974)	フィールド諸研究	イリノイ大学の学部	学部間パワーと資源配分の関係	受け取った資源は部門パワーに関連する；パワフルな部門はより稀少な資源を獲得する
Hills & Mahoney (1978)	フィールド研究	ミネソタ大学の学部	予算配分	パワーは，資源稀少時よりも，資源配分に影響する
Borum (1980)	ケース・スタディ	病院の外科単位	組織部門におけるパワーのルール	パワー・バランスは重要である
Grantz & Murray (1980)	フィールド調査	428人の管理者	管理者のポリテイクスについての認識；ポリティクスの諸資源	ポリティクスは組織に浸透している；管理者はポリティクスに対して相反する感情を抱く
Pfeffer & Moore (1980)	フィールド研究	カリフォルニア・キャンパスをもつ2つの大学の諸学部	学部資源配分への影響	高度なパラダイムをもつ諸学部はより多くの資金を得る；資源が稀少ならば，部門パワーと資源間は強力な関係である

Quinn (1980)	諸ケース・スタディ	9主要企業	戦略的意思決定プロセスの性質	企業はポリティカルなシステムである；管理者は幅広い戦略を開発するが，それを機会主義的に実施する
Eisenhardt & Bourgeois (1988)	諸ケース・スタディ	8マイクロコンピューター企業	高速環境下での戦略的意思決定のポリティクス	ポリティクスは，パワー非均衡があるとき，より支配的である（prevalent）；ポリティクスは安定的である；能率的企業はポリティクスを避ける
Eisenhardt & Bourgeois (1992)	諸ケース・スタディ	8マイクロコンピューター企業	戦略的意思決定におけるコンフリクト	コンフリクトは，諸ルール，諸相互作用，戦術から生じる；混合した業績の効果
Dean & Sharfman (1992)	フィールド研究	16産業における25企業	戦略的意思決定におけるポリティカルな行動につながる諸条件の研究	多様な諸利害はポリティカルな行動につながる；意思決定の信頼と重要性はポリティクスを緩和する；理論はポリティクス水準を誇張する
C：ゴミ箱モデル				
Cohen, March & Olsen (1972)	コンピュータ・シュミレーション	サンプル無し	組織化された無秩序における意思決定のゴミ箱モデルを導入する	問題，解，人々，機会の組み合わせとしての意思決定
Kreiner (1976)	ケース・スタディ	デンマークの実験的なフリー・スクール	ゴミ箱プロセスの例	ゴミ箱意思決定の説明
Olsen (1976)	ケース・スタディ	主要なアメリカの公共大学	合理的コンフリクトとしての学長選出とゴミ箱	証拠がゴミ箱モデルを支持する
Rommetveit (1976)	ケース・スタディ	ノルウェイ	ノルウェイにおける第3医療学校を位置づける意思決定	証拠がゴミ箱モデルを支持する

第Ⅱ部　組　織

Weiner (1976)	ケース・スタディ	サンフランシスコ統合学校地区	小学校での人種差別撤廃のための意思決定プロセス	証拠がゴミ箱モデルを支持する；締め切りの論理的帰結
Padgett (1980)	数学モデル	サンプル無し	官僚制に対する確率論的なごみ箱モデル	曖昧性の諸含意；経営上の諸含意
Anderson & Fischer (1986)	モンテカルロ・シュミレーション	サンプル無し	ゴミ箱のヴァリエーションであるモンテカルロ・モデルを開発する	結果はゴミ箱に一致する
Carley (1986)	コンピュータ・シュミレーション	サンプル無し	ゴミ箱と構造化された諸プロセスの効率性を測定するシュミレーション	潜在的な効率性の測定
March & Weissinger-Baylon (1986)	ケース・スタディ	軍事組織	軍事に対するゴミ箱の応用	軍事は純粋なゴミ箱モデルに適合しない；ゴミ箱は軍事に適合するための構造を要求する
Pinfield (1986)	諸ケース・スタディ	カナダ連邦官僚	構造化されたモデルとゴミ箱モデルの比較	両モデルは理解を助ける；意思決定はゴミ箱が予測するほどランダムではない
Magjuka (1988)	フィールド研究	2イリノイ学校区域における28学校	ゴミ箱と構造的自律性の比較	ゴミ箱への説明妥当性；参加は構造的安定性を示す
Levitt & Nass (1989)	諸ケース・スタディ／内容分析	テキスト出版産業	制度的とゴミ箱諸プロセス	ゴミ箱への説明妥当性；制度的メカニズムは意思決定に影響する
Masuch & LaPotin (1989)	コンピュータ・シュミレーション	サンプル無し	構造の諸条件の下での曖昧な選択のモデル	秩序の無い意思決定，しかしコミットメントや認知的限界のためである

(Eisenhardt & Zbaracki, 1992)

第5章 変化の理論

本章では,変化の理論を検討する[1]。われわれの問題意識は,次の通りであった。すなわち,戦略論の発展を妨げる伝統的かつ支配的な「戦略内容-プロセス論」という分析枠組みをどのように統合できるか,である。

このために本書において,第3章戦略内容論および第4章戦略プロセス論を吟味した。以上より,戦略論の伝統的かつ支配的な「戦略内容-プロセス論」の枠組みには限界があるという結論が得られた。その限界とは,「変化のプロセス」を追究することができないということであった。

本章では,変化とは何か,どのような変化の類型化があるのか,また既存の組織変化論とはどのように異なるのかを明らかにする。

以下の順に論をすすめよう。第1に,社会諸科学における代表的な変化の把握の方法「静態・動態」ならびに「静学・動学」を確認したうえで,変化とは何かを概観する。第2に,漸進的変化と急進的変化,一時的変化と連続的変化,変化介入理論といった変化の類型化の試みを検討する。第3に,古典的変化モデルとしての Lewin モデルならびにその理論的な発展モデルとしての Isabella モデルを概観し,最新の変化モデルを吟味する。第4に,既存の組織変化論を確認し,その代表的な諸モデルを検討する。以上の議論を通して,本章では社会諸科学における変化論への知的関心の高まりを確認する。本章は,後の諸章において吟味する,戦略変化論の理論的基礎を提示するための章である。

1 ◆変化の定義

1.1 静と動

社会諸科学において研究対象の変化をどのように把握するのか。まずはこの点を確認しておこう。

社会諸科学において「静態・動態」と「静学・動学」は峻別される必要がある[2]。第1に,「静態・動態」は,観察対象そのものを区別する語である。例えば,生産量,資本ストック,人口,技術体系などで叙述される経済状態が時間の経過を通じて一定不変にとどまっている状態が「静態」である。時間とともに不断に変化している状態が「動態」である[3]。

表5-1：変化の方法論

分析対象そのものの区別
静態（Static State） ⇔ 動態（Dynamic State）
分析対象に対する方法の区別
静学（Statics） ⇔ 動学（Dynamics）

　第2に，「静学・動学」は，分析対象に対する研究者の分析方法の区別である。静学分析・動学分析とも呼ばれる。与件を一定として，一時点での均衡を分析するのが「静学」である。経済変数の時間的変化の過程を与件の変化ではなく，変数相互間の異時点的依存関係から分析するのが「動学」である。静学は変数のある時点での瞬間的大きさは決定できるが，その時間的経路は動学によらなければ明らかにされないのである。

　われわれが注意すべきは，静学が静態的状態だけに適用される訳ではないという点である。すなわち，1つの静態的状態と他の静態的状態との比較を可能にする「比較静学（Comparative Statics）」という分析方法は，動態的に分析することができるのである。

　略述すれば，分析対象そのものの区別は，「静態（Static State）」と「動態（Dynamic State）」である。また，分析対象に対する方法の区別は，「静学（Statics）」と「動学（Dynamics）」である。

　ここでより強調されるべきは，比較静学は段階的均衡のようにある均衡から次の均衡に移ることが分かるが，しかしながら均衡から均衡へのプロセス自体は分析できないという点である。したがって，比較静学は「変化のプロセス」を分析できないのである。

1.2　変化とは何か

　変化は遍在している（Pettigrew, 1985）。が，組織は，人間は，なぜどのように変化するのか。彼らのとる行為は他者との相互作用でどのように変化するのか，あるいはどのように変化させることができるのか，同時に，そもそも変化とは一体何か。

　自動車産業史上にその名を残す英雄的な経営者でさえも，変化への対応は至難の業であったことを次のように吐露している。すなわち，

「古き王者は新しき変化に順応することができなかった。なぜかと私に尋ねるのはやめてほしい。感傷的な人々の中には，『それでもフォード氏は，安価な基本的運輸手段というものの純粋な概念のあらわれともいうべき偉大な車を残した』と説く者もある。しかし，事実は氏は『素朴な基本的運輸・交通機関としても，

もはや買手の心をそそらなくなった車』を残したにすぎない。…自動車産業勃興の初期において，あれほど先見性に富んでいたフォード氏は，かつて名をなし長年なじんできた市場が完全な変貌を遂げたことを，まったく理解できないもののようであった。」(Sloan, 1963, 邦訳210-211頁)

われわれは，いよいよ「変化とは何か」という容易に解の見出せない難問に逢着した。

変化のもとで実務を行う組織メンバーにとっても，変化とは何か，変化への対応，変化のマネジメントは普遍的な経営課題である。同時に，この問いは，組織論・戦略論のみならず，社会諸科学においても普遍的な研究課題である。

しかしながら，変化についての本質的もしくは哲学的な問いを論ずることは本書の問題設定をはるかに越える。もちろんこうした哲学的アポリアへの介入は社会科学者にとってきわめて重要であるが，むしろ本書では戦略論・組織論に範囲を限定して議論を進めることにする。

では，組織論・戦略論の研究者は，変化をどのように認識してきたのか。Weick (1979) は，変化の重要性を次のように説いている。すなわち，

「過去とはとらえがたく記述しにくいものである。だからといってその重要性が失われるわけではない。というのは，Vickersも言うように，流れとか変化こそ管理者が管理するものの本質なのだから。管理者が不本意ながらも線条を数えたり過去の化石に走ってしまうのは，この過程をとらえるのが難しいからだ。管理者がこれらの静止したスナップショットを組織の重要なリアリティーだと誤解すると，自分で事態を悪化させたり，本来具わっている自然の制御系を破壊したり，組織を混乱に陥れかねない。」(Weick, 1979, 邦訳56頁)

ここで注意すべきことは，Weick自身が変化とは何かを明示しているわけではないということである。

では，変化はどのように定義されているのか。実は，意外にも，それは組織論・戦略論を概観してみてもほとんど示されていない。むしろ，変化はこれほどまでに重要視されているにもかかわらず，それが何たるかは不明なままになっているのである。この点を，われわれは改めて強く認識しておく必要がある。

試みにわが国の代表的な辞書・事典を紐解いてみると「変化」の項目はない。例えば，目次をみると，経営学史学会編『経営学史事典』文眞堂，2002年，中橋・柴田『経営戦略・組織辞典』東京経済情報出版，2001年においても「変化」の項目は見当たらない。

例外的に，変化を明示したのはVan de Ven (1987) である。彼の説明を確認し

ておこう。すなわち,

「変化とは,ある主体の一つもしくはそれ以上の次元についての時間上の差異の経験的観察である。」(Van de Ven, 1987, p.331)

「変化のプロセスは,時間上で記された諸差異の潜在的なパターンの推測である。」(1987, p.331)

では,次に変化の類型化への試みを概観しよう。

2 ◆変化の多様化

どのように変化するのかを吟味しよう。変化と一口にいっても,徐々に変化するものや突然に変化するものがある。人が意識しないままに変化することもあれば,誰もが認識するような衝撃的な変化もある。以下では,代表的な変化の類型化を概観しよう。

2.1 漸進的変化と急進的変化

さて,変化は組織論の先行研究においては漸進的変化と革新的変化に分類されてきた。まず,漸進的変化(Incremental Change)とは,ある時点から次の時点への連続的な変化を指す。通常,組織が安定している場合であれ,環境の変化に対応して微妙な修正や改善が行われる。予測可能な環境変化に対しては,組織や戦略の劇的な変更を望むのではなく,むしろファインチューニングや継続的改善を施すのである。こうした変化を漸進的変化と呼ぶ。これは,漸次的変化と訳す場合もある。また連続的変化(Continuous Change)という言い方もされる。

次に,急進的変化(Radical Change)とは,前者とは対照的に,ある時点から次の時点への大胆かつ根本的な変化を指す。経済状況や技術環境などの革命的な社会経済の変動がある場合,組織はその環境変化に対するために自らの組織構造,組織プロセス,戦略を抜本的に変革しなければならない。すなわち,既存の組織においては,対応し難くなる場合の変化をいうのである。これは,ラジカル変化とも訳される。また,革命的変化(Revolutionary Change)や非連続的変化(Discontinuous Change)とも呼ばれる場合がある。この2つの変化の一般的な類型化が,社会諸科学においては定着している。

2.2 一時的変化と連続的変化

Weick & Quinn(1999)は,2つの変化を次のように「一時的変化(Episodic

第5章 変化の理論

表5-2：一時的変化と連続的変化

	一時的変化（Episodic Change）	連続的変化（Continuous Change）
組織の メタ ファー	組織の組織は、慣性的であり、変化は頻繁ではなく、非連続的であり、意図的である。	組織は、創発的であり自己組織化であり、変化は不断であり、発達的であり、累積的である。
分析的 枠組み	変化は、1つの特定な場合の中断もしくは均衡からの乖離（divergence）である。変化はドラマチック的傾向が強く、外的に駆り立てられる。変化は組織の強度な構造を変化する環境に対して適応するための組織の失敗として理解される。 パースペクティヴ：マクロ的，遠隔的，グローバル 強調点：短期的な適応 鍵概念：慣性，相互関連部品をもつ強度な構造，トリガーリング，再配置と代替，不連続性，革命	変化は、作業行程や社会的慣習における終わりのない修正の一パターンである。変化は、日々の状況諸要因に対する組織的不安定性や警戒反応によって駆り立てられる。数多くの小さな順応が蓄積し、増幅する。 パースペクティヴ：ミクロ的，閉鎖的，ローカル 強調点：長期的な適応可能性 鍵概念：周期的な相互作用，タスク権威のシフト，反応のレパートリー，創発的パターン，即興，解釈，学習
理想的 組織	理想的な組織は連続的変化が可能である。	理想的な組織は連続的変化が可能である。
介入理論	必要な変化は意図によって創出される。変化はLewin主義的である：不均衡によって動機付けられた，慣性的，リニアー的，進歩的な目標探索は，部外者の介入を要請する。 1．溶解（Unfreeze）：期待の非確認，学習の不安，心理学的安全性の準備 2．変容（Transition）：認知的リストラクチャリング，意味論上の再定義，概念的拡張，判断に新基準。 3．再凍結（Refreeze）：支援的な社会的規範を創出する，パーソナリティを変化に一致させる。	変化は何がすでに進行中であるのかに関する1つの再方向づけである。変化は儒教的である：循環的，プロセス的，最終状態をもたず，均衡探索的，永久的。 1．凍結（Freeze）：諸々の順序を可視的にし，マップ，スキーマ，ストーリーを通して諸パターンを示す。 2．再均衡(Rebalance)：障害物（blocks）を削減するために諸パターンを再解釈し，再びラベル付けし，改めて順序を決める。アトラクションの論理を用いる。 3．溶解（Unfreeze）：より意義深いような諸方法において即興，解釈，学習を再び始める。
変化 エージェント の役割	役割：変化を創出する，主導者。 プロセス：慣性に焦点を当てて，中心的梃子のポイントを模索する。 意味付けシステムを変える：多様に語る，代替的スキーマを伝達する，革命的なトリガーを再解釈する，段階付け（punctuation）に影響を及ぼす，協調とコミットメントを築く。	役割：変化の方向を変える，センスメイカー。 プロセス：現在の諸パターンを再認識し，顕著にし，枠組みづける。どのように意図的な変化が限界において作られるかを示す。新しい言語，豊かな対話，新しいアイデンティティによって意味付けを改める。即興，解釈，学習から障害物を取り去る。

(Weick & Quinn, 1999, p.366)

Change)」と「連続的変化（Continuous Change）」とに明瞭に類型化する。

第1に，「一時的変化」とは，一時的で（episodic），非連続的で，間欠的な（intermittent）な変化である。第2に，「連続的変化」とは，連続的で，進化的で，漸進的な変化である。

一時的変化は，暗黙のうちに示された組織化のメタファー，分析枠組み，理想的組織，介入理論，変化エージェントの役割を基盤としているため，前記の連続的変化とは対照的なものである。一時的変化は，後に考察するように，「解凍－変化－再解凍」といった Lewin の考え方に従うものである。また，連続的変化は，「凍結－再バランス－解凍」といった儒教的な（もしくは孔子の考えをもつ）変化の把握をするのである。

さらに，この一時的変化と連続的変化との対照的な考え方は，観察者の視点（the perspective of the observer）によっても異なるのである[4]。

マクロレベルの分析から視る観察者は，組織化を構成する諸々のイベントの流れを観察する場合には，反復的行為，ルーティン，慣性，さらには革命的変化に点在する一時的なエピソードのようなものを理解する。すなわち，一時的変化の立場である。

ミクロレベルの分析から視る観察者は，対照的に，対象により接近して，継続中の適応や調整を観察するのである。こうした調整は微小なものである。けれども，組織構造や戦略を変更可能であるような，諸単位間における調整は頻繁に連続的に発生するものである。すなわち，連続的変化の立場である。

2.3 第一次変化と第二次変化

Watzlawick, Weakland & Fisch（1974）は，変化を2つのタイプに弁別する。第一次変化と第二次変化である。彼らはこう指摘する。

「1つはシステムの内部で生じ，システム自体は不変の変化。今1つはシステム自体の変化である。」（Watzlawick, Weakland & Fisch, 1974, 邦訳27頁）

変化に関する先行研究における変化のタイプは，概して，上記の第一次変化と第二次変化を理論的土台としてきた。

例えば，Palmer, Dunford & Akin（2006）は，こう指摘する。まず，第一次変化である。この変化は，システム，プロセス，組織構造における調整を含む。しかし，この変化は戦略，中核的価値観，企業アイデンティティーにおける基盤的な変化を包含するわけではない。第一次変化は，組織を維持し開発するのである。すなわち，第一次変化は組織上の継続性と秩序を支援するために設計された変化なのである。よって，第一次変化は漸進的変化もしくは継続的変化ともいいうる。

第5章　変化の理論

　次に，第二次変化である。この変化は，現状変革型で，急進的で，その組織の中核部分を根本的に変更する。第二次変化は，組織の特徴を開発するのではなく転換するのである。よって，第二次変化は現状変革的／革命的変化もしくは断続的変化ともいいうる。

　以上，さまざまな類型化を概観した。では，さらに，変化を捉えようとする前に必要な，変化研究の学界動向を認識しておこう。Huy（2001）は，変化の研究についてこう述べる。すなわち，

> 「変化論が蓄積的で検証可能な知識体系を生みだしてきたことは間違いない。厳密な知識の不足は，研究者にとって不満なものであっただけでなく，計画的変化を実際におこなう現場の大勢の人達にも影響を及ぼす。変化介入のための処方箋は豊富に出揃ってはいるけれども，変化のマネジメントに関する文献は概ね理論的ではなかったし個々バラバラであったということに研究者は嘆き続けなければならない。理論と実践の双方を発展させるような新しい知識を生みだすために，管理者の視点から変化のプロセスをみるような研究が望まれる。」（Huy, 2001, p.601）

　Huy は，このような学界動向の認識のうえで，「時間（time）」と「変化の内容（the content of change）」という2つの構成要素に焦点を当てることによって，計画的変化の理論を発展させようと試みる。

　この理由は，第1に，時間は変化そのものの定義において本質的なものであるが，しかし従来の組織変化の諸理論においては概して暗黙的なままで検討されなかったからである。第2に，内容は，コンテクストやプロセスに加えて，3つの重要な変化の諸次元の1つを代表するものであるからである。第3に，時間と内容は，計画的変化においては多くの場合相互関連的であるからである。この点は，若干の組織要素が一般にそれ以外の組織要素よりもより早く変化させられうるためである。例えば，公式構造における変化は，典型的には，すでに浸透してしまった信念や価値における変化よりも時間はかからない。時間や内容は相互関連的であるけれども，その双方へは計画的変化の理論にとって不可欠なのである。

　彼は，以上の理由から，まず，時間の経過順の諸前提（Temporal Assumptions）と時間の経過順ではない諸前提（Nontemporal Assumptions）とに分別する。そのうえで，命令的介入，工学的介入，教育的介入，社会化的介入の4つの変化介入理念型を設定する。

　まず，命令的介入（Commanding Intervention）は，伝統的な戦略論を基調としており，変化エージェントは命令を下す役割をはたす。ゆえに，トップの経営者が強制的に変化に介入するのである。

次に，工学的介入（Engineering Intervention）は，高い生産性を達成するための科学的管理法や品質管理などを基調とし，分析者として作業行程分析において変化に介入する。作業現場における変化への介入である。教育的介入（Teaching Intervention）は，認知に焦点を当てた組織開発のアクション・リサーチを基調とするために，教育者のような変化の介入を行う。主に，外部のコンサルタントやアクション・リサーチャーが変化エージェントとなる。

最後に，社会化的介入（Socializing Intervention）は，社会技術システム論や社会的学習理論などを基調とし，半自律的な作業グループの継続的な学習を促すように，変化に介入する。

それゆえに，普通の組織メンバーが変化エージェントの役割をはたすのである。
以上のように，Huyは，計画的変化の理論を前進させようとする試みにおいて，変化の類型化を提示するのである。では，次に，経営学における古典的な変化の理論とその後の展開を概観しよう。

近年，変化のタイプの研究は，徐々に複雑化・多様化している。Horniman（1997）は，変化のタイプを「取引的（Transactional）」，「変遷的（Transitional）」，「現状変革的（Transformational）」の3つに弁別する。

さらに，Holbeche（2005, pp.5-6）は次の4つに弁別する。取引的変化（Transactional），漸進的変化（Incremental），急進的変化（Radical），現状変革的変化（Transformational）である。

ほかにも，Burke（2002, pp.115-116）は，変化を次のように対立図式として提示する。革新的変化対進化的変化，不連続的変化対連続的変化，エピソード的変化対継続的な流れの変化，現状変革的変化対取引的変化，戦略的変化対現業的変化，トータル・システムの変化対ローカル・オプション変化である。

Harigopal（2006, pp.49-50）は，変化の多様なタイプを示す。以下に列挙しよう。①方向的タイプ（企業の方向性に関する変化を指す。厳格な企業間競争，国家政策における規制の変更，なかなか成功しない事業戦略といった状況下で生じる変化），②基盤となる変化（企業が現在有する企業目標もしくは企業ミッションの再定義を指す），③現業上の変化（製品・サービス開発時の品質・量・時間枠・生産単位などの改善），④全社的な変化（企業の復活を達成するために，新しいビジョンを開発する。自社の既存体制にドラスティックな外科療法を施す），⑤計画された変化（内部需要・外部需要（例；ダウンサイジング）に対応するために計算されつくした現業上の基本的変化），⑥起きてしまった変化（予期不可能な変化。統制できないような外的要因に起因する。自社に対して顕著でトラウマとなるような効果がある），⑦転換的変化（自社の生存にとって猛烈な脅威が原因で起こる大規模な変化。その脅威は，産業上の断続性，製品ライフサイクルの移行，自社内の変化（労組紛争）から生じる。変化は，組織を駆り立てるものに生じる。例えば，自社

第5章 変化の理論

表5-3：変化介入の理念型

A: 変化介入の理念型に関する時間の経過順の諸前提

時間の経過順の諸前提	理念型			
	命令的介入	工学的介入	教育的介入	社会化的介入
時間概念	定量的（時計時間）	定量的（時計時間）	定性的（精神的時間）	定性的（社会的時間）
諸要素別同調化	組織外（金融市場）	組織内（作業工程の論理）	組織内（個人心理学）	組織内（個人間関係，共有された規範）
時間的パースペクティヴの歩調	突発的，急速な短期間	適度に早い中期間	漸進的に適度な長期間	漸進的な長期間

B: 変化介入の理念型に関する時間の経過順ではない諸前提

時間の経過順ではない諸前提	理念型			
	命令的介入	工学的介入	教育的介入	社会化的介入
組織のメタファー	・機械時計 ・操業者としてのトップ・マネジメント；それ以外の者はタイトに結合された諸部分である	・機械組織 ・思考者（分析者）対実行者（労働者）	・精神の檻 ・メンバーは上手く効果的であるが，認知的に欠陥がある	・有機的 ・有機的オープン・システム
分析枠組みもしくは原因分析モデル	・経営戦略論におけるデザイン学派とポジショニング学派（Andrews, 1987；Porter, 1980） ・戦略的実施（Ansoff, 1988；Bourgeois & Brodwin, 1984）	・科学的管理法（Taylor, 1947） ・品質管理（Juran, 1967） ・プロセス・エンジニアリング（Hammer & Champy, 1993）	・認知に焦点を当てたODアクション・リサーチ（Argyris, 1993；Schein, 1992；Senge, 1990）	・社会 - 技術システム論（Emery & Trist, 1973） ・EMS（Quinn et al., 1997） ・社会的学習理論（Hendry, 1996）
目標もしくは理想的組織状態	高い経済的業績を達成するために所与の諸産業において上手く構造化された諸ビジネスユニットのポートフォリオ	高生産性，高い経済的業績を達成するための効率的な作業工程	開放的な雰囲気における責任感があり意識的な個々人の学習の共同体；不確実な環境下の革新的かつ適応的	継続的に学習する半自律的作業グループという民主的な共同体；不確実な環境下の革新的かつ適応的
介入理論	競争分析；戦略的プランニングと再	作業工程分析；再設計とリエンジニ	組織的信念や組織的諸行動者におけ	社会 - 技術的諸原則を中心とする参

第Ⅱ部　組　　織

		ポジショニング：任されたトップダウン；包括的な組織的変化	アリング；品質管理	る共有された暗黙の前提や熟慮された因果関係をさらけだす	加的な経験学習と作業場再設計
変化エージェントの役割	命令者	分析者	教育者；哲学者-心理学者	促進者；役割モデル
典型的な変化行為	厳格なコンプライアンス（法令遵守）を要求する，排除する（ダウンサイジングを行う，アウトソーシングを行う，撤退する）	作業システムを分析し，設計し，さらにタスクベースの諸スキルを開発する	有能であることを示し，公表し，教育する	セルフモニターを促進し，感情移入する
変化の戦術	パワーをもって威圧的に	規範的に再教育する	経験的に合理的に	経験的に規範的に
主要な変化エージェントの典型的な主体	外部コンサルタントに手助けされた分析をもつ，トップ・エグゼクティヴ	作業デザイン分析者；外部コンサルタントは従業員に知識を移転できる	部外者のプロセスコンサルタントやアクション・リサーチを行う者	通常の組織メンバー

（Huy, 2001の表2と表3を合成）

が製品志向から技術志向に移行する場合である），⑧革命的変化（自社の戦略における不意の変化），⑨再創出（旧態の組織構造の分解と新規の組織構造の構築を指す。メタモルフォシス，すなわちより良く変化するのではなく，まったく異なるものに変化することである），⑩戦略的変化（すべてのもしくは大半の組織のもつ構成要素の変化を指す），⑪予期的変化（ある予期できる事象において変化が生じることを指す。そういった変化の予期において自社は徐々に微調整する（漸進的変化）か，もしくは自社の方向性を微調整する），⑫反応的変化（一連の事象に対する変化を指す。適応的変化は1つの下部システムもしくは下部システムの一部分に限定される）。

　以上の概観から分かることは，変化のタイプは研究者の独自の峻別によってきわめて多様になりつつあるということである。

　では，変化はどのようなレベルにおいて発生するのか。贅言するまでもなく，組織には階層がある。その階層ごとに変化の捉え方，変化の顕在化，表現法などが異なるはずである。

　Burke（2002, pp.115-116）は，個人，グループ，大規模システムの3つのレベルにおいて変化のレベルを明らかにする。まず，個人レベルにおいては，採用・選

抜・配置転換，人材訓練・人材開発，コーチングとカウンセリングが主要な変化の事例として挙げられる。組織心理学者 Maslow（1970）らが手掛けた領域である。次に，グループ・レベルにおいては，チーム・ビルディング，自己統制されたグループ，グループ内のコンフリクト解決方法がある。Lewin（1951）が手掛けた組織レベルである。さらに，組織レベルでは，変化の順序，変化の局面，変化のプロセス，組織間関係が主要な事例となる。

以上から分かることは，変化のレベルは代表的な心理学者も組織行動論者も，個人，グループ，組織のレベルにおいてそれぞれに変化を追究してきたということである。

以上を概観したうえで要点をまとめる，まず，変化の定義があいまいなままであるということである。次に，変化の類型化は先行研究において明確に示されてきたということである。

では，次に経営学の古典的研究における変化の研究を概観しよう。

3 ◆変化の理論

3.1　Lewin モデル

経営学の古典的研究において，変化の理論はどのように扱われていたのか。時間概念を特に組み入れた変化の理論は，計画的変化（Planned Change）によって始められた。

計画的変化は，変革推進者が組織に計画的に介入することによって組織目標に向けて組織全体を誘導してゆくことに主眼を置いている。すなわち，従来の伝統的かつ官僚的な組織の管理から柔軟性が高い動態的な組織の管理へと変革しようとしいう試みが，この本質である。計画的変化は，一般に組織開発（Organization Development: OD）とも呼ばれる。

組織開発は，概して，行動科学の知識を利用しながら組織全体にわたってトップの管理のもとで組織の有効性と健全性を増大させるために，計画的に組織の「過程」に介入する努力である。

森本（1983）は，組織開発の特徴を次のように要約する。第 1 に，組織開発において問題にする組織風土とは，組織文化ともいわれ，組織メンバーに共有され伝承されている理念，価値，信条，行動規準，慣習，雰囲気などの合成である。組織開発は，このような組織風土に働きかけ，あるいはその変革を通じて，組織の活性化を図り，組織有効性の向上をめざす。第 2 に，組織開発は計画性を中軸にした継続的努力過程である。断片的で個別的な措置，例えば個人の動機づけは，組織開発ではない。それゆえに，各種の組織開発手法には必ず一定のステップが含まれてい

る。またこのことは，組織開発が長期的変革であることを物語る。第3に，組織開発で使用する理論と技法の中心は，行動科学である。第4に，組織開発の変革の具体的対象は，組織の全体的過程であるが，組織全体を1つの単位を通じて変革することは困難であるから，集団（group）という中間的単位を通じて変革を推進する。その意味で，集団は組織開発の戦略的単位であり，集団と個人に関わる行動科学が重点的に用いられることになる。

すなわち，組織のトップ自らが組織そのものを計画的に変革しようという意図が，組織開発の要諦である。ここで重視しなければならないのは，トップ自らが変化に介入するという点である。換言すれば，組織開発はトップによる組織の変化の試みである。

ただし注意すべきは，組織開発は理論的には組織風土の計画的変化であり，組織内の個人レベルを対象としており，人間の合理的な選択や主体性を重視してはいるものの環境を捨象するという点である。

Lewin（1951）は，社会心理学を応用して組織開発を展開した。彼のモデルは，きわめて簡素である。彼の理論的支柱は，「溶解」，「移動」，「再凍結」という3点の流れである。第1に，解凍（Unfreezing）である。溶解とも訳す場合がある。これは，変化へのモチベーションを創り出すために，現在の行動や態度を弱め，それまでの価値観が問題であることを自覚させ，変化に対する心理的な安定感を生み出すことである。第2に，変化（Moving）である。移動と訳す場合もある。これは，規範的な人や環境からの情報によって，新しい見方と態度に基づいて行動することである。第3に，再凍結（Refreezing）である。これは，新しい見方と行動を他者および自らが再認識することによって変化を定着させることである。このLewinモデルを略述すると次のようになる。すなわち，

　　解凍（Unfreezing）→変化（Moving）→再凍結（Refreezing）

こうした手法は，具体的には，感受性訓練，徹底討議集会，アクション・リサーチ，マネジリアル・グリッドなどである。

このLewinモデルほどに魅力的な変化研究はないとも言われる（Palmer & Hardy, 2000）。Lewinが1952年に発表したこの変化モデルは，その大きな影響力をもつがゆえに，のちの研究者によって敬意をもって紹介されている。例えば，Holbeche（2005）は，「Lewinの1952モデル」と紹介する。Hatch（1997, p.356）は「ビッグスリーモデル」と呼ぶ。Kanter（1992）やCameron & Green（2004, p.98）は「スリー・ステップモデル」と呼称する[5]。

もちろん，この支配的なLewinモデルに対する若干の批判もある。Marshak（1993）は，Lewinモデルは北アメリカ以外の異文化圏では説明不可だと批判する。すなわち，古典的なLewinモデルの変化はリニアーであり，進歩的であり，

目的地 (destination) 志向である。他方で，アジアの儒教的な変化は循環的，行列的 (processional, journey) 志向である。それゆえに，アメリカ以外の異文化圏ではこのモデルは説明可能性が低いのである，というのが Marshak の批判の論旨である。しかしながら，このような批判に晒されながらも，Lewin モデルは学界において支配的な地位を占め，その後の多くの研究モデルにおいて踏襲されている。

Kanter et al. (1992) は，こうした状況において，変化に関するモデルの重要性を次のように説く。すなわち，組織は静態的というよりは，むしろ多くのパーソナリティをもつ流動的な諸主体である。さらに，その変化ステージは重要な諸点において互いに重複し相互浸透し，また他方で変化は遍在し多方向的 (ubiquitous and multidirectional) である。それゆえに，変化のモデル作りは重要なのである，と。

では，Lewin モデルは，後の研究にどのような影響を及ぼしたのか。

3.2 Isabella モデル

Isabella (1990) は，Lewin モデルを理論的土台にして，どのように管理者が重要な諸事象を経時的に解釈するのかを明らかにした。彼女は，まず，認知的な側面や解釈的な側面へ傾注されなかったことに疑義をはさんだ。さらに，管理者が解釈する一連のステージ（期待，確認，蓄積，結果）において重要な事象が生じることを強調し，ある解釈段階から別の解釈段階へと個人が移り変わるプロセスを明確にしたのである。

彼女が提示するモデルの第1の段階は，期待 (Anticipation) である。これは，無数の噂話，直観，嫌疑，とぎれとぎれの断片的な情報などによって集合的に解釈されたものである。こういったものは無作為に結び付けられたパズルのようなものである。管理者は，組立ての解説書のような最終的な青写真をもっているのではなく，特定の指図書をもっているわけでもない。

第2段階は，確認 (Confirmation) である。これは，1つの事象が「標準化」される段階である。この段階で行われる解釈は，因襲的な準拠枠のようなものを用いることとして説明されうるだろう。先の断片的な情報を過去のやり方によって，管理者は判断するということである。

第3段階は，蓄積 (Culmination) である。これは，管理者の解釈がもはやすでに標準化された見解ではなく，改めて構成された見解を示す段階である。新しい情報を取り入れ，価値のない情報を捨象し，因習的な準拠枠を過去の遺物とするのである。ある意味で，歴史がこの段階においてつくられるのである。実験や検証といった実際に直接に手をかけてきたことが，この段階での集合的な解釈を特徴付けるのである。

最終段階は，結果 (Aftermath) である。この段階では，管理者が，過去のセンスメイキングという伝統的な壁を乗り越えた，1つの構成された現実をもって検証

第Ⅱ部 組　　織

や実験を行うことである。この場面において，管理者は永続的な変化についての具体像がもたらされるのである。

　こうした4つの段階を経て，管理者は変化のプロセスを把握するのである。Isabellaモデルは，以下の点からみて，Lewinモデルの発展形であるとわれわれは考える。第1に，変化主体の明確化である。すなわち，だれが変化の主体なのかを明らかにしたのである。例えば，先述のLewinモデルの解凍―変化―再凍結においては，変化の主体は明確に提示されていない。Isabellaモデルにおいては，変化の主体は管理者である。管理者が変化を主導する第一の主体であるということを明確にしたのである。第2に，認知の導入である。すなわち，管理者のもつ特定の認知パターンを考慮するのである。管理者の認知が変化へと結びつくのである。第3に，変化へ抵抗するものを導入した点である。すなわち，変化に抵抗するものが，乗り越えるべき障害物としてではなく，認知過程にある固有の要素として検討され

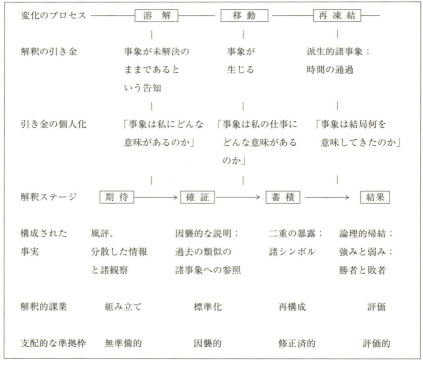

図5-1：変化の事象の解釈
（Isabella, 1990, p.32）

ているのである。
　では，Isabellaモデルはどのように評価されているのか。Armenakis & Bedeian (1999) は，Isabellaモデルに好意的である。彼らによれば，彼女の分析はそれぞれの解釈的段階の構成された現実（Construed Reality）という特徴を識別するだけでなく，変化が生じる際の諸段階間の変化目標（Change Targets）を駆り立てるようなプロセスを記述する。それゆえに変化への抵抗を理解しようとする管理者にとって彼女のモデルはとりわけ有益なのであると好評価を下す。
　ただし，われわれは，Isabellaモデルにおいては変化への抵抗が全く考慮されていないと考える。すなわち，管理者の認知の障害となったり，逆に促進させたりするような政治的な要因が排除されているのである。
　従来，認知は，パターン認知，認知マップ，原型，スクリプト，視点といったようにさまざまな用語ないしは概念によって表現されてきた。Isabellaは，この認知を自らの理論モデルに包摂し，一定程度の理論的前進を示した。
　しかしながら，以上で指摘したような，認知の障害もしくは促進要因たる政治的な要因が，多くの場合，検討上除外されているのである。
　さらに，ここでは上記のような政治的要因を内包する変化モデルを簡単に概観しよう。これらのモデルは，特に1990年代に提示された代表的な変化モデルである。それぞれのモデルには，それぞれの研究者によって明らかにされた変化プロセスの諸段階が要約されている。これらの変化モデルから，組織ポリティクスが変化に対して必然的に介在することが明瞭に分かる。すなわち，これらの変化モデルは，程度の差こそあれ，伝統的ODアプローチがその発生を防止しようという傾向が見られた，組織における政治的要因を考慮に入れて開発されたモデルである，ということが分かる。
　Kanter et al. (1992) は，10の戒律において「ポリティカルな後援をラインアップする」と強調する。Kotter (1996) は，主要変化の創出に関する8段階プロセスにおいて「広い層に支持をもった行為をエンパワーする」ことを強調する。Cummings & Worley (1993) は，企業刷新への青写真において「ポリティカルな支持を開発する」という点を明言する。Ghoshal & Bartlett (1996) は，効果的な変化マネジメントにおいて「ポリティカルな支持を開発する」と明確に述べる。Morris & Raben (1995) は大規模な変化の諸段階において，7段階目に「鍵となるパワー・グループの支持をとりつける」という点を重視する。
　以上の5つの変化モデルにおいて共通するのは，ポリティカルな支援をとりつける，ポリティカルな支持を開発する，パワーグループの支持をとりつけるといった事柄をそのプロセスにおいて必ず明記しているということである。すなわち，90年代の変化モデルにおいては，組織における政治的要因への配慮がすでに必須事項として理論化されているのである。この点は，LewinやIsabellaの諸モデル以降の顕

表5-4：90年代の変化モデル

Kanter et al.（1992）：10の戒律
- 組織とその変化への必要性を分析する
- 共有されたヴィジョンと共通方向性を創出する
- 過去から分離する
- 切迫感を創出する
- 一人の強力なリーダーの役割を支持する
- ポリティカルな後援をラインアップする
- 実施プランを巧妙に作る
- 職能付与的（enabling）構造を開発する
- 意思伝達し，人々を巻き込み，誠実である
- 変化を強化し制度化する

Kotter（1996）：主要変化創出の8段階プロセス
- 切迫感を確立する
- 指導的な諸連合体を創出する
- ヴィジョンと戦略を開発する
- その変化ヴィジョンを伝達する
- 幅広い層に支持をもった行為をエンパワーする
- 短期的勝利を生成する
- 諸利得を整理統合しより多くの変化を生み出す
- その文化における新しい諸アプローチを重要視する

Ghoshal & Bartlett（1996）：企業刷新への青写真
- 単純化
- 現場のイニシアチヴを構築する
- 規律を構築する
- 支持を埋め込む
- 統合
- 単位間関係を調整する
- 伸縮性（stretch）を創出する
- 信頼を構築する
- 新生
- 継続的学習を確保する
- コンテクスト的枠組みを統合する
- ダイナミックな不均衡を維持する
- 刷新プロセスを先導する

Cummings & Worley（1993）：効果的な変化マネジメント
- 変化を動機付ける
- ヴィジョンを創出する
- ポリティカルな支持を開発する
- 変革期を管理する
- 勢い（momentum）を維持する

Morris & Raben（1995）：大スケール変化
- 現状への不満を表に出させる
- 変化への参加を促す
- 変化を支持する行動には報酬を与える
- 現状から離脱するための時間を機会を与える
- 将来の明確なイメージを描いて伝達する
- 多元的／一貫性あるテコ入れ策を利用する
- 変革期のための組織的調整を開発する
- フィードバック・メカニズムをビルトインする
- 鍵となるパワー・グループの支持をとりつける
- 変化を支持するエネルギーを生み出すためにリーダーの行動を利用する
- 諸シンボルと言語を利用する
- 安定性をビルトインする

（Palmer & Hardy，2000）

著な特徴であるといって差し支えない。

　以上の概観から分かるように，変化が生じる際に組織上には常に「変化への抵抗」，「変化上の混乱」，「変化上の対立」が生じるのである。これらはすべて組織メンバーの利害に基づく政治的な現象である。われわれはこれを「組織のポリティクス」と呼ぶ。

3.3 経営組織の発展段階モデル

　現在，組織変化（Organization Change）というテーマは，経営学の主流研究分野であるといわれている。Huber & Van de Ven（1995）は，組織変化の研究動向について次のように簡潔に示している。すなわち，

「組織変化の研究は，2種類の課題に焦点を当てる傾向が見られる。第1の課題は，何が組織形態・管理において変化の先行要因または論理的帰結であるのかということである。第2の課題は，どのように組織変化というものが経時的に出現し発展し成長するのかまたは終局するのかということである。データに対する研究の大勢は第1の課題である。しかし近年，組織変化が生じる場合に解明する諸事象の一時的連鎖に関連する，第2課題の研究への関心が高まっている。プロセス諸研究は，組織生活のダイナミクスについてのわれわれの理解にとって不可欠であり，組織的適応，変化，革新，再設計の諸理論の発展および検証にとって不可欠なのである。」（Huber & Van de Ven, 1995, p.vii）

　彼らが示した課題を繰り返し要約すれば，第1の課題は，変化はどのような先行要因によってもたらされるのか，また変化はどのような結果をもたらすのか，である。第2の課題は，どのような変化のプロセスがあるのかを明らかにすることである。

　では，従来はどのように組織変化が論じられてきたのか。組織変化は，そもそも組織構造の変化として研究されてきた。その代表的な見解を概観しよう。

　Galbraith & Nathanson（1978）は，組織の多様な発展の方向性を経営組織の発展段階モデルとして提示する。この発展段階モデルの出発点は，単一の職能と単一の製品ラインだけの単純な組織構造である。第1の大きな組織構造の変化は量的な拡大の結果からひき起こされる。規模が増大すると分業が生じ，この分化された仕事を調整するために単一職能組織が生まれる。これが第1段階である。この組織構造を出発点として多様な発展の経路が示される。

　次の第2段階には，3つの経路が提示される。まず，供給や分配が重大な問題となったときに垂直統合戦略が採用され，職能部門制組織構造へ至る。次に，内部成長や吸収による製品ラインの多様化が追求される場合には，関連事業への多角化戦略が採用され，事業部制組織へ至る。そして，吸収を通じて無関連事業への多角化戦略が採用される場合には，持株会社もしくはコングロマリットの組織構造に至るのである。

　さらに組織構造は，事業の国際的な展開に応じて，世界的持株会社，世界的多国籍企業，世界的職能部門制組織といったかたちに至るのである。

第Ⅱ部　組　織

　以上のように，彼らの発展段階モデルにおいては6つの組織構造が論じられている。

　岸田（1985, 1989）は，Galbraith & Nathansonの発展段階モデルを次のように評価する。すなわち，彼らの発展段階モデルとは，戦略—組織構造—組織過程の適合した状態を発展的に並べたものであり，移行過程を叙述したものではない。しかしながら，その順序を明確にすることによって，従来，共時的でクロスセクショナルな分析に終始していた状況適合理論が比較静学という意味で一定の動態的視点をもつのである。

　要するに，Galbraith & Nathansonの発展段階モデルは，比較静学による動態的分析なのである。この点において，彼らの発展段階モデルはその視点を体系化する重要な試みである。

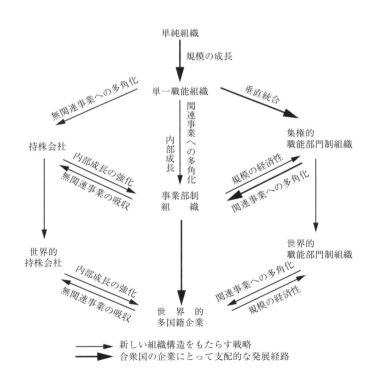

図5-2：Galbraith & Nathanson（1978）の経営組織の発展段階モデル
（Galbraith & Nathanson, 1978, 邦訳139頁）

第5章　変化の理論

　岸田 (1985) は，しかしながら，Galbraith & Nathanson の発展段階モデルに対して若干の批判も加える。第1に，単純組織，単一職能組織自体が多様性をもつ点を見逃しているという点である。第2に，多国籍企業の発展の説明があるものの，マトリックス組織の説明が彼らの発展段階モデルにおいては明確には位置づけられていないという点である。さらに第3に，多国籍企業は国内の事業部制組織構造と基本的に同じとされるということも批判点である。すなわち，多国籍企業の文化的差異をどのように扱うのかという差はあれども，形態的には国内のみの事業部制組織構造と差異はないのである。

　岸田 (1985) は，以上のような諸点を考慮し，経営組織の発展段階モデルを提示する。組織の基本的な編成原理は，次の2つの軸である。第1に技術的要請に対処する専門化・効率型とし，第2に課業環境への対処のための秩序化・問題解決型とする。この2つの軸に基づいて，経営組織の発展段階を明示する。専門化・効率型の度合を示すのが横軸である。この基本はファンクショナル組織である。すなわち，Taylor の職能的職長 (functional foreman) 制度にその起源をもつ組織形態である。これは，専門化による水平的分業 (職能分化) を中心原理とする。従業員は，それぞれの専門職能を担当する複数の長から，その職能に関する事柄についてそれぞれ命令を受ける。それゆえに，命令系統は多元的である[6]。

　秩序化・問題解決型の度合を示すのが縦軸である。この基本はライン組織である。単一の指揮命令系統によって結ばれている組織形態である。それゆえに，命令の一元化が維持される。Fayol は，このライン組織をすべての組織の基本形態であると考える。ライン・スタッフ組織は，ファンクショナル組織とライン組織の両方の利点をもつ。すなわち，ラインの指揮命令の統一性を保持しながら，専門知識をもって助言や助力を行うスタッフによって専門化の効果をも利用する組織形態である。ライン・アンド・スタッフ組織ともいう。

　職能部門制組織は，垂直統合などによっていくつかの職能をもつに至った場合に，専門化の利点をより生かすために職能部門化されたライン・スタッフ組織のことである。すなわち，通常のライン・スタッフ組織よりも，より専門化・効率型の度合 (横軸) を高める組織形態である。事業部制組織は，さらに，主力製品市場が衰退するにつれて，既存資源を利用するために新しい産業に参入するという多角化戦略が行われる場合に生じる。すなわち，通常のライン・スタッフ組織よりも，より秩序化・問題解決型の度合 (縦軸) を高める組織形態である。

　マトリックス組織は，職能部門制組織と事業部制組織の双方の問題点を同時に解決しようとする組織形態である。すなわち，職能部門制組織は職能別の問題を他よりも優先させ，同時に事業部制組織は製品や市場の問題を他よりも優先させ，どちらもより上位のレベルで，問題解決にあたろうとする組織形態である。マトリックス組織は，単一の指揮命令系統ではなく二重の影響力 (2人の管理者をもつ) に従

表5-5：戦略－構造－プロセスの適合関係

タイプ 特徴	単純組織	職能部門制	持ち株会社	事業部制	世界的	マトリックス
戦略	単一製品	単一製品と垂直統合	無関連事業の吸収	関連のある製品ラインへの多角化。内部成長	多国籍への多製品	職能、製品、市場、地域など多様を次元に同等の順位づけ
単位間および市場の関連性	（図）	（図）	（図）	（図）	（図）	（図）
組織構造	単純な職能制	集権的職能制	製品事業部についての利益センター。小規模な本社に分権化	分権的な製品（地域）事業部の利益センター	世界的な製品（地域）部の分権的利益センター	地域および製品の利益センターをもった分権的構造
研究開発(R&D)	制度化されていないランダムな探索	製品・プロセスの改良について制度化	新製品・製品改良への探索が制度的に分権化	左に同じ。専門知識の集権化、集権的指針	左に同じ。専門的知識のまわりに集権化・分権化の方向づけ、より長期志向	制度化、集権化された研究者と専門知識をもった人々の方向づけ、より長期志向
業績測定	人格的接触、主観的	生産性、コストについて非人格的評価、なお主観的	投資収益。収益性に基づく非人格的評価	左に同じ。全体に対する貢献の主観的評価	非人格的。短期・長期の地域、製品、事業、職能、国別の多様な収益、利益などの多角的な目標	多元的。短期・長期の地域、製品、事業、職能、利益、投資収益、投資収益コストの報告
報酬	忠誠心に基づく、非体系的。温情主義的	生産性、達成度への結びつき	投資収益、収益性に基づく、定式化されたボーナス、株式報酬	利益に基づくボーナス、より主観的。現金報酬	多様な目標に基づくボーナス、より裁量的、現金報酬	会社全体の収益性に基づくボーナス、裁量的、チームへの貢献度
キャリア	単一職能のスペシャリスト	職能スペシャリスト、若干のゼネラリスト的傾向	職能間のキャリア。但し、事業部内	職能間で、事業部またがる本社―事業部間の助き	事業部間、子会社間、子会社―本社の助き	いろいろな多角化次元間のキャリア
リーダーのスタイルと統制	トップが業務決定・戦略決定を人格的に統制	トップが戦略的決定・業務決定を統制	結果による統制。但し、業務決定、経営者の選抜、資金割当による間接的統制	結果による開接的統制。事業部内の戦略的・業務決定を委譲。既存の事業部での戦略当の一部を委譲	計画、結果に基づく開接的統制を通じて業務を委譲。ある国、および既存の事業部内で戦略の一部を委譲。ある種の政治的譲歩	共同決定、多元的な関係コンフリクト解消者
戦略的選択	所有者の要求 vs. 企業の要求	統合の程度、市場占有率、製品のラインの広さ	多角化の程度。吸収目標、事業への参入と退出	多角化のタイプ、吸収目標事業への参入・退出	事業による資源配分、事業、国への参入・退出、所有権の程度、国家の介入のある種	諸次元への参入・退出、諸次元の優先順位の設定とバランス

(Galbraith & Nathanson, 1978, 表8-1と表9-5を便宜的に要約した。岸田、1985, 表4-3, 127頁)

第5章　変化の理論

う。また，部門間における公式の水平的な役割を通じての調整が強調される。それゆえに，マトリックス組織の管理コストは高く，効率化・専門型（横軸）と同時に秩序化・問題解決型（縦軸）をも必要とするような，きわめて不確実性の高い環境において有効な組織形態である。以上が岸田の経営組織の発展段階モデルである。

上記の2つの経営組織の発展段階モデルから分かることは，これらの組織変化論は基本的には組織構造の変化を論じるものであったという点である。同時に，組織変化論は，変化のプロセスを論じるわけではなかったのである。

しかしながら，既存の社会諸科学においては変化のプロセスを解明しようとする試みがないわけではなかった。

Van de Ven（1987）によれば，従来の社会理論家による変化のプロセスに関する理論は次の3つに大別されうる。すなわち，進化モデル，後成説モデル，段階的均衡モデルである。

第1に，進化モデル（Evolutionary／Developmental Models）は，進化は内因的に進行する連続的で漸進的な変化であると考える。

第2に，後成説モデル（Accumulation of Epigenesis Models）は，生物の個体

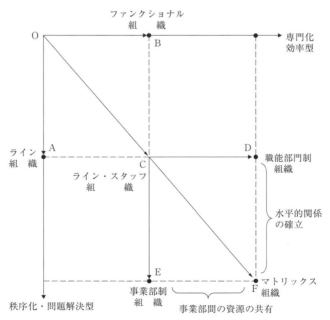

図5-3：岸田（1985）の経営組織の発展段階モデル
（岸田，1985，139頁）

第Ⅱ部 組　　織

発生過程において，先在する構造の展開とする前成説ではなく，発生過程において順次各器官が形成されるとする後成説であると考える。いわゆる環境決定論と同様の視点をもつ。

最後に，変化の段階的均衡モデル（Punctuated Equilibrium Model of Change）である。これは，変化の蓄積が社会的単位の一部もしくは全体において不連続なプロセスであると考える。単純な進化ではなく，ある時点で爆発的に（まさに段階的に）進化が起こることを示したものである[7]。

彼によれば，これら3つの古典的な見解を理論的土台として，以後の変化のモデルもしくは理論は展開されているのである。列挙すれば次の通りである。すなわち，合理的：論理的必然性モーター，コンティンジェンシー：状況的一致モーター，インクリメンタル：政治的－交渉的モーター，ランダム：システム的－蓋然的定期的モーター，構造化（Structuration）社会的に構成されるセンスメイキングモーターといった5つの体系である[8]。

Armenakis & Bedeian (1999) は，1990年代における組織変化の研究文献を渉猟する際に，内容上の課題，コンテクスト上の課題，プロセス上の課題，さらには基準的な課題に分別して整理する。彼らは，変化に関連する内容，プロセス，コンテクストについての従来の研究は現代的な組織上の要請に対応してはいるものの，組織変化の分析がこれまで限定的であったと結論付けている。

以上から分かる点は，次のように要約できる。第1に，組織変化の研究はマクロな視点をもって研究されてきたのである。すなわち，組織メンバーへの追究というミクロの視点はほとんどなされてこなかったのである。

第2に，変化のプロセスそのものの追究がなされていなかったのである。したがって，われわれが強く認識すべきは組織変化研究が十分にはなされていないということであり，またその将来的な方向性さえも明示されてはいないということである。

では，戦略論において変化はどのように捉えられてきたのか。

Whipp（1996）は，従来の戦略論と組織論の体系に対する創造的脱構築（Creative Deconsruction）を提示する。特にアメリカ的な思考に偏った戦略論の現状を批判的に検討し，戦略論において黙殺されてきた諸点（silences）を明示する。その諸点とは，分析レベルの検討，変化と時間の関係性，そして自省といった3点である。ここでは，変化と時間についての彼の指摘を概観しよう[9]。

Whippの主張は，変化は従来の戦略論が黙殺してきたものの1つであり，その研究蓄積の希薄さが学界に垣間見られるということである。彼はこう述べる。すなわち，

「（既存の戦略論が）黙殺してきたのは，『変化』，『戦略変化』，『変化のマネジメ

第5章　変化の理論

ント』といった語に表されている。この点は，多くの研究者にとって濫用されてきたもののようにおもわれる。このようなフレーズは，研究学術文献のサブタイトルにほぼ普遍的に表示されており，他方で変化を管理するというすでに手垢のついた陳腐な決まり文句は，ITからサプライ・チェーン開発までの，ほとんどすべての経営学分野に応用されている。もちろん戦略変化は，経済学，戦略論，組織論の伝統から分析的諸パースペクティヴを総合することを切望する研究者らによってこれまで追究されている。にもかかわらず，戦略プロセスの研究者にとってでさえも，時間という重要な問題は直ちには認識されるものの，徹底的に吟味されている訳ではないのである。」(Whipp, 1996, p.269)

以上のように，本章では変化の理論を吟味した。第1に，社会諸科学における代表的な変化の把握の方法「静態・動態」ならびに「静学・動学」を確認したうえで，変化とは何かを概観した。第2に，漸進的変化と急進的変化，一時的変化と連続的変化，変化介入理論といった変化の類型化の試みを検討した。第3に，古典的変化モデルとしてのLewinモデルならびにその理論的な発展モデルとしてのIsabellaモデルを概観し，最新の変化モデルを吟味した。第4に，既存の組織変化論を確認し，その代表的な諸モデルを検討した。後の諸章においては，経営者の理論的考察を行い，組織変化（組織のstructureの変化）と戦略変化（組織のbehaviourの変化）を明らかにしたうえで，われわれ独自の戦略変化モデルを提示しよう。

注
1）本書では，changeを「変化」と訳す。changeは，日本語においては，変化，変動，変革などと多様に訳される。それは，進化，革新，転換といった意味も内包している場合もある。これらの訳語は，時間に伴う点を共通としているが，明確な概念整理はほとんどない。なお，林（2000）は次のように定義する。すなわち，変化は，観察される行為主体の意図とは間接的に関わるものもしくは関わりの無い，消極的な意味に基づく。変革は，観察される行為主体の直接的で積極的な意図に基づく。変動は，最も広い意味で，変革，変化，さらに観察者の解釈に基づいて用いられる，と。また，時間（Time）そのものの追究も近年の組織論にみられる。例えば，Lee, H. & J. Liebenau, "Time in Organizational Studies: Towards a New Research Direction," *Organization Studies*, Vol.20, No.6, 1999；林 徹「（第6章）個人と組織」『革新と組織の経営学』中央経済社，2000年。
2）「静態・動態」および「静学・動学」に関する議論は，岸田（1985，注20，175頁）を基にしている。彼が強調するのは，状況適合理論は比較静学を用いてある一定の組織の変化を分析するという点である。Galbraith & Nathansonの発展段階モデル（1978，図8-3，邦訳139頁），岸田の経営組織の発展段階モデル（1985，図4-8，139頁）は，比較静学による動態的分析である。また，岸田（1989）はこう述べている。発展段階モデルとは，戦略―組織構造―組織過程の適合した状態を発展的に並べたものであり，移行過程を叙述したものではない。が，その順序を明確にすることによって，従来，共時的，クロスセクショナルな分析に終始していた状況適合理論が，比較静学という意味で，一定の動態的視点をもつことになる。Galbraith & Nathanson（1978）はそ

第Ⅱ部　組　織

の視点を体系化する重要な試みである，と。上記のほかに次を参考とした。宮崎健一『通論経済学』岩波書店，1981年；経済学辞典編集委員会編『経済学辞典』大月書店，1979年；内田忠夫「静学・動学」，荒憲治郎「静態・動態」大阪市立大学経済研究所編『経済学辞典（第3版）』岩波書店，1992年；岸田民樹「訳者あとがき」『経営戦略と組織デザイン』白桃書房，1989年，183-195頁。

3）時間（Time）そのものへの理論的関心が，近年の組織論・戦略論において高まりつつある。研究論文としては，以下がある。Lee, H. & J.Liebenau, "Time in Organizational Studies: Towards a New Research Direction," *Organization Studies*, Vol.20, No.6, 1999, pp. 1035-1058；Mosakowski, E. & P. C. Earley, "A Selective Review of Time Assumptions in Strategy . Research," *Academy of Management Review*, Vol. 25, No.4, 2000, pp.796-812；George, J. M. & G. R. Jones, "The Role of Time in Theory and Theory Building," *Journal of Management*, Vol. 26, No. 4, 2000, pp.657-684. なお，*Academy of Management Review*, Vol.26, No.4, 2001. は，「時間と組織研究」特集号である。さらに，研究論文集としては以下がある。Cooper, C. L. & D. M. Rousseau (eds.), *Time in Organizational Behavior Trends in Organizational Behavior : Volume 7*, John Wiley and Sons, 2000.

4）観察者の視点に関する議論は，以下が参考になる。宮崎清孝・上野直樹『視点』東京大学出版会，1985年；Crary, J., *Techniques of the Observer: On Vision and Modernity in the Nineteenth Century*, The MIT Press, 1992（遠藤知巳訳『観察者の系譜：視覚空間の変容とモダニティ』以文社，2005年）；吉岡洋『〈思想〉の現在形』講談社，1997年；宮本孝二『ギデンズの社会理論：その全体像と可能性』八千代出版，1998年；河本英夫『ワードマップオートポイエーシス 2001：日々新たに目覚めるために』新曜社，2000年；King, G, R. O. Keohane & S. Verba, *Designing Social Inquiry: Scientific Inference in Qualitative Research*, Princeton University Press, 1994（真渕勝監訳『社会科学のリサーチ・デザイン：定性的研究における科学的推論』勁草書房，2004年）。

5）Lewin の研究成果は，日本語訳となった Lewin（1951）だけでなく，その翌年の Lewin（1952）にも同名の著書の刊行がある。よって，上記の Lewin の1952モデルとは，Lewin（1951）の変化モデルと同一であると考えてよい。Lewin に関する研究・経歴は，特に下記に詳しい。Bolles, R. C., *The Story of Psychology : A Thematic History*, California, Brooks Cole Publishing, 1993（富田達彦訳『心理学物語：テーマの歴史』北大路書房，2004年）。

6）「標準」とは何か。橋本（2002）は，このような本質的な問いにおいて，Taylor の科学的管理法の誕生を「標準」の歴史における一事象として把握する。18世紀以降のフランス起源の互換性技術の発生から，工場内の労働作業とその経営管理法を変革しようとした Taylor の技術的研究，製品形態・加工作業・材質強度などにおけるアメリカの標準化運動の展開，さらにはデファクト・スタンダードやデジュリ・スタンダードの今日的議論までを，社会科学史的かつ自然科学史的に鳥瞰する。上記は，橋本毅彦『〈標準〉の哲学』講談社，2002年である。

7）段階的均衡は，断続平衡とも訳される。Eldredge & Gould（1972）が，それまで生物進化の主流とされていた Darwin の漸進的な進化論にたいする対立仮説として示したものである。その論旨は，進化的変化は長い停滞期と急速な枝分かれ的な種分化による過程だとするもので，あって，元来が系統そのものの変遷によるものではないということである。この点については次を参考とした。Eldredge, N. & S. Gould, "Punctuated Equilibrium: An Alternative to Phyletic Gradualism," in T.J. Schopf (ed.), *Models in Palebiology*, Cooper&Co., 1972: Mayr, E., *Toward a New Philosophy of Biology : Observations of an Evolutionist*, Harvard University Press, 1988（八杉貞雄・新妻昭夫訳『マイア進化論と生物哲学：進化学者の思索』東京化学同人，1994年）；三中信宏『分類思考の世界：なぜヒトは万物を「種」に分けるのか』講談社，2009年。

第5章　変化の理論

8) 社会的構成に関する議論は，Berger, P. L. & T. Luckmann, *The Social Construction of Reality: A Treatise in the Sociology of Knowledge*, Doubleday & Company, 1966（山口節郎訳『日常世界の構成：アイデンティティと社会の弁証法』新曜社，1977年）．という古典的研究蓄積の他に以下が参考になる。Willmott, H., "Beyond Paradigmatic Closure in Organizational Enquiry," in J. Hassard & D. Pym（eds.）, *The Theory and Philosophy of Organizations: Critical Issues and New Perspectives*, Routledge, 1990, pp.44-60，金森修・中島秀人編『科学論の現在』勁草書房，2002年。

9) 脱構築（Deconstruction）は，Derridaの哲学的営為を示す概念である彼は，形而上学を解体する方策を「脱構築」と呼ぶ。これは，Heideggarの現象学的解体（Destruktion）に由来する言葉であり，Derridaはこれに西欧の存在論もしくは形而上学の基礎概念が作り上げた構造ないしは建造物を解体し再構築する作業という新たな意味を与えるのである。より分かり易く言えば，Burr（1995）が解説するように，脱構築は特定の分野または学問のテクスト（たとえば科学のテクスト）を検討し，それらがいかに隠れた内的矛盾を孕むかを暴露し，そのテクストによっていかにわれわれがそこに含まれる諸仮定を受け入れるよう促されているかを明らかにしつつ，欠けたあるいは抑圧された意味を読者に呈示することを意味するのである。また，脱構築は，広義において，Derridaに影響された芸術，文学，建築などにおいて用いられる。本書で引用するWhippもこの影響を受けたものと考えられる。以下を参考とした。Reader, K. A., *Intellectuals and the Left in France Since 1968*, Macmillan, 1987（本橋哲也訳『フランス現代思想：1986年以降』講談社，1997年）；Lechte, J., *Fifty Key Contemporary Thinkers: From Structuralism to Postmodernity*, Routledge, 1994（山口泰司・大崎博監訳『現代思想の50人：構造主義からポストモダンまで』青土社，1999年；Burr, V., *An Introduction to Social Constructionism*, Routledge, 1995（田中一彦訳『社会的構築主義への招待：言説分析とは何か』川島書房，1997年）；今村仁司・三島憲一・鷲田清一・野家啓一・矢代梓『現代思想の源流』講談社，1996年；加藤尚武『20世紀の思想：マルクスからデリダへ』PHP研究所，1997年；林好雄・庚瀬浩司『知の教科書　デリダ』講談社，2003年。

第Ⅲ部

経営者

第6章 経営者

　本章では，経営者の理論的考察を行う。経営者はなぜ・どのように戦略を策定し実施するのか，戦略においてどのような経営者タイプがあるのか，戦略論において経営者と戦略はどのように関連するのか，経営者論の新しい研究課題は何かを吟味しよう[1]。

1 ◆ 戦略の主体

　戦略論は周知の通り理論的に発展しつづけてきた。にもかかわらず，近年戦略論の再考が叫ばれている（Volberda & Elfring, 2001；Rowley & Sherman, 2001；Rumelt, 2011；林，2003, 2005；McGrath, 2013）。

　従来の戦略論では，なぜ複数の企業の成否が分かれるのかが多様に論じられてきた。その根本的な原因は，組織にあるのか，戦略そのものにあるのか，そもそも経営者の手腕によるものなのか。さまざまな問いが議論されてきた。しかしながら，経営者と戦略に関する研究課題のための基礎的な理論構築は充分になされていたとはいえない。

　誰が戦略を策定し実施するのか。そもそもこの問いはGuth（1976）が指摘した戦略論の旧くて新しい問題意識である。すなわち，組織においてどの人物が戦略の主体となるのかという問いかけである。概して経営学では戦略の策定−実施者は経営者であるとされてきた。にもかかわらず，上記の問いに対する答えは明確に提示されてこなかったのである。われわれは，戦略論における経営者と戦略の理論的関連を考察しなければならない。

　まず，戦略論の体系的な把握から理論的全体像を見渡す。次に，戦略論における経営者と戦略との関連性を考察する。さいごに，経営者と戦略の理論的研究から派生する研究課題を明らかにする。

　さて，戦略論の目的は何か。Bromiley（2005）はあらためてこの問いに3つの明快な答えを示す。第1の目的は，戦略レベルでの企業行動の説明である。戦略研究者は企業行動を記述的に追究し，さらにその処方箋として企業行動についての明瞭なモデルを構築しなければならない。しかしながら，戦略論は相対的に総合的なレベルでの企業行動に取り組むのである。

　第2の目的は，複数の企業間での業績格差を説明することである。なぜある企業

が事業成功を収め，他社は成功しないのか。このような疑問に対して，企業環境，企業特性，企業がこうした特性を用いる方法などをもって考察しなければならない。

　第3の目的は，企業業績を改善するための提言である。どのように企業が行動するのか，さらに何が企業業績に影響を及ぼすのかを理解することによって，われわれは業績改善のための提言を示さなければならない。

　このような3つの目的をかかえた戦略論は，現在にいたって理論的におおいに発展してきた。概して，戦略論はChandler（1962）を嚆矢とする。60年代にはAnsoff（1965），Andrews（1971）の理論的精緻化を経て，70年代には戦略手法（例えばプロダクト・ポートフォリオ・マネジメント（PPM）など）の提示がなされた。80年代には産業組織論をベースとするPorter（1980）が事業レベルの戦略（競争戦略もしくは事業戦略）を実践的な手法とともに明らかにした（Bowman, 1995；林，2005）。

　1990年代になると，戦略論の体系化が進んだ。Lewin & Volberda（2003）によれば，戦略論は社会諸科学の多様な分野を下地として発展してきた。例えば，社会学を理論基盤として，個体群生態学や制度論が展開された。経済学を理論基盤として，産業組織論，取引コスト経済学，企業の行動理論，さらには進化論の応用した理論も形成された。また，戦略と組織デザインを中心として，多様な理論形成・理論展開がなされた。例えば，資源依存理論（Resource-based View：RBV），企業の資源ベース論，能力を中核とみなすダイナミック・ケイパビリティー論ならびに企業の知識ベース理論，コンティンジェンシー理論，戦略的選択論，組織学習論，ライフサイクル／段階的均衡論である。

　Collis & Montgomery（1998）は，企業戦略のパースペクティヴごとにそれぞれの特徴を明らかにした。企業概念のコンセプトのパースペクティヴは，戦略論の萌芽期から企業ビジョン，独自能力，SWOT分析を輩出してきた。組織構造のパースペクティヴは，Chandler命題「組織は戦略に従う」に基づいて事業部制組織構造に着目した。多角化のパースペクティヴは，シナジーを中心概念として，事業関連性の測定や業績分析を定着させた。ポートフォリオ・プランニングのパースペクティヴは，アメリカの経営コンサルティング会社ボストン・コンサルティング・グループ作成による資源配分のマトリックスを提示した。価値ベースの戦略のパースペクティヴは，戦略的事業単位（SBU）の業績にたいする本社の貢献を示すために，フリー・キャッシュ・フロー（FCF）や価値ベースの戦略を示してきた。基本企業戦略は，Porterを中心とする企業優位の源泉を明らかにするものであった。さいごに，資源ベース理論は，企業の独自性と成長における有形・無形資産とケイパビリティーに着眼した。

　Collisらが注目したこれらのパースペクティヴは，既存理論において特に影響力

表6-1：単一レンズの諸理論

理論基盤	支配的パラダイム	淘汰／適応	経営的含意
社会学	個体群生態学	個体群淘汰と構造的慣性。	経営者は，違いをもたない。新規参入者は産業を再規定する。老舗企業は，退却させられるまでに自らの最善策に注力すべきである。
	制度論	産業規範と共有のロジックに基づく個体群同形性。	老舗企業は，有力な制度的規範・価値観とみずからの個体群の支配的ロジックとともに組織形態を調整するために，素早く次の戦略を採用すべきである。
経済学	産業組織	その産業内での産業魅力度と競争優位性のレベル。	管理者は，1つの魅力的な産業を選択すべきである。1つの基本戦略のために業績のフロンティアを規定すべきである。産業内の敵対企業を削減し，参入障壁を創出すべきである。
	取引コスト	企業内・企業間の取引コストの最小化。	管理者は，取引コストを最小化することによって，企業内との取引と企業外の取引の，相対的な調整コストに注目すべきである。
	企業の行動理論	多様なステークホルダーの満足化，不確実性回避，スラックのための構造的慣性。	周期的な構築と合理化。搾取は，イノベーションのためにスラックを配分するための戦略的意図を求める。不確実性を削減するために環境と交渉する。
	進化論	成功は，慣性の源泉（例えば埋没コスト，コミットメント，社会構造）として，漸進的な改善と諸ルーティンの増殖を促す。	管理者は，漸進的なイノベーションを生み出すような，重大かつ同大のスキルを改善するために，選択を乗り越えなければならない。
戦略と組織	資源依存理論	組織は，戦略的代替案のための機会となるような，みずからの環境を形成し，エナクトする，自由裁量とパワーをもつ。依存性削減と依存性構築は，その環境を統制するもしくはエナクトするための基本戦略である。	管理者は，みずからの環境を淘汰し，エナクトし，さらに／あるいは交渉することによって環境不確実性を削減すべきである。統制と形成は，依存性削減もしくは依存性構築戦略の混合によって資源に接近する。
	企業の資源ベース理論	競争優位性に基づく異質な資源，さらには自社と敵対企業の，最適状態の業績に及ばないような，コア・コンピタンス資源を評価するうえでの，因果的あいまい性。	管理者は独自のコア・コンピタンスを最大化すべきであり，自社と敵対企業のコア・コンピタンスを判断するうえでの因果的あいまい性を修正すべきである。

第6章 経営者

デザイン	ダイナミック・ケイパビリティー／企業の知識ベース理論	ダイナミック・ケイパビリティーと知的資本に基づいた，維持された競争優位性。	経営者は，知識基盤を継続的に再生することによって，知識創造と知識統合に焦点を当てるべきである。
	コンティンジェンシー理論	業績における多様性の源泉となる環境。	トップ・マネジメントは，環境変化を解釈し実現し，組織形態に対する変化を通して適合を維持しなければならない。
	戦略的選択	業績における多様性は，環境変化から生まれ，環境を形成する企業からも生まれる。	管理者は，環境を監視し，環境を形作ることを通して，ダイナミックな適合を達成すべきである。
	組織学習	業績における多様性は，環境変化と，学習を通して適応する組織能力から生み出される。	管理者，シングル・ループ学習とダブル・ループ学習のバランスをとる必要がある。
	ライフサイクル／段階的均衡	適応と結合の期間は，コンピタンスが崩壊するような根本的な変化に引き続き起こる。	管理者は，漸進的イノベーションと根本的イノベーションの間の二分法を管理することによって根本的変化を期待すべきである。

(Lewin & Volberda, 2003, pp.577-578)

をもつものを抽出しているために若干の偏りは否めない。

　Mintzbergら（1998）はさらに網羅的に戦略論を捉えた。それは，戦略論の混乱した学界動向を戦略サファリと比喩的表現で捉えた体系である。戦略サファリとは，既存学説を10の学派に弁別し，戦略論の体系化を試みたものである。

　10の学派とは，デザイン学派，プランニング学派，ポジショニング学派という3つの規範的学派（「あるべき」ことを示したもの）と，企業家学派，認知学派，ラーニング学派，パワー学派，カルチャー学派，エンバイロンメント学派，コンフィギュレーション学派といった7つの記述的学派（「状態」を示したもの）である。

　Mintzbergらの戦略サファリにおける博捜とその自在な引用は一驚に値する。多様な理論やアプローチを理路整然と10学派に裁断したためである。しかしながら，この浩瀚の書は戦略論の体系化という大きな一歩を踏み出すと同時に，決定的な禍根をのこした。それは，戦略論と組織論との混濁に他ならない。戦略論において語られてきたものと組織論において語られてきたものを同一の俎上に載せたための混乱である。

　以上の概観から分かることがある。まず，戦略論の体系的把握の充実に伴い，戦略論の学問的・理論的成熟が読みとることができるという点である。その成熟度は，特に大学という制度における経営学カリキュラムの中心的かつ重要な科目とし

表6-2：企業戦略の捉え方

パースペクティヴ	企業戦略のコンセプト	組織構造	多角化	ポートフォリオ・プランニング	価値ベース戦略	企業の基本戦略	資源ベース理論
代表的研究者	Ansoff(1965) Andrews (1971)	Chandler (1962) Bower (1970) Vancil (1978)	Rigley (1970) Rumelt (1974) Montgomery (1985)	BCG (1968) Haspesluf (1982)	Jensen(1985) Shumarency (1985) Copeland (1990) Rumelt(1991)	Porter (1987) Gould & Campbel (1987) Mckinsey (1989)	Wernerfelt (1984) Dierixx & Cool (1989) Barney (1991)
関心	ゼネラル・マネジメントの役割	組織構造	多角化の程度と形態	資源配分	SBUの業績に対する本社の貢献	企業優位の源泉	企業の独自性と成長
貢献	早期に企業戦略と競争戦略に言及したこと	組織は戦略に従う，適合，分権化	戦略変数としての事業集合，シナジー	ポートフォリオ・マネジメント	本社の価値に関する一定の証拠，市場による企業のコントロール	企業優位のタイプ分け	有形資産・無形資産とケイパビリティー
アウトプット	企業ビジョン，独自能力，SWOT分析	M型事業部制組織	事業の関連性の測定，業績の分析	成長／シェア・マトリックス	フリー・キャッシュフロー，価値ベース戦略	本社の役割	価値をもたらす資源の特徴

(Collis & Montgomery, 1998, 邦訳27頁)

て戦略論が位置づけられていることからもうかがい知ることができる。「戦略」や「戦略的」の名を冠する出版物の大量発刊も，戦略論の成熟を促進しているように思われる。

しかし，学問的体系の充実化は，同時に，その研究対象から漏れるような研究テーマが明確になるということでもある。その研究テーマこそが，経営者と戦略の理論的関係性であるとわれわれは考える。

「誰が戦略を策定し，実施するのか」と Guth（1976）は問う。これは戦略論の旧くて新しい問題意識である。たしかに従来の戦略論は多様なパースペクティヴを間断なく輩出してきた。そのうえ，それらが生み出してきた研究成果も示唆に富むものばかりであった。にもかかわらず，経営者と戦略の関係を問う基礎的な研究蓄積はそれほど多くはなかったのである。では，まず手始めに経営者概念を概観しよう。

2 ◆経営者のタイプ

　戦略論は，周知の通り，理論的に発展しつづけてきた。しかしながら，経営者と戦略の理論的関係性はあまり追究されてきたわけではない。では，経営者と戦略の理論的関係性を明らかにするための基礎概念を考察しよう。

2.1　企業家

　まず，企業家概念である。企業家精神（entrepreneurship）は，社会科学において旧くから問われたテーマである。その範囲は，心理学から経済学まで幅広い学問領域において扱われてきた。企業家精神というテーマが永く知的関心をひき寄せる理由は，企業家精神が社会や経済までをも変えてしまうという可能性を秘めているからにほかならない。経済的な富と幸福の創造・刷新において，企業家精神は不可欠なのである。しかしながら，ここにはある種のパラドックスがある。それは，旧くから企業家精神研究への知的関心度が高いにもかかわらず，社会科学にはその一般理論が見当たらないということである。例えば，心理学者は企業家のパーソナリティーや社会的背景を追究してきた。社会学者は企業家的な社会の探求を模索してきた。にもかかわらず，統一的な見解が形成されていないということが学界の現状なのである（Schoonhoven & Romanelli, 2001)[2]。

　では，まず，社会科学における企業家精神研究の端緒から概観しよう。

　Schumpeter (1926) は，企業経営者を企業者と呼ぶ。その企業者のはたらきが経済発展につながると説く。すなわち，

　「われわれが企業（Unternefmung）と呼ぶものは，新結合の遂行およびそれを経営体などに具体化したもののことであり，企業者（Unternehmer）と呼ぶものは，新結合の遂行をみずからの機能とし，その遂行にあたって能動的要素となるような経済主体のことである。」(Schumpeter, 1926, 邦訳198-199頁)

2.2　社内企業家

　通常，企業家といえば企業のトップ・マネジメントを指す。では，企業内のトップ・マネジメント以外の組織メンバーに企業家精神に通じるものをもつ者がいないかといえば当然そうではない（Storey, 1994）。

　Pinchot Ⅲ（1985）は，企業家精神はあらゆる組織階層にも存在することを明らかにした。すなわち，組織のなかに存在する社内企業家（イントラプルナー，intrapreneur）である。

　企業のなかの企業家（イントラ・コーポレート・アントルプヌール，intra

表6-3：主要な企業家概念

学者	年	企業家概念
R. カンティヨン	1725	先見の明をもち，危険を進んで引き受け，利潤を生み出すのに必要な行為をする者
J.B. セイ	1803	他社を結びつけて生産的な組織体を形成する行為者
C. メンガー	1871	予見に基づき資源を有用な財に変換する変化の担い手
A. マーシャル	1890	多様な生産要素を需要に適合させていくうえで問題を解決し，効用をつくり出す主体
G.v. シュモラー	1900	事業の危険を負担し，イニシアティブをとる者
M. ウェーバー	1905	組織的合理的に正当な利潤を使命として追求する者。革新的企業家はその一類型
J.A. シュンペーター	1912	革新者，新結合を遂行する者
A.H. コール	1959	財の生産・流通を目的とする利益志向型企業の創設，維持，拡大に挑戦する者
D. マックリーランド	1961	エネルギッシュで適度なリスクテイカー
I.M. カーズナー	1973	新しい価値のある目的及び潜在的に有用で入手可能な資源に対する機敏性をもつ個人
T.W. シュルツ	1980	不均衡に対処する能力をもつ者
P.F. ドラッカー	1985	変化を探し，変化に対応し，変化を機会として利用する者
W.J. ボーモル	1993	斬新，大胆，創造力，リーダーシップ，持続性などを活用する経済主体

(清成, 1998, 171頁)

corporate entrepreneur）の意味を一語に簡略するために，Pinchot Ⅲ は社内企業家という造語を示したのである。社内企業家に耳目があつまった背景には，企業活動の成熟化・国際化，それらに伴うリストラクチャリング（事業再構築）がある。こうした状況で，ある者は起業するためにスピンオフし，またある者は企業にとどまりながらも自ら新規事業を企画・提案し，新会社を設立していくのである。社内企業家とはまさに後者を指すのである（高多，1990）。

2.3 経営者

次に，経営者概念を考察しよう。経営学においては，周知の通り，Barnard (1938) の古典的著作『経営者の役割（*The Functions of Executives*）』が近代的な理論の出発点である。彼は，公式組織を「二人以上の人々の意識的に調整された活動や諸力の体系」（Barnard, 1938, p.73, 邦訳76頁）と定義した。公式組織の解明を通じて，彼は戦略的要因（strategic factor）を指摘する。これは「正しい方式で正しい場所と時間にそれをコントロールすれば，目的を満たすような新しい体系な

いし一連の条件を確立せしめるごとき要因」(Barnard, 1938, p.203, 邦訳212頁)である[3]。

すなわち，戦略的要因はいろいろな要因のうちのどれか1つに働きかければそれが扇の要のように組織全体の状況が一変し，目的を達成できるという枢要な要因である。経営者はこの戦略的要因をうごかすのである。さらに，Barnardは経営者の職能について次のように述べる。「管理職能は，第一に伝達体系を提供し，第二に不可欠な努力の確保を促進し，第三に目的を定式化し，規定することである。」(Barnard, 1938, p.213, 邦訳227頁)

Ansoff (1965) は，戦略と意思決定の関連性を明らかにした。彼はカーネギー学派の意思決定論を経営戦略論に応用し，経営戦略論の論理性を追究した。彼によれば，経営戦略に関する意思決定はトップ，ミドル，ロワーの3つのレベルの意思決定に峻別できる（本書第2章36-37頁参照）。まず，戦略的意思決定である。これは，企業の資本収益力を最適度に発揮できるような製品—市場ミックスを選択することを課題とする。企業のトップ・マネジメントによる諸目標および最終目標，多角化戦略，成長のタイミングを主要な決定事項とする。ただし，集権的に行われ，非反復的であり，部分的無知の状態での意思決定をせまられる。これは，全社レベルの戦略を考えるゆえに，企業戦略（corporate strategy）に関する意思決定ともいいうる。

次に，管理的意思決定である。これは，ミドル・マネジメントによって最適度の業務を達成するための資源調達・開発などを主たる問題とする。情報や権限，資源配分，人材や原材料調達などを主要な決定事項とする。ただし，戦略と業務とのあいだでの葛藤・軋轢，個人目標と組織目標とのズレなどを生じる場合もある。企業の事業部レベルの戦略を考えるゆえに，競争戦略論もしくは事業戦略に関する意思決定ともいいうる。

3つ目に，業務的意思決定である。これは，主要な機能分野（製造，販売，研究開発など）において個別的な資源配分を日程的に計画・統制することである。業務上の諸目標と最終目標設定，販売価格と生産高，業務水準（生産の日程計画，在庫量，格納など），マーケティングの方針，研究開発の方針といったロワー・マネジメントの日常業務を指す。この意思決定は，分権的，反復的，多量的である。

では，環境変化に適応する組織・経営者には，どのようなスタイルがあるのか。Miles & Snow (1978) は，4つの類型を呈示する。

第1に，防衛型（defender）である。これは，徹底した効率性追求によって競争優位性を確立しようとし，自社の既存事業を守り抜く組織である。例えば，トヨタ生産方式（TPS）をもつトヨタ自動車はこの代表である。

第2に，探索型（prospector）である。これは，みずから市場機会を探索してやまず他社に先んじて新市場，新製品，新サービスを創造していく組織である。効率

性よりもむしろ革新性（製品革新，事業革新，流通革新など）に企業としての軸足を置く。ソニー，ホンダ，花王，アップルがこの好例である。探索型は，先取り型とも訳される。

第3に，分析型（analyzer）である。これは，上記の防衛型と探索型の双方の利点を併せもって利潤最大化を狙いながら，リスクの最小化を図ろうとする組織である。PPMが指摘するような理想的な商品構成をもつ。日立がこの好例である。

第4に，反応型（reactor）である。これは，一貫したパターンをもたず環境変化にまったく受け身の姿勢で反応も鈍い。よって，業績も低い組織である。

これら4つの類型は，組織・経営者がどのように戦略を規定し，それに適合した組織構造と組織プロセスを構築するのかを示すものである。組織の環境変化を分析し，有効な適応をしている組織のこれらの4つの整合的なパターンは，経営者のスタイルと換言することもできる。

では，管理者の概念を検討しよう。そもそも管理者とは何か。この問いに，管理者を類型化することによって追究したのがMintzberg（1973a）である。彼の意図は「経営は科学として接近可能であると信じている人たちにとって有意義なマネジャーの職務記述書をつくり上げること」であり，その焦点は「マネジャーが何をしているのかという基本的な問いにある」（Mintzberg, 1973a, 邦訳6頁）。彼は，そのうえで管理者の仕事を大きく3つに弁別する。第1に，対人関係である。これにおいては，管理者のフィギュアヘッド，リーダー，リエゾンの3つの役割があるとする。第2に，情報関係である。これにおいては，管理者のモニター，周知伝達役，スポークスマンの3つの役割があるとする。第3に，意思決定関係である。これにおいては，企業家，障害処理者，資源配分者，交渉者の4つの役割があるとする。Mintzbergの管理者（マネジャー）の10の役割によってその職分が明瞭化されたといえる。

では，企業家精神と管理者とは概念上どのように異なるのか。Stevenson & Gumpert（1985）は，両者をその問題意識のもち方によって弁別する。企業家はこう問いかける。どこに機会があるのか，いかにしたらその好機を活かせるのか，と。さらに，いかなる資源が自分には必要か，その資源に対してどのようにコントロールできるか，いかなる構造がベストか，と。単に変化に対応するというだけでなく，変化を活かすという機会志向型であるため，Stevensonらは企業家をプロモーター型（設立人・推進者）と名付ける。管理者はこう考える。いかなる資源を自分はコントロールしているのか，いかなる構造が自分たちの組織とその市場との関係を決めているのか，いかにしたら他からの圧力が自分の遂行能力に影響を及ぼすのを最小化しうるか，と。管理者は変化を好まず，現状維持志向であるため，Stevensonらは管理者をトラスティ型（受託者・管財人）と名付ける。

以上，企業家，社内起業家，経営者の概念を概観した。

表6-4：マネジャーの10の役割

役割	内容	経営者研究から識別される活動	過去の文献における認識
対人関係			
フィギュアヘッド	象徴的な長：法的，社会的性質をもった多数のルーチン責務を遂行する責任がある	儀式，肩書によせられる要請，請願	たまに認識されているが，たいてい，ごく最上位層の経営者のみに限られる
リーダー	部下の動機づけと活性化に責任がある；人員配置，訓練および関連責務への責任	部下を引き込む管理活動のほとんど全部	すべての管理者役割のなかでもっとも広範に認識されている
リエゾン	好意的支援や情報を提供してくれる外部の接触や情報通からなる自分で開拓したネットワークを維持する	郵便物の受領通知；社外取締役の仕事；外部の人びとと関わるその他の活動	特定の実証研究（セイルズの中低位層の管理者，ニュースタットのアメリカ大統領，ホワイトやホーマンズのインフォーマル・リーダー）を除きほとんど無視されている
情報関係			
モニター	組織と環境を徹底的に理解するため広範な専門情報（ほとんどが最新のもの）を探索・受信；組織内外の情報の神経中枢になる	主に受信情報として関連するものとして分類される郵便の処理と接触（定期刊行物，現場重視など）	セイルズ，ニュースタット，ラップが認識し，特にアギラーに詳しい
周知伝達役	外部や部下から受信した情報を自分の組織のメンバーに伝える；事実情報もあり，解釈が入り組織の有力者がもつ多様な価値づけを統合した情報もある	情報のために郵便を組織に転送，部下に情報を流すことも含む口頭接触（事後検討会議，インスタント・コミュニケーション・フローなど）	認識されていない（唯一，パバンドロウが影響力のある人の選好を統合する「ピーク・コーディネーター」を議論している）
スポークスマン	組織の計画，方針，措置，結果などについての情報を外部の人に伝える；組織の属する業種に関して専門家の働きをする	取締役会；外部の人への情報伝達に関わる郵便の処理と接触	マネジャーの役割としてだいたい認識されている
意思決定関係			
企業家	組織と環境に機会を求め変革をもたらす「改善計画」を指導させる；特定プロジェクトのデザインも監督する	改善計画の始動やデザインに関係した戦略会議や検討会議	暗黙に認められてきたが経済学者（主に新しい組織の役割に関心があった）とこの役割を細かく調べたセイルズを除いて通常は分析されない
障害処理者	組織が重要で予期せざる困難にぶつかったとき是正措置をとる責任	困難や危機に関わる戦略会議や事後検討会議	抽象的には多くの論者が議論してきた（例えば，例外による管理）が，丁寧に分析してきたのはセイルズだけである
資源配分者	実質的に，組織のすべての重要な決定を下したり，承認したりすることによる，あらゆる種類の組織資源の配分に責任がある	スケジュール作り；承認要請；部下の作業の予算化や定期化に関わる全活動	組織資源配分活動は分析した多くの研究者が暗黙には認識していたが，1つの役割としての明示的な認識はほとんどない
交渉者	主要な交渉にあたって組織を代表する責任	交渉	セイルズを除き大部分が認識していない（あるいは認識されている場合も，マネジャーではないとされていた）

（Mintzberg, 1973a, 邦訳151頁）

3 ◆ 新展開

経営者と戦略というテーマは上述のように研究成果を着実に蓄積してきた。では，経営者と戦略というテーマのもとでの新しい研究課題を炙り出そう。

3.1 戦略的企業家精神

まず，戦略的企業家精神（strategic entrepreneurship）である。従来の企業家精神概念に戦略性を付加しようという試みが近年みられる。Hitt, Ireland, Camp & Sexton（2002, p.2）が戦略的企業家精神と呼ぶ概念である。戦略的企業家精神は，企業家的視点（例えば機会探索行為）と戦略的視点（例えば優位性探索行為）という2つの視点の統合であるという。換言すれば，戦略的企業家精神は，戦略的視点を採用する企業家的戦略である。

彼らの主張を敷衍すれば，Schumpeter流の企業家精神研究と従来の戦略論との理論的接合であるといえる。略図すると次のようになる。

$$\boxed{企業家精神} + \boxed{戦略的視点} = \boxed{戦略的企業家精神}$$

Venkataraman & Sarasvathy（2001）は，このような関係をシェイクスピアの名作『ロメオとジュリエット』の一場面をもって表現する。すなわち，バルコニーは戦略となるような土台であり，その上に立ってロメオという企業家は行動するのである，と。

Meyer et al.（2002）は，このような研究に関して若干の示唆を与える。企業家精神は創造に関するものである。よって，企業家精神の研究領域には以下を含む。①新規のベンチャーと組織の創造，②財・サービス，生産方法，市場，サプライ・チェーンの新しい組み合わせの創造，③新規機会・既存機会を認識し活用すること，さらに④新規機会・既存機会を活用するための認知プロセス，行動，行為モデルである。これら4つを内包して企業家精神は研究されなければならないのである。

さらに，企業家精神の研究には多種多様な創造的な配慮を包含しなければならない。例えば，関与する個々人やチーム，新規ベンチャーや組織の出現，創造プロセスにおいて用いられる独自の戦略などである。また，企業家精神の研究は研究対象の状況に応じても対応しなければならない。例えば，新興企業・組織，既存の企業，ファミリー・ビジネス，フランチャイズ，新規の国際的な企業家的活動など，多種多様な企業の状況によって臨機応変に対応しなければならないのである（Landes, 2006）。

では，企業家精神と戦略論との接点は何か。Meyer, Neck & Meeks（2002）に

よれば，そもそも両者は個々別々の研究領域ではなかった。戦略論は間接的に戦略の1つの下位セットとして企業家精神を考察する。さらには，次の3点において両者の結びつきが促進されるという。①企業家精神と戦略論の研究領域は，第一次の従属変数として企業業績を活用する。②ダイナミックになる競争環境において柔軟性やリアルタイム・レスポンスなどの企業家的資質を求める。③戦略論におけるパラダイム・シフトは組織のダイナミックな性質を強調し，さらにすべての組織が企業家的であるべきことを重要視する。

特に，Meyerらは企業家精神と戦略論が交錯しない点も特筆する。それは，企業の規模である。すなわち，戦略論はおもに大企業を扱い，企業家精神研究はおもに中小企業を扱ってきた。よって，今後の課題は，両者の研究領域がどうすれば接合するかを考察しなければならないということである。

3.2　認知

経営者は，どのように認知（cognition）するのか。この基本的な問いは，Simon (1945) やMarch & Simon (1958；1993) の研究が端緒である。従来，認知心理学や認知科学における多様な概念（スキーム，認知マップ，メンタル・モデルなど）が研究されてきたものの，その知的蓄積が経営戦略論に応用されることはまれであった。戦略論においては，経営者と認知が取り上げられ始めたのは1980年代後半からである[4]。

Weick (1987) は，従来の戦略論の主流へのアンチテーゼとして戦略代替案 (Substitute for Strategy) を主張する。これは戦略計画重視への批判である。彼が示したアルプス遭難事例をみよう。ある時，アルプス山脈での軍事訓練中にある部隊が遭難した。彼らを送り出した中尉は心配したが，部隊は降雪が続いた3日後に無事帰還した。

「彼らがいうには，『われわれは迷ったとわかって，もうこれで終わりかと思いました。そのとき隊員の1人がポケットに地図をみつけました。おかげで冷静になれました。われわれは野営し，吹雪に耐えました。それからその地図を手がかりに帰り道をみつけだしました。それでここに着いたわけです。』中尉は，この命の恩人となった地図を手にとってじっくりとながめた。驚いたことに，その地図はアルプスの地図ではなく，ピレネーの地図であった。」（Weick, 1987, p.222, 邦訳270頁）

この事例から，Weickは従来の戦略論に対する挑戦的な考え方を導き出す。すなわち，経営者は何を計画したかではなく何を実行したかということこそが重要なのである，と。

第Ⅲ部　経　営　者

Weick（1979）は，さらに，回顧的意味形成に言及する。回顧的意味形成とは，事後的に振り返ったあとに意味付けをすることを指す。この回顧的意味形成の視点にたって，経営者と戦略の関係性を見直してみるのである。彼はこう語る。

「組織が戦略を定式化するのは，それを実施した後であって前ではない。人は，何か　―何でもよい―　をやってみてはじめて，それを振り返ることができ，自分がやったことを戦略と結論するのである。」（Weick, 1979, p.188, 邦訳243頁）

Weick は従来の管理者への批判をこのように呈示する。管理者は事前的な戦略策定に軸足を置くのではなく，むしろ現実的には管理者は現場における事後的な意味づけを重要視するべきなのである，と。それゆえに，彼は「管理者は環境と組織とに関して思うほどにはよく知っていない」（Weick, 1979, p.151, 邦訳195頁）と付言するのである。

Barnard（1938）も，上記のような認知に関わる示唆的な言辞を残している。すなわち，

「協働する人々の間では，目に見えるものが目に見えないものによって動かされる。」（Barnard, 1938, p.284, 邦訳297頁）

彼のことばの意図は，もちろん組織の経営者だけに当てはまるわけではない。むしろ，経営者以外の組織メンバーが上記の組織状況を支えるからこそ組織の成長という望ましい結果を生み出すことができるのである。Barnard は，この点を次のように表現する。すなわち，

「『組織やそのはたらきは，組織図，設立許可書，規則や規約からは理解しえないし，またその構成員をちょっとやそっと見たところではわからない』ということをいくども耳にする。たいていの組織で『組織のコツを知ること（Learning the organization ropes）』は，主として，その非公式社会で，だれがだれで，なにがなにで，なぜにやっているのかを知ることである。」（Barnard, 1938, p.121, 邦訳127頁）

以上より，戦略論において経営者・管理者の認知が大きな研究テーマとして取り上げざるをえないことが分かる。略図すれば次のようになる。

$$\boxed{認知} \rightarrow \boxed{戦略}$$

Porac & Thomas（2002）によれば，心理学における認知と認知科学の研究は新

しいものではないが，過去20年間，戦略論においてこの領域の研究熱は高まってきた。特にそのような研究の流れは3つある。第1に行動科学意思決定論における認知研究（認知バイアス，ヒューリスティクス）である。第2に，個々人から認知マップと認知構造を論理的に引き出すための諸々のテクニックを詳細に描き出すような広汎な方法論的文献の輩出である。第3に，戦略策定―実施に関わる戦略論における認知構造と意思決定プロセスとのあいだの関係性である。今後は戦略論における認知モデルの構築も研究課題となる。

3.3　経営者交替

　経営者と戦略のテーマにおける3つ目の研究課題は，経営者交替（executive succession）である。経営者はどのように交替するのか。1人の経営者は，その能力を永続的に発揮することはできない。彼は，ある時点で次の世代へとその地位を引き継がなくてはならない（内橋，1993；江坂，2001）。

　経営者交替は，どのように戦略に影響を与えるのか。従来，経営者の出処進退，引き際，世襲，社内の政権交代といった話題は，経営学において大きく取り上げられることはなかった。鮮やかに引退する経営者には引き際の美学があるなどと称賛され，対照的に，その時機を見誤る経営者は老害・晩節を汚すなどと批判される。こうしたゴシップ的な取り上げ方こそが，従来の社会科学の範疇では敬遠されてきたのかもしれない。しかしながら，経営者交替はたんなる技能や職能の受け渡しではない。経営者交替にまつわる組織内の政権交代，権力争い，愚衆政治といった組織行動は，企業の戦略に大きく影響を及ぼす。当然ながら，経営者交替というテーマは戦略論の研究課題として重要視しなければならない。略図すれば次のようになる。

　　　　　　　　　　　　　経営者交替　→　戦略

Barnard（1938）も，経営者交替に関して，研究上の示唆を残している。

「組織が少なくとも公式の調整を通じて完成されなければならないかぎり，管理者の諸職能は組織の活動力と永続性とに必要なすべての仕事に関係するということになる。……管理業務は組織の業務ではなくて，組織を継続的に活動させる専門職務である。」（Barnard, 1938, p.215, 邦訳225-226頁）

　Barnardの言葉を敷衍していえば，永続的な組織の維持のためには1人の経営者ではなく，複数の経営者の交替も経営者の役割の範疇にはいるのである。
　では，近年の経営者交替の研究はどのように展開されているのか。Chreim & Kisfalvi（2000）によれば，経営幹部交替はここ30年において実り多き研究蓄積が

第Ⅲ部　経営者

あったにもかかわらず，その包括的な理解にはいたっていない。当然ながら，研究対象の測定の困難性，長期的研究スパンの必要性，定量的・定性的研究の両面の必要性が，経営者交替研究には付随する。また，Chreim らは経営者交替の中心的課題として以下を列挙する。すなわち，①貧弱な業績は継承を引き起こすのか。もしそうでないなら，なぜか。②この継承者はそれまでとは異なる戦略を求めるか。もしそうでないなら，なぜか。③これらの多種多様な戦略はより好ましい業績を結果として生み出すのか。もしそうでないなら，なぜか。こうした Chreim & Kisfalvi の疑問点は今後の研究課題とすべきである。

　さて，以上において，戦略的企業家精神，認知，経営者交替を経営者理論の新しい研究課題として検討した。さらに，吟味すべき点は変化のマネジメントである。このテーマはやや筆を費やす必要があるため，節をかえて検討しよう。

4 ◆変化のマネジメント

　組織論・戦略論において変化のマネジメントの重要性が叫ばれている。にもかかわらず，その体系的な理論構築が充分になされているわけではない。以下では，変化のマネジメントの理論研究を検討する[5]。

　戦略論においては「戦略から変化へ」(Rowley & Sherman, 2001) の論調が高まりつつある。これが戦略論の大きな潮流である。

　戦略論は，概して，環境の変化を念頭に理論構築を試みてきた。環境変化とは，贅言するまでもなく，経済動向の変化，政治的変化，自然環境変化，市場・消費者の変化などを指す。Chandler (1962) は，「組織は戦略に従う (Structure follows Strategy)」を主張した。これは，環境変化に応じた戦略をまず規定し，次に組織構造を変更することを強調したことを指す。よって，Chandler は，戦略先説を唱えたといえる。Ansoff (1978) は，対照的に，まず組織を整えて，次に戦略を策定する順序を強調した。Ansoff は，組織先説を唱えたといえる。Chandler と Ansoff の主義主張の対立は，「Chandler-Ansoff 論争」といってもよい。ここで重要なのは，どちらの主張も組織を土台としており，変化を前提することを忘れてはならないという点である。

　戦略論は，他にも，戦略の策定と実施，意図的戦略・創発的戦略，戦略変化論などの新しい理論枠組みを輩出してきた。環境・組織間の変化を前提にして戦略論は生成されながらも，組織内の変化も徐々に検討の範囲内としたのである。「戦略論の組織論化」といえる。これらの議論も，変化を前提とする。

　以上の先行研究の概観より，われわれは組織論・戦略論が変化を前提とするということを強く認識しなければならないと考える。われわれは変化を対象とする広範囲の社会諸科学を「変化の理論 (Theories of Change)」と総称しよう。この変化

第 6 章 経 営 者

図6-1: 変化のマネジメント

の理論に，組織論も戦略論も包摂されることはいうまでもない。

　変化は重要である（Change matters）。このありきたりなフレーズはわれわれの直観にすでにすり込まれている。例えば，ビジネスマン向けの経営書・ビジネス本の類を紐解くと，冒頭には必ず"変化が激しい""変化の時代だから""変化に適応するために"などとある。一方，自ら変革をしよう，自己改革のためにすべきこと，ビジネスマンのための自己啓発などと自己の変化や組織の変化を前提とする類書も夥しい。こうした変化をテーマの本が巷にはあふれ，とどまる気配がない。にもかかわらず「変化とは何か」を真正面から取り組む研究は手薄のままである。よって，変化をすでに確定的かつ暗黙的な大前提としてわれわれは捉えてしまいがちである[6]。

　しかし，それが大前提であるがゆえに，それを解明しなくてもよいということにはならない。変化とは何かが問われないままでは，経営学全般の停頓に陥る。そもそも，変化の理論を黙殺することは，すでに不可避となってきた。さらに，変化が問われなかったことは，組織論・戦略論の空隙ともいえるし，弱点ともいえる。

　近年，変化というテーマは，多様な視点からの理論的接合が図られている。同様に，多様な研究領域との理論的な接合も試みられている。さらにいえば，変化のマネジメントの議論が隆盛しつつあるのである。特に，変化のマネジメントは，先進諸国のビジネス・スクールにおいて人気あるカリキュラムとなりつつある。コース内の範囲も，技術的変化に重点を置いた科目から組織に大きな影響を及ぼす主要な要因としての人口統計の学問領域まで広汎にわたる（Burrell, 1992, p.165）。

　では，いったいどのように変化を制御するのか。実は，これこそが変化のマネジメントの根幹なのである。だれが，どのように，変化をマネジメントするのかとい

うことである。経営の現場において経営者・管理者が変化を巧みに引き起こして，なんとかして変化を制御しようという積極的な対策を講じる姿勢がますます強くなったのである。実際のところ，「20年前に変化のマネジメントを語る者などいなかった」（Brightman & Moran, 2001, p.259）ともいわれる。にもかかわらず，変化のマネジメントはいまだに体系的な研究が示されているわけではない。そのため，変化のマネジメントというテーマの表記さえも統一されていないのである。例えば，先行研究においては，「変化のマネジメント（The Management of Change）」，「変化マネジメント（Change Management）」，「変化を管理する（Managing Change）」といったタイトルが付せられる場合が多い（例えば，Green, 2007 ; Karp & Helgo, 2008など）。こうしたテーマ名の不統一もこのテーマの深遠さを表しているのかもしれない。

では，われわれは変化のマネジメントの体系的な理論を構築しよう。われわれは，変化のマネジメントに関する追究するに際して，「変化の契機（変化契機論）」，「変化のプロセス（変化プロセス論）」，「変化の主体（変化主体論）」，「変化に対する抵抗（変化障害論）」，「抵抗への対策（抵抗対策論）」の5つに分けて吟味する。われわれは，この5つによって，変化のマネジメントを体系的に把握できると考える。

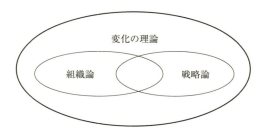

図6-2：変化の理論の範囲

4.1 変化の契機

何がきっかけとなって，組織内に変化が起こるのか。変化契機論を吟味しよう。Daft（2008）は，組織を取り巻く変化を「外部環境の変化」と「内部の変化」の2つに大別する。外部環境は，顧客，競合企業，技術，経済状況，国際情勢などを指す。内部の環境（すなわち自社内の状況）は，社内の諸活動および意思決定を指す。この2つの変化が，変化に対する必要性を喚起し，変化の実施にいたる1つの契機なのである。

変化に関する先行研究においては，概して，変化の契機は，変化レバー（Change

Levers），変化ドライバー（Change Drivers），変化のきっかけ（Triggers of Change）などと表現されてきた。はたして何がきっかけとなって変化が起こるのかが，変化契機論の眼目である。

　Graetz, Rimmer, Lawrence & Smith（2006）は，変化レバーを，変化を計画的に促進するためのツール，テクニックだと規定する。Balogun & Hailey（2004）は，「どんな変化エージェントも直面する課題の1つが変化レバー（Change Levers）である」（p.42）と指摘し，その重要性を語る。

　Holbeche（2005, p.41）は，主要なトリガーと副次的なトリガーの2つに弁別して説明する。まず，主要なトリガーは，公式の，コミュニケーション統制のとれた組織上の変化の目的である。さらに，副次的なトリガーは，個々の管理者が提起した課題あるいは個々の管理者にとって組織上の変化が有する含意である。

　Stuart（1995）は，変化の契機を第1次トリガーと第2次トリガーに弁別した。第1次トリガーは，公式に伝達された組織変化の目標である。具体的には，次の7つを指す。①戦略的変化（例えば中核事業への集中），②構造上の変化（官僚制の排除など），③システム変化（例えば経営の階層の再配置・異動），④スタッフ作りの変化（ダウンサイジング，上司の異動など），⑤スキルの変化（自分たちの契約者と作業する，ジョイント・ベンチャーで作業する），⑥スタイルの変化（チームワーク作り，ネットワーク作り，エンパワーメント），⑦共有価値観の変化（社内で顧客志向を強化する，全般管理者が多すぎるなどの価値観の変化）である。

　次に，第2次トリガーは，個々の管理者が上記の変化などを通じて認識する，個人的なきっかけを指す。よって，個人の消極的な認識も，積極的な認識もある。まず，個人の消極的な認識には，疎外感をもつこと，無関心でいること，支援しないこと，希望をもたないこと，達成感がないことなどがあてはまる。次に，積極的な認識には，楽天的な態度でいること，自律的になること，達成感をもつこと，学習や創造性を獲得しようとすることなどがあてはまる。これらの第2次トリガーは，後述する，変化に対する抵抗における感情の問題に通底する[7]。

　以上より，変化の契機は，組織内の多様かつ複雑な事柄から派生することが分かる。

4.2　変化のプロセス

　変化はどのようなプロセスを経るのか。変化プロセス論を吟味しよう。

　Bjorkman（1989, p.257）は，変化のプロセスを4つに弁別する。第1に，戦略的ドリフトである。大半のケースにおいて，ラディカルな変化は，組織信念システムと環境特性とのあいだのギャップを拡大することによって，先に発生してきた。すなわち，「戦略的ドリフト」（Johnson, 1987）が展開されたのである。第2に，現在の信念システムの溶解である。典型的に，戦略的ドリフトは，結局のところ，

第Ⅲ部　経　営　者

財務的衰退につながり，組織的危機を認識させることになる。この条件では，先の未解決だった組織信念が露呈し，疑問視される。同質的な信念システムにおいて1つの破綻（「溶解／アンラーニング」）を示すことによって，生じる結果が組織内に緊張を生み，不統一をもたらす。第3に，実験と再画一化である。先行の組織信念システムが棄却されたあと，当組織は多くの場合混乱の時期を通過する。この時期は，通常は新旧のアイデアを混ぜ合わせることによって，さらにビジョンに即した，経験上の，戦略的意思決定を蓄積することによって，新規の戦略的ビジョンを開発することにつながる。正の結果が例示されると，次に，新規の方法にたいするより大きなコミットメントにつながる。多様なシンボリックな行為は，すでに発生した変化を強調するために利用される。第4に，安定化である。積極的なフィードバックは，徐々に，新規の信念システムに対する組織メンバーのコミットメントを増大させるのである。

4.3　変化の主体

では，誰が変化を起こすのか，変化の主体は誰かを問わねばならない。すなわち，変化主体論である。従来の組織論・戦略論において，変化を起こす主体はリーダー，リーダーシップ，経営者，管理者といった包括的かつ抽象的な諸概念で説明されてきた。

Balogun & Hailey（2004）は，変化のプロセスにおける意図せざる結果に着目する。まず，変化のプロセスには正の側面がある。例えば，予想以上に組織メンバーの抵抗が少ない場合である。彼らが問題視するのは，対照的に，変化のプロセスの負の側面，すなわち意図せざる結果である。例えば，変化のペースを故意に遅らせる場合などである。この点は，後述の，変化に対する抵抗に通底する[8]。

Harigopal（2006）は，変化のマネジメントのモデルを提示する。このモデルは，きわめて単純な変化のプロセスを示す。まず，経営のビジョンが生まれ，それに基づいた戦略（意図された変化）が策定される。その後，現状の分析（組織構造，プロセス，技術，文化，人的資源管理）から移動が始まる。この移動において，組織構造を支援する内部支援（個々人，チーム，トップ・マネジメントとトップの体制，外部支援），変遷マネジメント・チーム，保守・評価・修正，変遷の維持が促進される。さいごに，経営者が希望する状態（組織構造，プロセス，技術，文化，人的資源管理）へと移行するのである。

以上のように，変化のプロセスは，概して，組織における諸々の活動および意思決定の変化のプロセスを指すといえる。

変化主体論では，変化エージェント（Change Agent），変化リーダー（Change Leader），変化リーダーシップ（Change Leadership）と表現されることが多い（Daft, 2008など）。変化主体論において主に用いられる変化エージェントという概

第6章 経営者

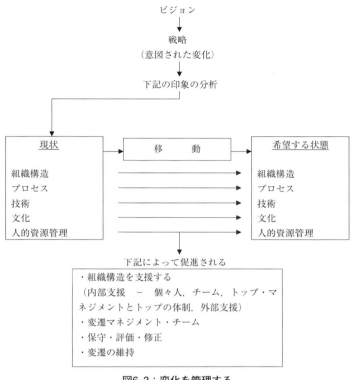

図6-3：変化を管理する
(Harigopal, 2006, p.96)

念は，変化推進者とも訳す。

では，変化エージェントとはどのような人物像を言い表しているのか。Balogun & Hailey（2004）によれば，変化エージェントには，ある種のスキル・能力の保有が求められる。すなわち，

「変化コンテクストを『分析』する能力，変化コンテクストの主要な特徴を『判断』し，それによって適切な変化アプローチを設計する能力，さらに実施にいたるまでの『行為』を生み出す実行能力，『複雑性』を巧みに管理する能力，変化の衝撃について『感受的』になる能力，さらに自らの選択肢に潜在的に影響することを『認識』する能力である。」（Balogun & Hailey, 2004, pp.210-221）

さらに，Balogun らは，変化エージェントが有する次の12の能力を具体的に提示

157

する。すなわち，①創造性（大きな構想を創造することができ，ビジョン作りのプロセスに貢献することができる），②勇気（過去に敬意を表すことができる，そのうえ，物事を覚醒させ，自由に自分の意見を表明し，リスクをとることができる），③保存／モチベーション（諸々の変化や個人的な熱意に対して個人的なコミットメントを維持するよう努力する），④あいまい性への寛容度（数多くの優先順位の変更やその不明瞭さを巧みに混ぜ合わせることができる），⑤柔軟性（チャンスが訪れる場合にそれを認識し捉えることができる。逆に，結果をもたらさない目標達成手段を手放すことができる），⑥政治的判断（政治的な眺望を判断することができ，うまく処理すべき事柄に影響を及ぼすことができる），⑦共通の接触（すべてのレベルの従業員を上手く扱うことができる），⑧可視性（変化を1つの役割モデルとしてみることができ，さらにその変化がどのように価値を加味するのかを示すことができる），⑨説得力（他者と交渉することができる），⑩ネットワーク作り（多様で強力な複数のネットワークを巧みに作り出すことができる），⑪チーム・ビルディング（変化推進チームを開発できる），⑫コミュニケーション認識（適切な場面で口頭・文書・象徴的なコミュニケーションを織り交ぜて，多くの経路を通じて同一のメッセージを発信するようにコミュニケーションをとることができる），である。

　以上の12の能力から分かることは，単なる強力なリーダーシップ像ではなく，むしろきわめて優れた人間性を有する人物像を描いているということである。この点で，従来のリーダーシップ論の先行研究とは，同一のリーダー像を研究対象としていながら若干ながらその輪郭・研究対象範囲が異なるということが分かる。

4.4　変化に対する抵抗

　われわれは変化に対する抵抗の研究を変化抵抗論あるいは変化障害論と呼ぼう。この理論的追究には，組織メンバーの多様かつ複雑な心理・感情・行動を扱うため，困難さがつきまとう。

　変化に対して，同意する者もあれば反対する者もいる。表面上は賛同しながらも，意識下では反意・敵意をうちに秘めた組織メンバーもいる。いわゆる，面従腹背である。さらに，時の経過とともに，組織メンバーの中には気持ち・行動が移り変わる場合もある。周知の通り，組織においてはキレイ事ばかりで変化がすすむわけではない。むしろ，実際の現場においては抵抗の発生および抵抗への対処に配慮するのが通常であるといってもよい。例えば，Romano（1995）の調査によれば，実に75％ものアメリカ企業が変化に対する抵抗を経験しているのである。

　頻発する変化に対する抵抗の理論的追究は急務であるとわれわれは考える。変化に対する抵抗をどのように管理するかという論調は先行研究において若干ながら散見された。例えば，Zaltman & Duncan（1977），Powell & Posner（1978），Tagi-

uri (1979) などがある。
　近年では，ビジネス界の実情を反映するように，このテーマの追究が夥しく輩出されてきている。例えば，Dent & Goldberg (1999), Brightman & Moran (2001), Evans & Schaefer (2001), Ford, Ford & McNamara (2002), Macrì, Tagliaventi & Bertolotti (2002), Oreg (2003), Pardo del Val & Fuentes (2003), Sadler (2003), Balogun & Hailey (2004), Giangreco & Peccei (2005), Hardy & Clegg (2006), Maurer (1996), Bareil, Savoie & Meunier (2007), Lines (2007), Daft (2005, 2008), Van Dam, Oreg & Schyns (2007) などである。
　このような研究熱の高揚は，変化に対する抵抗が理論的にも経験的に検討すべき喫緊の課題であるということの証左なのである (Bauer, 1991, p.181)。
　Balogun & Hailey (2004) は，変化に対する抵抗についてこう語る。すなわち，

「変化への抵抗は，組織の全てのレベルで展開されうる。変化が感情的プロセスであるので，抵抗は予測されるべきであり，自然のものとして理解されるべきである。重要なことは，従業員が抵抗を受け入れるように上手く仕向けるために，抵抗を通じて従業員を支援する，ということである。個人が変化に抵抗しがちである理由は，多様である。」(Balogun & Hailey, 2004, p.214)

　では，変化に対する抵抗の原因は何か。原因の分類が必要である。Balogun らは，抵抗の6つの原因を次のように明示する。
　第1の原因は，自己利益とポリティクスである。これは，変化が要請される場合に，個人的な損得勘定が働くことを指す。例えば，職域を荒らされること，昇進のチャンスが失われること，長期的に同僚がいなくなることなどである
　第2に，心理学的理由がある。例えば，未知のもの，懸念，失敗への不安感，必要とされるスキルの習得への不安，変化に対応するための能力が低いことなどである。
　第3に，感情的理由である。モチベーションの欠如，変化の必要性そのものへの拒否，職務保障や給与レベルの維持などの不確実性などの組織メンバーの誰しもがもつ感情の問題である。
　第4に，変化アプローチがある。組織メンバーが参加せず，関与せず，さらにコミュニケーションさえも怠る場合である。アプローチそのものがもつ内包的な理由である。
　第5に，文化的バイアスがある。組織において従来のやり方や習慣を拡張することができない場合である。すなわち，提案された変化と既存の価値観とのあいだのコンフリクトである。
　最後に，歴史的な組織的要因などである。管理者と労働組合の従来の関係，さら

には部門・部署間のライバル意識の伝統が, 抵抗の原因になる場合がある。

　Oreg (2003) は, 抵抗の源泉を6つに要約する。すなわち, ①統制を失うことに対する嫌気, ②認知的堅固さ, ③心理学的回復力の欠如, ④変化に関わる調整時期に対する不寛容, ⑤刺激と新奇性の低レベルに対する選考, ⑥古い習慣をやめることに対する嫌気である[9]。

　Buchanan & Badham (1999, p.199) は, 変化に対する抵抗の源泉を明らかにする。以下に列挙しよう。不案内（問題を理解しようと失敗する）, 比較（当該の解決策は代替案が望ましい場合に嫌がられる）, 不信（提案が機能しない場合の感情）, 損失（変化が受け入れられない個人的犠牲を有する）, 不適切（変化からの見返りが充分ではない）, 心配（新しい状況において対処しきれない不安）, 破壊（変化は既存の社会的ネットワークの破壊を脅かす）, パワー・カット（影響力と統制の諸源泉が損なわれる）, 混合（新しい価値観・慣習が, 反発を生むものである）, 感情的な抵抗（変化しようという意欲が低い）, 疑惑（変化への動機が懐疑的に熟考される）, 疎外（代替的な利害が新規の提案より好意的に評価される）, 欲求不満（変化はパワーを縮小させキャリア形成の機会を減じる）, である。

　Pardo del Val & Fuentes (2003, p.150) は, 変化の形成段階・実施段階に弁別したうえで, 変化に対する抵抗の源泉を明らかにする。まず, 変化の形成段階においては, 歪められた認識, 解釈の障害, 曖昧な戦略的優先順位, 低いモチベーション, 創造的な反応の欠如がある。次に, 変化の実施段階においては, 政治的・文化的な行き詰まりがある。

　では, 抵抗にはどのような種類があるのか。Graetz, Rimmer, Lawrence & Smith (2006) は, 抵抗を4つに分類する。まず, ①心理学的抵抗である。この原因は, 従業員が変化とその変化がもたらす懸念を抱く心理的な側面にある。換言すれば, 意識下の心理である。次に, ②システム的抵抗である。この原因は, 新規の思考法・作業法を妨げるような体制そのものにある。例えば, その企業が独自に醸し出す企業風土・企業文化といってもよい。これらが新規事業などを導入する際に阻害要因となることが往々にある。さらに, ③制度化された抵抗である。この原因は, 変化の必要性自体が拒否される場合である。最後に, ④文化的抵抗である。これは, 提案された変化が従来の組織メンバーが有する信念・価値観を揺るがすことに起因する。

　以上のように, 抵抗には多様な原因理由およびその背景がある。これらを強く認識したうえで, 変化エージェント（すなわち経営者・管理者）は変化を策定し実施しなければならないのである。

　Kotter (1999) は, 抵抗に対する管理者らの準備不足をこう指摘する。すなわち,

「組織変革は, 何らかの抵抗を受けやすい。経験豊富なマネジャーなら, こんな

ことは百も承知のはずだ。だがどうしたわけか，変革に実際にとりかかる前に，誰がどのような理由で抵抗しそうか整理して考えてみる人は，呆れるほど少ない。(中略) 変革への反応は多種多様であるため，直感に頼った判断だけでは不充分であり，熟慮しなければ正確に理解することはできない。」(Kotter, 1999, 邦訳173頁)[10]

さて，上記の先行研究より，抵抗には組織メンバーの感情的な要因が重大に関わることがあるということも分かる。われわれの誰しもがもつ感情(emotion)である。むしろ，感情こそが変化のマネジメントにおけるきわめて本質的な課題であるといっても過言ではないのである。にもかかわらず，感情の問題は，その組織における固有の事情や雑多な思惑が入り乱れるために，先行研究において理論的に追究されることはあまりなかった(Elster, 1989)。

Palmer & Hardy (2000, p.188) は，こうした諸般の理由を次のように吐露する。第1に，感情というものは合理的な管理者にとって非合理的であるためである。それゆえに感情を関連付けたがらないのである。すなわち，管理者にとって感情は都合の悪いものなのである。第2に，組織文化が感情の表現を妨げるためである。第3に，管理者が戦略的志向性をもつ場合，彼らはそれと感情を結びつけるのが難しくなるためである。最後の理由は，組織は感情に傾注することはないためである。

では，感情はどのように表出されるのか。感情は，周知の通り，組織メンバーの発言にあらわれ，組織メンバーの行動に端的に示される。

Holbeche (2005) の着眼点は，感情の発露としての発言にある。彼によれば，抵抗は，拒否，憤懣，問責，困惑といった4つのかたちとなってあらわれるという。これらが背景となって，人から発せられる言葉も列挙しよう。拒否は，次のような発言にあらわれる。「そんなこと決して起こらない」，「なにも新しくないではないか」，「以前もそうだったし，今後も起こらないよ」，「わたし(たち)にとって有効なわけはない」，「実際には機能しないよ」などである。憤懣は，「ばかげているよ」，「こんなこと絶対にうまくいかない」，「効果ないよ」，「君は分かっていないよ」などである。問責は，「彼らは何をしているのか分かっていない」，「ウチの社長は役立たずだ」などである。困惑は，「どうなっているのかさっぱり理解できないよ」，「もっと情報が欲しい」，「もっと詳しく説明してくれ」などである。

こうした口をついた発言から，抵抗はある程度は判読できるものなのである。感情の発露としての発言に関心を抱いた Holbeche はこう主張する。すなわち，

「抵抗は強要された重大な変化に対する自然な反応である。人は，自分たちの従来のやり方に慣れきってしまっている。よって，人は統制を失うことに恐れを抱

第Ⅲ部　経営者

き，無防備になることに不安がる。よって，抵抗は，どのような形であらわれるにせよ，学習プロセスにおいて必ず発生するものなのである。」（Holbeche, 2005, p.76）

以上より，われわれは，まず，理論的にも経験的にも変化に対する抵抗の追究が課題であることが分かった。次に，感情の問題を慎重に分析しなければならないことも分かった。

4.5　抵抗への対策

「抵抗は，変化を殺す。」（Maurer, 1996, p.17）このような穏やかでない表現が象徴するように，変化に対する抵抗には概して負のイメージが付きまとう。

では，変化を推進する者（すなわち経営者・管理者）は，どのように抵抗に対処すべきなのか。抵抗する者（たち）にどのように対応すべきなのか。われわれは，変化に対する抵抗への善処を探らなければならないと考える。ここでは，抵抗対策

表6-5：抵抗への対策

アプローチ法	状況	メリット	デメリット
教育とコミュニケーション	情報が不足している，あるいは不正確な情報と分析結果しかない	ひとたび納得すれば，周囲が変革の実行に手を貸してくれる場合が多い	当事者の数が多いと，非常に時間がかかる恐れがある
参加促進	変革の旗振り役が，必要な情報を全部掌握してない。相手が大きな抵抗パワーをもっている	参加を促された人々が変革の実行に関与。彼らの役立つ情報はみな，計画に織り込まれる	引き込んだ相手が，変革の進め方を間違えると時間が無駄になる
手助け	新しい環境に適応できないことが，抵抗の引き金になっている	不適応に対する処方箋として，最も効果的	時間もコストもかかり，それでも失敗の可能性がある
交渉と合意	変革の結果，明らかに損をする関係者がいる。そして，その勢力が大きな力をもっている	時と場合にもよるが，激しい抵抗を避ける比較的容易な方策である	変革を受け入れる代わりによい条件を引き出そうとする者が他にも現れると，高くつきがち
策略と懐柔	他の方法がうまく機能しない，あるいは非常に高くつく	他のアプローチと比べて，迅速で低コストの解決策となりえる	丸め込まれていると思われると，先々問題が生じる恐れがある
有形無形の強制	スピーディな変革が不可欠で，変革の先導者が大きなパワーをもっている	どんなタイプの抵抗にも短期間に打ち勝つことができる	反感を買うと，リスクが大きい

（Kotter, 1999, 邦訳190頁）

論を検討しよう。

　Kotter（1999）は，抵抗への6つの対策を提示する。①教育とコミュニケーションである。抵抗者側・抵抗が予想される者に対して，変化推進者は事前に教育するのである。例えば，1対1の対話，グループを対象にしたプレゼン，文書によるメッセージ・報告書などによってコミュニケーションをとるのである。これは地道な作業のため当然ながら多大な時間と労力を割く必要がある。

　②参加促進である。これは，抵抗しそうな側を変化の計画・実施段階において巻き込んでおくことである。特に，変化についての情報不足の場合，熱意溢れる協力が必要な場合に，参加促進が得策である。ただし，参加促進型の変化は，稚拙な解決策を生み出すリスク，膨大な時間がかかるリスクが伴う。よって，迅速な変化には不向きである。

　③手助けである。抵抗しそうな側に手を差し伸べることである。例えば，新スキル習得のための研修実施，山場を与えたら休暇を与えること，対話しながら精神的な支えとなること（カウンセリングスタッフの配置）などである。抵抗側に不安や恐れがある場合，手助けは効果を発揮する。ただし，時間とコストがかかる。

　④交渉と合意である。抵抗側・抵抗が予期される側を好餌で誘う方法といえる。例えば，就労規則変更の代わりに労働組合に賃上げをもちかけること，早期退職制度導入の見返りに年金制度の拡充をもちかけることなどである。すなわち，ギブ・アンド・テイクを示すのである。ただし，他の対策と同様に，時間とコストがかかる。さらに，取引があるという態度は抵抗側につけいれられる恐れもある。

　⑤策略と懐柔である。変化を計画・実施する者は，水面下で注意深く工作するように，策略をめぐらす必要もある。変化の計画・実施において，相手側に得な役回りを与えて味方に引き込むこともある。これを懐柔という。これは低コストの手段である。上記②参加促進型よりも迅速に変化をすすめられ，上記④交渉ほどにはコストがかからない。ただし，若干の注意が必要である。例えば，抵抗側が丸め込まれている場合，公平な扱いを受けていない場合，一杯食わされているなどと疑念を抱く場合，これは逆効果となる。余計に反感を買う場合もある。よって，万策尽きたような場合の，窮余の策として策略が決め手となる。

　⑥有形無形の強制である。抵抗側をパワーで捻じ伏せる場合である。強権の発動ともいえる。抵抗側を陰に陽に脅し（解雇・昇進機会の剥奪をちらつかせる），実際に解雇や不当な異動を実施したりして，有無を言わせずに変化を受け入れさせる。ただし，上記⑤懐柔と同様に，高いリスクが伴う。変化推進側は，抵抗側の恨み・反感を買う。よって，多大なリスクを覚悟しながらも，迅速に変化を計画・実施したい場合，さらに上記①-④の対策が不評の場合，窮余の策として，有形無形の強制にでるのである。

　以上の6つが抵抗に対する対策である。

第Ⅲ部　経 営 者

```
┌─────────────────────────────────────────────┐
│「第一段階　緊急課題であるという認識の徹底」     │
│・市場分析を行い，競合状態を把握する。          │
│・現在の危機的状況，今後表面化しうる問題，大きなチャンスを認識し，議│
│　論する。                                      │
└─────────────────────────────────────────────┘
```

```
┌─────────────────────────────────────────────┐
│「第二段階　強力な推進チームの結成」            │
│・変革プログラムを率いる力のあるグループを結成する。│
│・１つのチームとして活動するように促す。        │
└─────────────────────────────────────────────┘
```

```
┌─────────────────────────────────────────────┐
│「第三段階　ビジョンの策定」                    │
│・変革プログラムの方向性を示すビジョンを策定する。│
│・策定したビジョン実現のための戦略を立てる。    │
└─────────────────────────────────────────────┘
```

```
┌─────────────────────────────────────────────┐
│「第四段階　ビジョンの伝達」                    │
│・あらゆる手段を利用し，新しいビジョンや戦略を伝達する。│
│・推進チームが手本となり新しい行動様式を伝授する。│
└─────────────────────────────────────────────┘
```

```
┌─────────────────────────────────────────────┐
│「第五段階　社員のビジョン実現へのサポート」    │
│・変革に立ちはだかる障害物を排除する。          │
│・ビジョンの根本を揺るがすような制度や組織を変更する。│
│・リスクを恐れず，伝統にとらわれない考え方や行動を奨励する。│
└─────────────────────────────────────────────┘
```

```
┌─────────────────────────────────────────────┐
│「第六段階　短期的成果を上げるための計画策定・実行」│
│・目に見える業績改善計画を策定する。            │
│・改善を実現する。                              │
│・改善に貢献した社員を表彰し，報奨を支給する    │
└─────────────────────────────────────────────┘
```

```
┌─────────────────────────────────────────────┐
│「第七段階　改善成果の定着とさらなる変革の実現」│
│・勝ち得た信頼を利用し，ビジョンに沿わない制度，組織，政策を改める。│
│・ビジョンを実現できる社員を採用し，昇進させ，育成する。│
│・新しいプロジェクト，テーマやメンバーにより改革プロセスを再活性化する。│
└─────────────────────────────────────────────┘
```

```
┌─────────────────────────────────────────────┐
│「第八段階　新しいアプローチを根づかせる」      │
│・新しい行動様式と企業全体の成功の因果関係を明確にする。│
│・新しいリーダーシップの育成と引き継ぎの方法を確立する。│
└─────────────────────────────────────────────┘
```

図6-4：企業変革の8段階
（Kotter，1999，邦訳167頁）

さらに，Kotter（1999）は，上記を踏まえたうえで8つの変化の段階を提示する。

まず，第一段階として，緊急課題であるという認識を徹底することである。外部環境を分析し，把握し，何をすべきかを考えなければならない。第二段階は，強力な変化推進チームを結成することである。第三段階は，変化プログラムの方向性を示すビジョンを策定することである。第四段階は，上記のビジョンを，推進チームがあらゆる手段で伝達する。第五段階は，ビジョン実現に向けて社員をサポートすることである。障害物を除去し，制度も組織も変更・改訂し，伝統にとらわれない考え方・行動を社員に奨励しなければならない。第六段階は，短期的成果を上げるための計画を策定し，実施しなければならない。第七段階は，改善成果の定着とさらなる変化の実現に向けて，施策を練る必要がある。ビジョンに沿わない制度，組織，政策を改める。ビジョンを実現できる社員を採用し，昇進させ，育成する。新規プロジェクトにより再活性化を図る。最後に，第八段階では，新しいアプローチを根づかせる。新規の行動様式，全社的な成功の因果関係を明確にし，新しいリーダーシップの育成と引継ぎの方法を確立する。

以上より，変化のマネジメントにおける抵抗に対する対策（変化対策論）を熟慮することがきわめて肝要であることが分かる。もちろん，変化エージェントがこれらに熟達するには，実務における経験の積み重ねだけでなく，学界における理論の精緻化が課題となる。

本節では，変化のマネジメントの体系的理論を示した。われわれは変化のマネジメントに関する追究するに際して「変化の契機（変化契機論）」，「変化のプロセス（変化プロセス論）」，「変化の主体（変化主体論）」，「変化に対する抵抗（変化抵抗論）」，「抵抗への対策（抵抗対策論）」の5つに分けて吟味したのである。われわれは，この5つによって，変化のマネジメントを体系的に把握できると考えるが，今後の研究課題としてさらに精緻に追究しなければならないと考える。

さて，以上のように，本章では経営者の理論的考察を行った。経営者はなぜ・どのように戦略を策定し実施するのか，戦略においてどのような経営者のタイプがあるのか，戦略論において経営者と戦略はどのように関連するのか，戦略論における経営者に関する新しい課題は何かを本章では明らかにした。

注

1）本章は，拙稿「経営者と戦略」上總康行先生還暦記念出版実行委員会編『次世代管理会計の構想』中央経済社，2006年，41-61頁に基づく。

2）創業者・企業家の最新の研究は以下を参考にした。Brands, H.W., *Masters of Enterprise : Giants of American Business from John Jacob Aster and J. P. Morgan to Bill Gates and Oprah Winfley*, Detroit, Michigan : Free Press（白幡憲之他訳『アメリカンドリームの軌跡：伝説の起業家25人の素顔』英治出版，2001年）；大東文化大学起業家研究会編『世界の起業家50人』学文社，2004年。

第Ⅲ部　経　営　者

3）Barnard 理論の問題点を，沢田（1997）は次のように指摘する。「バーナードの組織観は一種の楽天性をもっている。諸個人が組織にくわわるのは，誘因と貢献のバランスについてのかれの自律的な判断に基づく。かれが組織の種々の決定にしたがうのも，強制によるものではなく，自分たちがリーダーを信頼するからである。そのかぎり『組織と個人』との矛盾はバーナード理論には存在しない。……かれの理論は，一面では，今日の巨大組織のはらむさまざまな問題性を管理者の管理技術の問題に帰着させ，有能なリーダーシップが存在すればすべて解決可能とみなすような錯覚を生みだす危険がある。皮肉にいえば，かれの理論は，この点で，ちまたに氾濫する経営術の指南書の起源（俗流経営学の創始者）ともいえるのである」（沢田善郎『組織の社会学：官僚制・アソシエーション・合議制』ミネルヴァ書房，1997年，214頁）。

4）社会科学と認知には研究上の懸隔がある。この橋渡しとして以下の諸概念もある。例えば，表象，視線，間主観性，脳科学などである。経営学ではこれらの理論的接合があまりすすんでいない。以下は参考文献である。Newberg, A. M. D. et al., *Why God won't Go Away : Brain Science and the Biology of Belief*, New York : Ballantine Books, 2001（茂木健一郎他訳『脳はいかにして"神"を見るか：宗教体験のブレイン・サイエンス』PHP エディターズグループ，2003年）; Pinker, S., *How the Mind works*, New York : W W Norton & Co., 1997（椋田直子訳『心の仕組み：人間関係にどう関わるか［上］』日本放送出版協会，2003年）; Sperber, D. *Explaining Culture : A Naturalistic Approach*, Oxford : Blackwell Publishers, 1996（菅野盾樹訳『表象は感染する』新曜社，2001年）; Vaitkus, S., *How in Society Possible? : Intersubjectivity and the Fiduciary Attitude as Problems of the Social Group in Mead*, Gurwitsch, and Schutz, London : Kluwer Academic Publishers（西原和久他訳『「間主観性」の社会学：ミード・グルヴィッチ・シュッツの現象学』新泉社，1996年）; Wertsch, J. V., *Mind as Action*, Oxford : Oxford University Press（佐藤公治他訳『行為としての心』北大路書房，2002年）; 茂木健一郎『心を生み出す脳のシステム：「私」というミステリー』日本放送出版協会，2001年; Goodman, N. & C. Z. Elgin, *Reconceptions in Philosophy & other Arts & Sciences*, Hackett Publishing Company, 1987（菅野盾樹訳『記号主義：哲学の新たな構想』みすず書房，2001年）; Eagleman, D., *Incognito:The Secrets Lives of the Brain*, The Wiley Agency, 2011（大田直子訳『意識は傍観者である：脳の知られざる営み』早川書房，2012年）。

5）近年，変化のマネジメントの研究成果が編集されつつある。1つは，Pugh, D. S. & D. Mayle (eds.), *Change Management*, Sage : London, 2009. である。この論文集全4巻には，膨大な先行研究のなかから代表的・古典的論文73論文が収録されている。全4巻を通して，変化のための重要事項，変化に関する初期論文，人間関係学派，システムズ・アプローチ，戦略，リーダーシップ，改善とイノベーション，批判的アプローチといった8つの大きなテーマに即して，代表的論文が弁別されている。2つ目は，Peggy Holman, P., T. Devane & S. Cady, *The Change Handbook : The Definitive Resource on Today's Best Methods for Engaging Whole Systems*, Berrett-Koehler (Short Disc); 2nd ed., 2006. である。さらに，変化のマネジメントを乗り越えようという機運も見え始めた。Anderson, D. & L. A. Anderson, *Beyond Change Management : How to Achieve Breakthrough Results through Concious Change Leadership*, Pfeiffer, 2010. である。

6）変化のマネジメントを中心テーマとする海外の学術雑誌は以下の通りである。*Journal of Organizational Change Management*（創刊1988年），*Journal of Change Management*（創刊2000年）。変化のマネジメントの論文集も刊行された。また，わが国における変化のマネジメントの先駆的研究は以下のとおりである。小川英次「技術変化のマネジメント」『経済科学』第30巻第4号，1983年，12-35頁。内野崇『変革のマネジメント：組織と人をめぐる理論・政策・実践』生産性出版，2006年。同様に2000年代には組織論の論文集の出版が相次いだこともここに付記しておく。Clegg, S. eds., *Central Currents in Organization Theory*, Sage, 2002. として全8巻が出版さ

第6章 経営者

れた。Cooper, C. L., eds., *Fundamentals of Organizational Behavior*, Sage, 2002. として全4巻が出版された。Clegg, S. eds., *Sage Directions in Organization Studies*, Sage, 2010. として全4巻が出版された。

7) 感情は，従来の経営学では歯牙の間におかれることはなかった。試みに，神戸大学経営学研究室編『経営学大辞典』を紐解いてみるとそこには「感情」の項目は無い。変化における感情 (emotion) の先行研究は下記を参照のこと。Smollan, R. K., "Minds, Hearts and Deeds : Cognitive, Affective and Behavioural Responses to Change," *Journal of Change Management*, Vol.6, No.2, 2006, pp.143-158.; O'Donnell, D. "The Emotional World of Strategy Implementation," Patrick C. Flood, P. C. & T. Dromgoole, S. Carroll & L. Gorman (eds.), *Managing Strategy Implementation*, John Wiley & Sons, 2000, pp.71-79 ; George,J. M., "Emotions and Leadership : The Role of Emotional Intelligence," in C. L. Cooper (ed.), *New Directions in Organizational Behavior*, Vol.2, Sage, 2008, pp.60-80 ; Jarrett, M., "Tuning into the Emotional Drama of Change," *Journal of Change Management*, Vol.4, No.3, 2004, pp.247-258 ; Tjosvold, D. & B. Wisse (eds.), *Power and Interdependence in Organizations*, Cambridge University Press, 2009。そもそも感情 (emotion) とは何か。社会学では次のように説明がなされている。岡原 (1993, 225-226頁) はこう記す。「感情　feeling ; emotion ; sentiment 現実的・想像的・予期的・想起的な事態 (人，事物，出来事，状況) と関連する精神的・身体的状態，あるいはそれに伴う心的経験の一種。情動，情緒，情感と同義的であるが，場合によっては，一時的で激しい情感性をさす情動に対して，感情は持続的でより平穏な情感性をさすものとされる。心理学・哲学では近代的感情論として内観的・力学的・行動主義的・生理学的などの観点が提出されているが，いずれも感情の個体主義的把握である。社会史や人類学が感情の歴史的・文化的相対性を主張するなかで，感情の自然性や個体性を前提とせず，その社会性を問う社会学的理解が1970年代後半に登場した。これは，行為・関係・制度への作用・機能としてのみ感情を扱った従来の社会学とは異なる。この感情社会学 (sociology of emotions) には，感情形成過程一般の理論化とその応用研究がある。前者として，社会関係認知と感情の関連を問うケムパーや，感情規則 (feeling rules)・感情操作 (emotion management) を概念化するホックシールド，感情文化 (emotional culture) を分析するゴードン (Gordon, S.L.) などがあり，そこには感情形成に社会的規則が介在するという共通理解が認められる。後者には，感情労働 (Emotionsarbeit) の一般化 (ゲルハルツ)，精神障害 (ドイツ Thoits, P.)，カタルシス (シェフ) などの研究があり，感情現象の社会的構成を強調している。」(岡原正幸「感情」森岡清美・塩原勉・本間康平編『新社会学辞典』有斐閣，1993年，225-226頁)。上記から分かるように，社会学における感情の研究との理論的横断も1つの研究方向として考察されるべきである。なお，『組織科学』第41巻第4号，2008年は「感情と組織」特集号である。

8) 鷲田清一『「待つ」ということ』角川学芸出版，2006年において陶工と窯変の関係が紹介されている。「陶工はこねた土の上に釉薬を塗るが，窯にそれを入れたあとは，焼き上がるまで待つ。どんな色が滲みでてくるか，ときにどんな歪みがその形に現れるか，それは作家の意図の外にある」(12頁) という。これを「窯変」ということばで表現する。経営学でいえば，これは「意図せざる結果」なのである。本書でいえば，変化プロセスの「意図せざる結果」である。変化を起こそうとする者は，「窯変」するような意図せざる変化の結果を受け入れる度量が求められる。

9) 経営者・管理者はどのように認知し戦略を構築するのか。Schendel & Hofer (1997) は，戦略作成プロセスで認知バイアスを暗に想定したが，その後の戦略論において認知アプローチの体系化はほとんどなされていない。戦略論と認知の理論的関係性は「戦略論におけるミッシングリンク」(Stubbart, 1989) といわれている。上記書籍は以下の通りである。Stubbart, C. I., "Managerial Cognition : A Missing Link in Strategic Management Research," *Journal of Management*

Studies, Vol.26, No.4, 1989, pp.325-347 ; Schendel, D. E. & C. W. Hofer, *Strategic Management : A New View of Business Policy and Planning*, Boston : Little, Brown, 1979.

10) 近年，経営学における「直観（intuition）」研究が隆盛しつつある。これは，従来の経営学が無批判のままに計画性を重視しすぎていることへの痛罵であり，さらには経営者の才能・才覚といった，非科学的な領域を取り込もうという学界の雰囲気をあらわしている。ただし，組織論・戦略論と直観概念との融合はまだ緒に着いたばかりである。直観研究の代表例を挙げる。Duggan, W., *Strategic Intuition : The Creative Spark in Human Achievement*, Columbia University Press, 2007（杉本希子・津田夏樹訳『戦略は直観に従う：イノベーションの偉人に学ぶ発想の法則』東洋経済新報社，2010年）；Gigerenzer, G., *Gut Feelings : The Intelligence of the Unconscious*, Penguin Books, 2007（小松淳子訳『なぜ直感のほうが上手くいくのか？：無意識の知性が決めている』インターシフト，2010年）；Rosenzweig, P., *The Halo Effect*, Free Press, 2007（桃井緑美子訳『なぜビジネス書は間違うのか：ハロー効果という妄想』日経BPセンター，2008年）；Iyenger, S., *The Art of Choosing*, Grand Central Publishing ; 2010（櫻井祐子訳『選択の科学』文藝春秋，2010年）；福島真人『学習の生態学：リスク・実験・高信頼性』東京大学出版会，2010年。

第7章　戦略変化論

　本章では、戦略変化論[1)]を検討する。われわれの問題意識は、次の通りであった。すなわち、「本書の問題意識は、戦略論の発展を妨げる伝統的かつ支配的な戦略内容 – プロセス論という分析枠組みをどのように統合できるか、である」。このために前諸章において、次のように戦略内容論（第3章）および戦略プロセス論（第4章）を吟味した。

内　容（第3章）──────── プロセス（第4章）

　上記の分析より、戦略論の伝統的かつ支配的な戦略内容 – プロセス論の枠組みには限界があるという課題が浮かび上がった。本章では、その限界を統合する一定程度の可能性をもつ戦略変化論を吟味する。戦略変化論の体系的な検討を行うために以下の順に展開する。第1に、戦略変化論の代表的な3つの諸説を吟味する。それらの特徴および限界点を精査する。第2に、戦略変化の本質的側面、すなわち組織メンバーの意思決定における政治性を検討する。

1 ◆戦略変化モデルの諸説

　戦略変化とは何か。戦略変化とはどのように研究されているのか。「戦略的（Strategic）」は、もともと「重要な」を意味する形容詞である。Schendel & Cool（1988）によれば、経営学文献において1979年以前にこの言葉が用いられることはほとんどなかった。もちろん、例外的に Barnard（1938）はある一部を変えれば組織全体が動くという扇の要のような役割を果たすものを「戦略的要因（Strategic Factor）」として示した。

　が、残念ながら、現在にいたって「戦略的」という形容詞は、重要性を過度に強調しようとする全ての研究領域にとって単なる商売上の通用語のようなものに陥ってしまったと揶揄されている（Lyles, 1990；Whipp, 1996）。

　近年、戦略論においては1つの確立したアプローチとして戦略変化が注目されつつある。戦略変化は、従来の組織論において主に構造の変化を追究してきた組織変化の議論（Greiner, 1972；Salter, 1970；Stopford & Wells, 1972；Franko, 1976；Galbraith & Nathanson, 1978 etc.）とは明らかに異なる。戦略変化は、戦略を策定し実施する組織行動が変化するプロセスを明らかにするものである。したがって、

次のように略述することができる。

組織変化＝組織の structure の変化
戦略変化＝組織の behaviour の変化

ここで注意すべきは，組織変化と戦略変化との分析方法論上の相違点である。繰り返し論じるように，組織変化はある均衡から次の均衡へを説明する比較静学を主に方法論的土台としてきたことによって，その変化のプロセス自体を分析すること

表7-1：戦略変化の定義

Snow & Hambrick (1980)	戦略変化は，組織が(1)その環境との調整を修正する場合にのみ，さらには(2)新しい調整に適合するために技術，構造，プロセスを実質的に変更する場合にのみ，生じる (p.529)。
Tichy (1983)	組織的慣性を克服しラディカルな変化を達成するために，コンサルタントや行動科学技法を用いることによって，トップ・マネジメントが大きく介入すること。
Pettigrew (1985)	戦略変化は，個々人および諸グループについての多様な注意をさまざまな時間において含めるような，活動の諸流れとして観られる。その活動の流れは，単独で生じるのではなく主に環境変化の1つの結果として生じるのであり，さらには，母組織（the host organization）のもつ製品市場焦点・構造・技術・文化における諸変更につながることができるものである (p.438)。
Johnson (1987)	戦略変化は意味付けシステムの変化をおそらく包含するので，戦略のマネジメントは文化のマネジメントに密接する (p.55)。
Mattsson (1987)	戦略変化とは，企業の戦略におけるある変化に関連するものであり，また長期的な戦略を実施する一連の諸活動の一部である (p.234)。
Greiner & Bhambri (1989)	意図的な (deliberate) 戦略変化は，企業とその環境との間の再調整を結果として生じる場合に，戦略および／もしくは組織における主要な変化をつくりだすことに向けた創発的な反応を指揮しようと試みる，一定の環境と組織条件の下で生じるような，上級経営幹部による計画的な介入である (p.68)。
Van de Ven (1993)	「戦略変化」は，理論的実体の欠如している研究のルースに結び付いた分野にたいする真言のようなもの (a mantra) として用いられたものである。
Zan & Zambon (1993)	「戦略変化」という表現は，しばしば経営学文献において「戦略」という用語に代替する傾向がみられる (p.4)。
Hardy (1995)	戦略変化プロセスは，1つの新しい戦略を構成するような，1つのパターンにおいて収斂するという，組織変化を通しての戦略的意図の実現化—すなわち諸意思決定および諸行為—として表される。
Worley, Hitchin & Ross (1996)	ある新しい競争的コンテクストにおいて適合するために組織の戦略，構造，プロセスを調整する，一種の組織変化である (p.xix)。

第7章　戦略変化論

ができなかった。対して、戦略変化はそれをある程度分析可能とする。換言すれば、戦略変化は、組織変化の議論において指摘されてきた変化のプロセス自体を分析できないという固有の方法論的限界点をある程度分析可能となる。それゆえに、組織変化を理論的に補足することができるのである。

では、戦略変化という研究テーマがなぜ戦略論において主要課題となるようになったのか。

「戦略変化のマネジメントは1980年代の中心的な実践的かつ理論的諸課題の1つである」。こう指摘するのは、Pettigrew（1987a, p.1）である。この社会的背景を彼は次のように分析する。

欧州・北米の経済状況における多くの企業にとって、1979年以降は環境的に根本的な変化を促進された時代であった。例えば、鉄鋼、石炭、造船といった成熟した大規模産業セクターは衰退し、もはや西側経済の成長は見込めなくなった。事業に対する競争圧力は以前よりも強力になり、新規投資も困難となった。エネルギーや原材料の供給問題も周期的に発生し、事業への投入コストも予測できないままで上昇した。大企業は、規制や規制緩和による国内外の政治問題による圧力だけでなく、環境保護グループや消費者保護グループによる圧力が高まった。こうした過去数年間は、新興工業国やグローバル市場の出現に比べてみると、先進工業国の競争力は明らかに低下したのである。

では、こうした環境圧力に対して企業はどのように対応したのか。ある企業は収益が見込めない生産ラインを停め、より収益が見込むことができそうな市場へ資本を移動させた。また、ある企業は、合併、ジョイント・ベンチャー、従業員数削減や固定費削減のための構造的変化を実施した。こうした事情のすべてが、事業戦略、構造、文化、従業員らに対して変化をもとめた。その変化に対する管理者の能力こそが、事業生き残りの本質的な必要条件となったのである。

では、われわれはなぜ本章において戦略変化を研究テーマに据えるのか。すでに1章で示したけれども、その理由を確認しておこう。第1の理由は、戦略変化論が戦略内容−プロセス論を統合する可能性をもつためである。従来の戦略論は戦略内容および戦略プロセスを合理的な説明をもとに提示しようと試みてきた。が、この伝統的かつ支配的な戦略内容−プロセス論の枠組み自体が疑問視されている（Pettigrew, 1985, 1992；Rouleau & Seguin, 1995；Rajagopalan & Spreitzer, 1997 etc.）。戦略変化論はこの枠組みを統合する可能性をもつのである。

第2の理由は、変化のプロセスの追究である。従来の戦略論は静態的な分析を中心として、良い戦略とは何か、どのように戦略は策定−実施されるのかを示そうと試みてきた。対照的に、戦略変化論は、研究対象の動態的な分析を主眼に置く。すなわち、△t1→△t2→△t3……という動態的な変化のプロセスを、なぜ・誰が・いつ・どこで戦略を策定−実施するのかを中心に示すものである。

第Ⅲ部　経営者

　第3の理由は，特定の戦略主体の顕在化である。従来の戦略論は環境 - 組織間の分析を中心としていた。対照的に，戦略変化論は組織における特定の戦略主体をその戦略策定 - 実施において明確に示し，現象の現実的な説明を提供する一定程度の可能性をもつ。後述するように，われわれはこれを「特定個人」と呼ぶ。たしかに，経営者やCEOといったAnsoff (1965, 1978) の合理的かつ抽象的な説明を用いれば特定の戦略主体を顕在化させる必要はない。が，先のアサヒビールの事例において示したように，村井勉社長，樋口廣太郎社長，瀬戸雄三社長という実名のもとに説明することによってその内部環境を含めて現実的に現象を説明可能となる。換言すれば，これは企業家史的研究もしくは経営史的研究により近接する研究方法である。

　第4の理由は，戦略論への積極的な組織論の応用である。従来の戦略論は環境分析もしくは環境適応を主に研究するために組織自体もしくは組織形態が主体であった。対照的に，戦略変化論は組織内部の特定個人（例えばCEO，経営者，管理者）を主体とする。すなわち，具体的な主体の実名，役職，経歴，実績などを歴史記述的に検討して，主体の権限・パワー・ポリティカルな手腕，主体をとりまく支配的連合体（派閥等），主体をとりまく組織風土・文化・コンテクストなどを歴史記述的に描写するのである。

　以上の4点が戦略変化を研究テーマに据える明確な理由である。近年，多くの論者が戦略変化を多様に論じている（Starbuck, 1985 ; Boeker, 1989 ; Goodstein & Boeker, 1991 ; Kelly & Amburgey, 1991 ; Fombrun, 1993 ; Greenwood & Hinings, 1993 ; Pettigrew & Whipp, 1993 ; Gersick, 1994 ; Zan & Zambon, 1993 ; Barker & Duhaime, 1997）。が，これらの議論は，戦略変化の定義を明示することはなく，また体系的な理論構築を示しているわけではない。それぞれが思い思いの方向を向いているため，その理論展開にまとまりがない。体系的でもなければ理論的でもない。

　このため，本章ではこれらの文献の詳細な検討よりはむしろ，以下のRajagopalan & Spreitzer, Hardy, Pettigrewの3モデルを吟味しよう。これらは戦略変化を体系的かつ理論的に捉えようとする試みである。

1.1　Rajagopalan & Spreitzer モデル

　Rajagopalan & Spreitzer (1997) は，従来の戦略論において展開されてきた戦略内容論と戦略プロセス論との間に理論的なシナジーが欠如していたことに疑義をはさむ。例えば，彼女らは次の矛盾点を指摘する。すなわち，①組織規模が戦略変化の起こる確率に対して正の効果を与える場合もあれば負の効果を与える場合もある。②好況などのような好条件という環境変化に対しても戦略を変化させる企業もあれば変化させない企業も存在する。さらに，③一定のコンテクストに対しての戦

第7章 戦略変化論

略変化が好業績につながる場合もあれば失敗につながる場合もある。このような正反対の研究結果の存在に対して彼女らは疑問視したのである。

これらの問題点を解決するために，彼女らは従来の研究結果を次の3つの理論的レンズ・パースペクティヴに分類する。合理的レンズ・パースペクティヴ，学習レンズ・パースペクティヴ，認知レンズ・パースペクティヴである。これらの3つの理論的レンズ・パースペクティヴを包括的に検討し，それぞれのもつ方法論的・理論的な限界を明らかにしたうえで，彼女ら独自の戦略変化の統合的な理論的枠組みを提示するのである。

では，3つをそれぞれ仔細に吟味しよう。第1に，合理的レンズ・パースペクティヴ（A Rational Lens Perspective）である。これは，企業の事業戦略，企業戦略，グループ戦略における不連続な変化を通じて測定される一元的な概念として戦略変化を定義する。

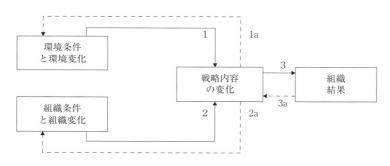

戦略変化の合理的レンズ・パースペクティヴ（直接リンク→ マルチタイムの研究上のフィードバック---→）

図7-1：戦略変化の合理的レンズ・パースペクティヴ
（Rajagopalan & Spreitzer, 1997, p.51）

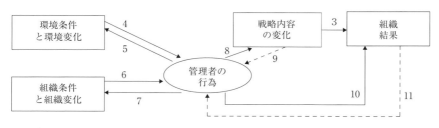

戦略変化の学習的レンズ・パースペクティヴ（直接リンク→ 学習リンク ---→）

図7-2：戦略変化の学習レンズ・パースペクティヴ
（Rajagopalan & Spreitzer, 1997, p.57）

173

第Ⅲ部　経　営　者

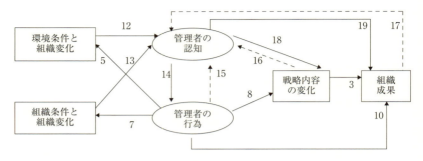

戦略変化の認知レンズ・パースペクティヴ（直接リンク━━▶　学習リンク ---▶）
図7-3：戦略変化の認知レンズ・パースペクティヴ
(Rajagopalan & Spreitzer, 1997, p.63)

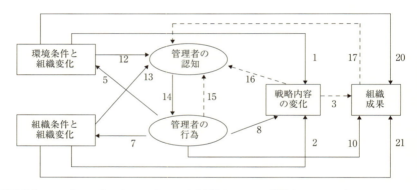

戦略変化のマルチレンズ・パースペクティヴ（直接リンク━━▶　学習リンク---▶）
図7-4：戦略変化のマルチレンズ・パースペクティヴ
(Rajagopalan & Spreitzer, 1997, p.70)

　しかし，管理者の行為およびその認知を無視し，戦略変化を戦略内容上の一元的概念としてのみ捉えており，組織および環境上の変化を無視し，さらにはコンテクストを決定論的で変わらないものとみなすために，実務に携わる管理者にとって実践的ではないという理論的矛盾が見られる。方法論的には，組織および環境という要因の操作可能性についての含意がなく，企業グループ間（組織間）の問題が取り上げられていないという課題も抱える。
　第2に，学習レンズ・パースペクティヴ（A Learning Lens Perspective）である。これは，反復的なプロセスとして戦略変化を捉え，管理者の行動プロセスに注目することによって戦略変化についての理論的研究を豊かにするものである。これ

174

は，戦略変化のプロセスにおける環境・組織・戦略要因間の相互依存性を見分け，どのように継続中の戦略変化において管理者が学習するのかを理論的に検討するものである。

しかし，戦略内容上の変化と管理者の行為との間の概念的区別が欠如している。方法論的問題として，管理者の行為が不明瞭ゆえに一般化が理論的に困難である点，大半の研究が記述的なケース・スタディであるゆえに諸研究間の知識蓄積を妨げる点がある。

第3に，認知レンズ・パースペクティヴ（A Cognitive Lens Perspective）である。これは，上記の学習レンズ・パースペクティヴと同様に戦略変化を反復的なプロセスと捉え，大半の研究において管理者の行為と認知（リンク14）が結びつくゆえに，戦略変化は管理者の行為から推測される。

ただし，理論的・方法論的限界がある。例えば，管理者の行為や認知と戦略内容の変化が区別されていない。さらに，組織内の単一の情報伝達者（Single Informants）によってなされた複雑な過去のプロセスの回顧的な意味付けにおけるバイアスに対して管理者の認知が大きく依存してしまう。また，認知研究は経済的成果を考慮しない点も限界として挙げられる。

以上が，彼女らが示した戦略変化の3つの理論的レンズ・パースペクティヴである。彼女らはこれらを統合的に把握するためには次の方法論的な問題点を抱えると指摘する。第1に，分析レベルの問題である。合理的レンズ・パースペクティヴは企業レベルの戦略変化をその対象としているが，学習レンズ・パースペクティヴおよび認知レンズ・パースペクティヴは企業内の個々の管理者のレベルを対象にしている。異なるパースペクティヴ間の橋渡しを行うためには，同じレベルにおいて原因変数と変化変数を測定しなければならない。戦略変化の理論では企業レベルが共通基盤になる必要がある。

第2に，構成概念の定義の問題である。どのレベルにおいても共通して受け入れられる尺度が必要となる。第3に，管理者の行為や認知のもつ操作的尺度が従来の研究成果を展望しても未だ上手く理解されていないことである。こうした方法論的問題点を認識したうえで，異なる理論的仮定とそれぞれのパースペクティヴの基礎に通底する視点を理解するためには上記の3つの理論的レンズ・パースペクティヴを統一的に把握することが要請されることが分かる。

したがって，彼女らはより包括的に戦略変化を理解するために独自の統合的な理論的枠組みを提示する。マルチレンズ・パースペクティヴ（A Multi-Lens Perspective）である。これは，上記の3つの理論的レンズ・パースペクティヴが触れなかった学習リンク（Learning Link）を重視している。この学習リンクは，戦略と組織業績が継続的に移り変わる変化のプロセスにおいて，管理者がその知識体系を再形成していく流れのことである。合理的な戦略形成と管理者の学習プロセスお

よびその認知プロセスを重ね合わせて統合的に把握するモデルと言える。

以上のように，Rajagopalan & Spreitzer は，戦略変化を異なる3つのパースペクティヴによって体系的に把握することを提示し，独自のマルチ・レンズ・パースペクティヴを提示した。

われわれは，彼女らの研究成果としてのマルチ・レンズ・パースペクティヴは①多元的研究の導入であり，②認知を応用可能であり，③戦略変化文献の体系的な文献整理ができるといった点できわめて高く評価する。

しかしながら，次の問題点は依然として残されている。第1に，分析レベルの重複である。分析レベルの異なる3つの理論的レンズ・パースペクティヴを単純に重ね合わせたにすぎないという点である。現象を統一的に把握するためには，一段高いレベルもしくは一階層上のレベルからの説明が必要である。

では，どのように組織を統一的に捉えることができるのか。岸田（1994b）は，組織現象を統一的に捉えることの重要性を次のように説く。すなわち，「茶筒は正面図および立体面は長方形であるが，平面図は円である。この3つの像が，それぞれのパラダイムによって抽象される姿であるのなら，この3つの像を適切に合成しなければ，茶筒の全体像は見えてこない」(13頁)，と。

第2に，現実的な組織行動の欠如である。組織行動もしくは組織の意思決定は決して合理的でリニアーなものではない。組織の将来的な適応可能性に影響を与えるという学習リンクが重視されているものの，実際に見られる組織行動（例えば，バーゲニング，交渉，連合形成など）が軽視されている。要するに，組織内のポリティカルなプロセスが捨象されているのである。

したがって，われわれは，彼女らによる戦略内容論と戦略プロセス論を豊かに結合しようという試みである戦略変化の統合的理論パースペクティヴは複雑かつ多様な組織現象をとらえた包括的な理論とは言い難い，と考える。現実の組織におけるさまざまな利害関係者および利害関係グループの存在が彼女らのパースペクティヴにおいて明確に示されていないのである。利害関係者は，組織全体が危機的状況に陥らない程度においてそれぞれの利害を満たそうと行動する。組織外の環境変化および組織内のポリティカルなプロセスを追究しないままでは現実の組織を把握することは決してできない。現実の組織を把握することを前提にしなければ，その戦略を把握し理解することはできないのである。

たしかに，戦略論においては，組織が従属変数すなわち所与であるゆえに，従来においては組織自体に立ち入るようなことは行われてこなかった。戦略論においては，合理的な，別言すれば公明正大な部分のみを扱ってきたために組織内部の現実に立ち入ることはできなかった。すなわち，組織の陰の側面が置き去りにされているのである。これが戦略論の限界であったとも言える。

しかしながら，それゆえにこそ，われわれは，組織論へいったん立ち戻って組織

内部の特にポリティカルなプロセスを丹念に追究しなければならないと考える。とするならば、ポリティカルなプロセスをどのように把握するのか、どのような分析方法をもって説明するのか。このような諸点の追究はここではいったん止めておいて、まずはポリティカルなプロセスの中心に位置するパワー概念をもつ戦略変化モデルを次に吟味しよう。

1.2　Hardy モデル

　Hardy（1995）は、従来の戦略論への批判から戦略研究の必要性を説く。彼女の問題意識は、戦略論が膨大な研究文献を生み出してきたにもかかわらず、戦略論の中心は戦略的意図の形成であり、実施の側面にまで立ち入ってこなかったために実際の企業はその扱いに苦慮しているということである。したがって、戦略は、戦略的意図から戦略の実現過程までを網羅しなければならない。その1つの解答として、彼女は戦略変化論を提唱するのである。

　彼女によれば、戦略変化プロセスは戦略的な諸意図を実現するために行使されるという、諸行為および諸意思決定である（Hardy, 1995, p.5）。

　しかしながら、従来の戦略変化論はマヒ状態に陥っていると彼女は指摘する。では、そのマヒ状態とはなにか。次の3点に要約される。第1に、戦略変化を促進するための実践的な提言を生み出す能力の欠如である。戦略変化は、戦略に関する思考だけでなく行為をも含めなければならない。また、規範的ではなく実践的な提言を示さなければならないのである。

　第2に、戦略変化への抵抗（Resistance to Strategic Change）という点である。支配的な経営者主義パースペクティヴが、上級管理者を特権的なものとみなし、そのうえで彼らへの抵抗（反対勢力）は無視されているのである。彼女はこう指摘する。すなわち、

> 「戦略的な課題を単独で決定する者（arbiters）として上級管理者に焦点を当てることは問題含みである。というのも、それは戦略変化への抵抗という問題点を直視しないからである。上級管理者のもつ諸利害は軽く見られるのである。そして、対立するものはしばしば同時に無視される。あるいは戦略変化からうまれた不適切なコミュニケーションということで見捨てられてしまうのである。したがって、1つのエリート・プロセスとしての戦略概念は強化されるが、そこではそれ以外の考え方が、上級管理者の要求や目的を反映する場合を除いて、無視されてしまうのである。」（Hardy, 1995, p.10）

　第3に、パワーの限定的導入である。すなわち、表面的なポリティクスにのみ焦点を当てるという、経営者主義的パースペクティヴに依拠している従来の議論その

ものに問題があるのである。

　以上より，Hardyはパワー概念を戦略変化の議論に対して精確に導入することによってマヒ状態から脱却しようと主張するのである。

　しかし，従来の経営学においてパワー概念もしくはパワー論について必ずしも十分な分析が加えられてきたわけではない。同時に，パワー概念自体には独特な偏見がつきまとう。例えば，組織的な利害のみを考慮して，組織内の個々人の利害を排除するようなイメージをパワー概念がもつ。パワーやポリティクスを組織にとって否定的なものとしか把握しない風潮もある。また，パワーを支配の道具としてのみ捉える批判経営学的な見解もある。ただし，このような見解が想起されるからといって，ただちにパワー概念に関する知的蓄積を無視するという理由にはならない。

　では，パワーとはいったい何か。彼女はその前著（Hardy, 1994）において詳細なパワー概念の吟味を行っている。ここではHardy（1994）の表を参照しながら，パワー概念を検討しよう。

　パワーは多次元的概念性をもつ。そのうえで，戦略変化のプロセスにおいてパワーは何を構成するのか。第1に，資源である。従来の戦略的コンティンジェンシー理論や資源依存観が示したように，パワーは客観的で構造的な資源であるとみなす。

　第2に，プロセスである。パワーの利用は，非意思決定の場合においてはなかなか目に見えないものである。よって，パワーは組織プロセスにおいて従属するものであるとみなす。

　第3に，意味付けである。パワーはある種の意味付けを用いて，組織内の対立やコンフリクトに対処する。例えば，閉鎖予定の工場従業員に対して経営上の信頼性を強調して説得を繰り返す場合に，潜在的なパワーの意味付けがあるといえる。ゆえに，戦略変化への挑戦的課題は，十分なパワーを伴って，変化を正当化しないままでも潜在的に反対者の自覚を高め，象徴的コミュニケーションをもって管理できる点がある。

　第4に，システムである。システムとは，戦略的な行為が起きるような組織上の背景を指す。すなわち，パワーは構造・文化・価値観・技術といったシステムにすでに埋め込まれているのである。

　以上のように4つのパワーの構成を見たうえで，戦略変化はパワーを体現する1つのポリティカルなプロセスであるということを彼女は強調するのである。

　では次に，なぜパワーが戦略変化に必要であるのか，その理由を明確にしなければならない。Hardyは，パワーのもつ共通利害もしくは利己心を内包する，また，集合的な既得権益を内包するという背景を次のように示す。すなわち，

「パワーは，共通利害ならびに利己心に対して使われうる。諸行為者が組織目標にコミットするときでさえも，意見の相違がうまれる。それはコンフリクトを解

第 7 章　戦略変化論

決するにしても回避するにしても，どちらの場合もパワー使用につながるためである。さらには，その人達が信ずるように，共通の善のためであるような，1つの解決にもパワーにつながる。したがって，パワーは既得権益を活用するためにも，集合的な行為を引き越すためにも使われるのである。戦略変化はこうしたカテゴリーに分類される。戦略変化は，あるグループに対する重要な優位性および他のグループに対する非優位性をもって，ゼロサムゲームを示す場合がある。等しく同じように，戦略変化の課題をとりまく集合的な行為が組織業績を通じて幅広い組織諸メンバーに恩恵を与えることも多くある。この点で，戦略変化はパワー使用を明らかに包含するものである。当該組織がコンフリクトを起こしている諸利害および意図的な抵抗というポリティカルな騒然たる状態であるかどうかにかかわらず，もしくは当該組織が共通目的によって結合されているかどうかにかかわらず，そうなのである。」(Hardy, 1995, p.17)

そのうえで，Hardy は，戦略変化へパワーを動員するという主張を次の 2 点として結論付ける。

まず，戦略的意図を実現すべきなら，管理者はパワーを理解する必要がある。

例えば，どのようにパワーが既存の組織システムにおいて埋め込まれているか。どのように諸資源・諸プロセス・諸意味付けがこのシステムの諸部分を解体し変化のためのエネルギーを放出するために管理されうるのかである。管理者はこうした事情を認識することによってより的確に戦略を策定し実施することができるのである。

次に，パワーの理解のために，戦略を重要視することである。例えば，パワーは，管理者上の支配的グループに奉仕する状況下でも，また他の組織メンバーを征服する状況下でも使用される。すなわち，パワーについての幅広い概念化を採用することは，管理者の諸利害も他の組織メンバーの諸利害も認識するという，1つの批判的見解につながる。このように，パワーの多面的な理解は，戦略の理解にとって絶対必要なのである[2]。

以上が，Hardy の提示する戦略変化モデルの概要である。Hardy は戦略変化にパワー概念を用いて説明することを強調する。しかし，彼女の枠組みを用いてケース分析がなされているわけではない。パワー概念自体がきわめて多義的であり包括的であるゆえに，その使い方には注意が必要とされる。同時に，明確なモデル図が示されているわけではない。パワー概念自体がもつ戦略論上の理論的妥当性が鮮明にされていないのである。したがって，われわれは実際にパワー概念を用いて戦略現象をより的確に説明するためにはこうした諸々の課題を克服しなければならないと考える。

パワー概念は，概して，政治の中核概念である。Hardy は組織の政治的側面を

表7-2：パワー概念の展開

	1次元的権力観	2次元的権力観	3次元的権力観	4次元的権力観
主な論者	Dahl (1957)	Bachrach & Baratz (1962)	Lukes (1974)	Foucault (1977 etc.)
挑戦する研究対象	エリート主義への挑戦：少数者の手中に集中したものとしてのパワー観	多元主義への挑戦：意思決定領域および案件に等しく接触するという仮説	行動主義への挑戦：パワーがコンフリクトに反応する場合にのみ用いられるという仮説	主権（sovereign power）への挑戦：パワーが諸行為者の統制下にあるという見解
焦点	鍵となる重要な意思決定	非意思決定	ヘゲモニー	規律権力
パワー概念	故意（intended）意図的（deliberate）因果的（causal）可視的	故意 意図的 因果的 あまり可視的でない	故意 意図的 因果的 多くの場合非可視的	故意ではない 非意図的 専制的 非可視的で浸透的
貢献	意思決定における多元的諸グループ	対立者を抑圧するための非意思決定の利用	対立者を予防するための第3次元の利用	パワーを統制する無力。システムに埋め込まれたパワー。反抗の問題。
次元と特徴	第1次元 意思決定	第2次元 非意思決定	第3次元 控えめ（unobtrusive）	第4次元 システム・パワー
A-B間の相互作用	公然のコンフリクト	公然的パワーのもしくは隠蔽的パワー	明示的な協働	Bの服従（submission）
Bに対するAのパワー	資源相互依存性	諸プロセスの統制	正当性の統制	無意識的な受益者
Aの行為	依存性の管理	プロセスの管理	意味付けのマネジメント	無し
ポリティカルなダイナミクス	Bは課題に気付きそれを意思決定に取り入れる	Bは課題に気付くがそれを意思決定に取り込むことができない	Bは課題に気付かないし抵抗もしない	Bは気付くまた気付かない，しかし抵抗はできない
Bが失敗する場合の理由	不適切なパワー，それを動員する能力の無さ	諸課題を慰しに取り入れる能力の無さ	抵抗する意志はない	抵抗の試みもしくは抵抗は現状を容認しない
Bのエンパワメントによる要請	獲得，意思決定におけるパワーの使用	意思決定プロセスへのアクセスする能力	意識性反乱（consciousness raising）と非正当化戦略	パワーの獲得（しかし限定的な見込み）

（Hardy, 1994, pp.233-234より）

第7章 戦略変化論

積極的に論じているわけではない。では次に，組織の政治的側面を強調する戦略変化モデルを吟味しよう。

1.3 Pettigrewモデル

Pettigrew（1985）の問題意識は，従来の組織変化論への懐疑にある。すなわち，彼は従来の組織変化論が変化以前の前提となる過去の組織経験を無視すると批判する。さらに，一時的で具体的なエピソードのみの収集に終始し，組織環境および組織内の環境を考慮に入れたうえでの研究が欠如しているとも批判をくわえるのである。

概して，組織変化論の大勢は，組織の歴史，組織過程，組織環境を考察するものではない。彼は，従来の組織変化論が，「非歴史的，非プロセス的，非コンテクスト的であった」（1985, p.23）と表現する。さらに，彼はこう指摘する。

「変化の方法・理由，すなわち変化についてプロセスを動態的に説明するような研究がみられない。要するに，変化（*change*）の分析を超えるような研究，変化し続けること（*changing*）を理論化するような研究がみあたらないのである。」（Pettigrew, 1985, p.15）

要するに，以上から分かるように，組織変化論はchangingという全体論的・動態的な分析を軽視し，changesという幅の狭い分析に固執していたのである。実際に，変化のプロセスを経時的に捉えたり，あるいは組織環境を考慮に入れて分析した研究はほとんどみられないとわれわれも考える。

Pettigrew（1987a, b, c）は上記の解決策として「コンテクスト主義（Contextualism）」を提唱している。この特徴は次の通りである。第1に，コンテクスト主義は垂直・水平レベルで組織現象を捉えることである。第2に，コンテクスト主義は「時間（Time）」を通して垂直・水平レベルの間のつながりを捉えることである。

さらに，彼は，コンテクスト主義はコンテント，プロセス，コンテクストという3つの要素によって成立すると説く。まず，コンテント（Content）は，どのような変化が起こるのかという変化の内容の記述である（すなわち，本書の第3章において吟味した戦略内容論に通底するものである）。

次に，プロセス（Process）は，どのように変化が起こるのかについての記述である（すなわち本書の第4章において吟味した戦略プロセス論に通底するものである）。

さいごに，コンテクスト（Context）とは，なぜこのような変化が起こるかを説明する。コンテクストは，組織内コンテクストと組織外コンテクストの2つに分けられる。組織内コンテクスト（Inner Context）は，変化に対するアイデアが進展

するような，組織構造，企業文化，そして国家の政治的なコンテクストである。組織外コンテクスト（Outer Context）は，その組織が操業する社会的，経済的，政治的競争環境である。

したがって，Pettigrew がこのモデルで企図しているのは，従来の戦略内容論と戦略プロセス論に企業内外のコンテクストをくわえて，それらの関係から企業の大きな変化を概念化することである。

たしかに彼が指摘する組織外コンテクストとは戦略論において「環境（Environment）」と呼ばれるものと同義である。しかし，ここで注意すべきは，彼が指摘している組織内コンテクストへの追究である。組織内コンテクストとは，戦略論が多くの場合抽象的な議論のままあまり追究することのなかったところである。それを捨象してきたといっても過言ではない。この組織内コンテクストと組織外コンテクストの両方に注目するという点が，きわめて重要な指摘なのである。よって，彼はこう強調するのである。すなわち，

「戦略変化のプロセスはコンテクストにおいて最善に理解される。」（Pettigrew, 1985, p.439）

たしかに，このような組織内への注視は，組織－環境間を合理的に説明することを主題とする戦略論の基本的な研究姿勢をある意味で阻害することである。組織内への注視は，戦略論が戦略論たる存在理由をその根底から覆すような危険性を孕んでいるともいえる。しかしながら，変化のプロセスの把握を試みようとする場合に，組織内への注視は回避できない。われわれは，あえてその研究上の障害への理論的な挑戦を Pettigrew が試みている点を高く評価するのである。

Pettigrew（1985，1987c）は，コンテクスト主義を用いてイギリスを代表する巨大企業，インペリアル・ケミカル・インダストリーズ社（Imperial Chemical Industries：以下，ICI と記す）の1960年以降の変遷を調査した。この長期的ケース・スタディ（Longitudinal Case Study）は，175回にもわたる面接調査を組織のあらゆるレベルにわたって実施・記録したものであり，その中で数々の戦略変化が行われたことを指摘している。

Pettigrew によれば，戦略変化の理論は，企業の文化，組織構造，製品市場および地理的立場の重大な変更に関するものである。いかなる変化にも存在する2次的効果あるいは多様な結果，さらには企業，その事業部門，経済状況の間の明確な関係性が認識されるとしている。以下では，ICI における1970年代後半からの戦略変化を1つのケースとして捉えよう。

第 7 章　戦略変化論

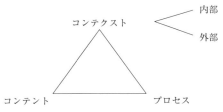

図7-5：Pettigrew の戦略変化モデル
(Pettigrew, 1987a)

1.4　事例研究：ICI[3]

　1970年代後半，イギリスはインフレーションと経済の低迷に喘いでいた。いわゆる英国病である。この経済状況を背景に1979年，サッチャー政権が誕生した。彼女は規制緩和すなわちそれまで以上に市場原理を導入することによってイギリス経済の立て直しを図ろうとした。しかし不幸にも ICI にとってはこれは業績低迷につながった。北米や欧州から安価な化学製品がイギリス国内に輸入されるようになり，それとともに失業率が上昇していったのである。ついには1981年に2大赤字事業部（石油化学，プラスチック）を閉鎖し合併せざるをえない状況へと追いこまれた。
　この頃，ICI では新会長選出についてもめていた。その候補者の一人が John Harvey-Jones であった。彼は強硬派の考えをもつ男であり，それまでの ICI の伝統的であった保守的な企業経営とは反していたのである。しかし，選挙の蓋を開けてみると，大方の予想に反して彼が選出されたのである。他の役員達が ICI の危機的状況を悟ったうえで彼を選出するように動いたのである。

　Harvey-Jones は後に，こう述べている。

「私の選出の見込みは賛成一対反対八ほどの不利な状況だったと言える。あまりにも差が大きいので，だれも実際に何票入ったかを私に話してくれようともしない。自分ですら選出されることに本気で賭けることを考えな勝った…同僚たちはわたしが少数からなる役員会こそ大切だと信をおいていること，代理などは信じないことを知っていたし，それが私の選出に役員会があえて踏み切った理由の一つにもなっている。彼らがたとえ私に投票してくれるとしても，その半数はどっちつかずということも知っていた。事業のありかたについて私が非常に強硬な意見を持っていることも知っていた…彼らが何も知らずに安請けあいで私を選出したとは思わない。私を選ばないようにと，随分と苦労はしたのだが。その地位を

第Ⅲ部　経営者

表7-3：ICI の歴史

年	出来事
1925	ドイツの4大化学メーカーが合同してIGファルベン・インダストリー（I.G.Farben）が設立。
1926	ICI（Imperial Chemical Industries）設立。IG Farben に対抗するために，英首相が率先して，4社（ノーベル・インダストリーズ・リミテッド，ブルナー・モンド・アンド・カンパニー，ユナイテッド・アルカリ・カンパニー，ブリティッシュ・ダイスタッフ・カンパニー）を合併させた。
1929	大恐慌により肥料事業は打撃。
1935	IG Farben と生産割当てで合意。ICI は英国で主要軍需企業になる。
第2次大戦中	アメリカマンハッタン計画を拒否。
1952	イングランドのウィルトンにある巨大な化学複合工場を指導。が，生産能力は低迷。
1960	Paul Chambers 取締役会長に就任。ICI の技術優先の墨守状態を打破に没頭。商業志向へ経営文化の革新に寄与。アメリカのコンサルタント会社マッケンジーが，社内改革のアドバイスを依頼。社内の社会文化の抵抗のため十分な改革すまず。
1965	イギリスでのエチレンクラッカー，ドイツでの繊維紡績の操業，ニュージャージーの Bayonne の PVC 工場等の大掛かりな工場建設に着手。
1966	1960年代までにヨーロッパでの売上が年平均33%に上昇。1960年代後半，労使関係に変化。工場労働者の週給を開始。
1971	アトラス・ケミカル・インダストリーズを買収。貿易への批判の抑制が問題視される。
1972	イギリスがヨーロッパ共同体市場に参加。(1970-1972年，収益は13%に低下，他方最大の米化学製品製造業者らは18-26%に上昇)
1973	John Harvey-Jones が組織とサービス担当の経営幹部に就任。後，ICI の組織効率は相当改善される。
1974	568,600万£に増収。しかし，翌年33%に下落。
1975-76	北海からの安価な天然ガスはあったが，プラスチックと繊維で収益低下。
1977	ICI のアメリカへの投資（テキサスの Bayport のパラコート工場や ICI スチュアート製薬事業部のための新研究所へ。)
1982	Sir John Harvey-Jones が ICI 会長就任。（事業低迷から5万人の人員削減，役員数半減。）
1983	収益は前年の2倍に増加。その理由は，化学製品への強い依存体制を停止，高マージンの衛生薬品・専門化学製品への集中（1983年までに前年比収益2倍以上へ）。
1984	買収運動へ。Beatrice 社の化学製品事業部を買収。
1985	ポンド下落のため収益12%低下。
1986	Ghden Paint 社を買収。82-87年に買収した企業数は100。この頃，最大の収益部門は医薬品。
1987	Harvey-Jones が辞職。Denys Henderson が就任。
1990	組織抜本見直しに着手。

1991		ICI 株価の低迷を突き,著名な乗っ取り集団が ICI 株買い増し。社内に危機感走る。主事銀行から36歳の専門家招聘,将来の戦略を練らせる。医薬品部門切り離しを結論付ける。
1992		医薬分離計画,「夜明けのプロジェクト」の別名で進行,150カ国400の事業体を分割する準備進む。7月,役員会で正式決定。米デュポンと事業スワップ。ICI が手放したのはナイロン部門。
1993		分離された医薬品部門,ゼネカの社名で独立。本社部門人員数,これに伴いわずか150人に。
1994		欧州ポリプロピレン事業を独 BASF に売却。
1995		Charles Miller Smith 社長就任。前後して,株主利益重視運動はじまる。
1996		ポリエステル価格低下で減益。市況産業からの脱皮の必要性確信。
1997		ユニリーバの特殊化学部門を約80億米ドルで買収。本社屋売却,リースバック。ポリエステル・ポリマー事業などデュポンに売却決まる。
1998		ビールのギネス社長,COO として参加。事業の組み替え依然進行中。

注)本付表は,紙幅の都合により本文中に掲載できない箇所を要約して掲載する。作成にあたっては,Pettigrew (1985),Wilson (1995),『日経ビジネス』(1998年10月26日号)を主に参考にした。

手に入れるための運動などしなかった。事実,運動しなかっただけでなく,この段階で会社を辞める計画だったのだ。」(Tichy & Devanna, 1986, 邦訳20-21頁)

　John Harvey-Jones は,社内の同僚たちから選出されたただ一人の大会社の経営者となったのである。のち,彼は正式に会長に就任し,次々に新しいイデオロギーを ICI 社内へと吹き込んだ。
　例えば,彼は,従来の官僚的な中央統制をやめて分権化を図った。企業内の文化的側面の変革を試みたのである。当時の ICI の雰囲気は,社員の誰もが意思決定を経営上層部に任せきりで,その結果責任を容赦なく咎めるような雰囲気であった。
　1つの挿話がある。John Harvey-Jones 会長就任後のはじめてのミーティングでのことである。ある役員がこう述べた。「会長,あなたの着任を神に感謝しますよ。あなたこそまさにわれわれが求めていた人なのです。私たちは今まで強い指導者を上にいただいたことがなかった。どうこうせいと御命令ください。そのとおりにしますから。」この役員に対し,John Harvey-Jones はこう切り返した。「今までわたしの前任者をとりこにしたようには,わたしはつかまらないよ」(Tichy & Devanna, 1986, 邦訳98-99頁),と。このことばは ICI 社内に服従と責任回避という悪しき伝統があったことを雄弁に物語っている。
　彼は,このような企業文化を変革しようと努めたのである。1983年に,彼は31%の従業員の削減を強力に推し進め,さらにサービス部門を徹底して合理化させた。こういった変化にともなって,高付加価値商品を拡大し,ICI は欧州全土からさらにアメリカ,太平洋地域へとその経営を拡大していった。結果として1986年には,

ICIは過去の繁栄を取り戻したのである。

　John Harvey-Jonesが行った同社の変革は，西ヨーロッパ唯一の改造劇と評される。

　以上が，ICIのケースである。このICIの戦略変化のケースはわれわれに有益かつ重要な示唆を与えてくれる。

　なぜ，どのように一人の男が選出され，戦略を変化させていったのか。こういった組織内で行われる水面下のプロセス（すなわち組織内コンテクスト）は従来の戦略論において触れられることはなかったのである。いや，むしろ，こういった水面下のプロセスを敢えて捨象したうえで戦略論は進展してきたといってもいい過ぎではないのである。

　PettigrewがICI研究を通して重視しているものは，上述の通り組織のポリティカルな側面と文化的な側面である。

　たしかに，組織の文化的な側面に目を向けた研究は本書の戦略論学説史（第2章）において示したようにこれまである程度は試みられてきた。他方，経営学文献においてパワーに関する研究も大いになされてきた。しかし，変化のプロセスの背後を検討するには，既存研究で軽視されてきたポリティクスの側面に着目することが必要である，とわれわれは考える。いかなる組織においても，組織内外の利害関係者および利害者グループが関わる。いかなる時点でも，パワー構造内の変化を促進する要因によって，変化の可能性や制約の幅が左右される。

　上記のICIのケース・スタディにおいて重要なのはこの部分である。このポリティカル・プロセスの解明が戦略変化をもっとも適切に把握する部分なのである。

　Pettigrewのいう内部コンテクストは，決してリニアーで合理的なものではない。組織メンバーの複雑な絡み合い，思惑，対立などがそこには厳然と存在しているのである（Pettigrew, 1985, p.458）。彼は，このような組織メンバーの諸行為を精確に追究するために次の課題を挙げる。

　まず，変化に関する多様な要素を識別しなければならない。次に時系列となったプロセスデータを用いて従来の合理的な理論とポリティクスに関する理論とを並列させて記述しなければならないのである。

　したがって，われわれは，計画性が優先される合理的かつ単調な従来の戦略論を補完するような包括的な理論モデルが必要であると考える。

　Pettigrewは，以上のようなコンテクスト主義を自ら所属するCCSC（企業戦略・変化研究センター）においても徹底して堅持しその精緻化を試みている。すなわち，

　「CCSC研究の分析的基礎は，変化に関する理論的に健全で実践的に有益な研究が，変化のコンテクスト，コンテント，プロセスを時間を通してそれらの相互作

用とともに探究すべきであるということである。その研究の焦点は，changing，すなわち現実を重要なものとして真っ先に捉えることにある。さらにはそれらのコンテクストにおける長期的なプロセス，すなわち方法の原則として埋め込まれたもの（embeddedness）へ回帰することに在るのである。（中略）われわれが挑戦する研究課題は，変化する対象の多様な到達点を説明するために，経時的に変化のコンテント，コンテクスト，プロセスを関連付けることである。理論的にいえば，CCSC の研究アプローチはプランニングや変化についての合理的でリニアーな諸理論に挑戦するものである。そのような理論においては，諸行為が合理的な目的達成のための秩序だって連続的なものとして理解されるのであり，さらには諸行為者が組織目標の追究において機械的で利他的に行動するとみる。むしろわれわれの課題は，変化が生み出すような，複雑で計画性の無いという，しばしば矛盾した諸点を探究することであり，さらにはコンフリクトを起こしている合理性，目的，行動を好意的にみることのできるモデル構築を行うことである。変化は，合理的でありながら，政治的，文化的，漸進的，環境的，構造的な諸次元を内包するような，多面的なものである，という明確な認識がある。パワー，チャンス，機会主義，アクシデントは，結果を形作る上で影響を及ぼすものであり，デザイン，交渉された合意形成，マスタープランもそうなのである。」(Pettigrew, 1995, pp.92-93)

以上が，Pettigrew 研究の体系である。では，Pettigrew 研究は経営学においてどのように評価されているのか。

Bowman (1985) は，Pettigrew に好評価を下す。すなわち，Pettigrew の研究アプローチは諸変化もしくは諸意思決定およびそれらの相互作用についてのコンテクスト，プロセス，コンテントをバランスよく吟味するものである。さらに，彼がそのアプローチにラベル付けしたように，垂直的と水平的の両方でそのプロセスを扱うという，コンテクスト主義を提示する。さらに，Pettigrew の研究は，(1)経営者の意思決定と変化についての文献への一コメント，(2)一方法としてのコンテクスト主義にそった文化と政治への傾注を支持すること，(3)幅広いレベルでの戦略変化として記述される一研究，の3つに概ね分類できると総括する（pp.321-322）。

しかしながら，Bowman は2つの批判点を提示する。第1に，Pettigrew が既存の戦略論の研究枠組みを無視する点である。すなわち，

「『垂直的に』は，本質的に，『組織における諸々のレベルのあいだで』を意味する，さらにおそらくは組織外部も意味するであろう。他方で『水平的に』は，多くの研究者が長期的に（すなわち拡張された期間）を本質的に意味するのである。興味深いことに，この3重で2重の考え方は，戦略策定と戦略実施の間の区

別を『人工的なものだとして』捨て去ろうとする（この考えに対する痛烈な反対意見としても，戦略策定—実施の枠組みが適合が必要だとするためにも，Galbraith & Nathanson, 1978を参照のこと）。さらには，この二重三重の考え方は，現実的には，記述的戦略論と規範的戦略論という区別をも無視するものである。」(Bowman, 1985, p.322)

第2に，コンテクスト主義およびそれを用いたケース内容との整合性の欠如である。すなわち，

「彼（Pettigrew）の『ICIにおける戦略変化』ストーリーはその要点や引用（例えば秘書達の大きなミステイク）においてとりわけ興味深いものであるが，他方で彼自身が本章で設定した基準を満たしているわけではない。それは，プロセスとポリティクスを主に扱うようであり，概ね理論が自由気ままにあつかわれているのように思われる。コンテクストとコンテントについての若干の要素は言及されているけれども，それらは組織における変化と幅広いレベルでの登場人物達のストーリーにとって一貫性があるようにはみえない。そのストーリーはたしかに『水平的』に語られているが，他方でそれは『垂直的に』みるとその全体像が不明瞭である。よって，彼のコンテクスト主義は完全ではないのである。」(p.323)

さて，われわれは，以上2つのPettigrew批判に対して第3の批判を加えることができる。すなわち，コンテント，プロセス，コンテクストという3点を用いたコンテクスト主義は明らかにマクロな視点しか考慮していないという点である。先に概観したように，Armenakis & Bredeian (1999)は，Pettigrewが示す3点と同じ，コンテント，プロセス，コンテクストの3点をもって組織変化の研究文献整理を行っている。すなわち，彼らの整理に従えば，Pettigrewのいう3点は明らかにマクロな視点によってのみで戦略変化を把握しようと試みるモデルにすぎないのである。要するに，Pettigrewは内部コンテクストへの追究には一定程度触れてはいるものの，内部コンテクストとは一体何か，内部コンテクストに影響を及ぼすのは一体何か，どのような組織メンバーが戦略変化に関わるのかといった重大な諸点を考慮して明確にモデル化しているわけではないのである。

Van de Ven (1987)は，本書の第1章において述べたように，戦略変化を健全に理論構築するための第1必要条件として，ミクロ・レベルとマクロ・レベルの分析を関連付けて説明するべきであると主張する。Van de Venのこの主張に依拠すれば，Pettigrewモデルは明らかにマクロな視点に偏りすぎている。したがって，われわれはミクロ−マクロ・レベルを包摂する戦略変化モデルをあらたに構築しなければならないのである。

以上，本節では，戦略変化論における3つの代表的なモデルを吟味した。これらを通じて明らかになったのは，3つの代表的な戦略変化モデルに共通して欠如するものがあるということである。戦略変化モデルの精緻化に必要な点は以下の通りに要約できる。

　第1に，内部コンテクストである。Pettigrew（1985）が強調した，内部コンテクストである。周知の通り，これは内的環境，組織内部，企業内環境と同義である。どのような構成要素によって内部コンテクストは成り立っているのか，どのように内部コンテクストの研究はなされてきたのか，なぜ戦略論に内部コンテクストの視点を摂取するのかをいっそう精緻に追究しなければならないのである。

　第2に，特定個人である。その特定個人が，なぜ，どのように戦略を策定し実施することができるのかについての視点が欠けているのである。戦略論は，概して，戦略を策定し実施する特定個人もしくは特定の集団についての研究を怠ってきた。特定個人が職位もしくは公式の権限を用いる場合以外に，なぜ，どのようにその能力を発揮することができるのかを問わなければならないのである。

　ただし，これらの諸点を詳細に考察する前に，内部コンテクストにおける戦略に関わる意思決定プロセスの詳細を概観し，そこに内包されている問題点を明らかにしなければならない。すなわち，組織メンバーの行動において散見されるパワーもしくはポリティクスという側面である。次節では，これを明らかにする。

2 ◆意思決定における政治性

　意思決定プロセスは，概して，カーネギー学派の意思決定論において明らかにされてきた。Ansoff（1965）は，彼らの影響を多分に受けて，その功績を戦略論に反映させたのである。Ansoffは，その製品－市場分析から分かるように，戦略内容論の代表的研究者である。本書の第2章において指摘したように，彼は全社レベルの企業戦略（Corporate Strategy）を論じ，戦略についての分析的な考察を著した。彼の注目すべき研究成果として，戦略に関わる意思決定フローがある。

2.1　Ansoffの意思決定フロー

　Ansoff（1965）は，製品－市場戦略を作る場合の意思決定フローを図示する。集合的なものから徐々に個別的なものへと進んでいくように描かれているこの図7-6においては，経営者の意思決定ポイント（Decision Point）は，破線で囲う形で重要視されている。この意思決定フローは，以下の順序を示す。

　開始の引き金が引かれると，その直接の反動として行われるのは企業目標(1)の明確化・再検討である。続いて内部評価(2)では現在の製品－市場分野のなかで企業の成長と拡大化の機会があるかどうかを決める。さらに外的評価(3)は企業の外部の諸

第Ⅲ部　経営者

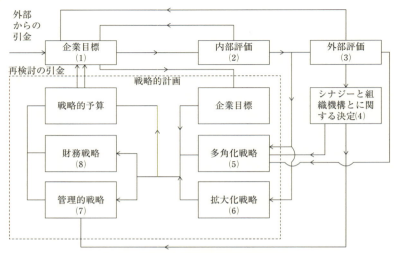

図7-6：製品-市場戦略の意思決定フロー
（Ansoff, 1965, 邦訳261頁）

機会を決定・分析する。シナジーと組織機構（構造）とに関する意思決定(4)では各種業種間のシナジーを追究し，多角化戦略(5)，拡大化戦略(6)へすすむ。そのなかでは内製・外製の意思決定からルール設定上の管理的戦略(7)を構築する。さらに，資金調達のルール・手段を財務戦略(8)によって明らかにする。

　要するに，彼の意思決定フローは明らかに経営者の意思決定を扱うものであり，戦略的意思決定フローである。実質的にその戦略的意思決定理論が満たされるべき必要条件として以下が指摘されている。すなわち，①一般に行われている一連の問題解決ステップの最後の2つだけでなく，4つのステップ全てを含んでいることであり，特に色々な変革のための環境を監視することと，魅力的な製品機会を探究すること，という最初の2ステップを重視する。②企業の資源を，部分的無知（Partial Ignorance）のもとで現在分かっている諸機会と，将来現れると思われる諸機会との配分問題を扱うこと。③企業に新しい製品―市場を付加することによって起こるシナジーを評価すること。④すぐれた競争優位性をもつ機会を抽出すること。⑤潜在的に相矛盾する一連の企業目標を扱うこと。⑥キャッシュ・フロー計画の信頼度が低くても各プロジェクトの長期的な潜在力を評価すること。以上の6つの必要条件である。

　ただし注意すべきは，Ansoff（1965）の上に示された製品―市場戦略を作る場合の意思決定フローには大きな見落としがあるということである。すなわち，「戦略というのは，企業を，その能力と潜在力についての制約のもとで，現在の地位から

目標として示されている地位へと一変させるように設計されている、一種の"オペレーター"」であり、「われわれの戦略的意思決定理論をあえて他の理論と比較するとすれば、われわれのは行動科学的理論である」（邦訳256頁）という。Ansoff のこの記述から分かるように、彼は、例えば組織メンバーの対立や意思決定への障害となるような、実際の意思決定プロセスにおいて介入するものを一切捨象しているのである。

Ansoff の研究業績が戦略論において支配的な地位を占めつつある学界の状況にあって、彼が見落としていた（もしくはあえて捨象していた）意思決定プロセスの内実を指摘した文献が散見される。組織の意思決定は、常に合理的でリニアーであるわけではない。積極的な支援もあれば、水面下での妨害、中傷なども存在する。

われわれは、以下の諸文献が主張する議論を重視する。これらをここでもう一度精確に確認しておく作業が後の吟味に有益である。

2.2 戦略の社会システム論

Guth（1976）は、戦略論が古典的な合理的問題解決を中心とする従来の意思決定論に過度に依拠しすぎている点を批判して、戦略を新たな方向性へと導こうと試みる。

彼の問題意識は、こうである。すなわち、既存の企業戦略論は個々の管理者がその組織の資源にどのように戦略的にコミットするかについて思考する際には有益ではあるが、しかしどのように個々のアイデアを組織的なコミットメントへと転換するのかについては限定的であった。この点から導出される疑問が、「組織において戦略的な意思決定を行っているのは果たして誰なのか」（Guth, 1976, p.376）である。彼はこう述べている。すなわち、

「組織における戦略的意思決定者はまさに誰なのか？全般管理者あるいは社長は、たとえその階層下の誰かしらよりも大きな権限（formal power）をもつとしても、どのような状況下においても戦略的意思決定者として完全に独立して実行するために必要とされるすべてのパワーをおそらくもっているわけではない。彼は戦略的意思決定という仕事を上手く実行するために必要とされる、組織内に存在する重大な関連情報すべてを有するわけではないのである。近年の企業戦略論はこういた諸問題を扱わない。もしわれわれが戦略的意思決定者としてのトップ・マネジメント・グループについて語るならば、その場合にわれわれは、どのようにそのグループが戦略的意思決定の仕事に関連して仕事をすすめるのかあるいはすすめるべきなのかについて必然的に何らかの言及ができなければならない。近年の企業戦略論は、規範的にも記述的にもこの課題を操作的に扱うことはない。もしわれわれが戦略的意思決定者として組織について語るならば、もちろん

より高度のレベルで扱われなければならないとしても，われわれがトップ・マネジメント・グループを扱う場合には理論のもつ同一の問題を有するのである。もう一度繰り返すが，最近の企業戦略論はほとんどあるいは全く役に立たないのである。」(pp.376-377)

要するに，戦略はさまざまな組織メンバーによってなされるものであって，ある特定のトップ・マネジメントのみによってなされるものではないのである。彼の主張を敷衍して言えば，既存の戦略論が組織内の人と人とのつながりを扱うことから明らかに乖離しているのである。そのうえでGuthが最も強調するのは，この限界を是正するためには既存の戦略論が戦略の社会システム論（A Social System Theory of Corporate Strategy）へと転換されることが要請されるということである。彼のいう社会的とは，組織内の人と人とのつながりを考慮するという意味である。すなわち，組織を構成するメンバーそのものを注視することが最も要請されるのである。

Guthの指摘は，意思決定論に過度に依拠する既存の戦略論に対する，単なる批判に留まるものではない。それ以上に，Guthはきわめて重要な示唆をわれわれに与えてくれる。すなわち，戦略は，トップ・マネジメントに限定されて論じられるものではないということである。戦略は個々の組織メンバーのつながりこそが決めるものなのである。これらの諸点を考慮しない者は戦略を最善に策定し実施することができないのである。

したがって，戦略は戦略的意思決定者だけの問題ではなく，戦略は組織そのものすなわち組織メンバーの問題なのである，ということをわれわれは強く認識しなければならないのである。積極的に支援する組織メンバーがいるならば，他方でそれを妨害し中傷しようと試みる組織メンバーもいる。彼の図において，波線で示されているのはそれらによる意思決定の遅れなのである。

Guthは，体系的に考察すべき2つの論点を指摘する。

第1に，実際に有効な組織内のパワー分布という現実，すなわち組織内のパワー分布がさまざまな戦略的代替案の採用をどのように制限するあるいはどのように支持するのか，ということである。

第2に，実行可能な戦略的代替案の創出に際して，さまざまな戦略的代替案の効果的な実施のための能力に関連する組織の構造，情報流，業績尺度，賞罰制度がどのように影響するのか，ということである。

以上のような彼の指摘はきわめて現実的である。どのようなかたちであれ，組織に参加するものの多くが実感するという意味で，まさに現実的なのである。ただし，パワーはどのように生じるのか（パワーの発生論的説明），パワーはどのように影響を及ぼすのか（パワーの機能論的説明），それらを妨害する要因，支援する

要因といった諸点の詳細は残念ながら語られていない。

2.3 非構造的意思決定

　Mintzberg, Raisinghani & Theoret（1976）は，組織内外からの妨害を包摂したかたちのきわめて現実的な戦略的意思決定プロセスを示している。彼らは，非構造的（Unstructured）な意思決定，すなわちそれまでに遭遇したことのないような意思決定が戦略的意思決定プロセスであるとして，新製品開発や新工場設立などの25の戦略的意思決定の分析を通して，そのモデルを示した。

　彼らの指摘する戦略的意思決定プロセスは，大きく3つのフェーズで構成されている。①識別（Identification），②開発（Development），③淘汰（Selection）である。その全体には7つのルーティンがある。すなわち，認知ルーティン，診断ルーティン，デザイン・ルーティン，探索ルーティン，スクリーン・ルーティン，選択ルーティン，権威付け（Authorization）ルーティンである。これらの各ルーティンには，3つの下位ルーティンが支持している。

　まず，意思決定統制ルーティン（Decision Control Routines）は，意思決定そのものを統制するメタ意思決定というべきものであり，問題空間や制約条件の決定，全般的プランニング，妨害介入時の対処の切り替えなどである。

　次に，意思決定コミュニケーション・ルーティン（Decision Communication Routines）は，意思決定のインプット情報やアウトプット情報を提供し，一般的な情報収集や特定テーマの調査，他者への伝達をあらわす。

　さらに，ポリティカル・ルーティン（Political Routines）は，バーゲニングや説得などの政治的行為であり，問題が重要なほどそれに影響される人たちが多い場合に重視される。

　以上のようにMintzberg, Raisinghani & Theoretの指摘は，戦略論における戦略的意思決定プロセスにおいて組織内外からの妨害といったポリティクス（政治性）が介在することを明確に示している。

　特に図中にある波線は意思決定の遅れを示すものである。が，意思決定が具体的に何によって妨害されるのか，どのように遅れるのかといった諸点にまで踏み込んでいるわけではない。

第Ⅲ部　経営者

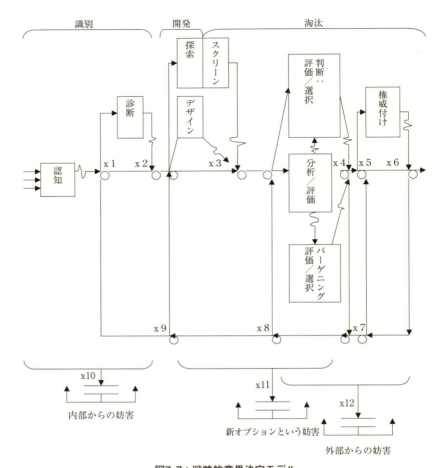

図7-7：戦略的意思決定モデル
(Mintzberg, Raisinghani & Theoret, 1976, p.266)

2.4　ポリティカル・プロセス

　ポリティカル・プロセスとは何か。Narayanan & Fahey（1982）は，従来の戦略論は合理的な意思決定を強調しすぎたがゆえに，ポリティカル・プロセスとしての戦略策定を考慮するものではないと指摘する。
　組織の戦略的意思決定は，コンフリクトをとりまく連合体の進化による組織内のダイナミクスから生まれるものである。組織はポリティカルな主体であり，組織は

第 7 章　戦略変化論

その内外にある利害および要求をもつ連合体なのである。組織の意思決定が多様であるのは，組織内の境界は変化し，意思決定への参加は多様であるためである。その組織内のプロセスはダイナミックである。

　彼らはこのような戦略的意思決定の 5 つの段階を明示する。第 1 に，活性化である。組織内の個々人が自らにとって顕著な課題もしくは関心事を認識することである。

　第 2 に，動員化である。先の課題を個人レベルから組織レベルへと昇華させる。

　第 3 に，癒着である。共通の利害をもつ個々人が一時的に同盟を組む。この際の連合体内ではバーゲニングや交渉が行われ，追随者を内包する。

　第 4 に，遭遇である。組織上の主体（例えば，個人，他の連合体，下位単位など）と共に相互作用しなければならない段階である。パワーを用いて行為正当性を獲得し，そのうえで自らの立場およびその敵対者の地位と利害が明確になる。それゆえに，ここにおいて特定のポリティカルな調整が生じる。

　最後に，以上の段階を経て意思決定がなされるのである。

　以上の 5 段階が表現するように，組織内の意思決定プロセスには政治性が強く介在するのである。しかし，従来の合理的 – 分析的説明は，戦略内容（すなわち戦略内容論）を強調するために，組織内の連合体が意思決定に影響を及ぼすような組織的ポリティクスという水面下の側面を無視しているのである。

　彼らのいうポリティカル・パースペクティヴは，このような側面を白日の下に晒すのである。このパースペクティヴによって，戦略内容はパワーおよび影響力の変遷の結果として観察されるのである。したがって，このパースペクティヴは，「なぜ戦略が結果として生まれるのか」（Narayanan & Fahey, 1982, p.27）を理解し説明することができるのである。

　以上のように彼らが明確に提示したポリティカル・アプローチはきわめて重要な示唆をもつ。ある戦略的意思決定へのコミットメントは，その意思決定がなされた後ではなく，意思決定の初期段階において発生している。この点を考慮した，戦略形成の連合体モデルの結論はこうである。すなわち，

「戦略内容を定式化することは必然的にそのコンテクストおよびプロセスを管理することを網羅する（中略）ポリティカル・パースペクティヴは，組織上のコンテクストの影響力を追跡調査し，どのように組織内のポリティカル・プロセスが戦略内容を決定もしくは修正するのかを説明するのである。有能なトップ管理者はこのようなポリティカル・プロセスを直観的に把握するとおもわれる。さらに，有効な戦略はその戦略内容と同じくらいに大きく組織上のコンテクストを上手く管理することを包含するのである。したがって，ポリティカル・パースペクティヴの開発と精緻化は戦略の理解のために要請されるのである。」（Narayanan

195

& Fahey, 1982, pp.32-33）

　彼らの戦略形成におけるポリティカル・パースペクティヴへの視点はきわめて重要な視点を提示している。前節において詳しく考察したPettigrew（1985）の諸説にきわめて類似しているのである。すなわち，戦略の内容（content），プロセス，コンテクストである。
　ただし，以下の諸点が明らかにされていない。第1に，戦略の策定部分にのみ焦点が当てられて実施部分が欠落している。
　第2に，パワーとは何かである。彼らのいうパワーとは何であり何でないのか，それはどのように生まれ，どのように影響するのかといった諸点が明らかにされていない。
　第3に，具体的に「誰か」である。彼らはミクロ・ポリティクスを連合体概念で表現する。この概念は経済的であり分析的であるために，具体的に「誰か」が明示されない。
　われわれは，抽象的な行為者もしくは行為者グループの解明ではなく，戦略に関わるのは一体誰なのか，誰と誰が手を組んでいるのか，あるいは誰と敵対しているのかなどを追究しなければならないのである。
　Galbraith & Nathanson（1978）は，競争的な条件下ではトップ・マネジメントの間のポリティカルなプロセスが重要になることを指摘している。

「結果がはっきりわかる解がない場合，どの方針案が選ばれるかは，政治的プロセスで決められる。結果があいまいであればあるほど，政治的影響力が成果を決める場合が多くなり，現状でのパワー分布の影響力が高くなる。…十全に理解するためには，市場条件，業績，および有力な経営者のもつ相対的なパワーについて知ることが必要である。個々の企業の事情について歴史的に分析することは，以上のさまざまな要因の相互作用の複雑さを解明するために必要である。」（邦訳170頁）

　このようなプロセスを，経営者（もしくは経営者集団）がパワーをもって示すのである。それゆえに，Galbraith & Nathanson自身が今後の課題として挙げているのが，パワーの動態である。すなわち，

「課題は，どのような戦略と組織構造を選択するかを決めたときに，そこに生じるパワーの動態についてどのように管理し，どのように論じたらいいのかを学び，理解することである。利害関係が著しく異なり，そこで働いている人々が勝ったり負けたりして誰かが傷つくような場合には，この選択は重大事である。

表7-4：戦略的意思決定のダイナミクス

諸特徴	戦略的意思決定段階				
	活動化	動員化	癒着	遭遇	意思決定
特徴	選択的な諸課題についての個々の認識	集合的レベルに対するここの認識	共通利害をもつ個々人の一時的な同盟	戦略的な諸代替案の表現と行為正当化	課題をとりまく組織上の関わり
引金	兆候, 業績格差, ポリティカルな野心などの認識	諸課題の公共的相互関連	・共有された認知マップ ・諸資源をプールする必要性	諸行為の創始を明示化する	コンセンサスの範囲
プロセス	データ・センスメイキングに向けた探究	・データ関係性への非公式の探究 ・ポリティカルな親和性の有効性を調べる	連合体内のバーゲニング, 交渉	・パワー／影響力の策略 ・回顧的な合理的説明化	連合体間のバーゲニング, 交渉, 妥協
内容テーマ	兆候, シグナル, 不連続性の説明	・兆候についての集合的な意識の開発 ・諸仮説, 諸選好, 諸因果関係への疑問視	諸課題の相互連関, すなわち行為の潜在的な諸プログラム	・正当性開発 ・目標形成 ・資源配分	・戦略的な諸代替案 ・資源配分 ・諸目標
主な行為者	個人	初期の個々人および彼らが接触する人々	連合体諸リーダー, 追随者	連合体メンバーと敵対者	・"信用上の諸役割" ・諸媒介者
構造的決定要因	・注意上の諸プロセス：諸課題の顕在性など ・公式・非公式のネットワーク	・アクセス構造 ・社会的ネットワーク ・認知マップにおける知覚された類似性	・連合体の構造とプロセス ・エナクトされた環境 ・課題の複雑性	・パワー／影響力配分 ・ポリティカルなコミットメント ・情報へのアクセス	・資源入手可能性 ・組織スラック ・パワー／影響力配分
変遷メカニズム	・諸課題解決の不能さ ・主観的経験と組織経験の連鎖	・課題観に基づいた連帯 ・組織化のための必要性	行為プログラムのコンセンサス	連合体の諸意図やそれらのインパクトの認識	コンフリクトの準解決
結果	個人に気づく	集合性に気づく	戦略的な諸代替案を支援するためのコミットメント	・課題の明示化 ・批判, 利害, 位置の明確化	・行為へのコミットメント ・意思決定の延期 ・非意思決定 ・より大きな課題への転換

戦略形成へのインプリケーション	戦略的な諸課題についての組織上の認知	戦略的な諸代替案およびポリティカルなコミットメントのかたちの出現	好ましい戦略的な諸代替案の明確化	・他の戦略的な諸課題に引金を引く事 ・課題特定的なポリティカルな諸調整の発生	・戦略変化 ・資源配分 ・ポリティカルな諸残余部分

(Narayanan & Fahey, 1982, pp.26-27)

正しい選択を行うためには,理論的,現実的,倫理的観点からの十全な理解が必要である。」(邦訳172-173頁)

しかしながら,彼らはパワーとは何であり何でないのかを明らかにしていない。また,パワーの動態(ダイナミクス)とは何か,どのように変化するのかについては一切論じないままである。変化のプロセスを解明するためには,必然的に,パワーとは何たるかという課題へ立ち入ることが要請されるのである。

以上の諸説の概観から,Ansoff(1965)以降の諸文献にはある種の共通性があったということができる。それは,合理的な意思決定への批判という共通性である。たしかに,既存の戦略論がきわめて重要な役割を果たしたことは間違いない。しかし,同時に注目すべき点は,それが驚くべきほど伝統的な意思決定論に依拠しているということである。その背景には経営学の学界においてカーネギー学派を中心とする意思決定論の影響が存在したことを強く示唆している。いずれにせよ,われわれは上記の諸文献が強調した意思決定プロセスにおける組織の政治性を強く認識しなければならないのである。

では,組織におけるパワーとは何か。さらに,ポリティクスとは何か。それらがどのように組織において発展するのか,なにが源泉であるのか,どのように利用するのか,さらにはそれらを具体的には誰が有するのかといった諸点を,われわれは丹念に追究しなければならない。次章では,この点を詳細に検討する。

以上のように,本章では戦略変化論を検討した。本章では,戦略内容−プロセス論の限界を統合する可能性をもつ戦略変化論を吟味するために,以下の順に展開した。

第1に,変化の理論を概観した。従来の変化の理論ではLewinモデルが依然として支配的であった。最新の変化モデルの諸説を概観して,ポリティカルなプロセスを重視することが分かった。

第2に,戦略変化論の代表的な3つの諸説を吟味した。Rajagopalan & Spreitzerモデル,Hardyモデル,Pettigrewモデルを吟味し,それらの特徴および限界点を精査した。これらの検討から,組織内環境への視点,特定個人への視点が必

第7章　戦略変化論

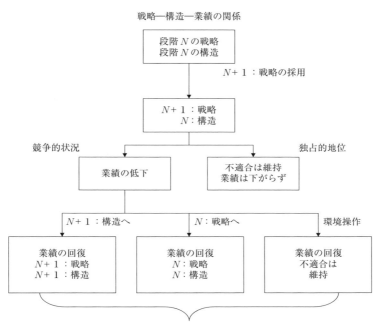

図7-8：戦略－構造－業績の関係
（Galbraith & Nathanson, 1978, 邦訳172頁）

要であることが分かった

　さいごに，意思決定における政治性を既存の戦略論文献から抽出し鮮明にしたことによって，組織の意思決定におけるポリティクス（政治性）がきわめて重要であることが分かった。

　本章から得られた結論は，次の2点へのさらなる追究が要請されるということである。

　まず，内部コンテクストである。すなわち，意思決定プロセスが行われる組織内部の状況（内部コンテクスト）は一体どのような状態であるのかである。

　次に，特定個人である。すなわち，意思決定に携わる組織メンバーは，なぜ，どのようにその意思決定を下すことができるのかという点を，パワーやポリティクスの議論をもって説明するのである。

　これら2点は，明らかに，組織の自然体系モデル（ミクロの視点）の側面である。次章において，われわれはこれらを戦略変化の本質と位置づけ，その詳細な検

199

討を行う。そのうえで，本章において示した代表的な戦略変化論の諸説の問題点を克服するための，われわれ独自の戦略変化モデルを開発する。

注
1) 戦略変化論は，まだ緒についたばかりである。代表的な論文集を記しておく。① J. M. Pennings & Associates（eds.）, *Organizational Strategy and Change : New Views on Formulating and Implementing Strategic Decisions*, Jossey-Bass, 1985, ② A. Pettigrew（ed.）, *The Management of Strategic Change*, Basil Blackwell, 1987, ③ L. Zan, S. Zambon & A. M. Pettigrew（eds.）, *Perspectives on Strategic Change*, Kluwer Academic Publishers, 1993。また，わが国においては，戦略変化論に関して部分的な検討もしくは紹介（今口，1993；桑田・田尾，1998；大月，1999；中條他，1999；石井，2000）はあるものの，戦略変化の体系的な研究はない。上記文献は，今口忠政『組織の成長と衰退』白桃書房，1993年；桑田耕太郎・田尾雅夫『組織論』有斐閣，1998年；中條秀治他『戦略組織論の構想』同文舘，1999年；大月博司『組織変革とパラドックス』同文舘，1999年；石井耕「戦略的変革と経営者」日本経営学会編『新しい世紀と企業経営の変革』千倉書房，2000年。
2) Hardy（1994）が示す2つの表を組み合わせて筆者が作成した。なお, Dahl, Bachrach&Baratz, Lukes というパワー論の古典的な3つのパワー観に対して，Foucault のそれを包摂しようという試みは，杉田敦『思考のフロンティア権力』岩波書店，2000年においてもみられる。Foucault のパワー論はわが国において大きく注目されつつある。例えば，盛山和夫『権力』東京大学出版会，2000年。
3) 英国 ICI の事例は，主に Pettigrew（1985, 1987c）を参照した。他には以下が参考になる。Reader（1975）, Tichy & Devanna（1986）, Chandler（1990）, Frost & Egri（1991）, Hardy（1994）, Jones（1995）, Wilson（1995）など。なお，Harvey-Jones の自叙伝として次がある。Harvey-Jones, J., *Managing to Survive : A Guide to Management through the 1990s*, Mandarin, 1994。

第8章 戦略変化の本質

　われわれは，従来の戦略論における伝統的かつ支配的な戦略内容‐プロセス論の枠組みの限界を明らかにし，これを統合するための1つの可能性を模索してきた。前章においては，戦略変化論における代表的なモデルを検討した。そのうえで，自然体系モデルの側面（ミクロの視点），すなわち内部コンテクストとそれを支える特定個人のパワーとポリティクスへの追究が等閑視されていることが分かった。

　本章において，われわれはまずコンテクストとは何かを吟味する。従来の組織論・戦略論におけるコンテクストの検討である。次に，それを支える特定個人とは何か，なぜ，どのように特定個人がコンテクストに影響を及ぼすのか，特定個人がもつパワーとポリティクスとは一体何かを明らかにする。本章での理論的基礎の吟味をふまえたうえで，次章にてわれわれ独自の戦略変化モデルを提示する。

1 ◆内部コンテクスト

　環境と組織，この共に経営学の最深層部に根ざす2つの概念がどのように関係しているのか。この関係性を精緻に追究することが，この半世紀にわたって展開されてきた経営学の主要な課題であったといえる。

　では，環境とは何か。組織は，通常，さまざまな環境要因とともに存在している。Daft（1998, p.83）は，環境をセクター（sector）に分割して次のように分類する。すなわち，(a) 産業セクター（競争相手，産業規模，競争状態等），(b) 原材料セクター（供給業者，不動産会社，サービス供給等），(c) 人的資源セクター（労働市場，大学，職業訓練学校，労働組合，他社の労働者等），(d) 財務資源セクター（資本・証券市場，金融機関，借入・貸出金利，個人投資家等），(e) 市場セクター（顧客，クライアント，潜在的な顧客等），(f) 技術セクター（生産技術，科学，研究・機関，新素材技術，製品技術等），(g) 経済条件セクター（景気，失業率，インフレ率，成長率，投資等），(h) 政府セクター（法的規制，税，公的サービス，政策決定プロセス等），(i) 社会‐文化セクター（年齢構成，価値観，教育水準，伝統，職業倫理等），(j) 国際セクター（外国投資，外国政府，現地文化，国外市場，為替レート，諸規則等），である。

　これらの多様な環境要素に，組織が直接的にも間接的にも関わるのである。ただし注意すべきは，これらの環境要素は組織外の環境であり，その内なる環境への注

視が行われていないということである。すなわち，Daftの分類における環境はマクロの環境であり，ミクロのそれではないのである。

組織論は，概して，組織外の環境（いわゆる環境）と組織内の環境との2つを念頭に置く。が，そのような考え方が元々から存在していたわけではない。その契機となったのは，贅言するまでもなく，von Bertalanffy（1968）の一般システム論（General Systems Theory）である。

システム（System）は，要素の集合とそれらの間の関係からなる全体のことである。ゆえに，一般システム論は，要素を他から切り離して個別に扱うものではなく，まとまりをもった全体のなかで把握するための，また要素を他との関係において位置づけるための，認識方法，概念，分析枠組みの構築をめざすものである[1]。

組織論は，このような一般システム論の知見を受けて，1960年前後に新しい研究を生んだ。それは，環境との関連において（Open Systems Approach），組織構造のあり方をも考慮に入れながら（合理的モデル），複雑な組織現象の全体像に迫ろうとした研究動向である。すなわち，Lawrence & Lorsch（1967）が名付けた状況適合理論（Contingency Theory）である。

表8-1：組織の内部環境・外部環境

内部環境	外部環境
(1) 組織の従業員の成分 　A. 教育・技術の背景と訓練 　B. 従来からの技術・管理技能 　C. 組織目標達成のための成員の貢献 　D. 対人関係における行動スタイル 　E. 労働力の利用可能性 (2) 組織の職能およびスタッフ単位の成分 　A. 単位の技術特性 　B. 目的達成のための，単位の相互依存性 　C. 職能およびスタッフ単位内部でのコンフリクト 　D. 職能およびスタッフ単位間のコンフリクト (3) 組織レベルの成分 　A. 組織の目的と目標 　B. 組織目標の達成に向けて，個人およびグループを最大限に統合する統合プロセス 　C. 組織の製品・サービスの性質	(4) 顧客の成分 　A. 製品・サービスの配達者 　B. 製品・サービスの利用者 (5) 供給者の成分 　A. 新しい原材料の供給者 　B. 設備の供給者 　C. 製品部品供給者 　D. 労働力の供給者 (6) 競争者の成分 　A. 供給者に対する競争者 　B. 顧客に対する競争者 (7) 社会－政治的な成分 　A. 産業に対する政府の規制 　B. 産業とその製品に対する公衆の政治的態度 　C. 労働組合との関係 (8) 技術成分 　A. 製品・サービスの生産において，当該および関連産業での新しい技術への要求に対する適合 　B. 新しい技術進歩の利用による新製品開発・改善

(Duncan, 1972)

状況適合理論は，既存理論が組織内部を分析対象としていたのに対して，組織が直面する環境（外部環境）と，組織そのもの内なる環境（内部環境）を峻別して理論展開されたのである。この研究蓄積をここでは概観することが必要である。

　Duncan（1972）は，こうした理論的背景のもとで，マクロとミクロの視点をもって，外部環境と内部環境を峻別する。彼が示した表8-1をみて分かるように，外部環境が具体的に示されている。すなわち，顧客，供給者，競争者，社会‐政治的な成分，技術成分である。内部環境も同様に一定程度明示されてはいるものの，組織メンバー，職能単位，組織レベルというきわめて大きな分類にとどまっている。

　戦略論は，組織論と同様に，組織をOpen Systemと見なすことから出発した。別言すれば，組織内部の個々の方針を主たる研究対象としてきた既存の経営政策論（Business Policy）は，組織をClosed Systemと見なしていたのである。それゆえに，経営政策論は組織外の環境を考慮に入れてはいなかったのである。戦略論は，Closed Systemを対象とする経営政策論から訣別することによって，はじめて存立した研究分野なのである。すなわち，戦略論はOpen Systemとしての組織を対象とするのである。

　したがって，戦略論は，基本的には，環境と組織の関係性を研究範囲と設定し，組織内部は一定程度等閑視したといえるのである。

　しかしながら，前章の結論から分かるように，われわれは組織内部への注視が要請されるべきだと考える。すなわち，戦略論の研究範囲において内部コンテクストは一体どのようなものか，内部コンテクストに対して影響を及ぼす特定個人とは何かを明らかにしなければならないのである。このような主張は，たしかに戦略論が戦略論たる存在理由を多少とも排除する意味をもつ。が，われわれは，戦略変化のプロセスを解明するためには，内部コンテクストとそれに影響を及ぼす特定個人を明らかにしなければならないと強く考えるのである。

　では，内部コンテクストとは何か。それは，上記のDuncan（1972）が示した，内部環境の諸成分以上に多様かつ複雑なものである。例えば，戦略にとって重要な経営者会議，事業部会議，職能部門レベルの会議である。同時に，そういった公式の場とは異なる，組織メンバーが共有する非公式なところも指す。それゆえに，具体的に明確な表現をもって規定することはしばしば困難である。要するに，内部コンテクストは総じて組織内部の全般を指すということができる。

2◆特定個人

　われわれは，むしろ，このような内部コンテクストに対して直接に影響を及ぼす特定個人に注目しなければならないと考える。われわれがいう「特定個人（the individuals）」とは，実際の戦略を策定し実施するうえで有効な働きを示す組織メン

第Ⅲ部　経 営 者

バーのことである。行為者Aとか戦略家Bというような匿名性をもつ抽象的な単なる登場人物に収めてしまうのではなく，具体的な組織メンバーとしての個人を指す。したがって，本書の主張からすると，組織メンバーはその実名をもって示されることが必要なのである[2]。

特定個人は，さまざまな組織メンバーのうちのある個人を指す。先のアサヒビールの事例においては村井勉社長，樋口廣太郎社長，瀬戸雄三社長であったように，多くの場合は組織の経営者，CEO，会長などのトップ・マネジメントを指す。もちろん，研究の焦点を移せば，ミドル・マネジメントも特定個人に含む。例えば，アサヒ経営会議にドライビールの開発生産を直訴した松井康雄（当時マーケティング部長）である。彼は，幾度となく却下されたドライビールの提案をあきらめることなく主張し続けた。

2.1　経営者タイプ

では，戦略論においてはこうした特定個人をどのように捉えてきたのか。戦略論においては，このような経営者タイプ，いわゆる経営者・管理者像についての研究がある。

Ansoff（1965）は，企業の経営者を3つのカテゴリーに分類している。すなわち，①積極的に問題を解決しようとするよりも，問題が実際に起こるのを待つという反応者型，②問題を見越して手を打つ計画者型，③問題と機会の両方を見越して手を打つ企業者型，である。

Mintzberg（1973b）は，戦略作成に関わる経営者の3モード（Strategy Making in Three Modes）を明らかにした。すなわち，①プランニング・モード（Planning Mode），②企業家モード（Entrepreneuer Mode），③適応的モード（Adaptive Mode）である。

Miles & Snow（1978）は，戦略に対応する戦略類型を4つに分類する。①防衛型（Defender），②探索型（Prospector），③分析型（Analyzer），④反応型（Reactor）である（本書第3章参照）。

以上のように，戦略論においては経営者タイプの類型がさまざまに指摘されていることが分かった。が，そもそも戦略論においてはおよそ戦略を司る主体自体が明示されることはなかった。戦略論において戦略主体は独立変数とはなりえなかったのである。Childはこの点で特異な議論を展開した。

2.2　戦略的選択

Child（1972）は，戦略的選択論（Strategic Choice）を主導する。そのうえで，明示的に戦略主体を強調する。Childは，組織論における主流であったコンティンジェンシー理論の環境決定論に基づく組織-環境間の説明に対する批判を，戦略的

第 8 章　戦略変化の本質

選択論と設定するのである。環境決定論は，ある状況要因が組織構造を規定すると仮定し，両者の関係を探究する。すなわち，組織と環境の適合を導くものであるという考え方である。これに対して，戦略的選択論は経営者が主体的にその意思決定を通じて環境を選択する。経営者の意思決定が環境を操作し統制するのである。Child が戦略論においてはじめて戦略主体に注目したことは，きわめて重要である。が，Child のいう戦略主体はやはり抽象的で匿名性の高い主体を表現するにすぎない[3]。

　以上の概観より，戦略論においては戦略主体が強調される理論的蓄積があることも分かった。しかしながら，これらはすべて経営者像を単に抽象的に分類したにすぎず，特定個人そのものへの接近はなかったといえる。同時に，多くの場合，戦略主体たる経営者が戦略を行う組織類型とともになかば混同されているのである。

　では，戦略主体はどのように戦略と関わるのか。経営者は，通常，職位に基づく権限（Legitimated Authority）をもつ。公式の権限に基づき経営者もしくは管理者は意思決定し，戦略を策定し実施する。が，そうした合理的モデルの側面による説明では充分に理解できない事象が，われわれをとりまく組織においては散見される。このような現象は抽象的な主体によってしばしば説明されえない。例えば，明らかに不採算な非関連多角化であるにもかかわらず，経営者が独裁的にそれを意思決定する場合がある。少数の大企業による寡占的な産業であるにもかかわらず，無謀にもそこに参入する中小企業の経営者もいる。また，市場ニーズも分からず既存の業界になかった新製品を世に送り出すことを決断する経営者もいる。より具体的な事実を挙げよう。

　ビクターの高野鎮雄事業部長は，本社から正式と許可も得ずに自らの弱小事業部において技術陣を集めて積極的に VTR 開発を推し進めた（高野さんを偲ぶ本制作委員会編，1994；佐藤，1999；NHK プロジェクト X 制作班編，2000；Duncan, 2011）。

　トヨタの豊田喜一郎は，1930年代にわが国の乗用車製造の先駆的企業の快進社や白楊社がことごとく挫折していき，同時に GM やフォードがわが国に工場を建設・販売を始めていたとき，大衆乗用車市場に参入することを決意した（和田，1998；和田・由井，2002）。

　ホンダの本田宗一郎社長は，日米市場における自動二輪の技術的・商業的成功をきっかけにして，大企業が寡占的に支配する自動車産業に果敢に参入した（佐藤，2000）。

第Ⅲ部　経　営　者

　アサヒビールの樋口廣太郎社長は，コク・キレビールが好調なさなかに，若手社員から提案された世界に類をみないドライビールの研究開発・販売の意思決定を下した（石井，1999等）。

　彼らのこうした意思決定は周知の通り商業的成功を収めた。これが組織を成長へ導いたのである。にもかかわらず，彼らはみな一見したところ非合理的とも独裁的ともとられかねない状況において，1つの意思決定を下したのである。彼らはみな戦略を主体的に変化させ，組織を成長へと導いたのである。
　さらに例を挙げるなら，マイクロソフトのビル・ゲイツ，アップルのスティーブ・ジョブズ，アマゾンのジェフ・ベゾズ，グーグルのラリー・ペイジとセルゲイ・ブリンも，同様であったといえる（Volberda et al., 2011；Arthur, 2012；雨宮，2012）。
　なぜこうした経営者が下した意思決定およびその行為が機能するのか。われわれはこの点に注目しなければならないと考える。さらに，彼らの意思決定とその行為の背景としてみられる自然体系モデルの側面を強調しなければならないと考えるのである。それは，職位に基づく権限によって説明できない側面である。それは，合理的モデルの側面においては説明のつかない事象である。したがって，われわれは組織論において研究されてきたパワーとポリティクスの自然体系モデルの側面をここで重視するのである。
　組織は環境に適応するために戦略を策定し実施する。その成否は，非常に多様な要素によって説明される。既存の合理的な戦略論の分析枠組みにおいては，このプロセスがリニアーであり単調にながれる意思決定の手続きを示していたにすぎないといえる。しかし，組織においては，こういった単調な意思決定がなんの障害も妨害もないままですすむとは考えられない。現実の組織では，その組織メンバーのすべてが組織の成長のために合理的に行動するわけではない。すなわち，戦略の土台となる組織は非常にもろい建造物なのである。
　現実の組織の中において，個々の利害を追求する利害関係者あるいは利害者グループのパワーが絡み合い，錯綜する。組織目的への合理よりもむしろ，組織メンバーの利害が優先されることがある。このような事態は組織においてのみならず，さまざまな集団においても往々にしてみられる。学閥人事，世襲人事などはこの好例といえる。さらに例えば，同職位（同階層）に属する組織メンバー同士でさえも，それまでの経験，業績，派閥，信頼度といったものから学歴，性別，家柄，年齢などの多種多様な要素によって識別される。現実のすべての組織は，単なる協働概念だけで説明できない事象が溢れている。
　この事態がCollins（1982）をして「組織が実際に行うことは，組織内の相対立する多種多様な利害を妥協させることである」と言わしめる所以である。

第8章　戦略変化の本質

表8-2：パワーとポリティクスの分析

パワー，ポリティクス論の合理的モデル	パワー，ポリティクス論の自然体系モデル
・公式組織と権限（職位に基づく） ・組織構造＝有効性・効率のため ・パワー，ポリティクスは従属変数	・非公式組織とパワー（職位に基づかない） ・組織構造＝政治的プロセスの結果 　（パワーを求めての競合） ・組織＝利害関係の連合体 ・パワー，ポリティクスは独立変数

（岸田，1985，247-268頁より作成）

　パワーは遍在する。こうした厳然たる事実を捨象して戦略を追究することは回避されなければならない。戦略を語るまえにその前提となる組織内部をより十全に把握しなければならない。そのためにわれわれは組織論の知見を援用することが望まれる。すなわち，戦略論から組織論へといったん回帰することが要請されるのである。われわれは，そうすることによって戦略変化の本質への理解を深めることができるのである（林，1999）。

　では，そもそもパワーはどのように分析されるのか。岸田（1985）によれば，パワーとポリティクス論は，合理的モデルと自然体系モデルの両面をもつ。換言すると，パワーとポリティクスは，それらが従属変数である合理的モデルとそれらが独立変数である自然体系モデルという，正反対の因果関係をもつのである。

　パワー論の合理的モデルは有効性・効率を強調する。にも関わらず，有効性・効率をなかば無視したような戦略が実際の組織には散見される。パワー概念やポリティクス概念は，周知のように，ダーティなイメージが付随し，学界においてもその研究は敬遠されてきた（Rogers, 1995；Morgan, 1997）。それゆえに，これまでの学説でパワー概念によってなされた説明が不明瞭なままである。

　したがって，本章では，これまでのパワー論およびポリティクス論の議論をあらためて吟味し，さらには近年の研究動向を体系的に把握することが先決であると考える。そのうえで，本章において特に強調する，特定個人がなぜどのように戦略を策定し実施するのかを明らかにする。彼のもつパワーやポリティクスについての自然体系モデルの側面をも検討することが有効であるとわれわれは考えるのである。

3◆パワーとポリティクス

3.1　定義

　では，どのようなパワーの定義が示されてきたのか。代表的概念を確認しておこう。パワーの定義の表8-3から分かるように，パワーは社会レベルから個人レベル

までの多様な階層にわたって定義されてきたことが分かる。

パワーは，概して，ある社会的行為者が目的達成のために他者の抵抗を排除する能力であり，また潜在的な影響力の蓄積である。

では，ポリティクスとは何か。Pfeffer（1981）の定義を示そう。

表8-3：パワーの定義

研究者	定　義
Weber（1922）	「権力（Macht）」とはある社会関係の内部で抵抗を排してまでも自己の意志を貫徹するすべての可能性。（邦訳86頁）
Russell（1938）	権力とは意図された効果を産出することだ。（邦訳34頁，一部変更）
Hunter（1953）	権力とは，ある人々が彼ら自身との関係もしくは組織的・非組織的な物事との関係において他者を動かすために行為すること（を記述するために用いられる言葉）である。（pp.2-3）
Easton（1953）	権力とは，ある個人ないし集団が，自らの目的の方向へと他者の行為を決定できるような関係である。（p.143）
Dahl（1957）	さもなければBがなさなかったような事柄を，Bになさしめる度合いに応じて，AはBに対して権力をもつ。（pp.202-203）
Emerson（1962）	行為者Aの行為者Bに対するパワーは，Aによって潜在的に克服されうるBの側の抵抗の大きさである。（p.32）
Parsons（1963）	集合的組織体系の諸単位による拘束的義務の遂行を確保する一般的能力である。（邦訳75頁）
Blau（1964）	権力とは，定期的に与えられる報酬を差し止める形態をとろうと，罰の形態をとろうと，脅かすことで抵抗を排してでも人々あるいは集団がその意志を他者に押しつける能力である。（邦訳105頁）
March（1966）	（パワーは）そのシステムの個々の要素に関しておおむね明確にされた初期条件およびシステム全体に関しておおむね明確にされた最終状態とのあいだの媒介変数である。（pp.168-169）
Lukes（1974）	AがBの利害に反するようなやり方でBに影響を及ぼすときAはBに権力を行使する。（邦訳46頁）
Salancik & Pfeffer（1977）	人が望む結果を生じさせるためのパワーを所有するような人たちの能力。（p.3）
Wrong（1979）	権力とは他者に対して意図されそして予見された効果を産出しうるある人の能力（capacity）である。（p.2）
Pfeffer（1981）	組織ポリティクスとは，諸選択について不確実性や意見の相違があるような状況においてある者にとって好ましい結果を得るためにパワーやそのほかの諸資源を獲得したり開発したり用いたりするために組織内でとられた諸活動である。（p.7）
Galbraith, J.K.（1983）	ある人に，その選好をあきらめさせて他人のものを受け入れさせる。（邦訳13頁）

「組織ポリティクスは，不確実性があったり，諸々の選択についての意見の相違があるような状況において，ある者にとって好ましい結果を得るために，パワーやそのほかの諸資源を獲得し開発し利用したりするような，組織内でなされる諸活動である」(Pfeffer, 1981, p.7)。

すなわち，ポリティクスとはパワーの発現するプロセスであるといえる。ポリティクスによって，利害関係者の利害関心という本質的な欲求が満たされる。しかも，その欲求とはときに生々しく利己的である。こうした研究は一般に敬遠される傾向にあるが，人間の欲求について語ることは人生の本質について語ることである(Maslow, 1970)。

われわれは，こうした点を強く認識することによって，戦略だけでなく組織もより十全に理解することができると信ずる。

3.2 パワー・パースペクティヴ

では，こうしたパワーの定義が輩出された過程において，どのようなパワー観（パワー・パースペクティヴ）があるのか。例えば，ある研究者は，パワーは非常に巧妙に定義され，パワーが表面的なダイナミクスのみを扱うだけで帰するところ何も説明していないに等しいという批判を加えた。他の研究者は，パワーは多元（面）的ですべてを包含しうる概念であるという見解を示してきた[4]。

また，なぜパワー論が戦略内容 - プロセス論の統合にとって有益なのかを明らかにしなければならない。すなわち，組織論・戦略論の代表的なアプローチよりも，なぜすでに確立した学問領域であるパワー論が妥当であるのかをここで示しておく。

Doz & Prahalad (1991) は，多国籍企業を分析する際に組織論の知見を応用することを主張する。取引コスト理論，エージェンシー理論，個体群生態学，制度理論，コンティンジェンシー理論，組織学習といった諸理論を比較対照したうえで，多国籍企業分析に対するパワー論のもつ理論的な妥当性を示している。彼らは，多国籍企業を分析する7つの基準（組織構造上の不確実性，内部分化，多元的な優先順位間の意思決定のトレードオフ，情報フローの重要性，創発的なリンケージ，ファジーな境界，反復 vs. 変化）を設定し，パワー論がこれらの基準において最も適切である点を強調するのである。

Pfeffer (1981) は，組織的意思決定を検討する代表的なモデル，すなわち合理的選択モデル，官僚制モデル，決定プロセスモデルと比較対照したうえで，パワー・政治モデルの特徴を示している。彼は，これらのモデルのそれぞれが分析枠組みとして組織的意思決定を理解可能であるとする。が，政治性をもつ組織が多いという

点を考慮して,パワー・政治モデルを強調するのである。

以上のように,1つの確立した学問領域であるパワー論がここでは妥当であることが分かった。組織において設定された戦略を確実にするためにポリティクスを活用することはある程度提起されている (Schwenk & Dalton, 1991)。また,パワーやポリティクスに関連するケース・スタディなどの経験的研究も数多くなされている (Eisenhardt & Zbaracki, 1992)。

表8-4:組織的意思決定の4モデル

次元＼モデル	合理的選択モデル	官僚制モデル	決定プロセスモデル／組織化された無秩序	政治パワーモデル
目標と選好	行為者内部および行為者間で一致	かなり一貫性	不明確であいまい 行為を事後的に合理化する	社会的行為者間で一致,組織内では不一致,多元的
パワーと統制	集権的	それほど集権的でなく,むしろルールへの依存大	全く分権的,無政府的	連合体と利害集団によって移動
決定プロセス	秩序づけられており,実質的に合理的	プログラムおよび標準手続きに示される手続き上の合理性	アドホック	無秩序,利害の交錯によって性格づけられる
ルールと規範	最適化	先例,伝統	決定への参加はバラバラできまぐれ	市場の諸力次第であり,コンフリクトは正当化され当然とみなされる
情報および確実性への要求	広範で体系的	ルールおよび手続きの使用によって減少	無計画の (Haphazard) 情報収集と利用	情報は戦略的に利用される
行為と結果の関係についての信念	少なくとも確率分布は既知	ルーティンについての合意がある	不明確であいまいな技術	技術についてインプリケーションなし
決定	価値極大化	プログラムとルールに従う	意図とは無関係で,人間,解,問題の交錯の結果	利害集団間の交渉と相互作用の結果
イデオロギー	効率と有効性	安定性,公正,予測可能性	遊び感覚,ルース・カップリング,ランダム	闘争,コンフリクト,勝者と敗者

(Pfeffer, 1981, 表1-1, p.31)

第 8 章　戦略変化の本質

表8-5：多様なパワーの側面

Lukes（1974）：パワーの3次元	・第1次元（意思決定）：Bが行わないことを彼／彼女にさせるAの能力 ・第2次元（非意思決定）：諸課題や諸参加者を意思決定エリアから除外したり，案件を「安全な」諸問題に限定したりする，意思決定プロセスのバイアスを動員する能力 ・第3次元：人がすべての代替案を理解できず，すなわち既存の秩序を中立的なものとして観ることができないので，もしくは人が既存の秩序を便益があるものとして価値を置くので，人が既存の秩序を受け入れるという点では，その人の知覚や選好を形成する能力
Clegg（1989）：パワーの循環（circuits）	・エピソード的：結果を確保するための一行為者によって使用される因果的パワー ・非位置的（Dispositional）：支配の目的のための意味付けもしくはメンバーシップの固定的関係 ・促進的（Facilitative）：パワーの生産的能力の点でのエンパワメントと非エンパワメントの諸条件，エピソード的パワー・ネットワークの既存コンフィギュレーションの転換
Bradshaw-Cambell & Murray（1991）： 3焦点観	・機能的：敵対者による公然のポリティカルな有名なプレイ（fame playing） ・解釈的：言語，シンボル，神話による意味付けのマネジメント ・ラディカル的：現状維持するための社会的構造のパワー効果
Fincham（1992）：パワーの諸パースペクティヴ	・プロセス的：社会的相互作用レベルでのパワー，例）連合体形成，情報の操作 ・制度的：権限委譲された権威と社会的構造，例）階級，市場，職業 ・組織的：階層的メカニズム，例）選抜，職歴，支配的連合体
Hardy（1994）：パワーの諸次元	・第1次元（資源のパワー）：稀少で不可欠な資源の統制と諸依存性のマネジメント ・第2次元（プロセスのパワー）：意思決定プロセス，アジェンダ，参加者，領域を統制する能力 ・第3次元（意味付けのパワー）：希望する高位への正当性を創出するもしくは望まない行為を「非正当化する（delegitimize）」するための諸シンボルを使用する能力 ・第4次元（システムのパワー）：意識的に動員されえないような，―価値観，伝統，構造などの非意識的な受容において― システムに埋め込まれたパワー

（Palmer & Hardy, 2000）

　では次に，体系的なパワー論の分析として今日においても最も支配的な Pfeffer (1981) を詳細に考察しよう。

表8-6：多国籍企業論と組織論

DMNCマネジメントの妥当性の基準	組織理論の主要な流れ						
	取引コスト理論	エージェンシー理論	個体群生態学	制度理論	コンティンジェンシー理論	パワー関係と適応	組織学習
1. 組織構造上の不確実性	ある	暗黙的に階層的	ない	ある	ない，構造は環境に「適合する」，ただしマトリックス・マネジメントを除く	ある，パワー関係の自己調整ネットワーク	ある
2. 内部分化	ある	単純，結果統制 vs. 行動統制	ない	ある，影響力に依存する	ある	ある，外的不確実性に依存する	ある
3. 多元的な優先順位間の意思決定のトレードオフ	相互利益でなく狭義の自己利益（self-interest），関係契約づくりを含むよう拡張が必要	ない，主に二者関係のプリンシパル-エージェンシー間の関係	ない	明示的ではない，しかし多元的な「フィールド」が内包される	ある，少なくとも一部の研究者（Lawrence & Lorsch, 1967）	ある，パワー「ゲーム」が多元的な優先順位を具体化する	ある，学習プロセスの一部
4. 情報フローの重要性	ある，しかし不確実性と非対称性の諸点に限定的	ある，しかし主に行動の観察可能性と結果の測定可能性に焦点を当てる	ない	ある	ある	ある，情報は影響力のうちの1つの鍵となる重要な決定要因	ある
5. 処方的ではなく創発的なリンケージ	取引パターンはアプリオリに詳述されず，しかし階層は組織間分析に有益	ある，しかしリンケージの多様性を含まない一連の契約	ない	ある	可能である，しかし理論に一致するが明確に詳述されず	ある	ある，学習プロセスの結果

6. ファジーな境界	ある, 境界分析に非常に適切, しかし関係契約づくりを導入するために補完される必要がある	ある	ない	ある,「同形的 (isomorphic)」圧力に一致する	明示的でない	ある, 組織内・外における関係性ネットワーク	明示的でない, しかし除外はされない
7. 反復性 vs. 変化	……	……	変化能力は非常に限定的	ある	ない	ある, ネットワーク構造に依存する	ある, 理論にとって中心的

(Doz & Prahalad, 1991, p.32)

4 ◆特定個人のパワーとポリティクス

　Pfeffer（1981）は，組織論におけるパワー論の古典的かつ代表的研究である。本節では，彼のパワー論に依拠することによって，前章において結論として示された組織メンバーのパワーおよびポリティクス（自然体系モデル，すなわちミクロの視点）を理解できると考える[5]。

　特に，Pfeffer のパワー論において展開される次の諸点をとりあげる。すなわち，第1に，どのような要素がコンフリクト，パワー，ポリティクスにつながるのか（発展順序），第2に何がパワーの源泉であるのか（源泉），第3にどのようにパワーやポリティクスを利用するのか（利用法）という諸点である。順にこれらを概観しよう。

4.1 発生順序

　どのような要素がコンフリクト，パワー，ポリティクスにつながるのか。すなわち，組織内でのパワーやポリティクスへいたる発生順序を考察しよう。

　Pfeffer は，組織的意思決定におけるパワーとポリティクスが生じる過程を図示する。そのうえで，パワーやポリティクスにつながるには次の3つの必要条件が必要であるとする。すなわち，

　①相互依存性である。ある組織メンバーに起こったことが他の組織メンバーに影響を及ぼすような状況である。
　②異質な目標である。組織メンバー同士が互いに一貫しない目標をもつ場合である。

第Ⅲ部　経営者

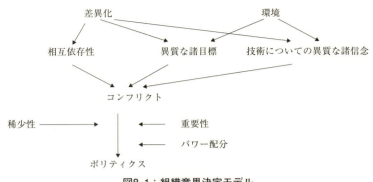

図8-1：組織意思決定モデル
（Pfeffer, 1981, p.69）

③稀少性である。例えば，二人の負傷者に対してたった一人分の輸血しかない場合である。

こうした3つの条件が，意思決定上のコンフリクト（葛藤）を生むのである。このコンフリクトが組織において存続し続けるならば，さらに2つの条件がパワーやポリティクスを生じさせることになる。すなわち，④意思決定もしくは資源の重要性である。上記の③の例でいえば，二人の負傷者に対して一人分の輸血という資源が重要であると認識する場合に，コンフリクトを生じさせるのである。⑤パワー分布である。例えば，ポリティカルな活動，駆け引き，連合体形成といった行動は，主にパワーが分散したときに生じる。パワーが高度に集権化される場合，それは独自のルールや価値観をもって意思決定がなされる。逆にそうでない場合に，パワーが分散し，組織内にコンフリクトを生じさせるのである。以上のような諸条件がコンフリクトにつながり，その解決のためにパワーを行使するポリティクスへとつながるのである。これが組織におけるパワーやポリティクスの発展順序である。

4.2　源泉

何がパワーの源泉であるのか。組織メンバーがパワーを行使する際に，そのパワーがそもそも何に基づいているのかを理解することがパワー概念もしくはパワー論の出発点となる。日常的には，カリスマ，信頼性，情報，職位といった諸要素が想起されるが，Pfeffer はパワーの源泉を次のように簡潔に示す。

1つ目に，資源利用可能性である。これは資源依存パースペクティヴ（Pfeffer & Salancik, 1978）の示唆を受けている。このパースペクティヴは組織内と同様に組織間にも応用されるものである。例えば，資金，名声，正当性，報酬と制裁，不確実性対処能力を含む。

第8章　戦略変化の本質

2つ目に，代替可能性の程度である。組織において代替できないものをもつ主体が最もパワーをもつ。換言すれば，代替不可能性がパワーの源泉になるのである。例えば，フランスの国営タバコ工場において，最もパワーを有するのは最も不確実な機械修理を担当する保守係である（Crozier, 1964）。また，特殊な専門能力をもつ者が組織において最もパワーを有する（French & Raven, 1959）。他にも，仲間同士だけで通用する専門用語をもつ場合，組織外の専門能力を統制維持する場合なども，これに含まれる。

　3つ目に，意思決定への影響を及ぼす能力である。組織内の意思決定に対してなんらかのかたちで影響を及ぼす能力をもつ主体が最もパワーを有するのである。例えば，まず，事前に意思決定の前提になる事柄を統制する場合である。次に，すでに検討済みの代替案を統制する場合である。さらに，意思決定の代替案に関する情報を統制する場合である。例えば，あるイギリス企業においてコンピュータ・システムを購入するという意思決定は，一人の組織メンバーによる情報統制が左右したのである（Pettigrew, 1973）。

　4つ目に，コンセンサスのパワーである。組織内での結束力をもつ組織メンバー，あるいは共通の立場にある組織メンバーは，共通の視点，一連の価値観，状況定義をもって組織において発生する政治的な争いにおいて優位に立つ。例えば，社会諸科学において経済学が一定のパラダイムを形成しているのは，多くの経済者間に共通のコンセンサスが得られているからである。

　以上のように，パワーの源泉は4つに簡潔に分類される。これらを十全に理解することによって，次にパワーやポリティクスの利用法の議論にすすむことができる。

4.3　利用法

　どのようにパワーやポリティクスを利用するのか。Pfefferは，上述のパワーの源泉をもってどのように組織メンバーはパワーやポリティクスを利用するのかを次の3点に要約している。①控えめなパワーの使用，②意思決定の正当性を示すこと，③パワー支援の向上，である。ただし特にここで強調すべきは，①と②における次のような共通点である。共通点その1は，客観的基準の選択的使用である。例えば，組織メンバーが自らの利害につながるデータを意図的に選出する場合である。共通点その2は外部専門家の利用である。例えば，組織メンバーは自らの利害につながる意思決定を正当化するために，組織外の経営コンサルタントを雇い入れる場合がある。共通点その3は議案そのものを統制することである。例えば，組織メンバーが意図的に意思決定の焦点を水面下に隠蔽したままにしておく場合である。また，懸案を審議する順序そのものも意図的に操作される場合もこれに含まれる。以上のその1からその3の3点が，①と②の共通点である[6]。

第Ⅲ部　経　営　者

さらに次に，最後の③パワー支援の向上を吟味しよう。これは総じて連合体（Coalitions）の構築といいうるものである。その詳細は次のように要約できる。a）外部支持者（External Constituencies）の構築である。例えば，組織を取り巻く供給業者，職業会計人，政府支援組織といった外部支持者からの協力を積極的にとりつける場合である。b）内部同盟（Internal Alliances）である。先の外部支持者の構築とは対照的に，内部同盟は組織内において支持者を構築することである。例えば，組織内においてある意思決定をとりまく同盟関係を構築することである。c）昇進（Promotions）による連合体形成である。例えば，組織メンバーに対して昇進機会を与えることによって，上述の内部同盟を構築することである。d）組織メンバーを皆勝者にすることである（Everybody's a Winner）。例えば，組織メンバーのなかに敗者をつくらないようにすることが，内部同盟への反対者や敵対者をつくらないことにつながるのである。いわゆる獅子身中の虫をつくらないようにするための方策であるといってよい。e）包摂（Cooptation）である。いわゆる抱き込みや天下りなどと呼ばれる行為である。これは，パワーをもつ組織メンバーが特定の下位単位の利害のために自らの職位を変えることである。次の2種がある。まず，組織メンバーが組織の境界を越える場合，銀行家が低業績企業に参加することや，マスコミが公共事業に参加することである。次に，組織メンバーが組織内にいる場合，組織内での支援獲得のために委員会を設立することや，敵対者を適切に人員配置することである。ただし特に認識しておくべき点は，包摂にはコストがかかるということである。例えば，情報機密の漏洩を避けるためにコストがかかるということがある。また，敵対者の包摂に際して多少の統制能力が喪失されるためにコストがかかるということもある。f）委員会（Committees）である。これは組織内のさまざまな利害の包摂，意思決定の正当性構築のために用いられる。委員会は組織内に遍在する一機能である。それゆえに，委員会は組織内の相互依存関係の調整メカニズム（Galbraith, 1973）として考えられてきた。ただし，組織内のポリティクスにおいて委員会によってどのように意思決定が変化するのかは不明であり，委員会が新たにメンバーを入れる場合にどの程度のコミットメントを生むかも明らかにされていない。

　以上，どのようにパワーやポリティクスを利用するのかについての詳細を概観した。ここまでにおいてPfefferのパワー論が示したパワーの発展順序，源泉，利用法をわれわれは認識することができた。

4.4　象徴

　しかしながら，上述のように，組織においてパワーが常に目に見えるわけではない。すなわち，正当な権限に基づいたパワー（職位上の権限）だけではないのである。組織においてパワーは組織メンバーにとって目に見えないかたちをもって，別

第8章　戦略変化の本質

	実質的な諸結果 （物理的指示対象を伴う資源 配分もしくは意思決定）	情緒的な諸結果 （感性，態度，信念，認識も しくは価値観）
パワー－依存性	効果大	効果小
ポリティカルな言語と 象徴的な行為	効果小，ただし諸戦略が パワーの動員と使用に影響を 及ぼす場合を除く	効果大

図8-2：ポリティカルな言語と象徴的活動
(Pfeffer, 1981, p.183)

言すれば，組織メンバーにあまり意識させないかたちをもって影響を及ぼす場合もあるのである。むしろ，組織には目に見えないものによって動かされることが多いともいえる。

　Pfefferは，単にコンフリクトとして顕在化したものがパワー配分やポリティクスにつながるということを示しているにすぎない。けれども彼はコンフリクトとして顕在化しないものこそが組織にとって重大であることをまったく認識していないわけではない。むしろ，Pfefferは，自然体系モデルの側面，すなわち目に見えないかたちをもって意思決定に影響を及ぼす側面をポリティカルな言語と象徴（Political Language and Symbols）という特別な表現をもって議論をすすめるのである。

　彼はこう指摘する。

　「ポリティカルな言語と象徴は，組織上の意思決定に関わる全員のための道具である」(Pfeffer, 1981, p.180)

　Pfefferは，Edelman（1964）に依拠して，言語の重要性を指摘する。例えば，パワーの代替物としての言語の重要性である。パワーは組織においてあからさまにかつ直接的に作用するのに対して，言語は望ましい選択に対して意味付けや正当性を与えるように，間接的に作用する。ゆえに，パワーが必ずしも使用されなくても，組織に作用するのである。また，象徴に与える言語の重要性である。組織におけるポリティカルな過程において，言語は象徴を与える1つの方法である。彼はこう主張する。すなわち，

　「概して，ポリティカルな言語や象徴的な活動の役割は，組織内のこうした結果

を受容可能で正当的にするという目的のために，パワーや影響力の結果として生みだされる諸々の意思決定を合理化し正当化することである。実際のところ，この正当化や合理化がなければ，パワーの行使が妨げられるのである。」(Pfeffer, 1981, p.184)

Pfeffer は，パワー－依存性とポリティカルな言語および象徴的行為との関係性を図示することによって次を明らかにする。すなわち，パワー－依存性が大きな効果をもたらすのは実質的な結果に対してである。例えば，物理的な実体をともなう職位，予算，資源配分，意思決定に対して，パワー－依存性は大きな結果をもたらすのである。

対照的に，ポリティカルな言語および象徴的行為が大きな効果をもたらすのは情緒的な結果に対してである。例えば，組織メンバーの感性，態度，信念，認識あるいは価値観などに対してポリティカルな言語および象徴的行為は大きな効果をもたらすのである。この点で，ポリティカルな言語および象徴的行為はイデオロギー的な作用をもつ。卑近なことばでいえば，洗脳することであるといってよい。また，象徴的行為は，儀式，式典，舞台装置などをも含むものである。彼は，ポリティカルな言語や象徴のもつ能力を次のように示す。すなわち，

「意思決定における正当性や安堵感の獲得を提供するための，さらにはこうした結果を正当化するためのポリティカルな言語や象徴の能力は，大まかに言うと，組織的現実がもつ固有の社会的性格から派生する。別言すれば，行為自体から独立した意思決定や行為に関する感覚に影響を及ぼすことは，組織的現実がもつ社会的に構成された性格のゆえに可能なのである。すなわち，事象は昇進や予算配分などのパターンを示す物理的な指示対象を有するが，他方こうした事象の意味付けは社会的解釈のようなものを受け入れやすいということを意味するのである。この社会的解釈は，どのように組織上のポリティクスの結果が認識されるのか，どのような行為者らが意思決定の結果の正当性と同様にその公正さを感じとるのかを決定付けるものである。」(Pfeffer, 1981, pp.185-187)

このように，自然体系モデルの側面，すなわちポリティカルな言語と象徴的行為が組織における意思決定にとって重要であることが分かった。

以上，本節では Pfeffer (1981) に依拠して組織のパワー論を概観した。この研究業績が組織論におけるパワー論の代表的文献と称されて以後，体系的かつ分析的な組織におけるパワー論はないといってよい。

本書の立場において Pfeffer パワー論を評価するならば，彼の理論体系は，基本的にはパワーの合理的モデルの側面を中心としながらも，ポリティカルな言語と象

徴的な行為という自然体系モデルの側面（ミクロの視点）も網羅しているのである。われわれはパワーの両側面を強く認識しなければならないと考える。

次章において，内部コンテクストと特定個人のパワーとポリティクスを導入するわれわれ独自の戦略変化モデルを提示する。

注

1）ここでの一般システム論に関する記述は，的確に要言されている今田高俊「一般システム理論」塩原勉他編『新社会学辞典』有斐閣，1993年，54-55頁を参考にしている。一般システム論の考え方は社会科学に大いに普及している。社会学における構造＝機能主義，人類学における構造主義，近代経済学における一般均衡理論などである。詳細は，降旗（1986），今田（1986）に依拠する。

2）Weick（1979）は，組織の相互依存を水準器実験によって説明する。正三角形テーブルの各コーナーに座る3者は，各人自らの運命は他のすべての人の手にあることを示す。しかしながら，この実験では3者の社会的地位，風貌，権力関係の相違，さらには裏取引き，結託，詐欺などの行為を想定しているわけではない。したがって，Weickは抽象的な組織メンバーを想定しているにすぎず，メンバー間のパワー関係に基づく相互依存をより具体的に説明しているわけではない。ただし若干の補足を示しておくと，彼の議論は組織の生成的側面（すなわち岸田（1994）のいうOrganizing）の理論的説明を企図するものであるゆえに，組織メンバーの社会的地位，風貌，権力関係などの既成の組織（すなわちOrganized）の現実的側面に対する説明を試みているわけではないのである。なお，組織メンバーのより具体的な理論的説明は次を参考とする。辻村宏和『組織のトラブル発生図式』成文堂，1994年。

3）いわゆるコンティンジェンシー理論（Contingency Theory）は環境決定論であると，しばしば批判される。環境決定論とは環境が組織を規定してしまうことを指し，組織の主体的な行動，行為者の動機・認知・意志など（例えば経営者の意識）は一切排除されることを意味する。別言すれば，マクロがミクロを規定する，もしくは全体が個を規定するのである。このような考え方は，大塚（1966）の群集のなだれの例をもってより適切に理解できる。すなわち，群集がなだれのように動き始めると，そのなかの諸個人はいくら抵抗してもどうにもならずただ全体の動きについていくほかない。諸個人の力の総和にほかならぬ群集全体の力が，群集を形作る諸個人自身から独立しむしろ対立するものとなって，個々人を規定するのである。

4）権力概念は，影響力（Influence）概念とほぼ同義に用いられることが多い。が，次のように厳密に区別されることもある。Parsons（1969）は，「権力は集合的組織体系の諸単位による拘束的義務の遂行を確保する一般的能力」（邦訳75頁）とする。対して，「影響力というのは，意図的（かならずしも合理的ではない）行為を通じて他者の意見や態度に影響を及ぼす仕方である。」（邦訳140頁）。また，「私は影響力を，説得の脈絡において，社会的諸単位間を循環する社会的相互作用の一般的な媒体であると考えている。それは，経済的価値をもつ商品，サーヴィス，貨幣といった状況的要因を与えることによっても，また権力行使の場合のように，条件的な強制的制裁によって裏づけられた，拘束的な決定を命ずることによっても，作用するものではない。影響力は，もっぱら説得の対象の意向にもとづいて，また積極的なチャネルを通じて作用する。それは説得者の望みどおりに行為することが自分自身のためでもあり，集合体の利益でもあることを彼に確信させようとするものである」（邦訳34頁）と説明する。なお，定義表作成にあたり参考とした文献をここに記しておく。寺島俊穂『政治哲学の復権：アレントからロールズまで』ミネルヴァ書房，1998年；星野智『現代権力論の構図』情況出版，2000年。また，Weber（1922）は，

第Ⅲ部　経営者

清水幾太郎訳『社会学の根本概念』岩波書店，1972年より，Parsons（1963）は Parsons 論文集（1969）より引用した。

5）本章と Mintzberg et al.（1998）の戦略10学派との関連性について次の2点を指摘しておく。第1に，パワーの設定である。Mintzberg et al.（1998）は，戦略10学派の1つとしてパワー学派（Power School）を設定する。彼らはパワーを2つに分ける。Pfeffer & Salancik（1978）を代表とするマクロ・パワー（組織とその外部環境との相互作用を反映するもの）とミクロ・パワー（組織の中にいる個人やグループに関するもの）である。が，彼らは既存研究を概観するにすぎず，パワーが戦略の策定実施とどのように関わるのかを鮮明に示すわけではない。本書におけるパワーは，彼らのいうミクロ・パワーに相当するものの，戦略策定‐実施において特定個人のパワーやポリティクスが内部コンテクストに影響を及ぼすという自然体系モデルの側面として明確に設定する。第2に，戦略論の把握の仕方である。Mintzberg et al.（1998）の戦略サファリには次の2つの限界があることを認識しなければならない。まず，戦略論と組織論の混同である。彼らは，戦略論の10学派を提唱しながらも，明らかにその大半は組織論の文献渉猟およびその知見の応用である。たしかに，彼らの学派による分類は戦略論においては斬新な分類であり，注目に値する。が，他の研究領域との異同を明示しておかない限り，「戦略論の」10学派として許容することはできない。さらに言えば，彼ら自身が提唱するコンフィギュレーション学派をひときわ強調するために，他の9学派を提示しているふしがある。次に，分類基準の不明性である。Rouleau & Seguin（1995）は次のように指摘する。「Mintzberg（1990）の分類スキーマは，分類法についての基本的な原則を明らかにしていない。彼が別々に識別してきたいくつかの諸学派は，実際には，重要な類似性を示している。例えば，人間についてを同じように表しているのは『デザイン』，『企業家的』，『認知』学派に通底する。3ケース全てにおいて，将来について計画を立てている個々の管理者が，多様なプロセスにおいて強調されているけれども，彼ら自らが合理的（Andrews, 1971），想像的（Westley & Mintzberg, 1989），もしくは社会‐認知的（Weick, 1979）である，ということに焦点が在る。しかし，『企業家的』学派や『ポジショニング』学派にとっては事実はそうではない。こうしたアプローチにおいて，管理者がとる唯一の選択は，外部的な決定要因に反応するために彼の企業を調整することである。すなわち，これらの外部的な決定要因が企業の一個体群もしくはある特定の経済行為者の構造を構成するかどうかに反応するために彼の企業を調整することである」（Rouleau & Seguin, 1995, pp.104-105）。対照的に，本書は，①戦略論と組織論の関係性を明確に提示する。②分類基準を明示する。戦略内容‐プロセス論，戦略論‐戦略変化論，戦略変化‐不変の理念などを峻別し図表化することによって，本書の論拠を明確に提示する（本書第1章参照）。

6）岡本浩一・石川正純・足立にれか『会議の科学：健全な決裁のための社会技術』新曜社，2006年では，意思決定の現場である会議の学術的追究がなされている。

第9章 結論

本章では，本書の結論としてわれわれ独自の戦略変化モデルを提出する。

1 ◆戦略変化モデル

本書は次の問題意識をもって展開した。すなわち，「本書の問題意識は，戦略論の発展を妨げる伝統的かつ支配的な戦略内容 – プロセス論という分析枠組みをどのように統合できるか，である」

第1章において，この問題意識を精緻に設定した。第2章において，戦略論の学説史分析から改めて戦略論そのもののもつ固有の問題点・限界を明らかにした。第3章において，戦略内容論を検討した。特にここでは日本の急成長企業であるアサヒビールの事例分析を通して，戦略内容論そのもののもつ問題点・限界を明らかにした。第4章において，戦略プロセス論を検討した。プロセスの意義を吟味し，戦略プロセス論の問題点・限界を明らかにした。第5章において，変化の理論を吟味した。変化の先行研究をふまえて，変化の多様化（類型化，変化の介入，レベル），変化の理論（Lewinモデル，Isabellaモデル，経営組織の発展段階モデル）を検討した。第6章において，経営者を理論的に追究した。戦略の主体，経営者のタイプ，経営者論の新展開を追った。第7章において，戦略変化論を分析した。静態的な分析であった戦略内容 – プロセス論を統合する可能性をもつ戦略変化論の3つの代表的諸説を吟味し，その問題点を明らかにした。そのうえで，意思決定における政治性を吟味した。第8章において，戦略変化の本質を探究した。内部コンテクストと，それを支える特定個人という2つの要素（変数）を吟味し，特に特定個人のもつパワーとポリティクスを概観した。

本章では，本書の結論としてわれわれ独自の戦略変化モデルを提出しよう。戦略変化を設定とする理由は，先の諸章において示したように次の通りである。第1の理由は，戦略変化論が環境（外部コンテクスト）を包摂することによって戦略内容 – プロセス論を統合する可能性をもつためである。第2の理由は，動態性（変化のプロセス）への追究である。第3の理由は，特定の戦略主体の顕在化である。第4の理由は，戦略論への積極的な組織論の応用である。

われわれは，以上を踏まえたうえで，次のように独自の戦略変化モデルを図示する。この図は，合理的モデル（コンテクスト，コンテント，プロセス）と自然体系

第Ⅲ部　経営者

モデル（特定個人のパワーとポリテイクス）という異なる2つの方向性を表現している。別言すれば，ミクロ–マクロ・リンクを表している。すなわちミクロ–マクロの統合を示しているのである。

もちろん例外的に自然体系モデルをも射程に収める戦略論の議論もある（Mintzberg & Waters, 1985 etc.）。ここでわれわれが本書において最も強調すべきは，戦略変化論は合理的モデル（マクロの視点）と自然体系モデル（ミクロの視点）の両者を一定程度包含する可能性をもつということである。すなわち，マクロの説明（外部環境→組織→人間という方向）において，われわれの戦略変化モデルの示す外部コンテクスト，戦略内容，戦略プロセスが合理的に説明できるのである。他方，ミクロの説明（内部環境←組織←人間という方向）において，われわれの戦略変化モデルの示す内部コンテクストと，それに影響を及ぼす特定個人のパワーとポリティクスが説明できるのである。概して，戦略論は主に合理的モデルの側面を強調する一学問分野であるとされてきた。しかしながら，われわれがむしろ強調するのは，戦略変化におけるこのミクロからの説明である。

われわれの基本的な姿勢は，戦略は，組織外の環境からだけではなく，組織内からの組織メンバーによっても策定され実施されるということを明らかにしたいということである。この点で，Mintzbergとその同僚（Mintzberg, 1978, 1987a, 1989,

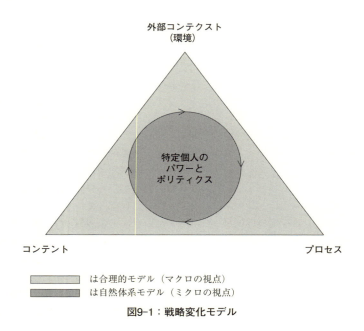

図9-1：戦略変化モデル

1994 ; Mintzberg & Waters, 1982 ; Mintzberg & McHugh, 1985) が強調する創発的戦略 (Emergent Strategy) や, Burgelmanとその同僚 (Burgelman, 1983 ; Burgelman & Sayles, 1986) が重視する自律的戦略行動 (Autonomous Strategic Behaviour) に通底する。したがって, われわれはこのような考えが戦略変化の本質であると考えるのである。

　ビクターの高野鎮雄, トヨタの豊田喜一郎, ホンダの本田宗一郎, アサヒの樋口廣太郎といった組織メンバーは, 先に見たように, はたして正当な職位に基づく権限だけで意思決定を行い, 組織を成功に導いたといえるであろうか。もしその通りであれば, 合理的モデルによって組織現象は十分に説明がつく。しかしながら, 一見するところ非合理的とも独裁的ともとられかねない状況において彼らが1つの意思決定を下すという点をあえて重視するならば, われわれは彼らの意思決定とその行為の背景としてみられる自然体系モデルの側面を強調しなければならないと考えるのである。それは, 組織における正当な職位に基づく権限によって十全に説明することのできない側面なのである。それは, ときとして目には見えないものであり, ときとして認識すらされないものである。

　Barnard (1938) の慧眼は, 組織におけるこのような目に見えないものを捉えていた。彼はこう語る。「協働する人々の間では, 目に見えるものが目に見えないものによって動かされる」(Barnard, 1938, 邦訳293頁) のである。

　もちろん, この点は経営者だけが対象となるわけではない。むしろ, 経営者以外の組織メンバーが上記された組織状況を支えるからこそ組織の成長という結果を生み出すことができるのである。Barnard (1938) は, この点を巧みに表現する。すなわち,

　「『組織やそのはたらきは, 組織図, 設立許可書, 規則や規約からは理解しえないし, またその構成員をちょっとやそっと見たところではわからない』ということをいくども耳にする。たいていの組織で『組織のコツを知ること (Learning the organization ropes)』は, 主として, その非公式社会で, だれがだれで, なにがなにで, なぜにやっているのかを知ることである。」(邦訳127頁)

　以上を要約すると次の通りである。第1に, 戦略内容-プロセス論は, 環境 (外部コンテクスト) を包摂する戦略変化論によって統合することができるのである。
　第2に, ①内部コンテクストと②それを支える特定個人のパワーとポリティクスを理論的に導入することによって, われわれ独自の戦略変化モデルを構築することができるのである。
　われわれは本書全体を通じて戦略論から戦略変化論へという理論的な流れを示した。既存の戦略論の構図から新しい戦略論の構図へと転轍を試みたのである。

以下では，新興の戦略変化に関する研究において明確にしておくべき次の2点を記しておく。

第1に，戦略変化と不変の理念との相違である。本書では戦略変化を論じた。が，もちろん，一貫して変化しない戦略も組織にはある。戦略変化と不変の理念との相違点は以下の通りである。

まず，分析レベルの相違である。戦略変化論はトップからロワーまでの具体的な組織階層全体を分析対象レベルとする。ゆえに，短期的にも長期的にも，経営者が計画的に介入することによって組織における主要な変化をつくりだすことができる。対照的に，不変の理念は，組織階層を越えて，形而上的な (metaphysical)，抽象的レベルもしくはメタ・レベルを分析対象レベルとする。ゆえに，不変の理念は，イデオロギー，価値観，共通認識に類似するものである。したがって，経営者が計画的に介入することによって短期的に変化をつくりだすことはしばしば困難である。同時に，経営者の継承・交替によって短期的に変化をつくりだすことも困難である。ただし，組織の内的環境・外的環境の変化につれて，不変の理念が長期的に移りかわる可能性はある。

次に，意図性（Intentionality）の有無である。戦略変化論は主体の意図性（もしくは作為性，目的合理性）を重視する。Greiner & Bhambri（1989）はこの点を戦略変化の定義において明確に示している。すなわち，「意図的な（deliberate）戦略変化は，企業とその環境との間の再調整を結果として生じる場合に，戦略および／もしくは組織における主要な変化をつくりだすことに向けた創発的な反応を指揮しようと試みる，一定の環境と組織条件の下で生じるような，上級経営幹部による計画的な介入である」(p.68)，と。要するに，トップ・マネジメントが組織における主要な変化をつくりだすことに目的合理性をもって介入するのである。対照的に，不変の理念とは主体の意図性が介在しない。例えば，ホンダイズム，トヨタイズムなどは，経営主体が意図的に創造したものではない。もちろんトヨタの品質第一主義などのように主体の意図性が介在する不変の理念もあるが，多くの場合，社是・社訓のように明記されたものではない。岡本（1979，1982）によれば，組織メンバーもしくは組織外の関係者に内在化された価値観・世界観といったものが経営理念である。岡本は，長期的指導性をもつ経営戦略をグランド・ストラテジーと呼ぶ（岡本，1981：参考，岸田，1985）。さらに補足すると，不変の理念は，近年注目される組織文化論に通底する。概して，不変の理念は明文化されているわけではないので，組織における儀式，セレモニー，シンボル，言語，物語，神話など（Kertzer, 1988），さらに身近な言葉を用いると暗黙のうちに共有されている掟，不文律，しきたりなどに類似するものである。

さらに，変化の長さ（length of change）である。戦略変化論は，上述のように，主体の意図性が戦略を変化させることができることを前提とする。主体の意思

第9章 結論

決定が既存の戦略を保持し続けるかもしくは新規の戦略を創出するかに影響を与える。戦略変化論における戦略は不変的なものではなく可変的なものであるゆえに，変化の長さが短期的もしくは中期的であるといえる。

対照的に，不変の理念は主体の意図性が介在しないゆえに，不変的であり普遍的である。例えば，経営主体が継承される場合においても，組織メンバーが継続的に保持し続けるものである。したがって，変化の長さは長期的であるといえる。ただし，国際経営論（Bartlett & Ghoshal, 1989 etc.）においてしばしば問題とされるように，国境，文化，宗教，言語などの障壁を一組織が越える場合に，この不変の理念が組織メンバーによって保持されるか否かは不明である。したがって，以上の3つの相違点を要約すると，戦略変化は可変性をもち，不変の理念はそれとは逆に可変性がないということを主な特徴とするのである。

第2に，戦略変化に関する研究そのものに対する批判である。新興の戦略変化論そのものは，未だに戦略変化はたいていの場合ブラックボックスのままである（Hrebiniak, 1990）と指摘される。例えば，以下のような批判および限界点が指摘されている。

まず，戦略変化のプロセスが解明されていないという批判である。戦略変化を観る視点は多様に示されている。これらは学習，認知，パワーといった組織論の知見を応用して戦略変化を追究しようという試みである。が，これらは一様に静態的な分析の志向性が残っている。本書は，動態的に戦略を追究するために組織論および戦略変化論の知見を応用してこれらに若干の修正をくわえた，われわれ独自の戦略変化モデルを提示することを旨とする。

次に，戦略変化論は回顧的な歴史分析にすぎないという批判である。Van de Ven（1993, p.318）はこう批判する。すなわち，近年，戦略変化の諸プロセスの近年の大半の研究は，結果が知られた後に行われた回顧的ケース・ヒストリーであった。可能であれば，ある戦略変化プロセスが知られる以前にヒストリー研究を始めるのが一般的にはより良い，と。

最後に，実務家の視点が欠如しているという批判である。Van de Ven, Angle & Poole（1989）は，こう批判する。ある管理者のパースペクティヴからある変化のプロセスを観察することなしには，戦略変化の努力に関わる管理者らが直面する変化性を理解し，それによって戦略プロセスの理論と実践を前進させる新しい知識を生み出すことが調査者にとって，不可能ではないものの，難しくなる，と。以上の3点が戦略変化に関する研究そのものに対する批判である。

以上のように，本書を通じて得られた結論は，戦略内容 - プロセス論は戦略変化論によって統合することができるということである。さらに，われわれ独自の戦略変化モデルを構築したということである。すなわち，コンテント，プロセス，外部コンテクスト（環境）という合理的モデルの側面（マクロの視点）と，①内部コン

第Ⅲ部　経　営　者

テクストと②それを支える特定個人のパワーとポリティクスという自然体系モデルの側面（ミクロの視点）をもつ，われわれ独自の戦略変化モデルである。

以上が本書で得られた結論の要約である。

2 ◆ 課題

本書の結論を上記において提示した。ここでは本書の結論の理論的位置，方法論的限界，今後の研究課題を述べる。

2.1　理論的位置

本章で提示したわれわれ独自の戦略変化モデルの理論的位置づけを行わなければならない。本書の理論的位置は，次の通りである。

第１に，既存の戦略論の批判およびその試論的帰結の提示である。戦略論における伝統的かつ支配的な分析枠組みこそが戦略論全体の進捗を止めていることを批判的に指摘し，その統合を試みた点である。第１章において述べたように，本書の問題意識は多くの文献において触れられてはいた。にもかかわらず，学界においてはそれを打破しようとする試みは依然としてみられない。したがって，われわれはこの課題を戦略論において理論的に解決しようと挑戦的に試みたのである。

第２に，戦略論を社会諸科学のなかの一分野として位置づけた点である。戦略論は，概して，実務家志向の研究領域とみなされることが多い。学界においても同様の見解が大勢であるように思われる。が，経営学・組織論の一下位分野として生成・発展した戦略論は紛れもなく社会諸科学の１つとして位置づけられなければならない。この点を認識しないままで議論を進める研究文献が非常に多いのである。われわれは，戦略論が社会諸科学の１つであることを明示するためにミクロ－マクロ・リンクにおいてわれわれ独自の戦略変化モデルを提示したのである。

第３に，変化への追究を行った点である。変化の時代といわれて久しい。変化こそが常態であるともいわれる。変化に対応できないものは淘汰されるというのが，周知の見解である。同時に，多くの社会諸科学に共通してみられるテーマは，変化とは何か，変化のプロセスとは何かである。これらをどのように説明するのかが最重要課題である。にもかかわらず，この課題に努めて真摯に取り組もうとする研究領域は依然として多くはない。したがって，われわれは変化に対する１つの試論的見解を戦略論の立場から提示したのである[1]。

第４に，１つの研究領域として確立された戦略論の構図を全体的に鳥瞰した点である。1960年代に産声をあげた戦略研究は，学界においても研究機関においても戦略論として制度化されている。それはほぼ40年間の学説史を通観しても分かるように多様かつ複雑な様相を示した。にもかかわらず，戦略論の構図の全体像を概観し

第9章 結論

た研究，もしくは学説史を包括した研究はほとんどない。したがって，われわれは，戦略論の学説史研究を精緻に示したうえで，その固有の問題点を明らかにし，戦略変化論を通じてその統合を試みたのである。

以上が，本書の理論的位置づけである。

2.2 方法論的限界

さらに，本章で提示したわれわれ独自の戦略変化モデルの方法論的限界を示す。われわれは，本書の結論として独自の戦略変化モデルを提示した。これは，本書の最初に設定した問題意識に対して1つの理論的解答を試みたモデルである。が，これは同時に，以下のような避けることのできない方法論的な限界を内包する。

第1に，研究上のトリレンマである。Weick（1979）は，研究上の回避できない限界をGAS文字盤の例によって示す。すなわち，

「研究にはトリレンマがつきものだと自覚し，気楽な気持ちでやる人は，練達の研究者だ。このトリレンマ（tradeoffs）とはThorngateの命題"あちらを立てればこちら立たず"（1976）に表現されていて，社会行動の理論は同時に普遍的で精確で簡潔ではありえないというものである。たとえば，簡潔な理論がより普遍性を高めると，それだけ細かな予測における精確性は落ちるのである。この命題の意味するところを十分に把握するために，時計の文字盤を想像してみよう。それには，12時のところに普遍（general）という文字が，4時と8時のところにそれぞれ精確（accurate）と簡潔（simple）という文字が記されている。GAS（ガス）文字盤と記憶すればよい。先の命題をGAS文字盤で説明すると，研究につきもののトリレンマがよくわかる。すなわち，普遍性，精確性，簡潔性のう

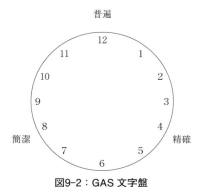

図9-2：GAS文字盤
（Weick, 1979, 邦訳47頁）

ち2つを追究しようとすると，3つ目を犠牲にせざるをえないのである。…この GAS 図の意味するトリレンマの不可避性を認めようとしないところに，どうやら今日の多くの研究の問題点があるようだ。研究者は自分の説明において普遍性・精確性・簡潔性がすべて同時に達成しうるかのように振る舞うが，こうした妄想こそが多数のつまらなくて訳のわからない研究を生んでいるのだ。したがって，こうした現状を打破するためには，研究者は三冠王を狙わずに，妥協を良しとしたり時々研究スタンスを変えたりする必要があろう。三冠のうちせいぜい二冠しか達成しえないという事実を受け入れれば，研究における多くのルールや制約がこれまでとは違った意味合いをもつようになる。」（Weick, 1979, 邦訳47-48頁）

要するに，Weick は，このようなメタファーを用いて組織研究上の方法論的限界をより鮮明に示すのである。彼の GAS 文字盤に従えば，本書は，戦略内容－プロセス論という合理的モデル（マクロの視点）の側面（10時）よりもむしろ，内部コンテクストと特定個人のパワーとポリティクスという自然体系モデル（ミクロの視点）の側面（6時）を重視するということを提示するものである。したがって，普遍性をある程度犠牲にしなければならないということが，われわれの戦略変化モデルの欠点といえる[2]。

第2に，ミクロ－マクロ・リンクである。上記の GAS 文字盤と同じように，これは重大な方法論的問題を示すものである。ミクロ現象はミクロの説明を通じて，マクロ現象はマクロの説明を通じてというように，従来の社会諸科学はそれぞれ別々の説明方法を別々のままにもち合わせていた。そのために，ミクロとマクロは独立（もしくは分裂）したままで存立してきたのである。

ミクロ－マクロ・リンクとは，個と全体，部分と全体，ミクロ－マクロ問題，ミクロ－マクロ接合などとも言われる（西原他，1998）。が，その要点は，ミクロの議論とマクロの議論をどのようにうまく接合して説明するかということである。第1章においてある程度触れたように，このミクロ－マクロ・リンクは，近年，社会諸科学において特に注目されている1つの普遍的課題である。

本書は，戦略内容－プロセス論が，一部の例外を除いて，主に合理的モデル（マクロ）の議論であることを示し，それに対して内部コンテクストとそれを支える特定個人のパワーとポリティクスという自然体系モデル（ミクロ）の議論を接合して説明するという，われわれ独自の戦略変化モデルを提示した。

したがって，本書では，マクロとミクロの議論を接合するという，戦略論における1つの可能性を試みたものであるといえる。しかしながら，ミクロ－マクロ・リンクという重大な問題自体が，そもそも解決の糸口さえも示されていない。従来の二元論的議論の理論上の整理がようやく緒についたばかりである（Alexander et al., 1987)。われわれは，この点を真摯に受け止めなければならないのである。また，ミクロ（個）とマクロ（全体）は，研究者だけが認識している理論的課題ではない。組織に関わるものは特にこの点を強く認識する。歴史上の著名な経営者もこの点に次のように触れている。

「組織に関して，事実と人間関係を正しく述べようとすると，適切な表現の方法がないので困ることが多い。なぜなら人間は，そのときどきによって，物事の1つの面を強調しがちなものだからである。—あるときには部分の絶対的独立を，あるときには調整の必要を，またあるときには中心的な指導機能を備えた全体というものを。」（Sloan, 1963, 邦訳71頁）

2.3 研究課題

さいごに，今後の研究課題を提示しよう。第1に，自然体系モデルの側面のより積極的な導入である。たしかに，われわれは自然体系モデルの側面（ミクロの側面）へと議論をすすめた。が，どのように特定個人のパワーが生じるのかという発生・生成の過程，いわゆる発生論的側面は本書において十全に論じられているわけではない。先に検討したように，Pfeffer（1981）はパワーの機能的側面の研究にすぎない。むしろ，パワーがどのように発生するのかという発生論的側面の研究が要請される。

例えば，先に示したように，なぜアサヒビールの歴代の数々の社長のなかで村井勉，樋口廣太郎，瀬戸雄三の3社長が組織の成長を導くことができたのか（本書第3章）。例えば同様に，なぜICIの歴代の数々の会長の中でJohn Harvey-Jonesが組織の成長を導くことができたのか（本書第7章）。

われわれは，このようなパワーの発生論的側面をある程度摂取することによって，戦略変化論に対して自然体系モデルの側面（ミクロの視点）をより十全に包含する可能性があると信じる。そこには当然，組織の認知的側面の議論（Weick, 1969, 1979 etc.）が大きく関連する。認知は，概して，主体の情報収集や処理活動の総称であり，知覚，注意，記憶，推論，問題解決，言語理解，言語生成といった知的諸過程を指す包括的な概念構成である（佐伯，1980；生田，1987；安西，2011）。この研究領域は，神経生理学的レベルから社会文化的レベルまでの多様な範囲をまとめる認知科学として成り立っている。こうした研究動向が，戦略論における一部の例外（Schwenk, 1988a, 1988b；Rajagopalan & Spreitzer, 1997 etc.）を除いて，十分に摂取されているとはいえない。

戦略変化の自然体系モデルの側面（ミクロの視点）において，組織メンバーの認知が，なぜ，どのように作用するのか，また組織メンバーがその多様な利害の変化によってどのように影響を受けるのかを検討することは，戦略論に限らず，経営学

全般において興味深い研究テーマであるといえる。

　第2に，組織間関係の分析への応用である。戦略変化論は，概して，戦略論と同様に単に1つの組織を焦点とする分析にすぎない。2組織あるいはそれ以上の組織を焦点において分析することは，ほとんどなされていない。したがって，組織間関係論を戦略変化論に対して応用することは理論的に困難であるかもしれない。ただし，組織間関係論（山倉，1993；吉田，1994，2004）において開発されてきた諸理論を応用することによって，AT & Tとアメリカ政府との組織間関係の研究（Temin, 1987），わが国のNTTと通産省との組織間関係（藤井，1996）などをわれわれ独自の戦略変化モデルにおいて説明する可能性があると考える。

　第3に，われわれ独自の戦略変化モデルによる事例分析である。本書では，理論的なモデルの構築を結論として示すことを第一義的に試みたために，事例分析を通してその理論的妥当性を提示したわけではない。また本書では，アサヒビールやICIの事例を部分的にとりあげたが，これらの事例は主に二次資料をもとに作成したものである。それゆえに，組織メンバーの動向を十分に把握し理解して示したわけではない。入手可能な資料を基に提示したにすぎないのである。したがって，われわれ独自の戦略変化モデルを通じて事例分析を行うことが喫緊の課題である。例えば，ブラザー工業㈱は100年にわたる創業者一族の経営のもとで支配的なミシンメーカーとして確立した。にもかかわらず，同社は国産ミシンメーカーから世界的な情報機器メーカーへと戦略変化した[3]。

　Foster（1986）は，次のように同社を紹介している。すなわち，

「ブラザー・ミシンは自社の主要製品であるミシンを見直し，その結果，日本の女性は自分でミシンを踏んで洋服をつくるよりも，既製服を買い求めるようになってきたと痛感した。そこでブラザーは，これまでのミシンで培われた精密機械とマイクロ電子工学技術を生かして，オフィスオートメーションの分野に進出した。そしてあっという間に，世界有数の電子タイプライターのメーカーとなったのである。一方，ブラザーと並ぶミシン・メーカーだったリッカーは，それまでの高い市場占有率を誇っていたミシンを中心にプランニングをつづけた。市場の変化には目もくれず，ミシンの品質改善にばかり力をつくしたのである。ところがミシン市場は崩壊しつつあって，結局，リッカーは1984年に倒産してしまった。ブラザーの新型タイプライターは，新しい市場をつくりだした。それまでミシンに使われていた精密技術をタイプライターに応用したのであるが，それはタイプライターという製品に対する世界のコンセプトを一変させた。」（邦訳269-270頁）

　同社の戦略変化において，なぜ，どのように外部コンテクスト・コンテント・プ

ロセスが変化し，同時に内部コンテクストとそれを支える特定個人のパワーとポリティクスが変化したのか。われわれの戦略変化モデルの事例として，同社の戦略変化はきわめて興味深い。このような諸点をわれわれが独自に分析することが要請される。

注

1) 瀬戸雄三（当時アサヒビール代表取締役社長）は，変化の時代であるからこそ短絡的に「情報」に依存することを次のように否定する。「社長室に来る情報は会社のいろんなセクションを通ってくる。マーケットのどろどろした濁流も関所を通るたびに清流となって流れるように，社長室にいたら心地よい情報しか入ってこない。それでは，私は裸の王様になってしまう。現場のどろどろした濁流の中にこそ，本当の情報がある。変化の激しい時代には，それでは会社の舵取りを間違えてしまう。濁流の中に自らを投じ，自らで変化の兆しをつかみ，それに加えて，組織から上がってくる情報とをミックスすれば，決して間違わない。」(1998，75頁) 彼のこの発言は，1998年度組織学会年次大会，於大阪大学，10月18日の講演の一部である。

2) Weick (1979) は，研究上の留意点を次のようにも示す。研究者はまず自分の研究ポジションがGAS文字盤の何時にあるかを確認し，他の11のポジション特に反対のポジションの研究者と交流すべきである。研究スタイルの変更はよいが，決して普遍的で精確で簡潔な研究を求めてはならない，と。

3) ブラザー工業㈱に対するわれわれの知的関心の高揚は，主に次の学会等における発表に基づくものである。倉田伯生（画像システム事業部・製造部部長）「東アジアにおける日本的経営」愛知学院大学経営管理研究所主催講演会，平成11年2月18日；市川紀六（画像システム事業部・事業部長）「北米地域のインフォメーション機器事業における企業ネットワークの変化」第6回国際ビジネス研究学会全国大会，於名古屋大学，平成11年10月16日；石川茂樹（画像システム事業部）「顧客情報分析による顧客理解と商品開発へのフィードバック」名古屋大学大学院多元数理科学研究所「社会数理特論」講義，平成11年11月10日。なお，以下を参考にした。安井義博『ブラザーの再生と進化：価値創造へのあくなき挑戦』生産性出版，2003年；高井尚之『「解（かい）」は己の中にあり：ブラザー小池利和の経営哲学60』講談社，2012年；Gordon,A., *Fabricating Consumers : The Sewing Machine in Modern Japan*, University of California Press:Berkeley, 2011（大島かおり訳『ミシンと日本の近代：消費者の創出』みすず書房，2013年）。

付論1　提携と合併

　本付論では，提携（アライアンス）と合併を理論的に分析する。提携とは，組織と組織の部分的結合を指す。合併とは，組織と組織の全体的結合を指す。これらは，近年，企業の現場から大きく注目されているテーマである。それらの戦略の理論的蓄積は，経験的研究においても事例研究においても徐々に増している。まさに，実務と理論の両面から注目される研究対象なのである。にもかかわらず，組織と組織の部分的結合も全体的結合もほとんど統一的に論じられるにいたっていない。標準的なテキスト（林・徳永，1995；吉原，1997；藤本・大西，1999等；Grant，2013）においても基準となる理論展開は充分になされていない。

　そこで本付論では，組織と組織の部分的結合および全体的結合を先行研究から体系的かつ網羅的に明らかにしよう。第1に，代表的な部分的結合（戦略的アライアンスとジョイント・ベンチャー）の相違点・共通点を明らかにする。第2に，戦略的アライアンスの定義，類型化，形成，目的を明示する。第3に，戦略的アライアンスをめぐる主流の理論的視点（経済学，戦略論，組織間関係論）を探求する。さいごに，戦略的アライアンス研究に内包された研究課題を指摘する[1]。

1◆ジョイント・ベンチャー

　環境変化が激化しているといわれて久しい。激烈をきわめるハイパー・コンペティション，グローバリゼーションの拡大，製品ライフサイクルの短期化，情報通信の技術変化，社会的責任の高まりなど，これらのキーワードのたえざる輩出がその傾向を物語る（Palmer & Hardy, 2000）。

　従来，国際的な企業は，大きな環境変化の波濤にさらされてきた。70年代において，多くの企業は，最新テクノロジーの取得，国際市場における製品販売，製品性能の強化に奔走してきた。その後，規模の経済性・範囲の経済性の追求が進展したため，80年代にいたると企業はポジション重視の傾向をみせた。さらに90年代にいたると産業の境界線のあいまい化，市場のグローバル化がいっそう進展し，企業はその能力重視にいたった（Harbison & Peker, 1998）。

　では，企業はどのように不確実かつ未開拓の市場に参入するのか。Kotabe & Helsen（2001）は，この問いに対して国際経営研究の立場から，新規市場への参入という視点をもって明確な見解を提供する。ここでは彼らの主張を概観しよう。企業が未開拓市場に参入する場合，その代表的な決定要因は，市場規模，市場成長率，リスク，政府規制，競争環境，現地のインフラなどである。同時に，企業は自社内においても多様な要因を考慮しなければならない。自社の目的は何か，どの程度のコントロールが可能か，自社はどの程度の資源，資産，能力を有するのか，さらには不確実な環境変化にどの程度柔軟に対応できるかなど，企業はその足元を確認しなければならない。

付論表1-1：企業の発展方向

参入方式	プラス面	マイナス面
間接輸出	・責任が小さい（資源投入に関する） ・低リスク	・コントロールの弱さ ・外国市場との接触が小さい ・経験から学習することが少ない ・潜在的機会費用
直接輸出	・コントロールの強さ（間接輸出に比べて） ・積極的販売	・輸出期間を設立する必要性 ・多額の投入資源
ライセンシング	・ゼロあるいはゼロに近い程度の投資 ・迅速な市場参入 ・輸入障壁を乗り越える ・低リスク	・コントロールの弱さ ・潜在的機会費用 ・品質管理の必要性 ・競争業者が育成されるリスクがある ・市場開拓の限界
フランチャイジング	・ゼロあるいはゼロに近い程度の投資 ・迅速な市場参入 ・高い経営上の動機づけ	・品質管理の必要性 ・コントロールの弱さ ・競争業者が育成されるリスクがある
契約生産	・ゼロあるいはゼロに近い程度の投資 ・輸入障壁を乗り越える ・コスト節減	・品質管理の必要性 ・悪い報道のリスク（例えば，児童労働） ・灰色および／あるいは闇市場への製品流入
ジョイント・ベンチャー	・リスク分散 ・投資資源が少ない（完全所有子会社に比べて） ・シナジーの可能性（例えば，現地流通ネットワークへのアクセス）	・パートナーとの対立リスク ・コントロールの弱さ ・競争業者が育成されるリスクがある
買収	・完全なコントロール ・現地資源へのアクセス（例えば，工場，流通ネットワーク，ブランド資産） ・競争的でないこと	・多額の費用 ・高リスク ・多様な国／企業文化を結合する必要性 ・文化的衝突
新会社設立	・完全なコントロール ・最新技術 ・文化的衝突のリスク	・多額の費用 ・長時間を必要する ・高い政治的リスクおよび資金リスク

（Kotabe & Helsen, 2001, 邦訳200頁）

　企業は，そのうえで，国際市場に進出する場合，多様な参入方式の選択に直面するのである。その選択肢には，例えば間接輸出，共同輸出，直接輸出，ライセンシング，フランチャイジング，契約生産，ジョイント・ベンチャー，買収，新会社設立などがある。
　間接輸出は，企業が輸出するために，自国市場に基盤をもつ中間業者を利用することである。これは資源投入に関する責任が軽く低リスクであるが，反面で外国市場との接触度

付論1　提携と合併

が低下し，経験から学習する可能性も希薄となるために潜在的機会費用がかさむ．
　共同輸出においては，企業は（自国でも外国でも）他社と協定をむすぶ．その協定をむすんだパートナーは共同輸出業者の製品を販売するためにパートナー自身の流通ネットワークを使用する．
　直接輸出は，企業が自社内に輸出部門を設立し，外国市場に基盤をおく中間業者（例えば外国の流通業者）に依存することである．上記の間接輸出と比較すると，コントロールは強く，積極的販売が可能となる．しかし反面で，輸出期間を設立する必要度が高まり，多額の投入資源を確保しなければならない．
　ライセンシングは，ライセンサー（Licenser）である企業がロイヤルティと交換に，ライセンシー（Licensee）である外国企業に所有資産の一部を提供するという契約上の取引を指す．この場合，ライセンシング契約の対象となる資産は，例えば商標，技術ノウハウ，生産工程および特許である．日本のオリエンタルランド社（設立1960年）は，ディズニーからのライセンスに基づいて東京ディズニーランドを所有し運営する．この場合，ディズニーの名称を使用する見返りに，オリエンタルランド社はディズニー社にロイヤルティを支払うのである．
　迅速な市場参入が可能であり低リスクであるという利点がライセンシングにはある．しかし反面，コントロールが弱く，潜在的機会費用がかかり，品質管理の必要度が増し，市場開拓の限界に直面するのである．
　フランチャイジングは，多くの場合，サービス産業の企業がグローバル市場において市場機会を得るために用いる手段である．フランチャイジングは，上記のライセンシングと同様に，フランチャイザー（Franchiser）がフランチャイジー（Franchisee）に対して，そのフランチャイザーの商号，商標，ノウハウなどを担当地域において特定期間のあいだに利用することができる権利を付与することである．フランチャイザーは，その見返りとして，ロイヤルティの支払いなどによって利益を得るのである．フランチャイジングの利点は迅速な市場参入の可能性を高めることであり，経営上の強い動機づけを得ることができることである．反面，コントロールが弱く，品質管理の必要度が増し，競争業者が育成されてしまうリスクを抱える．
　契約生産は，企業がコスト削減のために現地の製造業者に対して部品・製品等の生産を契約することを指す．契約生産は初期投資が低く抑えられ輸出障壁を乗り越えることができるため，概してコスト削減となる利点をもつ．反面，品質管理の必要度が増すことがある．
　ジョイント・ベンチャー（Joint Venture）は，多国籍企業が標的国に新会社設立のために現地パートナーと株式その他の資源を共有することに合意することを指す．一般に，そのパートナーは現地の企業であるが，場合によっては現地の政府当局との組み合わせやその他の外国企業あるいは現地企業と外国企業の組み合わせであることもある．ジョイント・ベンチャーはリスク分散ができ，少ない投資資源で成り立つという利点がある．反面，パートナーとの対立リスクの発生やコントロールの弱さがその欠点であるといえる．
　買収は外国市場における新市場参入のための1つの選択肢である．多国籍企業は100％所有による新市場参入を選考する場合に，現存企業を買収するか，新会社を設立するかの2つの道筋をもつ．買収は100％所有であるため，完全なコントロールを把握でき，工場，流通網，ブランド資産などの現地資産へのアクセスを可能であり，そのため競争的にはならない．しかし反面，多額の費用がかかる．文化的衝突の可能性もあり，多様な国々

や企業文化を結合するがゆえに，高いリスクを抱える。

　新会社設立は，完全なコントロールを把握でき，文化的衝突などのリスクを負うことはない。しかし反面で多額の費用がかかり，長時間を必要とし，政治的リスク・資金的リスクも付随する。

　これらを通観して分かるように，それぞれの参入方式にはプラス面とマイナス面があることは明らかである。では，企業はどのように安定しようと試みるのか。

　Lewis（1990）は，企業に利益をもたらすためのパートナーシップという研究視点から，企業が強みを構築するための4つの手段を提示する。第1に自社内の内部活動である。自社内部の中核となる強みを全面的にコントロールし，1つの企業が単独でリスクを負うことである。第2に買収である。中核となる強みと密接に関連する買収企業のほとんどを入手する必要がある。企業は全面的にコントロールし，リスクを買収した側が負うのである。第3に商取引である。これは競争上の強みを付加することはできず，また相手企業が単独でリスク負担する場合に限定される。第4に戦略的アライアンスである。競争上の強みを付加することも可能であり，社外の経営資源にもっとも広範にアクセス可能となる。よって，継続的に相互にコントロール調整が可能となり，リスクを企業同士が共有する。

　以上の見解から，企業の新規市場への多種多様な参入方式を把握することができた。

　近年，上述のような，企業の多種多様な参入方式において大きく注目されつつある組織行動がある。前述のジョイント・ベンチャーと，80年代以降に特に注目される戦略的アライアンスである。

　ジョイント・ベンチャーは，概して，2社もしくはそれ以上の企業取引するという，代替的な諸モードにおける1つの選択肢である（Kogut, 1988, p.319）。

　従来，ジョイント・ベンチャーとアライアンスは，同一の組織行動とみられがちであった。1つの企業において実現できないことを達成しようという目的そのものは，ジョイント・ベンチャーも戦略的アライアンスも共通であるためである。その基本的な定義を通観してもその共通性は分かる。

　では，ジョイント・ベンチャーとは何か。ここではKotabe & Helsen（2001）に基づいて議論をすすめよう。

　Kotabeらは，多国籍企業による新規市場への参入方法として次のようにジョイント・ベンチャーを定義する。すなわち，

「グローバル事業を拡大することを望む多くの多国籍企業にとって，ジョイント・ベンチャーは外国市場，特に新興市場に参入する方法として最も有望である。ジョイント・ベンチャーとは，多国籍企業が標的国に新会社を設立するために現地パートナーと，株主その他の資源を共有することに合意することである。一般的に，そのパートナーが現地の会社であるが，場合によっては，現地の政府当局，そのほかの外国企業あるいは現地企業と外国企業の組み合わせということもある。共同事業は出資比率によって，過半数所有（50%を上回る所有），半数所有および少数所有（50%未満所有）のベンチャーという3つの形態に分類される。」（Kotabe & Helsen, 2001, 邦訳186頁）

　これら以外にも協働ジョイント・ベンチャーと出資ジョイント・ベンチャーという分類がある。まず，協働ジョイント・ベンチャー（Cooperative Joint Venture）は，出資を全く伴わない企業パートナー間で協力するための合意を意味する。例えば，あるパートナー

付論表1-2:戦略的アライアンスの定義

研究者	定義
Devlin & Bleakley (1988)	戦略的アライアンスは,一企業の長期的な戦略的プランのコンテクストにおいて生じ,その企業の戦略的ポジションを向上させ,あるいは劇的に変化させようと試みる。(p.18)
Lewis (1990)	戦略的アライアンスを構築することによって,それぞれの企業が,自社の,またお互いに共通する目的に沿うように,経営資源をどのような組み合わせでも新しく作り出すことができる。(邦訳29頁)
Parkhe (1993)	戦略的アライアンスは,任意の企業間協働の合意であり,多くの場合にパートナーの将来の行動についての不確実性や,申し出を確実にするための高度な権威のようなものの欠如から発生する固有の不安定性によって特徴付けられる。(p.794)
山倉 (1993)	(コーポレート・アライアンスは) 2つ以上の企業が結びついて,個別企業ではできないことを行うこと。(217頁)
Barney & Hesterly (1996)	戦略的アライアンスは,シナジーが実現される一方法である。(p.138)
大滝 (1997)	市場と階層組織との中間型ないし混合型の組織編成は,広く,戦略提携 (strategic alliances) と呼ばれている。戦略提携とは,2つ以上の企業が,新たな事業機会を開発するために,互いの資源を共有する組織編成を指している。戦略提携には,長期契約,相互株式所有,合弁(ジョイント・ベンチャー)など,さまざまな形態がある。(中略)ネットワーク組織(network organization)も,こうした戦略提携の1つの形態と考えられる。(179頁)
Mintzberg, Ahlstrand & Lampel (1998)	(戦略的アライアンスは)さまざまな協力的協定(例えば,共同で新しい製品を開発するために研究開発のスキルを共有すること)のことを言う。これは,通常,サプライヤーと顧客,またパートナー間の協定を指す。そしてますます頻繁になっていくのだが,結局その当事者は他の領域では競合相手となるのだ。(269頁)
Wright, Kroll & Parnell (1998)	戦略的アライアンスは,2社あるいはそれ以上の企業がある特定プロジェクトを実施するもしくはある選別された事業分野において協同するという,パートナーシップである。(p.101)
加護野 (1999)	(戦略的提携は)企業間の協働関係の一種。企業合併や企業合同あるいは事業譲渡というかたちをとらずに行われるより緩やかな企業間協働の様式を指す。生産委託,販売委託,共同開発,共同生産,相互技術援助,部品供給,ノウハウ提供などの形態がある。(573頁)
大貝 (2000)	(戦略的提携は)直接投資を伴う場合もあれば,伴わない場合もある。技術の進歩が速く,しかも研究開発投資が巨額にのぼるので,企業は他の国際企業とリスクをシェアし,かつスピードを速めるため,お互いの技術や生産や市場を補完し合うかたちでの提携を行うケースである。(2頁)
Cummings & Worley (2001)	戦略的アライアンスは,例えば,戦略実施における不可欠のツールの1つとして出現してきた。単一の組織では,IBMでも三菱でもジェネラル・エレクトリック社でも,直面する環境不確実性や市場不確実性を統制することはできない。(p.5)

Hill & Jones (2001)	戦略的アライアンスは，諸々の競争企業であるかもしれない，企業間での協調的合意である。(p.298)
Inkpen (2001)	戦略的アライアンスは，1つ以上の既存組織から諸資源ならびに／もしくは統治構造を用いるという，コラボレーティブな組織的調整である。戦略的アライアンスは，3つの重要な特性をもつ。第1に，2つ（もしくはそれ以上の）パートナーを組む諸企業はそのアライアンスの形成の後に独立した状態になる。第2に，アライアンスは，あるパーティが他のパーティに対して弱みがあるという，継続的に相互に関係のある相互依存性の特性をもつ。相互に関係のある相互依存性は，アライアンス・マネジメントの複雑性に貢献し，さらに多くの場合に重大な管理コストや調整コストを生出すという，共有された統制とマネジメントにつながる。第3に，諸々のパートナーが独立したままであるために，どのようにあるパーティが他のパーティが行うことを予期するのかについて，不確実性がある。(p.409)
Kotabe & Helsen (2001)	戦略同盟は相互に利益を得る戦略的に重要な目標を達成するための2社あるいはそれ以上の組織の提携である。(196頁)
数家 (2002)	（戦略提携は）企業が持続的な競争優位をえるために，組織間関係を戦略的に利用し合う連結関係。自社の経営資源の優位性を確保しながら，必要な経営資源を他社から補完的に獲得して，それらを有効に活用して競争力強化を目指すものである。(229頁)
Daft (2002)	（戦略的提携）2つの企業間のビジネスライン，地理的位置，そしてスキルに高度の相補性があるとき，両社は合弁や買収によるオーナーシップよりも，戦略的な提携の道をとる場合が多い。そのような提携は契約や合弁事業によって形成される。契約や合弁事業は，別の会社と法的で拘束力のある関係を結んで，不確実性を減らすものである。(中略) 合弁事業は，親会社から公式に独立する新しい組織をつくる結果になるのだが，親会社はある程度コントロールする。(112-113頁)
久世 (2003)	戦略提携とは，複数の競争企業同士が特定事業・製品分野あるいは市場を対象として企業戦略上の関係を結ぶことを指す。(137頁)

は他のパートナーが流通チャネルへのアクセスを提供するのに対して，製造技術を提供する場合がある。経験豊富な多国籍企業と新興市場の現地企業とのあいだの共同事業として，この協働ジョイント・ベンチャーはかなり一般的である。

次に，出資ジョイント・ベンチャー（Equity Joint Venture）である。これは，パートナー同士が合意した出資比率に応じて資本を調達することに合意する契約を指す。イギリスの電気通信会社ケーブル＆ワイヤレス社の日本での参入戦略は，この典型例である。

こうした諸々の形態をもつジョイント・ベンチャーには多様な利点がある。ジョイント・ベンチャーには，ライセンシングのような資源投入の少ない形態に比べて，高収益につながるような大きな潜在性がある。また，ジョイント・ベンチャーは企業の多様な参入方式と比較して，その事業に対していっそう強力なコントロールを有することになる。さらに，ジョイント・ベンチャーはシナジーを有する。現地パートナー企業がもたらす貢献には，土地，原材料，現地環境（文化，法律および政治）に関する専門知識，流通ネットワークへのアクセス，供給業者や政府役人との人的接触などがある。こうした利点の反面で，ジョイント・ベンチャーには完全なコントロールを欠如する可能性がある点に注意し

付論表1-3：ジョイント・ベンチャーと戦略的アライアンス

	ジョイント・ベンチャー	戦略的アライアンス
共通点	企業間の協働形態の一種 経営資源の相互活用 他組織への資源依存を意味する リスクやコンフリクトを伴う 運営の工夫が必要 学習効果がある	
相違点	・強固な関係（法的関係） ・短期的 ・やや重要 ・ジョイント・ベンチャーは戦略的アライアンスの一種 ・企業合同，企業合併，事業譲渡 ・合弁事業ともいう ・主に資本関係 ・主に国際経営 ・主に海外進出の受入先企業との関係に構築	・緩やかな関係（非法的関係） ・長期的 ・重要 ・資本関係の他に，人的交流など ・生産委託，販売委託，共同開発，共同生産，相互技術援助，部品供給，ノウハウ提供などの形態 ・国際経営にも国内経営にもみられる ・競争企業同士のアライアンスも増加傾向にある ・組織学習の一手段とみられる（90年代から）

なければならない。

　Kotabe らは，ジョイント・ベンチャーが国際市場において安定的に実施される際に意を注がなければならないとする。第1に，適切なパートナーの選択である。ジョイント・ベンチャーを企画する企業は，時間をかけて慎重にパートナーを選択しなければならない。

　第2に，目標設定である。ジョイント・ベンチャーを開始する時点からの明確な目標を設定しなければならない。企業同士の明瞭な目的，分担，責任を契約前にたがいに理解しなければならない。

　第3に，文化である。ジョイント・ベンチャーを企画する企業は，企業同士の文化的な相違を克服しなければならない。文化的な相違を克服するためには，言語だけに注力するのではなく，国際的なコミュニケーション能力を開発・訓練しなければならない。

　第4に，トップ・マネジメントである。トップ・マネジメントがどの程度コミットメントを発揮するかが肝要である。トップ・マネジメント同士の企業間交流が，ジョイント・ベンチャーの安定的発展をもたらすのである。

　さいごに，斬新的アプローチの採用である。企業同士が徐々に努力を積み重ねていくように，ジョイント・ベンチャーを漸進的に育てなければならない。

2◆戦略的アライアンス

　では，戦略的アライアンスを吟味しよう。戦略的アライアンスは，概して，相互に利益

を得る戦略的に重要な目標を達成するための2社あるいはそれ以上の組織の提携である（Kotabe & Helsen, 2001）。

この基本的な概念規定をみるかぎり，ジョイント・ベンチャーと戦略的アライアンスとの間には大きな相違はないものの，理論的には多くの意味で差異がある。

金原（2001）は，ジョイント・ベンチャーを複数の企業が共同で行う事業であると規定する。ジョイント・ベンチャーは合弁事業とも呼ばれる。これによって，資本，生産技術，研究開発能力，労働力などの経営資源を複数の企業がもち寄るためそれぞれの負担を減らし，リスクを減らすことができる。

合弁事業は，主に直接投資を行って海外に事業を展開する場合，現地企業と共同事業を行うときに活用される。狭義には，出資比率50％以下の所有の場合に合弁会社といい，50％を超える出資比率の場合は共同出資であっても子会社という。

合弁事業は，時に国内企業同士が海外で行う場合もある。例えば，メーカーの海外事業経験が浅い場合，メーカーが生産を担当し商社が販売を担当して，両者が共同して海外事業を展開することが行われてきた[2]。

海外進出の場合に合弁事業を選択する理由は多岐にわたる。例えば，現地市場に詳しい情報をパートナーから得ることができるため，資本節約のため，人材確保のため，市場参入を迅速化できるため，である。さらには，受入国の外資規制を弱めることができるため，現地企業としてナショナリズムの感情をやわらげることができるため，リスク分散のため，である。

このようなジョイント・ベンチャーは，補完関係によって経営資源の節約が可能である反面，経営方法をめぐってのパートナーとの意見対立や利害調整問題が発生する。よって，経営支配権をもとうと考える場合，企業は100％出資の子会社形態を選択し，合弁事業の選択は抑えられる。発展途上国では，国内資本の育成のために，外国資本による投資には合弁事業を義務づける場合が多い。

Besanko, Dranove & Shanley（2000）は，ジョイント・ベンチャーをこう定義する。すなわち，「ジョイント・ベンチャーとは，特殊なタイプの戦略的提携で，2社以上の企業が共同で独立した新しい組織を設立し所有するものである。新しい組織の人員構成と運営は，1社または複数の親会社の従業員によるものでも，新規に採用された従業員によるものでもよい。」（邦訳199頁）

例えば，コカ・コーラとキャドバリー・シュウェップスは，イギリスにおいてコカ・コーラの生産・流通の合意をかわした。また，アメリカバイオのジェネティックス・インスティテュートとイギリスのウエルカムは，遺伝子組換に用いた製品製造の合意を得た。

Besankoらは，提携とジョイント・ベンチャーを，アームズ・レングス取引と完全な垂直統合の中間に位置づける。提携の主体となる企業は，アームズ・レングス取引と同様に，独立性を保つことができるのである。アームズ・レングス取引は，周知の通り，自律的な複数の当事者が将来にわたって関係が続くという正式な合意なしに，製品やサービスを取引することである。例えば，オフィスビル建設において分かるように，アームズ・レングス取引は契約法に基づいて履行され，当事者が契約上の義務を履行しているかどうかについて深刻な紛争になった場合にしばしば訴訟によって解決するのである。提携は，アームズ・レングス取引に比べてより密接な協力，協調，情報共有が要求されるのである。

廣田（2001）は，戦略的アライアンスをこう定義する。戦略的アライアンスは2社以上

の企業が新たな事業機会に直面して，相互の経営資源を共同活用しあいながら事業開発に取り組むための協働の形態である，と。この場合，企業合弁や企業合同あるいは事業譲渡というかたちをとらずに，長期契約や相互株式所有などのゆるやかな形態を用いて協働をすすめようとすることが，戦略的アライアンスの特徴である。

従来の合弁（ジョイント・ベンチャー）においては，対照的に，当事者のコア能力とは異質の分野の新事業が選ばれることが多いが，戦略的アライアンスにおいては当事者のコア能力に近い分野での事業化が試みられることが多い。例えば，次世代マルチメディアの開発や電気自動車関連部品の開発などについても戦略的アライアンスがすすめられている。また，メーカーと流通業者が顧客満足を獲得するためにより高品質かつ低価格の製品を企画・供給するために形成された戦略的アライアンスの1つとして，製販同盟（製販統合システム）がある。

Mintzberg, Ahlstrand & Lampel（1998）は，ジョイント・ベンチャーと戦略的アライアンスをほぼ同一視する。彼らによれば，ジョイント・ベンチャーは戦略的アライアンスである。自分たちが創り出した新規ビジネスにおいてパートナーは対等な立場にあるとみなす。一方で，協力的契約という言葉は長期的，ライセンス（許可），フランチャイズ，完成品引渡し方式と取決めというような対等ではない協力体制を指す。

Doz & Hamel（1998）は，ジョイント・ベンチャーと戦略的アライアンスの相違点を5つに要約する。第1に，その重要度である。伝統的なジョイント・ベンチャーと比較して，戦略的アライアンスは戦略的にはるかに重要である。企業にとって戦略的に重要な事柄においてジョイント・ベンチャーをすすめようと試みた事例はきわめて稀である。ジョイント・ベンチャーは，企業にとって優先順位の低いところで行われるのが一般的である。また，新市場や新技術を模索しようとする場合，業界のトップ企業がジョイント・ベンチャーを活用することもない。例えば，自動車産業の場合，ジョイント・ベンチャーの主目的は単独の企業では対応できないほど小さな市場に向けて規模の経済性・範囲の経済性を実現することで対応しようとすることである。

第2に，経営資源とリスクの明瞭性である。ジョイント・ベンチャーでは，例えば石油産業の場合，周知の経営資源を結び付け，周知のリスクを分け合うために事前に必要資源と得られる経営結果が明瞭に判断できる。対照的に，戦略的アライアンスは参加する組織同士でも経営資源とリスクが不明瞭である。よって，戦略的アライアンスは必要資源も得られる経営結果も不明瞭な場合が多い。戦略的アライアンスは不確実性を低減するために用いられるのである。

第3に，参加企業数である。ジョイント・ベンチャーは通常2社間で実施される。対照的に，戦略的アライアンスは数多くのパートナー企業の参加を得る。例えば，イリジウムのプロジェクトには17社もの企業が参加した。パートナー企業数が増加すれば統制困難になるのは承知のうえであるが，新しいビジネスチャンスを開拓しようとする場合には多数のパートナー企業の参加が必要なのである。

第4に，多くの経営資源の動員である。戦略的アライアンスは単独の製品を共同生産するというやり方をとることは少ない。複雑なシステムの共同開発や，多くの企業の経営資源を動員しなければならないような課題を克服することを目指すのである。

第5に，マネジメントの困難さである。戦略的アライアンスは不確実性がきわめて高く，不安定で，なおかつ最先端の競争にさらされるためにそのマネジメントには困難がつきまとう。必要資源やそれらの組み合わせが事前に判断できるわけではないために，パー

トナー企業同士の相互作用をどのようにマネジメントするのかが不明瞭なのである。また，ビジネスには裏切りや仲間割れなどの予期せぬ出来事も発生するおそれがある。よって，どの程度競争し，どの程度協力するのかの匙加減が不明瞭なのである。

以上のように，ジョイント・ベンチャーと戦略的アライアンスの相違点を認識した。さらに，戦略的アライアンスの重要性，資源・リスクの明瞭性，参加企業数，資源動員，マネジメントの困難さなどの検討を通じて，戦略的アライアンスはより複雑かつ包括的であるということが分かった。

2.1 類型

戦略的アライアンスはきわめて複雑な概念である。その類型を概観しよう。戦略的アライアンスの概念には次のような事例が含まれる。アメリカン・エキスプレスとトイザらスというまったくの異業種同士のコラボレーション広告がある。サイテルと住友化学工業は，次世代バイオテクノロジー薬品研究開発パートナーシップを組む。シグナとユナイテッド・モーター・ワークスは，アメリカ国内に拠点をもたない企業・政府に対して金融サービスを提供しようというリース・サービス契約を開始した。

また，日本では日産が独フォルクスワーゲンの商品を販売し，フォルクスワーゲンは欧州で日産車を販売するという流通チャネルの共有がみられる。IBMとアップルコンピュータによる次世代OSソフトウェア開発協定という技術移転がある。航空機業界のボーイング，ゼネラル・ダイナミクス，ロッキードが最新戦闘機契約成立のため協力するという共同入札も，戦略的アライアンスとしてある。

さらにフォードとマツダが同一の製造・組み立てラインで類似車種を設計・生産するというクロス・マニュファクチャリングがある。スウィフト・ケミカル，テキサスガルフ，RTZ，USボラックスがカナダを拠点とする天然資源採鉱のために資源開発するという起業化がある。デュポンと国立癌研究所との共同臨床実験という政府と産業界のパートナーシップもある。ホフマン－ラ・ロッシュとグラクソによるアメリカ国内での抗潰瘍薬品販売合意というクロス・ライセンシングも，戦略的アライアンスという概念に包摂される。

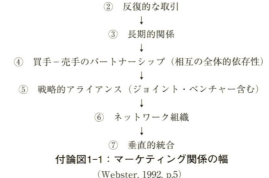

付論図1-1：マーケティング関係の幅
（Webster, 1992, p.5）

付論1　提携と合併

　Kotabe & Helsen（2001）は，国際マーケティングの視点から戦略的アライアンスの3つのタイプを示す。第1の国際的な戦略的アライアンスのタイプは，技術交換を基盤とする戦略的アライアンスである。これはハイテク産業においてきわめて一般的である。例えば，新製品開発コストの高騰が戦略的アライアンスによる企業同士の資源共有・学習機会の提供を促すのである。

　第2のタイプは，流通チャネルを基盤とする戦略的アライアンスである。これは，流通チャネルへのアクセスあるいは商標のようなマーケティングを基盤とする資産・資源を内包する戦略的アライアンスである。

　第3のタイプは現業・物流を基盤とする戦略的アライアンスである。規模の経済性を発揮するために，オペレーションならびにロジスティクスにおいて企業は共同事業への協力を決定する。また，オペレーションを基盤とする戦略的アライアンスは，生産活動のノウハウの移転・学習のために要請される場合がある。典型的には，トヨタとGMが共同で設立したNUMMIである。

　Webster（1992）は，マーケティング研究の立場から，多種多様な戦略的アライアンスを分類する。彼は純粋な取引コストから始まるマーケティングの幅を提示する。まず，個々別々の取引を出発点として，売手‐買手のあいだの反復的な取引へと続く。さらに，第3に市場コントロールに大きく依存する長期的な取引関係，第4の買手‐売手間のパートナーシップ，第5の（ジョイント・ベンチャーを含む）戦略的アライアンスへと続く。この戦略的アライアンスは製品開発チームや研究プロジェクトなどの新しい主体の

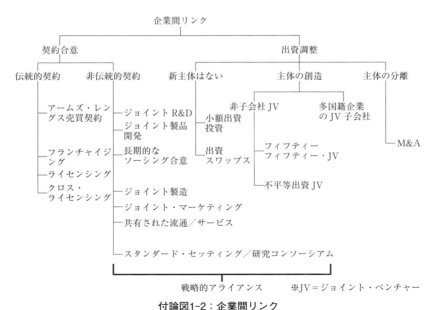

付論図1-2：企業間リンク
（Yoshino & Rangan, 1995, p.8）

形成によって規定される。パートナー同士は互いの経営資源に関与し，両者がもつ明確で戦略的な目的に奉仕するのである。第6のネットワーク組織は，多様な関係性，パートナーシップ，戦略的アライアンスからの結果として生じるような企業構造である。さいごに，1つの企業に組み込まれたかたちの垂直統合へとつながる。Webster の主張は戦略的アライアンスの多層性を明確にするものである。

　Yoshino & Rangan（1995）は，特に国際経営における戦略的アライアンスを明らかにする。第1に，競争支持的アライアンス（Procompetitive Alliances）である。これは概して産業間の垂直的価値連鎖関係である。より具体的に言えば，製造業者とその供給業者もしくは配給業者とのあいだの関係を指す。

　第2に，非競争的アライアンス（Noncompetitive Alliances）である。これは，競合企業同士がその産業内で協力することである。すなわち，同一業界での非競争的企業間の提携である。このアライアンスでは潜在的コンフリクトは低く，組織的相互作用も低い。日立とGM との関係はこの競争支持的アライアンスの典型である。

　第3に，競争的アライアンス（Competitive Alliances）である。これは，ジョイント活動という点では上記の非競争的アライアンスに類似するのであるが，パートナー企業同士が最終製品市場において直接的に競合同士となるという点で異なる。例えば，GM とトヨタはその合弁企業 NUMMI において自動車生産を合同で行った。シーメンスとフィリップスは，ワンメガバイトチップ製造を合同で行った。モトローラと東芝は日本におけるマイクロプロセッサー製造を合同で行った。フォードと日産はアメリカにおけるバンの製造

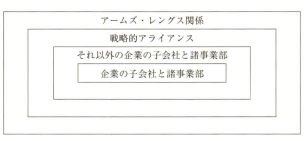

付論図1-3：アライアンスの分類
（Yoshino & Rangan, 1995, p.19）

付論図1-4：企業間リンクの層
（Yoshino & Rangan, 1995, p.117）

を合同で行った。これらの事例から分かるように，競争的アライアンスは直接競合する企業間での提携を指すのである。

第4に，事前競争的アライアンス（Precompetitive Alliances）である。これは概して，新技術開発のように，すでに規定された活動で作業するために非関連産業からの企業同士が合同で行うものである。すなわち，異業種間の連携である。例えば，デュポンとソニーはオプティカル・メモリー・ストレイジ製品を協同開発する。

さて，以上のような4つのタイプは競争関係の複雑化・国際化，企業戦略のグローバル化がその背景にある。

さらに，Yoshino らは企業間リンクの階層性を明らかにする。その中心部から，企業とその子会社・諸事業部，自社以外の子会社・諸事業部，戦略的アライアンス，そして外側の層はアームズ・レングス取引を示す。すなわち，戦略的アライアンスの位置づけは，概ね，自社とアームズ・レングス取引との間にある。

↑
コミットメントの程度

永続的					例；日本型「系列」	例；カルテックス	買収 例；フォードとジャガー
長期	アウトソーシング関係 例；RPRとジェンセル	例；トライスター（CBS，HBOとコロンビア・ピクチャーズ）	例；パワーPC（モトローラとIBM，アップル）	例；アンハイザー・ブッシュとキリン	例；J&Jとメルク		
	1年あるいは複数年の購入契約	流通契約	クロスライセンス	研究開発パートナー			
個別取引型アライアンス	商品買付	共同マーケティング	共同広告	先行投資を伴う購入契約			
	リンケージなし	情報の共有	経営資源の共有	資金調達の共有	株式持ち合い	株式の共有	完全所有

＜戦略的アライアンス＞

所有度 →

付論図1-5：戦略的アライアンス形成
（Harbison & Peker, 1998, 邦訳23頁）

245

戦略的アライアンスに関与する管理者は，アライアンスの分類に応じて柔軟性を維持し，コア・コンピタンスの保護，学習促進，価値最大化といった4つの目標すべてに配慮しなければならないのである。
　以上，Kotabe & Helsen（2001），Webster（1992），Yoshino & Rangan（1995）の戦略的アライアンスの分類方式を概観した。
　では，戦略的アライアンスはどのように形成されるのか。Harbison & Peker（1998）は，2つの軸をもって戦略的アライアンスの形成プロセスを表現する。縦軸は，伝統的でゆるやかな取引から永続的な関係までのコミットメントの程度である。横軸は，独立した状態から完全な子会社までの所有度の違いである。
　コミットメントが低く所有度も低い場合，個別取引型アライアンスという。対照的に，コミットメントが高く所有度も高い場合，買収である。これらの個別取引型アライアンスと買収との中間に位置づけられるのが戦略的アライアンスである。それぞれを概観しよう。
　まず，個別取引型アライアンスである。これは一般的に継続期間が5年以下であり，パートナー企業は重要な能力を共有しない。たいていの場合個別の契約ベースの関係であって管理的に関係はなく，パートナー企業との共通の戦略もなく，一斉に行動することもなく，それぞれの組織が独立性を保つのである。個別取引型アライアンスの具体的な形態としては，共同広告，共同マーケティング，流通の共有，クロス・ライセンシングなどがある。アメリカン・エキスプレスが，トイザらスと共同でテレビ広告をだしたのはこの例である。また，映画製作会社ドリームワークスは，ユニバーサル・ピクチャーズと10年契約を結んだことも個別取引型アライアンスである。
　次に，戦略的アライアンスである。上記の個別取引型アライアンスとは対照的に，最低でも10年にわたる関係をもつ。株式保有あるいは能力共有に基づく結びつきをもち，戦略を共有する，双方向型の関係である。市場における企業価値を高めて競争相手にプレッシャーを与え，コア・コンピタンスを共有し活用する意欲をもつ。最も成功している戦略的アライアンスは，ヒューレット・パッカードとキヤノンの提携である。さらにGMとトヨタのようにライバル同士でありながらNUMMIを設立する場合もこの好例である。
　では，Harbisonらの見解から分かることを列挙しよう。まず，戦略的アライアンスは個別取引型アライアンスよりも明らかに幅広い目的をもつ。これは取引を規制し，価格を維持するために行われるカルテル（Cartel）や，一体となった垂直的供給源の維持を目的とする系列（Keiretsu）とは全くの別物であるということである。
　次に，戦略的アライアンスは合弁事業を超えたものである。その重点はあくまでも所有にある。国境を越えた合弁事業の多くは，強力な企業が力の劣る現地企業と結びつく際に，国家・政府の制約を迂回する手段として活用されているのである。
　さらに，戦略的アライアンスは顧客価値を高めるためにパートナー企業同士のコア・コンピタンスを結びつけるという，対等なアライアンスの典型であるということが分かる。よって，戦略的アライアンスが最もうまく機能するのは，①買収が不可能な場合，②発展的なアプローチが望まれる場合，③自力で開発できない重要な能力を入手する必要性をパートナー企業同士が認識している場合，この3点である。戦略的アライアンスの真髄は市場を動かすことができる能力のみを選別，育成，展開することにあるのである。
　以上より，戦略的アライアンスの形成プロセスを体系的に把握することができた。

付論表1-4：企業の強みを築く手段

	自社内の内部活動	買収	商取引	戦略的アライアンス
対象範囲	中核となる強み	中核となる強みと密接に関連する買収した企業のほとんどを手に入れる必要がある	・競争上の強みをつけ加えることはできない ・相手が単独で負担しようとするリスクによって限定される	・競争上の強みをつけ加えることができる ・社外の経営資源にもっとも広範にアクセスできる
コントロール	全面的	全面的	当初の契約条件による	継続的にお互いに調整できる
リスク	単独でリスクを負う	買収した側が負う	それぞれ別々に負う	共有する

(Lewis, 1990, 邦訳30頁)

2.2 目的

　では，なぜ企業は戦略的アライアンスを採用するのか。その目的を明確にしよう。Barney & Hesterly（1996）によれば，戦略的アライアンスへの動機は7つある。①規模の経済性を活用するため，②新市場への低コストでの参入のため，③新産業への低コストでの参入のため，④競争を通じて学習するため，⑤戦略的に重要な不確実性を管理するため，⑥コストと共有リスクを管理するため，そして⑦無言の結託を促進するため，である。

　Lewis（1990, 29頁）は，戦略的アライアンスを構築することによってそれぞれの企業が自社の目的・互いの共通目的に沿うようにどのような組み合わせでも経営資源を新しく創り出すことができると主張する。

　さらに彼は，戦略的アライアンスならば，どのような分野の企業とも協調することができると付け加える。買収とは異なり，戦略的アライアンスは，それぞれの企業の文化や機能のうちで協調できる部分について整合性を求めていくことができる。戦略的アライアンスは，顧客，サプライヤー，競争相手，流通・販売業者，大学，他産業の企業を含むきわめて広い範囲にわたるパートナーと協力して，強みを構築するという他に類のない事業機会を提供してくれるのである。

　よって，Lewisによれば，戦略的アライアンスは国内企業であれ国際企業であれ必要不可欠なのである。国内市場を主戦場とする企業にとって，戦略的アライアンスは利益の増大，製品・サービスの追加，コスト低下に対する多くの事業機会を提供することになる。また，すべての国家が単一のグローバル市場に統合されつつあるなかで，戦略的アライアンスは①国内市場における自社の事業を強化するために外国企業とのあいだで共同作業を行うこと，②海外市場において事業構築することという，2つの目的に対して大きな事業機会を提供するのである。

　Harbison & Peker（1998）は，戦略的アライアンスの8つの目的を示す。第1に，リスクの共有である。社運を賭けた投資を行うほどの余裕が自社にない場合，企業はリスク

共有のために他社と戦略的アライアンスを組む。第2に，規模の経済性である。固定費の高い産業においてグローバルに競争するためにより大きな規模を必要とする場合，企業は他社と戦略的アライアンスを組む。航空会社同士が戦略的アライアンスを組むのはこの好例である。第3に，市場セグメントである。企業は消費者への基本的理解が欠けていたり，自社製品を消費者に販売するためのルートもインフラもない場合，企業は他社と戦略的アライアンスを組む。第4に，技術へのアクセスである。重要分野における技術力が劣るために，その技術を独自開発するだけの時間・資金に余裕がない場合，企業は他社と戦略的アライアンスを組む。第5に，地理的なアクセスである。海外市場に魅力的な事業機会がある場合，なおかつ海外市場向けの有望な製品を自社が保有しているとしても進出できない場合，企業は他社と戦略的アライアンスを組む。第6に，資金調達の制約回避である。開発費が増大する場合，企業は他社と戦略的アライアンスを組む。米国国防総省の最新鋭戦闘機開発のため，ボーイング，ゼネラル・ダイナミクス，ロッキードの3社が戦略的アライアンスを組んだのはこの好例である。第7に，能力の開発である。自社開発よりも迅速かつ低コストで技術・能力を取得可能である場合，企業は他社と戦略的アライアン

付論表1-5：戦略的アライアンスの目的

目　的	詳　細
リスクの共有	社運を賭けた投資を行う余裕が，自社にはない場合。例；Eコダックは，電子メディアや電子映像の活況を脅威とみなし，富士フイルム，キヤノン，ミノルタ，ニコンと，新写真システムAPSを共同開発。
規模の経済	固定費の高い産業にあってグローバルに競争するためにより大きな規模を必要としている場合。例；British Airways と American 航空は，固定費圧迫のためアライアンス締結。
市場セグメント	消費者および利用形態に関する基本的理解が欠けており，自社製品を消費者に販売するためのルートもインフラもない場合。例；米最大小売Walmartとメキシコ最大シフラは，メキシコ市場の事業合意。
技術へのアクセス	重要分野において技術力が劣っていて，その技術を独自開発するだけの時間や資金の余裕がない場合。例；IBM，モトローラ，Apple は，Windows-Intel 陣営に対抗するために，パワーPC共同開発。
地理的なアクセス	海外市場に魅力的なビジネス機会があり，海外市場向けの有望な製品が自社にあっても，なかなか進出できず不満を抱いている場合。例；アンハイザー・ブッシュ社は，キリンと互いの市場でシェアを伸ばすために提携。
資金調達の制約回避	増大の一途をたどる巨額の開発費に直面している場合。例；91年，ペンタゴン最大級の最新鋭戦闘機開発のために，ボーイング，ゼネラル・ダイナミクス，ロッキード3社が協力。
能力の活用	自社で開発するより速く，しかも低コストで技術や能力を取得する必要がある場合。例；IBMは，NTTのPHSを共同開発。
競争に対する高付加価値防壁	技能を強化し，業界での競争のレベルを高めたいと考えている場合。例；ワシントン・ポストは，ロシアのモストとNewsweek誌発行の合意。

（Harbison & Peker, 1998, 邦訳30-34頁より作成）

スを組む。さいごに，競争に対する高付加価値防壁である。自社が能力を強化し業界における競争水準を高めようとする場合，企業は他社と戦略的アライアンスを組む。

以上のように，定義，分類方式，採用の目的に分けて，体系的に戦略的アライアンスを概観した。ではさらに，戦略的アライアンスに関する3つの理論研究に基づいて議論をすすめよう。

2.3 視点

アライアンスの研究は，従来，その現象面が国際的な場面において展開されてきたために，主に国際経営・国際ビジネス論において注目されてきた。しかしながら，Osborn & Hagedoorn（1997）によれば，特にアライアンスの理論的探究は経済学，戦略論，組織間関係論といったそれぞれの研究領域において主としてすすめられてきた。彼らは次のように語る。「かつて，アライアンスやネットワークは，研究者独自の研究領域に基づいたある単一のパースペクティヴから検討された。今では研究者はより多面的な見方を開発するためにこういった研究領域の境界を越えつつある。研究者らは，アライアンスやネットワークは協調のための進化的で多面的な制度であると認識しつつある。」（Osborn & Hagedoorn, 1997, p.261）

Osbornらがアライアンス研究における代表的な研究領域として第1に挙げるのは経済学を基盤とするアライアンス研究である。これにはR&Dコラボレーション，国際ビジネス，取引コスト経済学が含まれる。第2に，アライアンスに対する戦略論の視点である。上記の第1のアライアンス研究とは対照的に，戦略論におけるアライアンス研究はきわめて浅い歴史しかない。第3に，アライアンスに対する組織間関係論の視点である。企業環境の分析，資源依存性の研究，組織の生態学的研究，組織学習の研究，制度論がこの視点に含まれる。

ここではOsbornらの主張に従って，経済学，戦略論，組織間関係論それぞれにおけるアライアンス研究の概要を考察しよう。

(1) 経済学

経済学は，その理論的基盤をもって国際経営・国際ビジネスの研究を展開してきた。国際経営は概して多国籍企業をはじめとする国際的な企業のグローバルな市場における経営活動である。国際ビジネスにおいては贅言するまでもなく考慮すべき多種多様な要因とレベルがある。

Toyne & Nigh（1997）は，国際ビジネスの多種多様なレベルを次のように明らかにする。第1に，超社会的な階層レベルである。これは，国民国家と連続したレベルの上に境界条件（人権，環境的関心，多角的貿易協定，国際金融システム）を押しつけるものであ

付論図1-6：アライアンスに関連する主要な研究領域

（Osborn & Hagedoorn, 1997より作成）

付論表1-6：国際経営の多様なレベル

ヒエラルキーのレベル	創始条件と境界条件の例
1．超社会的	超社会的レベルは，国民国家と連続したレベルの上に境界条件を押しつける。境界条件の例は人権，環境的関心，多角的貿易協定，国際金融システムなのである。
2．社会的（または国家的レベル）	国民国家は，誕生する超社会的世界のなかに取りこまれていて，超社会的レベルの創始条件となる。これらは，国民国家の社会文化的，経済的，政治的特徴と，その個人的，全体的な（地域的／グローバルな），そして政治経済的な欲望から生まれる。国民国家は下位レベルのための境界条件にもなる。（ビジネス，税構造，総労働者の教育を統制する法律，規則や規制など）。
3．産業	産業は，国内ビジネス・プロセスのなかにあり，創始条件を構成する（経済効率，経済専門化，地元のニーズや欲求への満足）。産業は，下位レベルの境界条件をも提供する（競争強化，技術や投資の特徴など）。
4．会社	会社は産業のなかにあり，創始条件を構成する（例えば，革新性，組織力，資源的基盤，地理的範囲）。会社は下位レベルの境界条件ともなる（政策と手続き，戦略的方向，予算など）。
5．集団	集団は，企業のなかにあり，創始条件を構成する（例えば，事業部化，職能的専門化，経営管理能力，そして，才能）。集団はまた個人に対する境界条件ともなる（集団は個人に対して，行動や権威の範囲に関する状況をつくり，伝える）。
6．個人	個人は集団のなかにあり，創始条件か，内在的特性を構成する（集団の本源的動機，才能，能力，技能，知識／経験など）。

(Toyne & Nigh, 1997, 邦訳29頁)

る。第2に，社会的（または国家的）レベルである。国民国家は，超社会的世界のなかに取り組まれており，超社会的レベルの創始条件となる。これらは，国民国家の社会文化的，経済的，政治的特権と，その個人的，全体的，政治経済的な欲求から派生する。第3に，産業レベルである。これは，国内ビジネス・プロセスのなかにあり，創始条件を構成する。第4に，企業レベルである。企業は，産業においてあり，創始条件（革新性，組織力，資源的基盤，地理的範囲）を構成する。第5に，集団レベルである。集団は，企業のなかにあり，創始条件（事業部化，職能的専門化，経営管理能力など）を構成する。さいごに，個人レベルである。個人は集団のなかにあり，創始条件か内在的特性（集団の本源的動機，才能，能力，技能，知識・経験など）を構成する。

こうした複雑なレベルを内包する国際ビジネスでは，企業は国際的なアライアンス活動を展開する。

徳田（2002）は，こうした国際的に展開されるアライアンスの特徴を挙げる。第1に，国際的なアライアンスは，輸出，海外直接投資，クロス・ボーダーM&Aなどと並んで，海外市場参入の一方式としてだけで成り立つものではないということである。よって，第2に，研究開発，生産，販売といった諸活動における国境を越えた組織間の機能的な共同

作業として企業を中心に拡大的に利用されているということである。

　日高（1999）は，グローバル企業の多様な戦略を明らかにする。第1に，海外ダイレクト・マーケティング戦略である。これは輸出とターンキー方式を指す。市場拡大，支配の維持，国内生産の維持をその競争優位性とする。第2に，協力的契約・協定である。これはライセンシング，フランチャイジング，下請け契約を含む。小規模な投資で済み，コア活動への集中が可能である。第3に，完全所有子会社である。これにはグリーン・フィールド経営と合併・買収（M&A）が含まれる。完全支配を維持でき，生産の現地化が可能となる。第4に，非所有の戦略的提携である。R&D協力，技術スワップ，共同生産／マーケティング協定，非公式な提携などが，この非所有の戦略的提携に含まれる。グローバルな自社の存在感を示すことができ，潜在的な競争相手企業を取り込むことができる。さいごに，上記第4とは対照的に，所有をともなう戦略的提携である。これには，合弁事業（ジョイント・ベンチャー），共同資産スワップ，関連会社，そのほかの投資による提携が含まれる。所有をともなう戦略的提携は新市場・新分野へのアクセスが容易となり，リスク最小化となり，直接投資より低コストであるという競争優位性をもつ。

　石井（2001）は，国際的な戦略経営における戦略提携をこう規定する。戦略提携の特徴

付論表1-7：グローバル市場への戦略オプション

グローバル戦略のオプション	MAAs 形態	競争優位性	競争劣位性
海外ダイレクト・マーケティング戦略	・輸出 ・ターンキー方式	・市場拡大 ・支配の維持 ・国内生産の維持	・海外参入障壁を生む ・為替相場の変動に弱い
協力的契約・協定	・ライセンシング ・フランチャイジング ・下請け契約	・小規模投資で済む ・コア活動への集中が可能	・支配力は最小となる
完全所有子会社	・グリーン・フィールド経営 ・合併・買収（M&A）	・完全支配の維持 ・生産の現地化	・大規模投資が必要 ・政治的には嫌悪される可能性がある
非所有の戦略的提携	・R&D協力 ・技術スワップ ・共同生産／マーケティング協定 ・非公式な提携	・市場アクセス ・グローバルなプレゼンス ・柔軟性 ・潜在的競争相手の取り込み ・リスクの減少	・支配の不確実性 ・意思決定の遅滞 ・潜在的な不安定性 ・競争相手に技術を奪われる危険性
所有をともなう戦略的提携	・合弁事業（JV） ・共同資産スワップ ・関連会社（Affiliates） ・そのほかの投資による提携	・新市場／新分野へのアクセス ・リスクの最小化 ・直接投資より低いコスト	・複雑かつ詳細な契約内容 ・管理の難しさ

（日高，1999, 48頁）

は，まず，パートナー間の独立性あるいは自立性であり，次に継続性である。一定期間以上にわたりパートナーと協働することを通じて，企業の将来的な戦略目的の実現を目指していくことである。さらに実施した戦略提携は，新たな経営戦略の策定にも影響する。この経営戦略との結びつきが戦略提携の戦略的たるゆえんである。

その戦略提携の形態は，具体的にいえば生産委託，販売委託，開発委託，OEM，合弁などを含む。また，このような戦略提携の目的は，特に投資負担の軽減，不足能力の補完，余剰資源の有効活用，海外における外資規制への対応，知識や技術の学習である。このような戦略提携は，逆に，マネジメントの難しさ，社内組織の複雑化，情報資源の流出といったデメリットも内包する。

石井は，このような複雑かつ多様な戦略提携を2つの軸によって明瞭に区分する。1つの軸を自国内の事業活動か海外の事業活動かとする。もう1つの軸をパートナーが自国企業か海外（現地企業）かとする。この2軸をもって，石井は相手企業別の戦略提携の分類を試みる。第1セルは，相互ホーム型である。自国の事業活動を行いながら，パートナーが自国の企業である場合である。第2セルは，相互アウェイ型である。これは自国企業とパートナーを組み，海外において事業展開する。例えば，北米市場における富士重工といすゞの合弁生産などがこれにあたる。第3セルは，自社ホーム・パートナーアウェイ型である。自国内の事業活動を海外パートナーに任せることである。さいごに第4セルは，自社アウェイ・パートナーホーム型である。これは，海外の事業活動を海外の企業（もしくはその現地企業）をパートナーとして組み，任せることである。北米でのトヨタ，三菱重工，マツダ，スズキは現地メーカーとそれぞれ協力関係を構築したことはこの好例である。

では，特に国際経営において注目されてきた，北米におけるトヨタとGMの戦略的アライアンス，すなわちNUMMI（New United Motor Manufacturing, Inc）を簡単に振り返っておこう[3]。

80年代初頭，トヨタはフォードとの合弁生産交渉が物別れとなった。トヨタは，ホンダや日産と比較すると，北米生産実施の決断が遅々としてすすまなかった。もちろん，トヨ

	パートナーが自国企業	パートナーが海外（現地）企業
自国の事業活動	セル1 （相互ホーム型） 例：国内市場で国内企業と組むタイプ。	セル3 （自社ホーム・パートナーアウェイ型） 例：自国での事業活動について海外パートナーと組む。
海外の事業活動	セル2 （相互アウェイ型） 例：海外事業について自国企業と協力するタイプ。北米における富士重工といすゞの合弁生産，北米生産の自動車メーカーとサプライヤー	セル4 （自社アウェイ・パートナーホーム型） 例：海外事業について現地企業と組む。北米でのトヨタ，三菱重工，マツダ，スズキは現地メーカーと協力。

付論図1-7：相手企業別の戦略的アライアンス
（石井，2001，表7-2に加筆修正）

付論1　提携と合併

付論表1-8：戦略的アライアンスの諸現象

概念レベル	現象的レベル	多様性の側面	緊張の源泉
メタ	超国家的	社会（societal）文化	現象や分析のプロセスにおける知覚と解釈の諸々の相違点
マクロ	国家的	国家的コンテクスト	本国政府の諸政策，国の産業構造における諸々の相違点
メゾ	トップ・マネジメント	企業文化	企業をガイドするイデオロギーや価値観における諸々も相違点
メゾ	方針を策定する集団	戦略的方向性	ダイナミックな外部環境と内部環境からのパートナーの戦略的意図における諸々の相違点
ミクロ	機能的経営	経営慣行と組織	親会社の経営スタイルと組織構造における諸々の相違点

(Parkhe, 1991, p.584)

タ社内では北米でのトヨタ生産方式の実現に対してきわめて冷静であった。この折，GMとの合弁という決断が下される。トヨタは単独生産よりも少ない投資で北米への工場進出ができることになった。

　NUMMIは，カリフォルニア州フリモント市の約85万㎡の敷地面積をもって，プレス，成形，ボディー，塗装，足回り組立，総組み立てを行った。

　1984年12月，GM向けの乗用車（シボレーノバ，日本版スプリンター）を生産開始し，1986年9月にはトヨタ向け乗用車（トヨタ社カローラFX）を生産開始した。1991年8月，ハイラックス・ピックアップを生産開始し，同年には生産累計100万台を達成した。その後，1994年には200万台，1997年には300万台，2000年には400万台を達成した。

　JDパワー社カスタマーサーベイによれば，1996年カローラ／プリズムは総合成績第3位を獲得し，1999年，2000年には同車両が総合第2位の高品質結果を上げた。

　2000年時点で，NUMMI従業員数は約4,500名であり，そのうちUAW（全米自動車労組）組合員3,800名をかかえる。トヨタとGMが50%ずつ出資した資本金は，設立当初，3億1000万ドルであった。トヨタからの出向者は社長，副社長を含めて40名，GMからの出向者は22名であった（2001年1月現在，NUMMI提供資料より）。

　NUMMIはGMにもトヨタにも大きなメリットをもたらした。GMにとっての第1のメリットは，低コスト・高品質の小型車開発生産に関するトヨタの知識・ノウハウを獲得可能となったことである。第2のメリットは，GMの遊休工場フリモント工場を活用できた。トヨタにとっての第1のメリットは，NUMMIがトヨタにとっての北米生産の足掛かりとなったことである。第2は，NUMMIにおいてトヨタ生産方式をアメリカで実験する絶好な機会を得たことである。第3は，GMから学習機会を得たことである。例えば，アメリカの労働者，サプライヤー，トラックメーカーの管理方法，全米自動車労働組合，および州・地方政府への対応方法である。

　では，なぜ国際市場において戦略的アライアンスが必要となるのであろうか。Colins & Doorley（1991）は，国際的な戦略的アライアンスの必要性を市場の国際化，技術の複雑

化,技術革新の加速といった3点に絞り込む。第1に,市場の国際化のためである。このために企業は戦略的アライアンスを採用しなければならない。これは,情報技術と通信技術の進歩による輸送・通信コストの低減が企業の海外技術資源の利用を促進していることを指す。このため,国境を越えて他社と事業活動をすすめることが時間的に可能となったのである。第2に,技術の複雑化のためである。技術の高度化・複雑化が,企業の研究開発コストを圧迫し,一企業単独での競争力維持の余裕がなくなりつつある。よって,他企業と相互補完的に技術を組み合わせ,同時に企業同士がリスク分散をすることが必須となってきたのである。さいごの理由は,技術革新の加速である。技術革新の加速によって,新技術のコピーや模倣が発生し,また他社の低コスト製品開発が自社を圧迫するようになる。例えば,新製品開発の場合,多国籍的な事業展開によって外部からの最良技術等を獲得するために,戦略的アライアンスのような形態が必要となるのである。

(2) 戦略論

近年,経営学の多くの研究蓄積においてすぐれた戦略およびそのあるべき姿が論じられている。経営にとって戦略が重要であるという実務家の認識の高まりを反映しているのである。これが色濃く投影されているのが経営戦略論である。

経営戦略論は,1960年代初頭にアメリカにおいて生まれ,隣接諸学から知見の摂取を続けながら今日では社会科学における1つの学問分野として確立されている(Clegg, Hardy & Nord, 1996 ; Clegg, Hardy, Lawrence & Nord, 2006 ; Bosch & de Man, 1997 ; Volberda & Elfring, 2001 ; Pettigrew, Thomas & Whittington, 2002 ; Heracleous, 2003 ; Volberda,

付論表1-9:アライアンスについての考え方

伝統的な考え方	新たな考え方
アライアンスの価値創造について	
・コスト・ベネフィット分析	→ 複雑な戦略的評価
・価値創造を優先	→ 価値獲得に重点
・単純な補完	→ 複雑なコスペシャライゼーション
・構造を最初に決定	→ プロセスの進化
アライアンスの発展・継続性について	
・設定された目標の管理	→ 変化する目標を追跡
・単一の交渉	→ 複数の交渉
・コミットメント	→ 選択肢の創造・維持
・継続性の重視	→ 競争力増強重視
コンフリクトの解消について	
・コラボレーション	→ コラボレーションと競争
・相互依存	→ 不均衡な依存に伴うリスクの解消
・信頼	→ 共通の利益の強調
成長するアライアンスのイメージ	
・結婚	→ 政治・外交
・単一のリレーションシップ	→ アライアンスのネットワーク

(Doz & Hamel, 1998, 邦訳11頁)

Morgan, Reinmoeller, Hitt, Ireland & Hoskisson, 2011 ; Grant, 2013：林・高橋編，2003等)。

　経営学文献においてはじめて戦略概念を用いたのは Chandler（1962）である。彼は戦略を「企業の基本的な長期目標や目的を決定し，これらの諸目標を遂行するために必要な行動のコースを採択し，諸資源を割り当てること」(1962, p.13) と定義する。この戦略定義をもって，Chandler は概して経営戦略論の嚆矢であるとされる。

　アライアンスや提携の研究は，周知の通り，現象面においても理論面においても主として国際経営論において検討されてきた。

　近年，それらの研究は国際経営論から戦略論へと移行しつつある。価格競争を主軸とする多国籍企業間の競争関係は，各種の経営戦略に具現化される。このなかで最も中心的な問題は相互連携，すなわち企業間提携（Corporate Alliances）である。もちろんこの提携はその方式や内容からみるかぎり以前より存在した。従来，多国籍企業の生存にとって企業間提携は企業発展のための１つの手段でしかなかったのである。近年，企業間連携は，これに対して，企業生存のための不可避の途となったのである。したがって，企業間提携はきわめて戦略的なものとなったゆえに，戦略提携は戦略論の中心課題となったのである（竹田，1998, 55-56頁)。

　Wright, Kroll & Parnell（1998）は，戦略論の立場から，戦略的アライアンスを次のように定義する。すなわち，「戦略的アライアンスは，２社あるいはそれ以上の企業がある特定プロジェクトを実施するあるいはある選定された事業分野において協同するという，パートナーシップである」(p.101)。

　Mintzberg, Ahlstrand & Lampel（1998）は，戦略的アライアンスを次のように定義づける。すなわち，「(戦略的アライアンスは）さまざまな協力的協定（例えば，共同で新しい製品を開発するために研究開発スキルを共有すること）のことを言う。これは，通常，サプライヤーと顧客，またパートナー間の協定を指す。そしてますます頻繁になっていくのだが，結局その当事者は他の領域では競合相手となるのだ」(邦訳269頁)。

　Doz & Hamel（1998）は，戦略論の立場から，戦略的アライアンスの３つの目的を提示する。第１に，戦略的アライアンスの戦略上の目的は，コオプション（Co-opt ion）である。これは潜在的なライバル企業や補完的な製品・サービスの提供者との提携によって，新しいビジネスを生み出そうとすることである。すなわち，まず，潜在的なライバル企業をアライアンスに取り込むことによってその脅威を効果的に中和する。次に，アライアンスを目指す企業にとって意味のある製品・サービスをもつ企業に対して，連合への参加を呼びかけてネットワークによる経済的効果を生み出すのである。換言すれば，包摂である。

　第２の目的は，コスペシャライゼーション（Cospecialization）である。これは，経営資源や業界における地位，スキル，知識などを結びつけることによってシナジー効果を実現し，新たな価値を生み出すことである。各々のパートナーが，スキル，ブランド，リレーションシップなどの独自の資源を互いに提供し合うことによって，アライアンスを成功に導くのである。

　第３の目的は，学習と内部化である。アライアンスは，新たなスキルやコアな能力を学習し，内部化するきっかけになる。これらをアライアンスのパートナーから学び，内部化し，アライアンスの垣根を越えて展開することができるならば，それは企業にとってきわめて価値あるものになる。そのような経験は，後のビジネスの展開にとって大きなものと

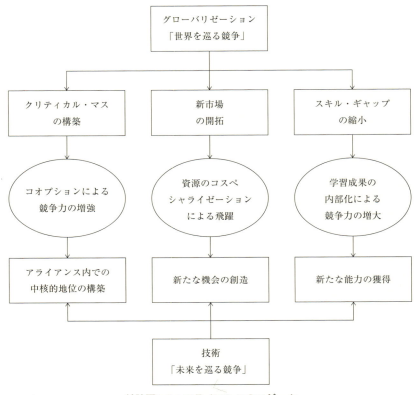

付論図1-8:アライアンスのロジック
(Doz & Hamel, 1998, 邦訳39頁)

なる。
　彼らは,以上の3つの目的をもって,従来のアライアンスの捉え方に疑義をはさむ。例えば,アライアンスはどのような価値を,誰のために生み出すのか。アライアンスは長期に発展するためには何が必要か。アライアンスにおいて複数企業の優先順位や関心が対立する場合には,どのような調和をもつのか。アライアンスが成長するうえで,パートナー企業同士の結びつきをどのように強固にするのか。
　彼らは,こうした疑問点に対して,戦略論に基づくアライアンスの新しい考え方を提示する。すなわち,単純な補完関係よりも複雑なコスペシャライゼーションを,アライアンスの構造そのものよりもプロセスの進化を重視する。また,変化する目標を捉え,複数の交渉にあたり,単なる継続性ではなく競争力の増大を試みる。また,企業同士の対立においては共通の利益を強調し,単一の関係からアライアンスのネットワークつくりに邁進するのである。

付論1　提携と合併

　Doz & Hamel (1998) は，こうした諸点をふまえて，アライアンスの価値創造の論理を提示する。まず，コオプションを通じて，競争能力を向上させ，アライアンス内での自社の中核的位置を構築する。次に，資源のコスペシャライゼーションをすすめ，新たな事業機会を創造する。最後に，学習成果を内部化することによって競争力を獲得し，新たな能力の獲得を目指すのである。

(3) **組織間関係論**

　組織間関係論は，概して，組織と組織の関係を問う研究領域である。すなわち，2つあるいはそれ以上の組織間関係の形成，構造的・過程的特徴，維持発展，結果などを分析する理論である。この研究領域は，90年代に入って，取引関係，株式所有関係，人的結合関係だけでなく，技術ライセンス契約，資本参加，ジョイント・ベンチャー，業界標準，戦略的アライアンス，国際提携戦略への分析がすすんでいる（吉田，1993，1994；佐々木，2002）。

　山倉 (1993) は，組織間関係論の視点から，企業の提携を次のように規定する。すなわち，「コーポレート・アライアンスは，二つ以上の企業が結びついて，個別企業ではできないことを行うことにほかならない。企業間の提携には，合弁のように資本関係をともなうものとともに，技術提携，販売提携，共同生産のような必ずしも資本関係をともなわないものに含まれ，多岐にわたっている。また，大企業を中心として展開されている提携の組み合わせも多様化している。異業種間提携，国際的提携，大企業と中小企業との提携，系列をこえた提携も活発化している」(217頁)。

　このような企業と他企業との提携の利点は次の通りである。第1に，自社の必要とする資源・情報を容易に獲得可能となる。例えば，GMはトヨタ生産方式の導入を試みるためにトヨタと合弁を組んだのである。第2に，新たな企業行動や思考様式について学習できる。第3に，他企業からの継続的支援を獲得することができる。これには相手企業のイメージや威信を獲得することもできるし，同時にPR効果もある。

　では，彼は，なぜ企業提携に注目するのか。彼は，大きく2つの理由を示す。第1の理由は，リストラクチャリングや国際化などの実際の企業の動向において，戦略的提携や戦略的パートナーシップといった企業の新しい対応が必要になったためである。

　第2の理由は，企業提携が，企業と他企業との関係調整メカニズムの1つとして，組織間調整メカニズムの解明に関係するからである。合弁以外の，互いの企業の自主性保持と協力の相互依存に対処する提携とは何かが大きなテーマとなるのである。

　対照的に，企業提携は大きな欠点をかかえる。第1の欠点は，企業自らの自主性が失われることである。別言すれば，連携することは制約されることでもある。第2に，パートナー企業同士のあいだでコンフリクトが発生する可能性がある。よって，パートナー企業同士の利害調整が重大な課題となる。第3に，提携が新たな競争者を生む可能性がある。自社からの技術や情報の流出が，敵対企業の育成を促進してしまうのである。

　よって，提携を推進するうえでの留意点を確認しておかなければならない。第1に，提携の戦略的方向（方針）を定めることである。企業は，提携を全社的戦略に位置づけなければならない。すなわち，提携とは，全社的な戦略であり，同時に企業のトップの任務であることを認識しなければならない。第2に，パートナーの選択に留意しなければならない。自社資源と必要補完資源を十分に確認しながら，自社とパートナー企業との関係を認識しなければならない。第3に，パートナーとのものの考え方の共通性を見出さなければならない点である。

では，複数の企業が1つの事業を行ううえで，提携をいかに管理するかがきわめて重要な課題となる。これには，相互了解に基づく柔軟な統合手段が必要となる。また，初期の提携経験からの知識の獲得が必要である。提携ネットワークを管理する社内体制の充実も必要となる。そのうえで，トップ・マネジメントの役割がきわめて重要になる。例えば，提携促進の雰囲気づくり，戦略的人員配置などはトップ・マネジメント固有の役割である。

さらに重要な点は，企業提携をいかにマネジメントしていくかということである。個別企業レベルを越えた，企業提携レベルのマネジメントが必要になる。また，提携マネジメントの統合的な把握の視点も必要となる。第1に，企業間レベルの戦略的方向づけである。企業提携自体の目標設定は提携以前から明確にしなければならない。第2に，提携目標達成プログラムの作成である。パートナー企業同士の役割分担や協力体制の明確化が必須となる。第3に，戦略的な資源配分である。多くの場合，人材不足と資源不足は，提携の失敗要因となる。最後に，戦略的コントロールである。例えば，環境要因，戦略プログラム，戦略的資源配分のコントロールを含む，戦略的な統制が必要になるのである。

以上より，複数の組織を扱う，組織間関係の複雑性が分かった。では，こうした組織間関係論には，どのような説明理論が内包されているのか。

Barringer & Harrison (2000) は，組織間関係を説明するための理論として，取引コスト経済学，資源依存理論，戦略的選択論，ステークホルダー理論，組織学習論，制度理論を提示する。ここでは，彼らの主張に合わせて，それぞれの特徴を概観しよう。

第1の組織間関係を説明する理論は，取引コスト経済学である。これは，組織がその生産や取引コストの合計を最小化するためにどのようにその境界連結活動を構成するかに焦点を当てる。よって，その理論的根拠は，生産と取引コストの合計の最小化である。組織間関係は，市場の失敗によって引き起こされる不確実性と，階層を構築するためにかかる諸々のコストを削減することができるのである。

第2に，資源依存性の理論である。これは，すべての組織が諸資源獲得のためにその環境との交換に携わらなければならないと主張する，オープン・システム論にその根幹がある。組織は，稀少資源を所有する組織に対してパワーもしくはコントロールを実施するために組織間関係を形成するのである。

第3に，戦略的選択論である。これは，競争性もしくは市場パワーを高める機会を企業に対して提供する諸要因を研究するものである。組織が組織間関係に参入することによって財政的便益がそのコストを上回るならば，組織は組織間関係に参入するのである。

第4に，ステークホルダー理論である。この理論が強調するのは，組織は諸々のステークホルダーの独立した関係性の中心に位置するのであり，意思決定や事業取引を実施する際に，その組織のステークホルダーの正当な主張を考慮する責任のようなものを有する，ということである。組織は，ステークホルダーの利害と自らの利害を調整し，また環境不確実性を削減するために，ネットワークなどのアライアンスを形成するのである。

第5に，組織学習論である。これは，組織学習に関わる諸々のプロセスを考察する。主要な要因は，吸収能力である。吸収能力とは，新しい知識の価値を認識し，それを同化し，事業にそれを応用するという，企業の能力を指す。

最後に，制度論である。制度的環境がすでに浸透している社会的諸規範に従わせることを組織に賦課する，ということを制度論は示唆する。組織が組織間関係を構築するのはその正当性を獲得するためである。

さらに，Barringer & Harrison (2000) は，上記のような視点から，組織間関係の諸形態を大きく2つに弁別する。すなわち，タイトリー・カップルド・フォームとルースリー・カップルド・フォームである。まず，タイトリー・カップルド・フォームは，ジョイント・ベンチャー，ネットワーク，コンソーシアムである。次に，ルースリー・カップルド・フォームとしては，アライアンス，貿易協定，兼任重役制を挙げるのである[4]。

以上，本節では経済学，戦略論，組織間関係論といった，戦略的アライアンス研究の3つの視点を確認した。ここから分かることは，下記の通りである。第1に，経済学は，企業の合理的行動として戦略的アライアンスを認識する。すなわち，組織がとる企業行動そのものに研究関心がある。この分野において，戦略的アライアンスの研究が充実していると考えられる。

第2に，戦略論は，主体となる組織に研究の重心を置きつつも，パートナー企業の関係を注視する。戦略論は，あくまでも主体となる1つの組織を研究の焦点に据えるのである。

第3に，組織間関係論は，基本的に，複数の組織の間の関係性を研究対象とするがゆえに，戦略的アライアンスの研究には最も適切な研究領域といえる。

3 ◆ 理論的課題

では，戦略的アライアンス研究における理論的課題を吟味しよう。

(1) 学説史

戦略的アライアンスのみならず，アライアンスに関連する研究領域は，経営学説史においてどのような位置（学説的位置）ならびにどのような意味（学説的意義）を有するのか。このような問いに，多くの先行研究は解答を提示していない。若干の学説研究において，その関連研究が触れられているにすぎないのである。

Fenton & Pettigrew (2000) は，Weber と Chandler を出発点とする，組織の学説史を提示する。Weber (1947) の官僚制と Chandler (1962) の事業部制組織構造といった普遍的組織形態から，コンティンジェンシー理論，Burns & Stalker (1961) を代表とする総合的組織形態 (Aggregated Forms)，さらには Woodward や Blau を中心とする非総合的組織形態 (Disaggregated Forms) へと発展する。

総合的組織形態は，さらに，組織と戦略を追究するハーバード・アプローチから，Williamson を中心とする産業経済学へという流れを示す。非総合的組織形態は，1960-1970年の Pugh を中心とするアストン研究から，Miles & Snow や Mintzberg を中心とするコンフィギュレーショナル・アプローチへと移行する。

このような学説史の流れの後に，複数の学派が出現する。コンフィギュレーショナル・アプローチから派生した，Milgrom & Roberts の流れがある。また，Granovetter (1973) を中心とするネットワーク理論の流れがある。さらに，組織づくりの新しい形態が派生した。

組織づくりの新しい形態の第1は，グローバル企業とその境界線の変化を示す流れである。第2に，知識経済における知識企業の流れである。第3に，ネットワークと社会的に埋め込まれた企業の流れである。

以上のような学説史の中で，戦略的アライアンスの研究を明確に位置づけなければならない。すなわち，戦略的アライアンス研究の学説史における位置づけと学問的意義の明確

```
                        ┌──普遍的組織形態──┐
                        Weber（1947）官僚制
                        Chandler（1962）事業部制組織構造
                              │
                         ┌──状況適合理論──┐
                         │                │
        ┌────────────────┘                └────────────────┐
┌─非綜合的組織形態─┐                              ┌─総合的組織形態─┐
Stinchcombe（1959）環境                          Burns & Stalker（1961）
Woodward（1965）技術                                機械的・有機的組織
Blau（1970）操業規模
  アストン研究 1960-70 年代                        ハーバード・アプローチ
   活動と規模：                                      組織と戦略：
  Pugh et al.（1963） Pugh & Hickson,（1976）         Lawrence & Lorsch（1967a）
   組織構造と活動                                     Scott（1973）戦略
                                                    Rumelt（1974）多角化
                                                    Channon（1973）
                                                    Thanheiser（1973）
                                                      組織デザインと情報処理
                     産業経済学                       Galbralth（1973）マトリックス組織
                      Williamson & Bhargava（1972）
                      Williamson（1975）M 型フォーム
                      アメリカ：Armour & Teece（1978）
                      イギリス：Steer & Cable（1978）
                      ドイツ：Cable & Dirrhelmer（1983）
                      日本：Cable & Yasuki（1985）

                     ┌─コンフィギュレーション・アプローチ─┐
                      Miles & Snow（1978）戦略と環境
                      Miller & Friesen（1978）戦略的アーキタイプ
                      Mintzberg（1979）構造的タイプ
                      Miller（1986, 1987, 1996）戦略と組織構造

ネットワーク理論
Granovetter（1973）弱い紐帯                諸相補性
Burt（1978）ネットワーク・プロパティ        Milgram & Roberts（1995）
Uncoln（1982）ネットワーク・プロパティ      Ichniowski et al.（1997）
Uzzl（1996）企業内ネットワーク

                                            INNFORM 研究プログラム

                        組織づくりの新形態
```

1．グローバル化する企業とその境界の変化（Powell, 1990; Ghoshal & Bartlett, 1990, 1995a, 1995b; Roth & Nigh, 1992; Ghoshal & Nohrla, 1993; Miles & Snow, 1993, 1995）
2．知識経済における知識企業（Spender, 1989; Teece, 1992; Drucker, 1993; Hedlund, 1994; Nonaka, 1994; Grant, 1996b; Sanchez & Mahoney, 1996）
3．ネットワークと社会的に埋め込まれた企業（Sabel et al., 1987; Jarillo, 1988; Powell, 1990; Zeffane, 1995）

付論図1-9：組織の理論的視点
（Fenton & Pettigrew, 2000, p.3）

(2) **発展段階モデル**

では次に，戦略的アライアンスという組織形態を経営組織の発展段階モデルに位置づけることが必要である。前の諸節においてみたように，戦略的アライアンスのある程度の方向性は若干の研究において提示されてきた。例えば，Webster（1992），Yoshino & Ranagan（1995），Harbison & Peker（1998）などである。また，戦略的アライアンスの管理上の困難さや不安定性に関しては若干の研究蓄積（Das & Teng, 2000 ; Gulati & Zajac, 2000 ; Park & Ungson, 2001）があるものの，組織の発展段階に基づく考察はない。

従来の組織論において追究されてきた経営組織の発展段階モデル（Galbraith & Nathanson, 1978等）において，戦略的アライアンスはどのように位置づけられるのか。このような問いに対する解答はない。

例えば，岸田（1985）の経営組織の発展段階モデルを概観しよう。彼は，組織の基本的な編成原理の2軸を用いて経営組織の発展段階モデルを提示する。それらは，第1に技術的要請に対処する専門化・効率型とし，第2に課業環境への対処のための秩序化・問題解決型とする。

専門化・効率型の度合を示すのが横軸である。この基本はファンクショナル組織である。すなわち，Taylorの職能的職長制度にその起源をもつ組織形態である。これは，専門家による水平的分業（職能分業）を中心原理とする。従業員は，それぞれの専門職能を担当する複数の長から，その職能に関する事柄についてそれぞれ命令を受ける。それゆえに，命令系統は多元的である。

秩序化・問題解決型の度合いを示すのが縦軸である。この基本はライン組織である。単一の指揮命令系統によって結ばれている組織形態である。それゆえに，命令の一元化が維持される。Fayolは，このライン組織をすべての組織の基本形態であると考える。

ライン・スタッフ組織は，ファンクショナル組織とライン組織の両方の利点をもつ。すなわち，ラインの指揮命令の統一性を保持しながら，専門知識をもって助言や助力を行うスタッフによって専門化の効果をも利用する組織形態である。ライン・アンド・スタッフ組織ともいう。

職能部門制組織は，垂直統合などによっていくつかの職能をもつに至った場合に，専門化の利点をより生かすために職能部門化されたライン・スタッフ組織のことである。すなわち，通常のライン・スタッフ組織よりも，より専門化・効率型の度合い（横軸）を高める組織形態である。

事業部制組織は，さらに，主力製品市場が衰退するにつれて，既存資源を利用するために新しい産業に参入するという多角化戦略が行われる場合に生じる。すなわち，通常のライン・スタッフ組織よりも，より秩序化・問題解決型の度合い（縦軸）を高める組織形態である。

マトリックス組織は，職能部門制組織と事業部制組織の双方の問題点を同時に解決しようとする組織形態である。すなわち，職能部門制組織は職能別の問題を他よりも優先させ，同時に事業部制組織は製品や市場の問題を他よりも優先させ，どちらもより上位のレベルで問題解決にあたろうとする組織形態である。マトリックス組織は，単一の指揮命令系統ではなく二重の影響力（2人の管理者をもつ）に従う。また，部門間における公式の水平的な役割を通じての調整が強調される。それゆえに，マトリックス組織の管理コストは高く，効率化・専門型（横軸）と同時に秩序化・問題解決型（縦軸）をも必要とするよ

うな，きわめて不確実性の高い環境において有効な組織形態である。以上が岸田の経営組織の発展段階モデルである。

さて，この組織発展段階モデルを概観して分かることは，基本的には単一の組織を対象とするということである。戦略的アライアンスのような複数の企業同士が結合した組織形態は考慮されていないということである。したがって，戦略的アライアンスを内包する複数の組織の発展段階モデルの構築が必要となる。これが戦略的アライアンスの第2の研究課題である。

(3) 変化

さいごに，本書の研究テーマ「変化とは何か」に関連付けて，戦略的アライアンスを考察しよう。近年，組織論の主流は組織の動態性に関する研究である。これを組織変化論という。組織変化論は，組織論において多くの先行研究を輩出しているものの，複数の組織が関わる変化との理論的追究はほとんどなされていない。もしくはほんの一部においてのみ考察されているにすぎないのである。戦略的アライアンスの研究も，この範疇にて分析することが必要となる。

Whittington, Pettigrew, Peck, Fenton & Conyon (1999) は，組織変化の3つの方向性を示す。すなわち，構造を変えること，プロセスを変えること，そして境界を変えることである。

第1に，構造を変えることには，次の4つがある。まず，組織執行役員数の削減 (Delayering) である。これは，高コストのミドル管理者の異動を表す。さらに階層は情報流を妨げ，反応の迅速性を増す。次に，権限委譲は，クロス・ファンクショナルで境界にまたがるチームの開発を促す。さらに，現業上で戦略的に構造を変えることは，反応時間と仕事の設備知識 (harness knowledge) を改善するにいたる。そのうえ，インセンティヴを与えながら，事業管理者に，利益志向とアカウンタビリティを高める。最後に，プロジェクトベースの構造は，大いなる柔軟性を促すことになる。また，これは伝統的な組織のもつ事業部ごとの架け橋となる。

第2に，プロセスを変えることは次の6点である。まず，垂直的・水平的相互作用である。次に，IT戦略と技術は，新しい知識経済において集中的な相互作用を要求する。そのためのITにおいてそれを支援するものである。電子データ内部交換は，参加と柔軟性を高めながら，外部関係に対して外に移動する情報の流れである。人的資源の慣行 (HR Practices) は，新しい戦略と組織構造が新しい経営者に要請する，ITのインフラを補強することである。人的資源管理の機能は組織づくり作業という新しい形態作成の中心に位置する。水平的ネットワーキングは，全社的なカンファレンスやセミナーなどにおいて主要な人材交流を促す。そのうえ，水平的ネットワーキングは従業員と知識を活用するための組織の境界を越えた全社的なキャリア管理である。さらには組織上の統合は，交流を促すために，共有の企業アイデンティティの意味を提供するために必要な，リーダーシップと企業ミッション構築である。また，組織上の統合は，プロジェクト・チームの意図的な強化や多様な内的ネットワークが主たる機能である。

第3に，境界を変えることは次の3点である。まず，規模縮小と集中は，競争優位性を中心とする境界を作り直すために企業の競争的圧力を高める。さらに，階層と規模は，徐々に高まった激烈な競争環境にて競合するために必要な戦略的柔軟性を妨げる。また，戦略的な規模縮小とコングロマリット戦略の停止は，より大きな焦点化を促す。次に，アウトソーシングである。あまり重要でない価値連鎖活動が自社内に必要ない場合，アウト

付論1　提携と合併

付論表1-10：組織変化の諸次元

組織変化	ロジック	諸研究	主な証拠
構造を変える			
組織執行役員数削減	高コストのミドル管理者を異動する；階層は情報流を妨げ，反応の迅速性を増す	Nohria (1996) Freeman & Cameron (1993) Geroski & Gregg (1994) Zeffane (1992)	ケース・スタディ ケース・スタディ 英国企業614社調査 ケース・スタディ
権限委譲	クロス・ファンクショナルで境界にまたがるチームを促進する	Ghoshal & Bartlett(1998) Zenger & Hesterly(1997)	ケース・スタディ ケース・スタディ
現業上で戦略的に構造を変える	・反応時間と仕事の設備知識（harness knowledge）を改善する ・インセンティブを与えながら，事業管理者に，利益志向とアカウンタビリティを高める	Bartlett & Ghoshal(1993)	ケース・スタディ
プロジェクトベースの構造	・大いなる柔軟性を促す ・伝統的な組織のもつ諸事業部の架け橋となる	Bahrami (1992) Nohria & Ghoshal (1997) Ghoshal & Bartlett(1995)	ハイテク37社ケース調査 調査 ケース・スタディ
プロセスを変える			
垂直的・水平的相互作用	―	―	―
IT戦略と技術	新しい知識経済は集中的な相互作用を要求し，したがってITにおいてそれを支援する	Shani & Sena (1994) Nohria & Love (1996)	ケース・スタディ フォーチューン100の83社調査
電子データ内部交換	参加と柔軟性を高めながら，外部関係に対して外に移動する情報の流れ	Jarvenpaar & Ives (1994) Fulk & DeSanctis (1995)	上級経営幹部109人調査 ケース・スタディ
人的資源の慣行	・新しい戦略と組織構造が新しい経営者に要請する，ITのインフラを補強すること ・人的資源管理の機能は組織づくり作業という新しい形態作成の中心に位置する	Ghoshal & Bartlett(1998) Whittington & Mayer (1997)	ケース・スタディ 欧州59社ケース

水平的ネットワーキング	・全社的なカンファレンスやセミナーなどは，主要な人材の交流を促す ・従業員と知識を活用するための組織の境界を越えた全社的なキャリア管理	Frank（1992） Flynn et al.（1990）	ケース・スタディ ケース・スタディ
組織上の統合	交流を促すために，共有の企業アイデンティティの意味を提供するために必要な，リーダーシップと企業ミッション構築；プロジェクト・チームの意図的な強化や多様な内的ネットワークは主要な機能である	Taylor（1991） Tichy & Sherman（1995） Nohria & Ghoshal（1997）	ケース・スタディ ケース・スタディ 調査
境界を変える			
規模縮小と集中	・階層と規模は，諸々の競争優位性を中心とする諸境界を作成し直すために，企業の競争的圧力を高める ・階層と規模は，徐々に高まったハイパー競争的環境にて競合するために必要な戦略的柔軟性を妨げる	Prahalad & Hamel(1990) Quinn（1992） Volberda（1996） Hoskisson & Hitt（1994） Bhagat et al.（1990）	ケース・スタディ ケース・スタディ ケース・スタディ データベース データベース
アウトソーシング	低価値もしくは低戦略的重要性のある価値連鎖活動はもはや自社内に必要ない	Whittington（1991） Geroski & Gregg(1994)	ケース 英国企業614社調査
アライアンス	外部スキルまたは外部資源をともなってコンピタンスを高める	Faulkner（1995） Nohria（1996）	ケース データベース

(Whittington, Pettigrew, Peck, Fenton & Conyon, 1999, p.559)

ソーシングを実施する。そして最後に，アライアンスである。これは，外部スキルまたは外部資源をともなって自社のコンピタンスを高めることである。

　以上のように，Whittingtonらは，組織変化の3つの方向性を提示する。戦略的アライアンスは，境界を変えるという組織変化の範疇に属する。われわれは，このように戦略を組織変化の1つの形態として把握しなければならないと考える。これが，戦略的アライアンスの第3の研究課題である。

注
1）本書では，アライアンスなどの用語を統一して用いない。その理由は，①先行研究のそれぞれ

付論1　提携と合併

　　の用語使用を尊重するためである。②膨大な先行研究においてもアライアンスに関する見解・表現がいまだに統一されていないということを，本章においても，読者に印象づけるためである。
2）商社は，周知の通り，わが国では明治・大正期以降に海外で活躍する国際企業である。総合商社は，戦前では三井物産，三菱商事，鈴木商店があった。戦後では三菱商事，三井商事，伊藤忠商事，住友商事，丸紅などがある。以下では，参考文献を示す。城山三郎『鼠：鈴木商店焼討ち事件』文藝春秋，1975年では，戦前の鈴木商店を題材として，日本の総合商社の祖形を明らかにする。山崎豊子『不毛地帯（全5巻）』新潮社，2009年では，伊藤忠商事をモデルとして，戦後高度成長期の総合商社の姿を活写する。なお，横山寛美『経営戦略ケース・スタディ：グローバル企業の興亡』シグマベイキャピタル，2009年も参考になる。
3）NUMMIの事例作成上，同社の現状に関するインタビュー調査において同社President ＆ CEO石井完治氏，Coordinator Legal/General Affairs担当大脇衛雄氏から多大なるご協力をいただいた。ここに記して感謝を意を表す。なお，本章で参考にしたのは以下の文献である。NUMMIのHP（www.nummi.com　アクセス日時：2001年9月17日），上記両氏からの提供資料，島田（1988），Parkhe（1991），Adler（1992，1993），Inkpen & Beamish（1997），Inkpen & Dinur（1998），Adler, Goldoftas & Levine（1999），Kale, Singh & Perlmutter（2000），川原（1995），石井（2001），Pfeffer & Sutton（2000）である。
4）ルースリー・カップルド・システムに関しては，岸田民樹「ルースリー・カップルド・システム」山倉健嗣・岸田民樹・田中政光『現代経営キーワード』有斐閣，2001年，46-47頁を参照した。

付論2　事例研究：タカラ

　本付論では，提携（アライアンス）と合併を1つの事例をもって検討する。提携は，組織と組織の部分的な結合を指す。合併は，組織と組織の全体的結合である。理論的考察はすでに前付論においてすすめたので，ここではわが国の老舗玩具企業の1つである株式会社タカラ（以下，タカラ）が実施した提携，さらには他社との合併にいたるまでの経緯を1つの長期的事例研究として吟味する。タカラはほぼ半世紀にわたる企業経営の歴史をもつ。本付論の目的は，この事例をもって提携と合併の理論的重要性を明らかにすることである。

　第1に，玩具業界における玩具御三家と業界再編を概観する。第2に，戦後に生まれたタカラの創業者（父）による生成・発展，2代目社長（長男）による経営管理の徹底と組織の低迷，3代目社長（次男）によるV字復活と呼ばれる再建のプロセスを描く。そこでは数々の提携が実施された。さらに3代目社長のもとでタカラがふたたび衰退にいたり，他社との合併へと向かう経緯を追う。第3に，組織の衰退の内的原因および外的原因を整理する。

　なお，本事例は，言うまでもなく学術的な分析であり，特定の企業や個人を誹謗中傷する意図のないことを明記しておく[1]。

1 ◆玩具産業

　わが国の人形やおもちゃが産業として発展したのは，江戸時代の京，大阪，江戸の問屋制度のもとであったといわれている。明治時代には政府が欧米に追随するためにも教育が必要だとし，おもちゃ業界においても教育玩具が一大ムーブメントとなった。

　明治にはイギリス・アメリカ・ドイツからブリキ，セルロイド，ゴムを用いた玩具が輸入され，おもちゃ生産者に刺激を与えた。こうした素材を用いた国産玩具はこの頃飛躍的に成長し，輸出は急拡大していった。昭和12年には玩具輸出総額でトップを走っていたドイツを凌いで世界一の地位を確保したほどであった。

　戦後の玩具業界を支えたのは，バンダイ（山科家），タカラ（佐藤家），トミー（富山家）の3社であったといってよい。これらを玩具御三家と呼ぶ。

　業界のトップ・バンダイの創業は，1950年であった。セルロイド玩具，金属玩具などの卸売業「萬代屋」として創業者山科直治によって設立された。同年にオリジナル商品第1号「リズムボール」を，翌年には金属玩具オリジナル第1号「B26ナイトプレイン」を発売した。玩具製造問屋として国内だけでなく，海外への金属玩具の輸出で成長を遂げた。1955年には業界初の品質保証制度「保証玩具制度」を導入した。社名をバンダイに変更した1960年には，初のテレビキャラクター商品「鉄腕アトム」を商品化し，いわゆる「マスコミ玩具」に専心していく。

　70年代に「超合金マジンガーゼット」，「キャンディキャンディ」，80年代に「ガンダ

ム」,「キン肉マン」,90年代には「セーラームーン」のキャラクター関連商品を次々に生み出した。現在も同社は,テレビ番組と連動したキャラクターマーチャンダイジングを事業の中核としている。90年代には,携帯型育成ゲーム「たまごっち」が国内外で社会現象ともいえるほどのブームも起こした。

付論表2-1：玩具御三家の概要

社　名	概　要	
株式会社 バンダイ	【代表者】	代表取締役社長　高須武男
	【設　立】	1950年7月5日
	【社員数】	844名（2003年4月1日現在）
	【所在地】	〒111-8081東京都台東区駒形2-5-4
	【資本金】	236億2,600万円
	【営業所】	大阪支社,名古屋営業所,福岡営業所
株式会社 タカラ	【代表者】	代表取締役社長　佐藤慶太
	【設　立】	1955年9月17日
	【社員数】	427名（平成14年9月30日現在）
	【所在地】	〒125-8503東京都葛飾区青戸4-19-16
	【資本金】	181億2,169万5,096円
	【事業所】	大阪支社,北海道営業所,東京営業所,名古屋営業所,九州営業所
株式会社 トミー	【代表者】	代表取締役社長　富山幹太郎
	【創　業】	1924年2月2日
	【設立】	1953年1月17日
	【社員数】	286名（平成15年3月末現在）
	【所在地】	〒124-8511東京都葛飾区立石7-9-10
	【資本金】	29億8,994万円
	【支社・営業所】	東京（東京ビル,ホンデンビル）,東京営業所,名古屋営業所,大阪営業所,九州営業所
	【グループ会社】	(株)ユージン,(株)ユーエース,(株)ユーメイト,(株)トミーダイレクト,トミー流通サービス(株),(株)トミーデベロップメントセンター,(株)トミーテック,(株)トミー興産,トミーシステムデザイン(株),(株)プレイキングダム,(株)ハートランド,(株)グローテックインターナショナル,(株)トミーゼネラルサービス,(株)トミーリンク
	【海外販売子会社】	米国（TOMY CORPORATION）,TOMY YUJIN CORPORATION,英国（TOMY UK LTD.）,仏国（TOMY FRANCE SARL.）
	【海外製造子会社】	香港（TOMY〔HONG KONG〕LTD.）,タイ（TOMY〔TAILAND〕LTD.）

（トイジャーナル編集局編,2003より）

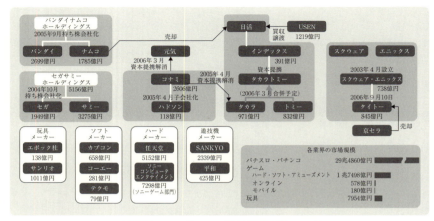

付論図2-1：ゲーム・玩具業界再編マップ
（週刊ダイヤモンド編集部編「産業レポート：加速するゲーム・玩具業界再編は異業種を巻き込む"世界大戦"へ」『週刊ダイヤモンド』2005年10月1日号，55頁）

　トミーの創業者である富山栄市郎は，わずか11歳でもの創りを志し「精巧で美しいドイツ玩具に負けないものを創りたい」というおもちゃ作りの夢を胸に，10年にわたる下積時代を経て，1924年2月2日，富山玩具製作所を創設した。富山，21歳の冬であった。

　第1号製品である「ゼンマイ仕掛けの赤い競争自動車」は発売後大評判となり，その後長年あたため続けた飛行機玩具を発売した。特に大型玩具輸出の先鞭ともなった「B29」は大ヒット商品となり，「飛行機の富山」の名が業界に知れ渡るようになった。

　飛行機玩具からスタートした同社は，戦後，国産ミニカー「トミカ」，鉄道玩具「プラレール」，「黒ひげ危機一髪」などの定番商品を生み出した。「ウォーターゲーム」などの世界的ヒット商品も輩出した。60年代には生産高の半分が輸出を占めるほどに成長したが，70-80年代にはテレビゲームやキャラクター商品などの流行に乗り遅れ，国内外での経営・生産体制の刷新が行われた。90年代にはトミールネッサンスの旗印のもとで「ポケモン」や「ファービー」などのキャラクター商品がヒットし，念願の株式公開も果たした。

　タカラは1955年の創業以来一貫してその創業者・佐藤安太が采配を振るってきた。要するに，典型的な家業的経営であった。その創業者が，長男・博久に経営権を託す。しかし，近代的な経営をめざす長男の管理の徹底は人材流出，ヒット商品不在，業績低迷に行き詰まる。かわって，経営を託されたのが次男・慶太である。彼は，「拡玩具という戦略」のもとで社員に権限委譲をすすめて，多数のヒット商品を生み出し，タカラを見事に復活に導いた。にもかかわらず，ふたたび同社は低迷し，ついには同業他社トミーとの合併にいたった（トイジャーナル編集局編，2003年）。

　では，玩具業界の再編の現状を概観しておこう。2000年を境にして，わが国の玩具・ゲーム市場は縮小傾向にある。中長期的には少子化の影響はさけられない。ゲーム業界では，画像処理能力などが飛躍的に進歩する次世代ゲーム機のゲームソフト開発費が8-10億

付論表2-2：タカラトミーの概要

- 合併比率「トミー1：タカラ0.178」
- 社名は「株式会社タカラトミー」，英表記「TOMY COMPANY, LTD.」
- 法手続き上は，トミーを存続会社とし，タカラは解散となる。
- 代表取締役社長・富山幹太郎，代表取締役副社長・佐藤慶太。取締役のひとりとして落合正美も名を連ねる。
- 大株主は，インデックス19.9％，富山家ファンド19.9％。

円に高騰するため，販売力をもつ大手と下請け開発会社の二極化がすすんでいる。
　さらに，IT化を契機として業界同士の垣根が低くなってきていることもある。すなわち，業界概念の希薄化が着実に進行しているのである（週刊ダイヤモンド編集部編，2005年5月28日号，44-46頁；2005年9月3日号，102-104頁）。
　2000年以降，わが国の伝統産業といえる玩具産業は業界再編の真っ只中にある。バンダイとナムコの合併（2005年9月統合）は，きわめて大きな相乗効果をもつ。玩具業界首位のバンダイはキャラクターの商品化に得意で，ナムコは優良キャラクターとその開発能力をもつ。独立のままでも両社はしっかりした財務的基盤があるが，統合による相乗効果を優先したといえる。
　業界2位タカラと業界3位トミーも合併した（2006年3月1日）。では，タカラとトミーはどのようなかたちで合併したのか。後に詳述するように，両社の合併には若干のかくされた意味がある。
　合併にいたった積極的な理由は，まず，その商品構成をみると分かる。タカラとトミーの相互の事業をみてみると，その構成からはうまくシナジー効果が現れるように考えられる。トミーは未就学児向きの「トミカ」，「プラレール」，タカラは小中学生・大人向け玩具が中心である。両社の商品ラインアップは明らかに幅広い年齢層を対象とすることになる。両社は玩具事業の規模においても，バンダイに肩を並べることになる。次に，この合併の理由は，佐藤家のタカラと富山家のトミーというオーナー会社からの脱皮のためであったといえる。両社の近代的経営への第一歩ともいえよう。
　しかし，弱者連合にすぎないという批判ものこる。トミーによるタカラの救済ともいわれる。両社の合併直前に提出された『タカラ平成17年半期報告書』においても「当社と㈱トミーは対等の精神で合併いたしますが，㈱トミーを存続会社とし，㈱タカラは解散いたします」（9頁）と明記されている。この表記からしても，事実上の，トミーによるタカラ救済と推察される。
　さらに，両社の合併の概要をみておこう。両社の合併比率は，トミー1に対して，タカラは0.178である。社名は「株式会社タカラトミー」とされるが，英表記においては「TOMY COMPANY, LTD.」となる。英表記ではタカラの社名は欠落しているのである。さらに法的手続き上では，トミーを存続会社とし，タカラは解散となる（日経産業新聞編集部編，2005年6月3日，28頁；週刊東洋経済編集部編，2005年5月21日号，22頁）。
　以上のようなかたちで，タカラとトミーは合併にいたったのである。玩具御三家時代の終焉といえる。では，タカラの組織の盛衰を詳細にみよう。

2 ◆ タカラの盛衰

　玩具産業というわが国の伝統産業における一企業が経営近代化をはかった一例として，タカラの組織の盛衰は重要な示唆に富む[2]。

(1) **佐藤家**

　タカラは創業以来半世紀の社史をもつ。それを支えたのは佐藤家であった。ここでは彼らの出自・キャリアを説明しておこう。

　タカラ創業者・佐藤安太は，1924年3月福島県生まれである。45年米沢高等工業専門学校（現山形大学工学部）卒業，1955年に佐藤ビニール工業所（東京都葛飾区宝町）を設立した。これが後のタカラである。94年4月には代表権のない会長に就任し，経営を長男・博久に託した。

　長男・佐藤博久は，慶應義塾大学法学部卒業後，産業能率大学でも経営学を修めた。博久は，論理的に物事を考える知性派であった。94年4月に彼はタカラ社長に就任した。彼は先代のようなカリスマ的な経営から組織的な経営へとタカラを移行させることに腐心した。後述するように，彼の管理の徹底は社員たちの士気の低下を招き，特にヒット商品も輩出できず，創業者によって更迭される。

　次男・佐藤慶太は，1957年東京生まれである。80年慶應義塾大学法学部卒業後，玩具卸会社河田を経て82年にタカラ入社した。91年取締役，94年専務を経て，96年にタカラを退社した。タカラを退社した社員たちの応援を得て，玩具の企画・製造会社ドリームズ・カム・トゥルーを設立した。99年11月からタカラ顧問を兼務し，2000年2月にはタカラ3代目社長に就任した。

　兄弟ともに，大学卒業後は玩具卸の会社で修行したあとにタカラに入社した。しかし長男と次男とでは，タカラ社内での待遇は違った。兄弟は幼稚園から同じ学歴を歩み，大学も同じ慶應義塾大学法学部を卒業したが，長男・博久はタカラ本体に勤務した。次男・慶太はグループ会社や新規事業に属していた。

(2) **創業者・佐藤安太**

　タカラの創業時代からみよう。創業者・佐藤安太は1955年に現在のタカラを設立し，数々のヒット商品を世に送り出した。その独創的なアイデアと卓抜した決断力で，彼は"おもちゃの神様"といわれていた。彼のヒット商品を列挙してみよう。

　日本中で大ブームになったのが「だっこちゃん」（1960年発売）である。この商品は240万個を販売した。タカラの急成長の原動力になった商品である。「リカちゃん」（1967年発売）は，国産の着せ替え人形である。累計約5,000万体を販売した。「人生ゲーム」（1968年発売）は，双六の発展形のようなボードゲームである。原型は1960年にアメリカのミルトン・ブラッドレー社（現ハスブロ社）から発売されたボードゲームである。日本版としてタカラが1968年に発売し，大ヒット商品となった。累計1,000万個以上を販売し，テレビゲームもある。「チョロQ」（1980年発売）は，ゼンマイで動くミニカーとして人気を博し，累計1億3,600万台を販売した。永年にわたって愛され続けるこの商品は，おもちゃ業界のカローラともいわれる。「トランスフォーマー」は，1984年に欧米で発売され，翌年日本に逆輸入された変形ロボット玩具シリーズである。もともとタカラで発売されていた「ダイアクロン」「ミクロマン」シリーズをアメリカの玩具企業ハスブロ社が販売したのが大ヒットにつながった。アメリカにおいてはバンダイのガンダムと並ぶ，人気キャラ

クターである。「フラワーロック」（1988年発売）は，音楽に合わせてクネクネ踊る商品である。日本のバブル期に国内外で合わせて700万個以上を売り上げた，当時のドル箱商品であった。購買層は20-35歳であった。大人向けの玩具を模索していた当時のタカラにとっては悲願の大人向けヒット商品であった。

1980年代まで，タカラは企画・開発・生産までのすべてを自社で行っていた。その後，経済のグローバル化にともない，生産はコストの安い中国などのアジア諸国に移していった。90年代にはほぼすべてが海外生産となっている。さらに，設計や試作品作りも他社に任せるようになった。最終的には，タカラには企画や開発などのマーケティング部門だけが残るようになった。もともとタカラは，「リカちゃん」に代表されるような女児向けの玩具メーカーとして成長してきた会社であった。男児玩具市場と比べると，そもそも女子玩具市場は小さい。女児は玩具を大事に扱い，男児は次から次へと玩具を欲しがるからである。よって，その市場規模が必然的に異なるのである。このような背景からタカラが生み出したのが「チョロQ」，「ミクロマン」等の男児玩具である。実は男児玩具にも意外なリスクがあった。玩具業界において1980年代以後はテレビアニメに登場するロボットなどのキャラクター商品が人気を博していた。しかし，テレビアニメのキャラクター商品は玩具企業の投資額がかなり高額で，しかも番組そのものの当たり外れによって商品の売れ行きが大きく左右される。要するに，当たれば大きなリターンが見込めるが，外れれば多くの在庫を抱えることになるのである。85年には「トランスフォーマー」が北米で大ヒットし，タカラは売上高500億円を超えたが，93年にキャラクター商品の躓きによって赤字に転落した。この責任をとって，創業者・佐藤安太は長男に経営を託したのである。

(3) 2代目社長・佐藤博久

博久は，1つの方向転換を試みた。売上拡大から利益重視への転換である。彼の考えは，中程度のヒット商品でいいから絶対に失敗しないものをつくろうということであった。彼は11の部署に組織分割し，明確な責任分担の体制を敷いたのである。社内にはパソコンを導入し，社内メールを多用するように指示した。人材育成においても，マーケティング理論や経営理論，プレゼンテーション手法を学ぶように社内教育も積極的に実施した。社員一人ひとりのスキルを向上させ，安定的な収益を上げる組織体制をつくろうと邁進したのである[3]。

さて，タカラの経営近代化への途をみてみよう。創業者・安太の時代には，タカラは84年11月，㈳日本証券業協会店頭登録銘柄となる。さらに，86年2月に東京証券取引所市場第2部に上場，そして91年9月に東京証券取引所市場第1部に上場する。創業者・安太は，タカラが単なる家業的経営から脱却することを求めていた。1991年の東京証券取引所一部への上場を果たしたとき，売上高1,000億円企業への飛躍と組織で動く経営への転換を目標として設定したのである。自身はヒット商品づくりの感性を最重要視しておきながら，創業者・佐藤安太は従来のタカラのワンマン経営から組織やシステムで動く企業への転換が必要だと考えたのである。創業者の直感頼みの家業的体質が限界にいたったともいえる。しかしその後，1994年にタカラは創業以来初の赤字に転落した。実は，日本経済がバブル崩壊にいたった1990-93年，タカラはゲームソフトや電子玩具などのブームに乗り遅れたのである。また，タカラが有する独自キャラクターに拘泥しすぎたがゆえに，テレビアニメーションとのタイアップを軽視してしまったのである。

創業者・安太は，この責任をとって辞任した。そして，創業以来40年近く社長の座にあった安太は会長に退き，博久副社長が社長に就任した。期待を一身にうけて社長に就任

した博久であったが，その経営は多難であった。

そもそも父と長男の違いは何か。創業者であり父でもある佐藤安太は，商品作りにおいて感性を大事にした。そして，その感性が「リカちゃん」や「人生ゲーム」などの大ヒット商品を生み出してきた。しかし，実は，このような感性頼みの従来のやり方は，ヒット商品の有無によって業績が左右されてしまうような非常に不安定な経営でもあった。

管理畑出身で管理優先という考えをもつ長男・博久は，父とは対照的に，ヒット商品には頼らない安定した経営を標榜した。彼は人員削減や商品開発の外注などにおいて合理的手法をもって経営効率化を図ろうとしたのである。まさに理論家タイプである。これは，「リカちゃん」や「人生ゲーム」などの大ヒット商品でタカラを玩具業界2位にまで押し上げた創業者・安太の経営とは相反するものであった。彼の目指すものを一言でいえば，ワンマン経営から合議制への移行であった。

博久には，しかし，父・安太から引き継いだものもあった。それは，父・安太のワンマン的な経営スタイルである。博久は，社員の意見をあまり聞かず，自分で判断することが多かったのである。残念ながら，商品がヒットすることはなかった。

こうした博久の経営は，意図せざる結果をもたらした。人材流出である。とりわけ古参のタカラ幹部が競合他社に流れていった。特に，96年にはタカラの大番頭・奥出も退社した。さらには，次男・慶太までもが博久と衝突して退社していった。

博久が社長に就任してからの経営財務の状況をみておこう。彼の社長最初の95年3月期は経常利益で2億円の黒字転換であったが，翌年には赤字に転落した。経常損失17億円，最終損失37億円であった。バブル崩壊後のわが国の消費不況において，博久のタカラにはヒット商品などなかった。

タカラは業界順位においても3位に転落した。98年3月期においては，「ポケモン」のキャラクター商品などで急激に業績を伸ばした業界3位トミー（富山家）に売上高で抜かれたのである。その年は，通常玩具業界においては一年の最繁忙期・クリスマス商戦においてもヒット商品不在で大苦戦をしいられた。創業者であり父でもある佐藤安太は，長男・博久を「博久は管理畑出身ということもあるのでしょうが，そのあたりがうまくいかなかった。売れる商品がなければ，それ以外でどんなに社員教育を熱心にやったり，コンピューターによる管理システムを整えたところでだめなのです」（日経ビジネス編集部編，2000年5月22日号，93頁）と評した。

次男・慶太も，長男・博久の経営スタイルを批判する。「社長だった兄の路線が間違っていたということです。今は別の会社に移っていますが，彼は，だれがどの役割をしても回る組織にしようと考えた。要するに，だれがやっても同じ結果が出るという組織です。ファーストフードのアルバイト方式のようなものです。理屈の上では正しいかもしれない。でも人間はそういうものではないでしょう。持ち味や得手，不得手，いろいろなタイプがいるんですから。（中略）社内に細かいルールやマニュアルが，増えました。みんながそれを守ろうと，汲々（きゅきゅう）とするようになり，会議や社内用に作る資料が多くなりました。つまり，会社の外ではなく，社内を向いて仕事をしなければならなくなってしまったんですね。」（朝日新聞編集部編，2003年5月3日号，51頁）

このような背景で，次男・慶太（当時専務）は不満を燻らせながらタカラを退社したのである。2代目社長・長男との意見対立が，ついには彼をタカラ退職へと追い込んだのである。

長男・博久は，総じて，経営の近代化を目指したといえる。タカラ創業者の「神頼みか

らの脱却」を目指したのである。もちろん,「家業から企業へ」という方向性に間違いはなかったはずである。しかし,あまりに教科書的な管理になりすぎてしまったのであろう。自由な発想や豊かな企画力が決め手となる玩具作りという類のビジネスにはこうした方向性はなじめないものであったのであろう。

結果として,嫌気が差した社員は次々に退社していった。しかも,5年かけて博久が築き上げてしまった官僚主義的な組織には,商品の目利きができる社員が育っていなかったのである。

ここで,創業者・佐藤安太は,2つの大きな決断を下す。1つは博久社長の更迭である。すなわち,安太は,自ら後継社長に指名した長男を自ら更迭したのである。

2つ目は,次男慶太をタカラに呼び戻すことであった。長男から次男への交替を新聞各紙は,半ばスキャンダラスに報道した。参考までに1999年のその主な見出しだけを列挙しよう。

「おもちゃのタカラ,経営不振で創業者が苦悩の社長復帰　息子から退任申し出」(『東京読売新聞』1999年7月20日,8頁)

「『ダッコちゃん』生みの親　らつ腕会長,息子の辞意で社長を兼務」(『毎日新聞』1999年7月20日,8頁)

「カリスマの息子もつらいよ　合理的経営めざしたが……」(『日経産業新聞』1999年8月3日,24頁)

「兄と対立,会社離れた二男　社長候補で呼び戻し "更迭"の長男はセガへ」(『日本経済新聞』1999年11月6日,10頁)

「タカラ再生へ一歩　食い違った『博久時代』組織経営カジきれず」(『日経産業新聞』1999年11月16日,15頁)

「タカラ復活へ　父と二人三脚　社長二男の佐藤慶太氏,顧問に」(『日経産業新聞』1999年11月8日,23頁)

「業績不振,世襲波高し……タカラ新社長に創業者の二男　長男が退任したばかり」(『東京読売新聞』1999年12月15日,8頁)

「"お家の一大事"で復帰,改革急ぐ　タカラ社長になる佐藤慶太氏」(『日本経済新聞』1999年12月18日,8頁)

2代目社長・佐藤博久は,創業者であり父でもある佐藤安太によって更迭された後はセガ・エンタープライゼズの顧問に就任した。かわって,タカラに経営者として戻ってきたのは次男・慶太だった。

(4) 3代目社長・佐藤慶太

次男・慶太は,タカラ退社後,自ら玩具企業を創業していた。では,なぜ慶太はタカラと同じ玩具業界において独立しようとしたのか。それは,子どもは昔も今も小遣いを握りしめて夢を求めて玩具を買うものである,その夢を叶えるのがやはり自分の夢だと慶太はあらためて考え直したからである。

慶太が,タカラを離れて得たものは何だったのだろう。慶太自身はこう語る。「かつてタカラに在籍していた時は,銀行との取引も,財務部長がいて,役員がいて,当然資金繰りも考えたこともなくて,事業部門の最終損益で,利益が出ていればいいと。そういう意識しかなかった。それが,個人企業『ドリカム』をつくったら,すべて自分でこなさなければならなくなった。その時企業家としてとことん考えたんです。『何のために社員に給料を払うのか』『何のためにボーナスを払うのか』(中略)とにかく,すべてを根本から考

えないといけなかった」（竹森，2002，226-227頁より）。

慶太は，まったくのゼロベースから自問自答した。自分に何ができるのか，会社とは，そもそも玩具とは何かといったことを考えに考え抜いたのである。そして，慶太は，タカラを退社した社員らからの応援を得て，自ら玩具業界で玩具企画会社を立ち上げたのである。

これが玩具企画会社ドリームズ・カム・トゥルーである。この会社は，東京・赤坂のワンルーム・マンションから始まった。自らの退職金とタカラの株式を売却して資本金4,000万円を確保した。販路もなく，取引先もない，資金も乏しい状況での創業であった。資金繰りから始めた慶太は辛酸をなめた。5億円の売り上げを見込んで，3億円の融資を受けるような資金繰りをくり返しながら，商品を出し続けたのである。

ある日，1つの光明がさした。同社が出した「ハローキティ」のアンテナマスコットがヒット商品になったのである。携帯電話のアンテナに付けて雑音をカットするという機能をもつ同商品は，若い女性に受け入れられた。わずか3ヵ月のあいだに90万個も販売するほどの大ヒット商品となった。創業2年目で同社は年商14億円をたたき出した。

慶太は，この自ら創業した会社から古巣タカラに復帰したのである。2000年，タカラは一年のあいだに社長が3人も交替するような窮状にあった。長男・博久→創業者・安太→次男・慶太への交替である。

では，なぜ創業者・佐藤安太は次男・慶太を呼び戻したのか。その理由は，一言でいえば，タカラ社員と，すでに70歳を越えていた創業者・安太との距離であった。

安太はこう振り返る。「慶太には社内のことでいろいろとアドバイスをもらっていました。（中略）『何でおれの言っている通りにみんな動かないんだ』と私が悩みを話すと，慶太には『会長の言葉は，誰かが"通訳"しないと到底担当者には通じない』と言われました。『それじゃ，君，これから通訳してくれ』と頼んだことが発端となり，11月の顧問就任から本格的に商品開発に携わってもらうようになりました。見ていると彼はどんどん社員の中に入り込んでいって，実に仕事がはかどる。社員は私と話すと口が堅くなっちゃうんだけど，相手が彼だと違うのです。私とどちらが社長か分からないくらいでした」（日経ビジネス編集部編，2000年5月22日号，94-95頁）。

そして，安太は決断した。当初は社員とのつなぎ役としていた次男・慶太に，タカラの再建を託したのである。安太は，次男・慶太のドリームズ・カム・トゥルーの創業体験と人柄にふれながら述べる。「慶太は独立してからの3年間，自分で資金を集め，商品も自分で売り歩くといった具合にゼロからやってきました。業界事情や社長の在り方みたいなものもよく理解したのでしょう。社長である兄貴のもとで専務をやっていた時代にはできなかった経験で学ぶものが多かったのではないかと思います。独立して事業をやると，個性が強く出たりして敵が多くなりそうなものですが，見たところ周りに敵もいない。これは，彼の人間性というか性格なのでしょう。むしろ『慶太さんが社長になるなら，一緒にやりたい』という人がどんどん来るわけです。辞めていった取締役も何人か戻ってきましたし，前の社長時代に関係が切れてしまった海外の大きなメーカーが『もう一度，よりを戻したい』と言ってきたりしています。そういう状況を見て，彼ならばタカラを任せられるかもしれない，と思い始めました」（日経ビジネス編集部編，2000年5月22日号，95頁）。

タカラの再建は，このようにして次男・慶太の双肩に託されたのである。

さて，タカラに復帰した佐藤慶太は組織の窮状を打破するために再建計画立案に着手した。再建委員会は，99年11月から2000年3月のわずか4ヵ月間の委員会であった。実は，

当時のタカラは事実上の銀行管理下にあった。当然ながら事業計画の見直しと人員削減が迫られていた。

人員削減のために，慶太はまず手始めに希望退職制度を設けた。その期間は99年12月からの3ヵ月間で100人削減するという数字を目標値とした。これはタカラ従業員の1/3をあらわしていた。2000年3月末には，早期退職制度によって100人近くの社員が退職した。しかもそのなかには同業他社に流れる社員もおり，とても仕事をする雰囲気ではなかった。社内は暗澹としていた。

再建委員会は，次に，不採算事業からの撤退を断行した。AM事業（アミューズメント機器・景品の開発販売），DMC事業（ホームページにおける玩具等の販売），CX事業（子供音楽教室運営）などの重荷を切り離していった。また，グループ会社の整理統合，管理間接部門統廃合などの事業再構築を行った。いわゆるリストラである。ただし，これによって，社内が沈滞したままということはなかった。若手社員の積極的な登用と彼らへの大幅な権限委譲を並行してすすめたからである。

(5) 権限委譲

慶太は，タカラ復帰当時の顧問という立場から，晴れて社長に就任した。2000年2月であった。彼は「スピード，チャレンジ，権限委譲とコミュニケーション」というスローガンを高々と掲げた。

彼はさっそく組織改革を断行した。縦割り主義の弊害を排除するために，11部署に細分されていた組織を男児玩具・女児玩具という2つの部署に集約した。各部署のトップには30-40歳代の商品の目利きができる人材を登用し，彼らに対して権限委譲をすすめた。

昇進に関しては，年齢に関係なく実力主義とした。年功序列から実力主義への転換，減点主義ではなく加点主義への転換である。2001年5月にはストックオプション制度を導入した。これは目標収益の1/6を従業員に還元することによって，彼らのモチベーションを高めた。いわば，失敗を罰するような従来の組織から，チャレンジをおおいに奨励するような躍動的な組織へと転換させたのである。

付論表2-3：慶太の経営計画

	タカラ中期経営計画 （2000年3月期-2004年3月期）		第2次中期経営計画 （2004年3月期-2006年3月期）
戦略1	中核としての玩具事業の強化と周辺事業の確立	戦略1	オリジナルコンテンツを創造し，世界戦略の強化
戦略2	ライフエンタテイメント企業としての基盤づくり	戦略2	玩具と，玩具と相乗効果の高い周辺事業の充実
戦略3	海外戦略の推進	戦略3	ライフエンタテイメント企業としての新事業の成功と収益貢献の拡大
戦略4	新技術の活用による商品開発の活性化	戦略4	グループシナジー効果の最大化（経常利益率7.5%を目指して）
		1つの模索課題	ビジネス構造の模索

（『株式会社タカラアニュアルレポート2003』2003年3月期より）

創業者・佐藤安太は，元々，そのカリスマ的な采配によって多数のヒット商品を世に送り出してきた。では，長男・博久と次男・慶太は経営において何が異なったのか。簡略に示せば次のようになる。
〔佐藤博久〕管理の徹底　→社員の士気低下・人材流出　→ヒット商品不在
〔佐藤慶太〕大幅な権限委譲　→社員の創造性発揮　→ヒット商品多数輩出
　さて，タカラはどのような戦略を策定し実施したのか。慶太は，社長在職中に2つの経営計画を発表した。まず，タカラ中期経営計画（2000年3月期-2004年3月期）を発表した。中核としての玩具事業の強化と周辺事業の確立，ライフエンタテイメント企業としての基盤づくり，海外戦略の推進，新技術の活用による商品開発の活性化といった4つの戦略を掲げたのである。
　さらに，第2次中期経営計画（2004年3月期-2006年3月期）も発表した。オリジナルコンテンツを創造し世界戦略の強化すること，玩具と相乗効果の高い周辺事業の充実，ライフエンタテイメント企業としての新事業の成功と収益貢献の拡大，グループシナジー効果の最大化（経常利益率7.5％を目指して）といった4つの戦略を設定した。
　どちらの経営計画にも貫かれているのは，タカラがライフエンタテイメント企業を目指すということであった。
　そのために，従来の玩具から脱皮をするように，「拡玩具という戦略」を商品開発の根幹としたのである。いわば商品開発思想の転換をはかったといえる。この戦略のもとで堰を切ったように，数々のヒット商品が生み出された。例えば，携帯電話につなぐバナナ型受話器「そんなバナナ」，家庭用ビアサーバー「レッツビア」，テレビにつなぐだけで楽しめる家庭用カラオケ「e-kara」，犬語翻訳機「バウリンガル」，タカラの定番商品「チョロQ」をモチーフにした電気自動車「Qカー」，おしゃれなデザイン家電「±0（プラスマイナスゼロ）」などがヒットした。これらはすべて，従来の玩具という概念では捉えきれるものではない。玩具を土台にしながらも他分野に進出するような拡玩具の商品である。

(6)　**商品開発**

　タカラは，数々のヒット商品を開発した。代表的な4つの商品の開発事情を詳しく記しておこう。議論を分かりやすくすすめるために本節において，われわれは企業内の経営者と開発者が一体となって商品開発を行うチームを商品開発チームと定義づける。特に，企業内の開発者をプロデューサー型開発者と呼ぼう。プロデューサー型開発者は，商品の目利きができる人物であり，経営者から大幅に権限委譲された人物である。目利きと権限委譲というこの2つの重要な要素を含むことがポイントである[4]。
　さて，先述のように，タカラの3代目社長・慶太は，苦境の古巣タカラに復帰したときに，真っ先に優秀な社員らに権限委譲を行った。では，彼は，どのような人材に率先して権限委譲したのであろうか。慶太氏は復帰当時を振り返りながらこう語っている。「まず，組織体制を見直しました。従来は事業領域を細かく分けて，近視眼的な視点に陥っていたのです。それを玩具ならば女子と男子の2つに統合しました。30歳代後半から40歳代前半で商品を見る目のある社員を部門長にすえて，発注権限などを与えました。彼らは経験を積んでいるし，頭の中に独自のデータベースを持っています。消費者の視点に立って，1つひとつの商品が売れるかどうかを判断できる人材です」（日経情報ストラテジー編集部編，2002年2月号，47頁）。
　すなわち，上記の発言からすれば，プロデューサー型開発者は，「30歳代から40歳代前半」であり，「商品を見る目のある社員」であり，「頭の中に独自のデータベース」をも

ち,「1つひとつの商品が売れるかどうかを判断できる」人物であるということが分かる。
　では，タカラにおける4つの商品開発チームの商品作りのプロセスをヒット商品の発売順にみよう。

「ベイブレード」商品開発チーム

　「ベイブレード」は現代版のベーゴマである。ベーゴマと同様に，シューターと呼ばれる専用の発射装置を利用してコマを回し，盤上でぶつけ合うなどして勝敗を決める。コマ自体は5層に分解・改造が可能である。昔ながらの玩具を土台として，改造・収集・対戦という男児玩具のヒットの要素を盛り込んだのである。価格は，コマとシューターのセットで680-880円である。ベーゴマに郷愁をおぼえる父親世代と，テレビアニメに熱狂する子供たちからの支持を得た。

　真下修（当時マーケティング本部の責任者）がこの商品を開発した。「ベイブレード」発売は，実は，2代目社長・博久時代の1999年であった。しかし，大ヒットしたのは2001年の慶太が3代目社長に就任した後であった。発売とヒットとの間には時間の隔たりがあったのは，慶太の1つの意思決定があったからである。

　「ベイブレード」は，もともと漫画雑誌『コロコロコミック』の連載シリーズ化によって多少は売れていたものの成功とまではいえない状況だった。「ベイブレード」をさらにヒットさせるにはどうしてもテレビアニメ化が必要であると，真下は強く思い抱いていた。けれども，彼は，140億円もの赤字に転落した2000年当時にそれを社内で声高に主張することはできなかった。概して，テレビアニメは玩具企業にとってはリスクとコストの塊である。テレビアニメ化は，通例，スポンサー料などを含めて年間2億円以上のコストがかかる。アニメ玩具の売上不調でも，アニメ制作プロとの契約で途中解消はできない。少子化傾向でも，テレビ番組提供費は下がるものではない。

　さらにいえば，タカラは従来からテレビに頼るような事業運営をしてこなかった。にもかかわらず，3代目社長に就任した慶太は即断即決で「ベイブレード」のアニメ化を決定したのである。真下はこう振り返る。「『男児玩具がどんぐりの背比べになっている。"柱"をつくらなければいけない。どう考えているんだ』と社長に聞かれたんです。私は『ベイブレード』のテレビアニメ化が一番可能性がある，と答えました。そしたら『じゃあ，それで行こう』となった。背中を押してもらったようで楽になりましたね。裏返しで失敗した時の不安もありましたが，決心がついたのは確かです」（竹森，2002，152頁）。

　その後，2001年1月，テレビアニメ『爆転シュートベイブレード』の放送が始まった。同時に「ベイブレード」ブームが起こった。この大ヒットがおよそ一年でタカラの男児玩具の売上倍増へと牽引した。2002年1月時点で，累計3,800万個以上が販売された。特にこの商品は，北米市場でも大いに受け入れられた。累計では1億個を超えるヒット商品になった（日本経済新聞社編，2002年1月16日，18頁）。

　「ベイブレード」の大ヒットは，経営者としての慶太によるアニメ化の意思決定と，その慶太から権限委譲されたプロデューサー型開発者・真下の商品の目利きによるものである。慶太と真下の商品開発チームが，大ヒット商品を生み出したのである。そして，この商品には，漫画雑誌の出版社，テレビアニメ制作プロ，放送局などとの提携（アライアンス）が関わっていたのである。

「e-kara」商品開発チーム

　「e-kara」はマイク一体型家庭用カラオケである。本体とテレビをコードでつなぎカラオケを家庭で楽しむ玩具である。池田哲也（当時タカラ第一マーケティング部トイゲーム

課・ベーシックトイ課兼任統括マネジャー）が，この商品を開発した。「e-kara」の商品開発のきっかけは，慶太社長と1つの基礎技術との僥倖であった。慶太は，2000年2月，アメリカニューヨークで開催されたおもちゃショーにおいて，テレビにつなぐだけでスポーツゲームが楽しめるある技術に出会った。

慶太は，早速，奥出副社長と池田とともに，その技術のライセンサー企業・新世代株式会社（滋賀県草津市）に出向いた。慶太らは，同社の小型ICチップ「XaviX（ザビックス）」に触れ，池田がこれを用いた家庭用カラオケを突発的に発想する。周知の通り，すでに家庭用カラオケはわが国には存在していた。カセット式やLD式のそれである。しかし，池田の発想は，その小型ICチップを内蔵する本格的なカラオケでありながら手軽に家庭で楽しめる玩具であった。

「e-kara」は2000年10月に発売され，たった2ヵ月で58万個も販売した。その後も，女子小中学生を中心に好調な売れ行きをみせた。カラオケ本体は170万台，音楽カートリッジは540万個もの販売を記録した。この商品は，日本だけでなく，アメリカ，韓国でも販売された。そのヒット要因はいくつか列挙できる。それは，主に，ICチップにより商品自体が小型化できたため手軽に扱いやすいこと，人気アイドルグループ・モー娘。のCM起用によってあらゆる世代に訴求したこと，また業務用カラオケ大手・第一興商からの硬質な音源供給によって本格的なサウンドを確保できたこと，である。

その他にも，8,000円程度で自分好みのカラオケ空間を自由につくりだせる低価格設定，幅広い年代層に合うような音楽カートリッジの工夫，親子3代で楽しめるような幅広い顧客層を対象としたエイジレス志向，家庭用コミュニケーションツールとして玩具店で販売したことなども消費者に強く訴求できる点であった。

「e-kara」の開発はわずか8ヵ月であった。これは通常の開発期間の1/3から1/4といわれる，玩具業界の常識を打ち破るような短期間の開発であったことがうかがえる。

では，池田は，どのようにこの商品を開発したのか。実は彼は開発期間中いちども市場調査を行わなかった。しかも社内でも極秘で通した。慶太は，池田にこの商品開発を全面的に権限委譲したのである。

必ず売れる，売らなければならないという強い信念が池田の胸にはあった。よって，広告キャラクターとして人気アイドル「モー娘。」の起用を彼は提起し，慶太が自らその専属事務所との契約をとりつけた。この商品のヒットによって，一人に権限を集中させる方式が商品開発のひな形になったといえる。開発担当者が組織の壁にまどわされることなく，慶太より大幅な権限委譲をされて商品開発に専念できるのである。しかし，過剰な負担が池田の肩にのしかかったことも事実である。池田氏は当時の精神疲労を語る。「『カラオケがヒットするのか』。そういう懐疑の念もないではなかった。が，コピー取りも自分でこなし，上司にも部下にも縛られない一人での作業は時間と手間がかかる半面，余計な口出しをされない環境が整い，素早い意思決定ができた」（日本経済新聞社編集部編，2002年1月22日，19頁）。

さて，実のところ当時のタカラは，ヒット商品不在と大量の不良在庫による業績不振の苦境にあった。2000年3月期の最終損益は57億円の赤字に陥った。2代目社長・博久が創業者・安太によって更迭され，3代目社長に次男・慶太が就任した。タカラは一年のあいだに社長が3人も交替するような混乱の時期であった。「e-kara」の大ヒットは，苦境の古巣に戻った慶太にとってもタカラ復活の狼煙を上げる一打となった。特にこのヒットによって組織内の雰囲気も変わりつつあった。慶太はこう振り返る。「その頃のタカラの基

本的な方針は，売上高が500億円でも安定した収入を上げる会社になるということでした。ヒット商品なんて別に出なくもいいという雰囲気に陥っていたのです。私が1996年に1度タカラを辞めた理由は，そうしたビジョンや仕事のやり方に，本気で人生を懸けようとは思えなかったからなんです。一時期，グループで1000人いた社員は流出を続け，新入社員を採用しているのに，自然に450人まで減っていきました。(中略) 最初は，どうせ俺たちはダメだという『負け犬根性』が染みついていて，私がいくらふっかけても社員は乗ってこなかったんですが，2000年10月に発売したマイク一体型カラオケ『e-kara』のヒットで，一気にいい雰囲気に変わりました。不安の声は大きかったんですが，『これがダメなら，タカラに未来はない』というつもりで全社一丸となって作った商品でした」（日経ビジネス編集部編，2005年2月7日号，115頁）。

「e-kara」の大ヒットは，経営者としての慶太による基礎技術の発見と，その慶太から権限委譲されたプロデューサー型開発者・池田の商品の目利きによるものである。慶太と池田の「e-kara」商品開発チームが，大ヒット商品を生み出したのである。そして，この商品のヒットの背景には，小型ICチップ「XaviX（ザビックス）」を提供した新世代株式会社業務用カラオケ大手・第一興商，モー娘。専属事務所との提携（アライアンス）があったのである。

「Qカー」商品開発チーム

「Qカー」は，タカラのゼンマイ式ミニカー玩具「チョロQ」をモチーフにした電気自動車である。全長2.2メートル，全幅1.1メートル，全高1.47メートルという，通常の自動車の半分くらいであった。運転には普通自動車運転免許が必要であるが，第一種原動機付自転車（50cc未満の1人乗り四輪車）のため，車検・車庫証明・重量税・取得税は不要である。当然，公道を走ることができる。

田中修一郎がこの商品を開発した。慶太からの開発の指示から試作品の発表までわずか2ヵ月だった。2002年1月の製品発表ではマスコミにも大きく取り上げられた。おもちゃのタカラが本物の乗用車を発売し，しかもそれがガソリン車ではなく電気自動車であり，さらにそれが「チョロQ」実車版であるという強烈な話題性があったからである。電気自動車「Qカー」（定価129万円）は99台の限定予約販売であったにもかかわらず，1000人程の購入希望者が殺到した。同商品には機能性も実用性もほとんど加味されていないが，消費者はそれに楽しさ・驚き・感動を求めたと思われる。

そもそもミニカー玩具「チョロQ」は，1980年に発売されたタカラのオリジナル商品である。全長4.5センチ，重さ10グラムほどの男児向けの玩具である（一台350円程度）。内蔵のゼンマイによって10メートル以上のダッシュをみせる。発売以来2,000車種を超え，累計1億3000万台を販売した大ヒットロングセラー商品である。タカラは小学館の漫画雑誌『コロコロコミック』に連載漫画「ゼロヨンQ太」を企画提案し，「チョロQ」人気が一気に沸騰した。その後も，Qの名を冠したQブランドをゲームソフトや携帯向けコンテンツにまで幅を広げ，さらに多様な年齢層にまでその知名度を広げていたことも付け加えておかなければならない。

さて実は，慶太による電気自動車開発の指示のまえに，1つのきっかけがあった。コナミとの共同開発商品「デジQ」の大ヒットである（発売2001年10月）。「デジQ」は，タカラの「チョロQ」のハイテク版といえる男児向け玩具である。タカラの提携企業・コナミの赤外線技術「マイクロIR」を利用して，車体を前後左右に自在に遠隔操作できる。ガン型操縦装置と本体のセットで5,000円前後の価格設定であった。

この主な購買者は，慶太の思惑通り20歳以上の男性消費者であった。慶太は，この「デジQ」のヒットをきっかけにして，電気自動車「Qカー」の開発を田中に指示したのである。開発メンバーは田中修一郎，Qカーの開発担当者，チョロQ開発担当者の3名からのスタートであった。
　「チョロQを運転したい」。これが彼らの共通の夢であった。開発の期間・コストを抑えるために，彼らは他社とのアライアンスを行った。開発実績があるアラコ（愛知県豊田市）の電気自動車をベースに，コックス（神奈川県）がエンジンなどのチューニングを施した。そもそも「チョロQ」の名の由来は"チョロチョロ走れるキュートな車"である。よって，実車版も一人乗りとした。田中の商品に対する目利きが存分に発揮された。「Qカー」開発者・田中修一郎は自らの考えをこう語る。「市場には実用性や機能を向上させたと謳う商品が溢れており，そうした商品に消費者は飽きていて手に取ろうと思わない。しかし，これを所有することが生活を楽しくしそうだと思わせる，他に見当たらない特徴を打ち出した商品であれば，大人に対しても『買ってみようかな』と思わせることができる」(D&M 日経メカニカル編集部編，2002年11月578号，62頁)。
　「Qカー」の大ヒットは，経営者としての慶太による開発の指示と，その慶太から権限委譲されたプロデューサー型開発者・田中の商品の目利きによるものである。慶太と田中の「Qカー」商品開発チームが大ヒット商品を生み出したのである。そして，この商品のヒットの背景には，赤外線技術「マイクロIR」と提供したコナミ，アラコ，コックスといった企業との提携（アライアンス）があったことを忘れてはならない。

「バウリンガル」商品開発チーム

　「バウリンガル」は，犬の鳴き声を人間の言葉に翻訳する商品である。この商品は，犬の首輪につけるマイクと本体からなる。犬語翻訳機の商品構想はもともと慶太にあった。携帯電話コンテンツ制作インデックス，日本音響研究所，獣医と共同で，犬の鳴き声を分析した。
　梶田政彦（ライフカルチャー事業部バラエティ課・次長）が，この商品を開発した。梶田は99年10月に，この商品開発を慶太から命じられた。「バウリンガル」は，日本音響研究所の声紋データを基に，犬の鳴き声から威嚇・要求・悲しい・楽しい・自己表現・フラストレーションといった6つの感情を認識して，200以上の人間の言葉に翻訳して表示する。例えば，"もっと一緒にいたいのに"，"頼みたいコトがあるんだ"，"なんだかイライラするよ"などと翻訳して表示する。鳴き声が解析できない場合は"あれれ"，"あかんかった，ごめん"などと表示する。さらに，犬が楽しがっているときも単純に楽しいとは表示せずに"ウキウキマンボー！"といういたって玩具らしい表示に設定した。価格は，玩具としては高額の1万4800円に設定した。にもかかわらず，この商品は2002年9月の発売2ヵ月後で6万個を販売し，累計30万個以上を売り上げた。梶田の商品に対する目利きが存分に発揮された。
　慶太はこう語る。「バウリンガルのような一歩飛び抜けた商品企画は直属の経営戦略本部が手掛けますが，基本的に商品化と初回の発売数量の決定権は事業部長に委譲しています。それと商品化の決定は決して合議制ではしません。面白いと感じる人もいれば，商品の必然性や裏付けなどを言い出す人もいるからです。大切なのは商品に心を動かす人がどのぐらいいるか，事業部長が想像することです」（日経流通新聞編集部編，2003年3月11日，19頁）。
　「バウリンガル」は海外からも注目された。イグ・ノーベル賞の平和賞の受賞（2002年

付論2　事例研究：タカラ

10月)である。これは，ノーベル賞のパロディー版としてアメリカのハーバード大学系の出版社が主催する「誰もまねできない，誰も真似すべきではない」というユーモア溢れる研究に贈られる賞である。さらに，米誌『タイム』の「2002年最高の発明品」の一つにも選ばれた。その後，派生商品として猫語翻訳機「ミャウリンガル」も商品化された。

「バウリンガル」の大ヒットは，経営者としての慶太による発案と，その慶太から権限委譲されたプロデューサー型開発者・梶田の商品の目利きによるものである。慶太と梶田の「バウリンガル」商品開発チームが大ヒット商品を生み出したのである。そして，この商品のヒットの背景には，携帯電話コンテンツ制作インデックス，日本音響研究所，獣医とのアライアンスがあったのである。

以上，「ベイブレード」商品開発チーム，「e-kara」商品開発チーム，「Qカー」商品開発チーム，「バウリンガル」商品開発チームの4つを概観した。

慶太は，このようなヒット商品開発についてこう語る。「当社グループの強みは，商品アイデアを社長である私だけでなく，各部門や個人からといろいろなパターンで出せるというところにあります。(中略)こうした強さは，当社グループが『スピード，チャレンジ，権限委譲とコミュニケーション』をスローガンにして，社員一人ひとりが考えたことをスピーディーにチャレンジできる社内体制を実現させているところにあります」(『株式会社タカラアニュアルレポート2003(2003年3月期)』)。

さて，これらの商品開発から分かることは，第1に，商品開発チームにおける経営者とプロデューサー型開発者がヒット商品を作り出してきたということである。さらに，第2

付論図2-2：タカラの主な提携(アライアンス)

281

に，それぞれの商品開発には他社との提携（アライアンス）があったということである。
(7) 提携（アライアンス）
　「拡玩具という戦略」は，社内の雰囲気までをも明るくした。特に，慶太社長が「Qカー」という電気自動車への進出を決めた頃から，社内では玩具の枠にとらわれることのない，自由な発想が生み出されるようになった。
　タカラ社内のアイデア社内公募制度「タカラの宝」では，例えば，従来は既存商品「リカちゃん」などの提案が多くあったが，「思い通りの夢が見られる商品」という新奇な提案がなされた。これが「夢見工房」（2004年発売）である。この商品は，松田英子氏（江戸川大学社会学部助教授）の協力のもと，科学的に睡眠を捉えて，消費者が見たい夢とそれに関係する写真を用いて，リラクゼーション効果のあるアロマや音楽を流しながら心地よい睡眠を誘う玩具であった。単なる玩具企業からライフエンタテイメント企業を目指す「拡玩具という戦略」への思考の転換は，大きな成果を生み出しつつあった。
　「拡玩具という戦略」を実現するための手法としてタカラが用いたのがアライアンスである。そもそも拡玩具という戦略をもってしても，タカラの自社開発だけでは当然ながら限界にいたる。そこで，慶太は社外の経営資源や技術を求めるためにアライアンスを積極的に行ったのである。
　2000年以降のタカラの動きを列挙しよう。玩具においては，コナミを筆頭に，太陽工業，海洋堂，タカラプリスクール，アトラス，アメリカのハスブロ社（海外流通含む）などと結びついた。コンテンツにおいては，コナミ，インデックス（携帯電話向けコンテンツサービス），ビジュアルサイエンス研究所（コンピュータグラフィックス），日本アニメディア（日本アニメーションとエポック社などとタカラが設立），タカラモバイルエンターテイメントと結びついた。家電においては日本電熱と提携した。さらに，自動車においてはチョロＱモーターズ，ワコー，セントラルパーク山口と提携した。さらに，雑貨・国内流通においてはキデイランドと，文具においてはブロッコリーと，ホームセンターにおいては相忠グループと提携した。
　さらに，慶太自身が「拡玩具という戦略」のもとで資金調達にも自ら動いた。コナミから第三者割当増資として33億円を得たのである。タカラとコナミは互いにこれを戦略的提携とした。財務的に切迫していたタカラにとってはきわめて重要な資金調達であったが，その分だけコナミが経営に参画してくるという危機感もあった。だが，どちらにも利点があった。タカラにはコナミの保有技術を活用できるという利点があり，コナミにとっては自社の玩具部門がバンダイに伍するほどの流通網を保持していないためにタカラとのアライアンスにおいて共同の流通網を確保できるという利点があった。この資金調達も，タカラのアライアンスの1つとみなさなければならない。
　以上より，タカラはアライアンスの実施によって急速に事業拡大をすすめたことが分かる（日経ビジネス編集部編，2004年6月21日号，46-51頁；週刊東洋経済編集部編，2003年3月31日号，92-93頁）。
(8) 衰退
　2002年，「ベイブレード」「e-kara」「Qカー」といった話題商品が悉くヒットした。2003年3月期には3期連続の増収となった。連結売上高856億円，当期純利益は39億円を計上するとともに最高益を更新した。玩具業界2位の地位は確たるものとなった。この復活劇はまさにＶ字復活といえる。慶太率いるタカラはまさに旭日昇天の勢いであるといってよかった。しかし，その後，潮目が変わる。

付論2　事例研究：タカラ

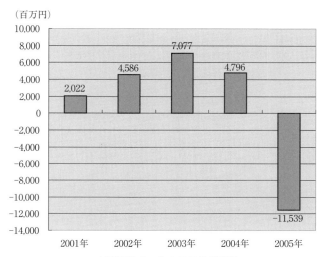

付論図2-3：タカラの営業利益
(タカラHPより)

　2004年3月期，タカラは1,072億円という過去最高連結売上高を達成したにもかかわらず，営業利益は前期比32％減の47億円と冷え込んだ。2004年9月中間期も期初予定に届かず，28億円の最終赤字に転落した。利益なき繁忙であった。
　財務の悪化を示すほかの指標もみよう。販売費及び一般管理費（販管費）は，前期比32.1％増の259億6,300万円に，売上高販管費比率は前期比1.3ポイント増の24.2％となった。これらの原因は広告宣伝費における前期比16億3,500万円の増加，グループ規模の拡大にともなう給料手当の前期比17億5,600万円の増加であった。2004年には，タカラの減速に歯止めがかからなくなっていたのである。
　業界首位バンダイは連結売上高2,800億円の企業規模をほこっていた。これに追随しようと，慶太は2005年3月期の目標売上高1,000億円を1年前倒しで達成することに成功した。しかし，それが急速に拡大したタカラグループ各社の足並みをみだして，業績の足を引っ張ったといえる。利益なき拡大であった（大竹，2004年12月6日号，20頁）。
　日経各紙・ビジネス誌では，「情報開示遅く株価急落」，「M&A効果薄く軟調」，「『拡玩具路線』でつまずいたタカラ」，「タカラが5年ぶりの最終赤字：正念場迎える『佐藤改革』」，「タカラ，収益安定化へ改革裏目」などとタカラは酷評された。
　慶太はとうとう社長退任を決意した。2005年3月期の最終赤字は創業以来最悪の146億円にのぼっていたためである。慶太は会長に退き，奥出信行が社長に就任した。
　奥出信行はもともとタカラ創業家の歴代の3社長を支えてきた大番頭ともいえる，同社においてはきわめて重要な人物であった。しかしながら，本事例では，彼の役割や経営についてはあまり言及しないこととする。その理由は，本事例では，佐藤家3代の経営者交替に焦点を当てて分析するためであり，さらに奥出社長自身の社長就任期間はタカラとトミーの合併までの事実上のつなぎ的な短期間であったためである。

283

タカラは，コナミから提携関係を解消された。代わって，タカラには異業種のある企業からの提携がもちこまれた。携帯電話コンテンツ配信大手のインデックスである。これによって，タカラは同社から第三者割当増資97億円を得た[5]。

インデックスは1995年に広告代理店として設立されたが，97年に日商岩井出身の落合正美会長・小川善美社長らが中心となって携帯向けコンテンツ配信に事業転換した会社である。

もともと同社は占いサイト「恋愛の神様」等の独自の携帯電話コンテンツが中心であったが，当時はコンテンツ企業をM&Aによってとりこんで事業規模を拡大していた矢先であった。インデックスは，コンテンツ市場で優位に立つためには豊富なコンテンツを有する企業（コンテンツホルダー）との提携が欠かせなかった。

この提携によって，インデックスはタカラの保有キャラクターを活かしてコンテンツを配信したり，アニメーションを映像化することも可能となった。例えば，タカラとインデックスが共同開発した犬語翻訳機「バウリンガル」の携帯版も携帯電話向けに展開可能となった。さらに，「タカラトミーネットワークス」を設立することによって，それぞれの保有キャラクターや映像権利などの権利販売の体外的な交渉や広告も一体となって扱うことができるようになったのである。

さて，2005年春，財務悪化に陥ったタカラにおおきな転換点が訪れる。トミーとの合併である。インデックス落合正美会長が両社を仲介した。タカラの佐藤慶太会長とトミーの富山幹太郎社長が2社間の合併について話し合った。合併はわずか2週間で決まった。

落合会長はタカラとトミーの合併新会社の筆頭株主となった。彼の発言からその合併に至る舞台裏を読みとることができる。「コナミからタカラ株を購入するときにかなり悩んだ。単に株を買うだけではなく，タカラを将来どのような会社にするのか，いくつか想定があった。私は最初にゲーム関連会社との連携を考えており，数社と話し合いを持ったが，そのような中でトミーの名が出てきた。4月26日にトミーの富山社長と初めて会った。私が『経営統合から入るんですか』とたずねたら，富山社長は『私は合併したいんです』という。私も経営統合ではなく，合併が良いと考えていたので，意見が一致した。こうしたこともあり，富山社長が合併新会社の社長にふさわしいと思った。佐藤会長は，基本的に合併には賛成だが，段階的に進めたいと考えていた。しかし，146億円の赤字ならば早急に動く必要があると説得し，最終的には了解してもらえた」（週刊エコノミスト編集部編，2005年6月7日号，103頁）。

3 ◆ 分析

タカラは見事に復活を遂げたかにみえたが，その後ふたたび低迷し，トミーとの合併にいたった。その背景には，どのような要因があったのか。さらに分かりやすく問えば，何が慶太を急速な拡大路線に走らせたのか，なぜ慶太は拡大路線を急いだのか，である。外的要因と内的要因にわけて考察しよう。

(1) 外的要因

第1の外的要因として，玩具業界再編の動きがある。特に北米においてはメーカー各社はM&Aを繰り返してハスブロ社とマテル社の2社に集約された。世界の大手玩具企業は北米に集中しているものの，トイザらス，ウォルマート，ターゲットなどの米国大手流通企業が玩具の実質的な支配権を有するために玩具企業はそれらに評価される商品企画を

せざるをえなかったのである。国内でも，セガとサミー，バンダイとナムコの統合などで業界再編が加速していたからでもある。

　第2の外的要因はわが国の流通構造の変化である。特に，店舗数も売上高も着実に伸ばしている日本トイザらスの寡占化である。同社は，日本マクドナルドの創業者藤田田が設立した，アメリカ生まれの大型玩具専門店である。同社は，それまで定価販売が慣習であった玩具小売業界に安売り販売を定着させた。同社の一強状態は継続しており，その発言力も増し，必然的に業界内には低価格競争の激化が始まった。2001年に同社は株式店頭公開も果たし，100店舗も達成した。日本トイザらスの売上高は年々伸びていった。数字を記しておこう。1994年の361億円から，576億円（95年），779億円（96年），985億円（97年），1,153億円（98年），1,345億円（99年），1,546億円（2000年），1,752億円（2001年），1,797億円（2002年），1,890億円（2003年），1,851億円（2004年），1,828億円（2005年）であった。同様に，店舗数も着実に増えていった。24店（1994年），37店（95年），51店（96年），64店（97年），76店（98年），91店（99年），111店（2000年），120店（2001年），133店（2002年），143店（2003年），145店（2004年），147店（2005年）と伸びた。

　日本トイザらスの全国店舗展開と安売り販売の定着は，従来の玩具業界にとっては業界史上の大打撃であった。事実，玩具卸企業は激減した。例えば大手の老舗玩具卸ツクダは2003年に民事再生法を申請した。

　さらに，家電量販店の台頭もある。ヨドバシカメラ，ビックカメラ，ヤマダ電機などでは，トイ・ホビー商材を集めた専門店舗を設立しはじめた。しかも，その価格は新製品でも3割引という設定を実現していた。また，イオンやイトーヨーカ堂などのGMS（ゼネラルマーチャンダイズストア：総合スーパー）でも店舗内での売場スペースを増やし始めている。

　インターネット販売も急増し始めた。オンライン販売の専門店による販売，メーカーの自社販売，大手小売店のオンライン店舗などである。さらに2004年には書籍を中心としてオンライン販売を多角的に運営しているアマゾンジャパンも玩具販売を始めた（矢野経済研究所編，2005年）。

　オンラインゲームの急速な市場浸透もある。オンラインゲームとは，パソコンや家庭用ゲーム機などをインターネットに接続して楽しむゲームである。数千人規模のユーザーが同時接続して遊ぶゲームから，2-4人程度で対戦するカードゲームなどもある。ユーザーが運営会社に月額の利用料金を支払って利用する方式である。ブロードバンド（高速大容量）通信の普及をうけて日本市場でも拡大している[6]。

　第3に，家庭用ゲーム機の台頭である。タカラの経営は，バンダイやトミーなどの競合企業との単なる企業間競争において把握できるものではない。TVゲーム等の情報通信技術のめざましい進歩によって，玩具業界そのものの垣根が破壊され，ゲーム・玩具業界というより巨大な枠組みで捉えなければならないようになったのである

　特にゲーム機をめぐる業界構造の変化は大きく4つに区分されている。第1次ゲーム機戦争と呼ばれる攻防は，京都の花札屋・任天堂が世に送り出した大ヒットゲーム機「ファミリーコンピュータ（通称ファミコン）」の1983年発売に始まる。この商品はゲームセンターから家庭内へとその市場を大きく動かした。第2次ゲーム機戦争は，1994年のソニーの大ヒットゲーム機「プレーステーション（通称プレステまたはPS）」が従来のカートリッジROM方式からCD-ROM方式へと転換させたことにはじまる。これは，ソフト製造原価の低減と問屋を通さぬ流通コストの低下を実現して，利益率を大幅にアップさせた

付論表2-4：国内ゲームソフト・玩具メーカーの連結売上高

社　　名	売上高（億円）
①セガサミーホールディングス　2004年10月統合	5300
②バンダイナムコホールディングス　2005年9月統合予定	4680
③コナミ	2750
④タカラトミー　＊筆頭株主インデックス　2006年3月統合予定	1820
⑤タイトー　＊トミーと提携	850
⑥スクウェア・エニックス　2003年4月統合	730
⑦カプコン	655
⑧コーエー　＊ソフトバンクと提携	325
⑨アトラス　＊タカラ子会社	212
⑩ハドソン	113

（北川文子「レポート：バンダイ・ナムコの合併をきっかけに加速するゲーム・玩具業界の再編劇」『財界』2005年6月7日号，55頁の表より。なお，これは2005年3月期推計である。ソニー・コンピュータ・エンタテインメント，任天堂はハードのため除く）

商品であった。ソフトメーカーはこぞってプレステに参加し，任天堂は低迷するにいたった。

　第3次ゲーム機戦争においては2000年にソニーが発売した，グラフィックが進化した「プレーステーション2（通称PS2）」によって同社の一極支配が確立した。世界では「PS」は約1億台，「PS2」は約9,000万台を出荷した。セガの「ドリームキャスト」も，バンダイの「ワンダースワン」も撤退を余儀なくされた。第4次ゲーム機戦争では2005-2006年にかけてマイクロソフトの「Xbox360」，ソニー「プレーステーション3」などの発売によって家電との融合が始まりつつあるといわれている。

　このような業界構造の変化は，ゲームと玩具の垣根が低くなったこと，さらにはゲームと家電の融合が始まったことを意味する。首位のバンダイとそれに続くタカラとトミーという，従来の玩具業界の様相は徐々になおかつ大きく変化し始めていたのであった。

　第4に，好調なバンダイである。同社は，2000年4月-2003年3月において過去の売上至上主義から利益・効率重視への方向転換をみせる。キャラクター・マーチャンダイジングの強みを活かせる事業への「選択と集中」を実施したのである。例えば，「ガンダム」，「デジモン」など海外市場での新たなキャラクター商品展開を拡大させ，ブロードバンド配信事業（ネットワーク事業強化）に新たに進出し，いくつかの買収も実施した。キャラクター文具のセイカ，オセロなどの人気定番玩具をもつツクダオリジナルなどの買収も実施した。すなわち，バンダイは，ヒット商品不在でも，常にキャラクターが売り上げを確保するという安定的な基盤を確立していたのである[7]。

では次に，タカラの行き詰まりにはどのような内的要因があったのかを分析しよう。

(2) **内的要因**

第1に，人員削減の影響である。先述のように，再建委員会による99年の希望退職制度創設によってタカラ単体で450人から100人ほどの社員が減少した。同社を支えるべき多くの人材が流出してしまったのである。そのために，M&Aで獲得した子会社や新規の事業に必要な人材を配置することができなかった。

例えば，人材不足によるビジネス上の損失もあった。電気自動車「Qカー」発売の2002年8月から99台限定の先行予約を受け付けたところ，1,000件以上の応募が殺到した。当初わずか7人の事業であったため，人手が足りず商機を逃したのである。

ここで社員数（タカラ単体）の推移を確認しておこう。創業者・佐藤安太が長男・博久に経営を託したころは，876名（1993年），852名（94年）であった。しかし，博久の社長時代には激減していく。795名（95年），636名（96年），470名（97年），437名（98年），456名（99年）という推移であった。そして博久が更迭され，次男・慶太が復帰する2000年には，慶太の再建委員会の希望退職制度などのために社員の3分の1が退職し，351名に急減した。慶太が社長に就任した後も，社員数が大幅に増加した形跡はなかったといってよい。366名（01年），393名（02年），427名（03年），459名（04年），そしてトミーとの合併直前には464名（05年）である。

第2に，権限委譲の逆機能である。先述したように，慶太による復活の糸口は，権限委譲にあった。しかし，2000年以降の慶太の「拡玩具という戦略」において玩具開発の現場で大幅に権限委譲された開発者らが，いかに短期間に数多くの商品を作るかに注力するようになった。従来，社員一人が5アイテム程度の担当だったが，権限委譲によって社員一人10アイテムほどに倍増した。若い社員には商品開発ノウハウが充分に伝承・教育されていなかったがゆえに，過度の負荷を与えることになった。さらに，アイテム数の増大は在庫の拡大にもつながった。先述した通り，紛れもなく権限委譲は2000年以降のタカラ復活の1つのきっかけであったが，しかしそれが意図せず逆機能を引き起こしてしまったといえる。この点には，慶太もこう反省まじりに回顧する。「2000年3月期に比べ単体の売上高は2倍になったが社員は25％しか増えていないため，社内体制が手薄になった。権限委譲にも問題があり，全社的な判断が十分できずに集中してヒットを出せなかった」（日経ビジネス編集部編，2004年，6月21日号，51頁）。

第3に，財務状況の悪化である。玩具を中核としたライフエンタテイメント企業をめざして，コンテンツ創造と販売チャネルの拡大を急速にすすめてきた結果，一方で在庫処理負担の増加と販売費及び一般管理費の高騰を招き，損益分岐点の高い収益構造体質になってしまったのである。また，急速な拡大路線は，グループ全体の売上高の向上には貢献するものの，人件費などの固定費の増加がグループ全体の収益性を悪化させた。

さらに，タカラの新規事業である家電と電気自動車のコストアップがある。2005年9月にはインデックスからの第三者割当増資によって97億円が得られたが，しかし2006年2月には70億円の社債償還を控えていた。当然，トミーとの合併に伴うコストもかかる。このような業績悪化によって，財務体質が著しく劣化したことが分かる。

中村（2004）は，タカラの財務状況の悪化をこう分析する。「ここ数年，矢継ぎ早に新商品を投入してきたが販売は低迷を続ける。（中略）収益悪化の要因は大きく2つある。1つは，売り上げに大きく貢献してきたベーゴマ玩具の『ベーブレード』の人気が一巡したこと。2つ目は，買収した子会社の不振。ホームセンター事業のアステージ（新潟県燕

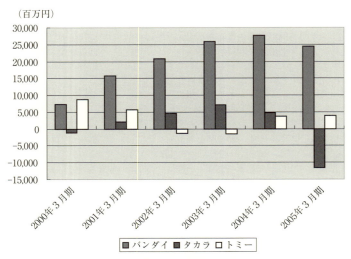

付論図2-4:玩具大手3社営業利益(連結)
(各社 HP より筆者作成)

市,大畠和郎社長)やアニメ企画のブロッコリーは経常赤字が続く。2001年のベイブレードのヒットを契機に,拡大路線を走ってきたタカラ。商品への人気に一度火が付けば,2-3年にわたり百億円規模の大きな収益を獲得できる。玩具メーカーは,ヒット商品が孤軍奮闘して赤字の商品を穴埋めするという経営に陥りがちだ」(9頁)。

第4に,ヒット商品への過剰な依存である。先述の通り,慶太は長男・博久社長(当時)と対立し,96年にタカラを退社する。3年後に古巣タカラに復帰したときには「陸の孤島」(日本経済新聞社編集部編,2001年2月22日,22頁)のようになっていた。タカラの社内は情報不足と沈滞したムードが横溢していたのである。よって,慶太はヒット商品作りに邁進し,社内の雰囲気も盛り上げようとしたのである。

たしかに,話題商品が全商品の売れ行きを牽引するというのが玩具業界の常識である。事実,その後タカラはヒット商品をいくつか輩出し,巧みな話題づくりをするようになった。ヒット商品開発者がマスコミに登場することも多くなった。例えば,竹森(2002)をはじめ,以下のように注目された。数点を列挙しよう。

・「人スクランブル 犬語翻訳機『バウリンガル』の生みの親,タカラの梶田政彦氏」『日経ビジネス』2002年12月9日号,16頁。
・「開発最前線:タカラ 家庭用カラオケ装置」『日経産業新聞』2000年12月20日,25頁。
・「コロンブスの林檎:商品開発物語第58回チョロQ発売から22年 運転できるタカラの『Qカー』」『週刊エコノミスト』2002年8月27日号,104-105頁。
・「玩具を創る① タカラ『ベイブレード』昔をアレンジ親にも的」『日本経済新聞』2002年1月16日,18頁。

しかし,ヒット商品への過度の依存には負の側面もある。昨今の玩具業界では,海外生

産の増加にともなってリードタイムが長くなる。よって，たとえ大ヒット商品が生まれたとしてもその後は大量の不良在庫がたまってしまうということが発生していたのである。

販売計画以上に売れたり逆に売れなかったりすること，さらに商品サイクルの短縮化にともなって安定した収益基盤が確保できないことは，玩具業界の一般的な姿である。これらはまさに業界そのものが抱える悪弊である。少なくとも一過性のヒット商品ではなく，適正な在庫管理や定番商品づくりこそが必要なのである。要するに，ヒット商品への過度の依存はタカラにとってはきわめて深刻な問題だったのである。

上述の中村（2004）はこうも分析する。「タカラはヒット商品を狙い新商品を相次ぎ投入。アイテム数は2001年時点と比較し2004年は2倍の6000近くまで増加した。店頭では『リカちゃん』などの定番商品が棚の隅に追いやられ，新商品が占めるような売り場に変わっていった。ヒットが出ないまま新商品が目まぐるしく入れ替わり，一定の収益が見込める定番商品はラインアップを充実できず，魅力が薄れるという悪循環を起こした」（同上，9頁）。

第5に，慶太自身の経営者としての熱意もあった。彼はこう語る。「なぜ，これほど急ぐのかといえば，私自身，今46歳で年齢的にも一番力を発揮できる時だと思っているからだ。10年後は無理だろう。社長に就任した頃は，売上高がバンダイと約5倍の開きがあって業界3位だった。それが今では2.5倍にまで縮まった。50歳までにバンダイを抜きたい」（日経ビジネス編集部編，2004年6月21日号，51頁）。

慶太の多角化に対する若干の認識不足もうかがえる。彼は，自社の多角化を「他業種に足を突っ込んではいる。だけど，自分としては同じ市場でビジネスをしている感覚」（週刊東洋経済編集部編，2003年3月1日号，92頁）という。

実際のところ，タカラの急速な拡大路線には綻びが生じていた。それは，バンダイとタカラの差にその理由がある。例えば，玩具業界トップのバンダイの2002年3月期売上げはタカラの約3.4倍の2,280億円であった。同社は，ウルトラマンや仮面ライダーといった安定的なキャラクター商品をもちアパレルやゲームなどにも事業拡大していた。よって，同社の玩具比率は半分以下となり，国内での年末商戦にヒット商品不在のままでも，前年比10％増加の売り上げを見込むことができた。タカラの同時期の国内販売は，対照的に，前年割れであった。もちろんタカラは「チョロQ」「リカちゃん」といった定番商品を有するものの，実際にはヒット商品に下支えされているというのが実情であった。

第6に，タカラのM&Aが行き過ぎであったという見解がある。例えば，タカラトミーの筆頭株主となったインデックス落合会長は，赤字を抱えるタカラの建て直しについて論じながら，タカラのM&Aによる多角化戦略の失敗だったと断じる。彼の発言を引用しよう。「タカラは，経営のミスといっても，その理由はシンプルで，急速なM&Aによる多角化戦略の失敗だった。一気に玩具マーケットが小さくなったなどの問題ではなく，定番商品のチョロQやビーダマンなどの売上げは変わっていない。サーキット場を買ったり，家電メーカーを買ったり，電気自動車のチョロQモーターズを始めたりしたのは，あきらかに失敗。不採算の事業からは撤退し，本業を強化しなければならない」（週刊エコノミスト編集部編，2005年6月7日号，103頁）。

山口（2005）は，M&Aとそれに伴う企業統治を挙げる。「タカラの失敗は，佐藤会長が精力的なM&Aで性急な多角化を図った点にある。佐藤会長は『スピード感がなかったことと，会社の数が多すぎた。戦略の方向性が間違っていなかったが，買収した会社との想像効果が上がるのを見極めながら，次の買収に移る方がよかった』と話す。（中略）

M&Aによる企業統治も反省材料だ。佐藤会長は，買収した会社の企業文化を重視する方針を掲げたが『このため，タカラ本体との相乗効果が上がらなかった。社長に任せながら相乗効果を上げようという考え方は間違いで，強めの介入も必要だった』（佐藤会長）という」（2005年6月7日号，101頁）。

　以上のように，多角化やM&Aといった戦略の誤りがタカラ衰退の原因だというのは論拠としては弱いとわれわれは考える。あまりにも表面的な見方にすぎない。根はより深いところにある。慶太の「拡玩具という戦略」におおきな誤りがあったわけではない。では，何がタカラを衰退に追い込んだのか。タカラ衰退の原因は，その戦略の問題にあるのではなく，むしろ組織の問題にあると考えることもできる。すなわち，商品開発チームの放棄である。

　慶太は，ライフエンタテイメント企業を目指して，「拡玩具という戦略」を策定し，実施した。そのために，提携（アライアンス）やM&Aによって，異業種他社の資源（技術力や資金など）を獲得し，タカラグループとしての事業をいっそう拡大させていった。先述の通り，タカラにおいて慶太はいくつかの商品開発チームを形成した。それらが「ベイブレード」「e-kara」「Qカー」「バウリンガル」といったヒット商品を世に送り出してきた。

　さて，この拡大途上において，慶太には2つの意思決定の選択肢があった。1つ目の選択肢は，タカラのグループ経営を重視し，拡大路線を最優先させるものである。この場合，プロデューサー型開発者らをタカラ子会社に出向させなければならない。タカラ本社内よりもグループ全体の拡大を優先させるからである。これは商品開発チームの放棄といえる。

　2つ目の選択肢は，タカラ本社内の足場を固めることである。この場合，プロデューサー型開発者をあえて社内にとどめ，新たな商品開発への挑戦を奨励し，後進の指導・育成に集中させなければならない。商品開発チームの継続と育成といえる。

　では，実際に慶太はどちらの選択肢を選んだのか。彼は前者を選んだ。慶太は，本社内の優秀なプロデューサー型開発者をグループ子会社へと送り込んだのである。よって，タカラの社内が空洞化してしまったのである。

　慶太は，「ベイブレード」開発者・真下修をカーアクセサリー販売のタカラ子会社ワコーの社長に就任させた。「e-kara」開発者・池田哲也を同商品のアメリカでの販売拡大のためにタカラUSAへ社長として送り込んだ。「Qカー」開発者・田中修一郎をタカラ子会社チョロQモーターズ代表取締役として派遣した。さらには，犬語翻訳機「バウリンガル」開発者・梶田政彦をタカラのマーケティングの拠点としてオープンした直営店「ガレージ」（東京・コレド日本橋内）の店長として送り込んだのである。

　要するに，彼らはタカラ復活においてきわめて大きな役割を果たしたにもかかわらず，慶太はタカラグループ拡大のために優秀な彼らを子会社などに送り込んだのである。

　本来であれば，タカラ本社内の体制を強固にすべき時期に，その要となる人物をグループ子会社に送り出すことによってグループ全体の強化を最優先させたといえる。彼らが不在となったタカラ本社では，その後にヒット商品を作り出すような優秀な開発者らが不足してしまったのである。では，慶太は商品開発チームの重要性をまったく認識していなかったのであろうか。実は，そうではない。慶太は，社長退任する半年ほどまえに，タカラ社内の人材不足を痛感していた。

　慶太は，その当時のインタビューにこう答えている。「2000年3月期に比べ単体の売上

付論2　事例研究：タカラ

付論表2-5：タカラ歴代の3社長

歴代社長 （在任期間）	主なイベントとヒット商品
創業者 佐藤安太（父） （1955-94年）	・ヒット商品「だっこちゃん」「人生ゲーム」「リカちゃん」「チョロQ」「トランスフォーマー」等の輩出 ・おもちゃの神様による家業的経営，東証一部上場，交替の契機は90年代の赤字転落
2代目社長 佐藤博久（長男） （1994-2000年）	・管理の徹底と人材流出，次男・慶太の退社・独立 ・ヒット商品不在，交替の契機は創業者による更迭
3代目社長 佐藤慶太（次男） （2000-2005年）	・再建委員会と2つの中期経営計画，プロデューサー型開発者への権限委譲，アライアンスにより事業拡大 ・ヒット商品「ベイブレード」「e-kara」「Qカー」「バウリンガル」等による急回復 ・プロデューサー型開発者の放棄による赤字転落，トミーとの合併

高は2倍になったが社員は25％しか増えていないため，社内体制が手薄になった。権限委譲にも問題があり，全社的な判断が十分できずに集中してヒットを出せなかった」（日経ビジネス編集部編，2004年6月21日号，51頁）。

　慶太はこの時点でなすべきことが分かっていたのである。にもかかわらず，彼はタカラグループの拡大路線を追求したのである。商品開発チームの放棄はまぎれもなく慶太が下した意思決定だったのである。

　さいごに，2005年1月社長退任後の彼自身の反省の弁をみておこう。「退任した最大の理由は私自身の経営責任です。残念ながら，過去の成功体験の踏襲に終始して，ヒットを生み出せなかった。それが巨額の赤字につながりました。タカラはこれまで『ベイブレード』など，多くのヒット商品を作ってきました。その半面，目標に達しない商品ラインもあるわけです。それをヒット商品の利益で補ってきた。このやり方がある時期まではうまくいっていた。そのため，目標未達の商品がなぜ未達になったのか，きちんと分析して足元を固めることを怠っていたんです。するとどうなるか。未達の部門は次のヒットでリカバーしようと考えて，次々と新商品を投入していく。これが繰り返されると，商品ラインアップは必然的に増えていくし，商品点数も膨大になる。みんな一生懸命仕事しているにもかかわらず，一つひとつの商品に割ける時間が少なくなる。商品力，1品1品の練り込みも間違いなく不足していったのが消費者に見抜かれてしまったんでしょう。投資をたくさんして販促をたくさんかけて忙しいんだけれど，売り上げが上がらず利益も出ない。そして，さらなる新商品を投入する。そういう悪循環に陥っていったんです。私が社長になってからは，玩具にとどまらず電気自動車の『Qカー』など新規事業にも積極的に乗り出しました。結果として，これが収益の足を引っ張ったのは間違いない。ただ比率で言うと，本業がしっかりしていればカバーできる範囲に収まっていました。むしろ痛かったのは，新規事業や買収した子会社に優秀な人材を振り分けざるをえなかったことだと思います。例えば，ベイブレードの立役者である真下（修）はカーアクセサリー販売子会社のワコー社長に出しました。人材が分散した結果，本業を固めるべき時期にその人材がいな

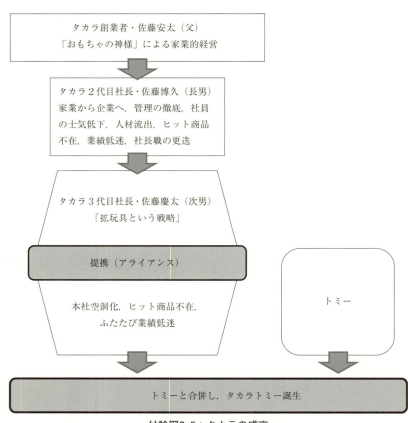

付論図2-5:タカラの盛衰

かったんです。私の見誤りと言えるでしょう。」(日経ビジネス編集部編,2005年2月7日号,115頁:傍点引用者)

　以上,タカラ衰退の外的原因と内的原因を整理した。
　さて,本付論では,提携(アライアンス)と合併を長期的事例研究をもって検討した。
　第1に,玩具業界における玩具御三家と業界再編を概観した。第2に,戦後に生まれたタカラの創業者(父)による生成・発展,2代目社長(長男)による経営管理の徹底と組織の低迷,3代目社長(次男)によるV字復活と呼ばれる再建のプロセスを仔細に追跡した。そこでは数々の提携が実施された。さらに3代目社長のもとでタカラがふたたび衰退にいたり,トミーとの合併へと向かう経緯を追った。第3に,組織の衰退の内的原因および外的原因を整理した。
　最後に,この長期的事例研究から分かったことを記したい。
　第1に,提携(アライアンス)は短期的には企業成長に有効であるものの,長期的には

付論2　事例研究：タカラ

有効ではないということである。たしかにタカラは数々のヒット商品を他社との提携によって生み出した。しかしながら，他の要因もふくめて，同社は衰退するにいたった。

　第2に，組織と組織が合併にいたるまでには複雑な事情があるということである。言い換えれば，合併は単純な理由だけで成り立つものではないのである。

　さらに第3に，われわれが本書を通じて主張すべきことは，本事例のように長期的事例研究をもって企業を観察することが重要であるということである。

注

1) 管見の限り，わが国の玩具業界の経営学的研究はあまりなかったといってよい。なお，ゲーム産業に関する経営学的研究としては次がある。新宅純二郎『ゲーム産業の経済分析：コンテンツ産業発展の構造と戦略』東洋経済新報社，2003年。コンテンツ研究としては以下がある。浜野保樹『表現のビジネス―コンテント制作論』東京大学出版会，2003年；監査法人トーマツ編『コンテンツビジネスマネジメント』日本経済新聞社，2003年；中央青山監査法人編『コンテンツビジネス・ハンドブック』中央経済社，2005年；八尋茂樹『テレビゲーム解釈論序説／アッサンブラージュ』現代書館，2005年；湯淺正敏・宿南達志郎・生明俊雄・伊藤高史・内山隆『メディア産業論』有斐閣，2006年。

2) 近年，長期的ケース・スタディに基づいて組織の衰退や経営者交替を捉えなおそうという機運がたかまっている。本タカラケースも，これに与するものである。例えば，以下の文献がある。宇田川勝・佐々木聡・四宮正親編『失敗と再生の経営史』有斐閣，2005年；三品和広編『経営は十年にして成らず』東洋経済新報社，2005年；林淳一「経営戦略論の構図：組織と戦略変化」岸田民樹編『現代経営組織論』有斐閣，2005年，158-183頁；林淳一「経営者と戦略」上總康行・澤邉紀生編『次世代管理会計の構想』中央経済社，2006年，41-61頁。なお，長期的ケース・スタディの研究材料として，アップル，マイクロソフト，グーグルなどのIT産業興亡史を描いたArthur (2012)，カメラフィルム業界の浮沈を描写した古森 (2013)，ブランド消費財メーカーP&G企業史のDyer, Dalzell & Olegario (2003) などが挙げられる。ケース・スタディ自体の研究については，Yin (1994)，Alexander & Bennett (2005) がある。

3) 日本企業衰退の真因は，ミドル・マネジャー（中間管理職）への教育体制が整っていないことである。例えば，IBM，ネスレ，ファイザー，インテル，リッツ・カールトンなどは，自社に企業内大学を整備している。企業内大学の設置はグローバル企業へ勇躍する必須条件である。以上は，林 (2013) に詳しい。

4) 先行研究においては，商品開発チームをプラットフォームと呼ぶことがある。例えば，McGrath (2001) は次のように定義する。「製品プラットフォームは，製品そのものではない。それは，一連の製品群に共通する要素の集合体であり，特に基盤となるような『固有技術 (defining technology)』のことである。」（81頁）さらに，Gawer & Cusumano (2002) は次のように定義する。「プラットフォーム・リーダーシップとは，広範な産業レベルにおける特別な基盤技術の周辺で，補完的なイノベーションを起こすように他企業を動かす能力である」（i頁），と。

5) なぜコナミはタカラとのアライアンスの解消に踏みきったのか。両社に実は事情があった。コナミは，過剰なM&A（例えば，タカラ，ハドソン，コナミスポーツの買収）が700億円前後の有利子負債となって，その経営を圧迫していた。よって，タカラの保有株全株を手放したのである（参照；森園，2006）。対して，タカラは，西川 (2005) によれば，「破局の原因は，コナミによる実質救済でありながら，老舗で創業者一族のワンマン色の残るタカラが独自路線を歩みたがり，協業に消極的だったことが挙げられる」ことである。なお，タカラとコナミの提携は2000年4月から2005年4月までの5年間であった。なお，本事例に登場するコナミとインデッ

293

クスについて付記しておく。コナミ株式会社は，代表取締役 CEO 上月景正および代表取締役上月景彦が率いる。創業は1969年3月21日，社員数は5,127名（連結，2006年3月31日現在），資本金は473億9,900万円（2006年3月31日現在）である。株式会社インデックス・ホールディングスの代表者は代表取締役会長落合正美ならびに代表取締役社長小川善美である。創業は1995年9月，社員数は100名（2003年4月1日現在），資本金は360億2,700万円（2006年6月現在）である。以上，両社HPより。

6）週刊東洋経済編集部編（2005年5月21日号，22頁；2005年5月29日号，98-103頁）によれば，オンラインゲームは産業構造のパラダイム転換ともいわれる。その理由は，ゲームソフトメーカーは継続的に毎月の売り上げ（利用料徴収）が見込めるためである。また，オンラインゲームではソフトメーカーの役割が大きく変わるためである。メーカーはソフトを作るだけでなく，サーバーの運営管理，プレーヤー同士のトラブルの解消，新しいゲームの追加，イベントの開催などが必要となる。オンラインゲーム市場は，ゲーム市場における成長の柱となっているのである。

7）2005年5月，玩具大手バンダイとゲームソフト大手ナムコは，持ち株会社を設立し，経営統合することを発表した。これを「誰もがうらやむ結婚である」と西川（2005, 22頁）は評する。その理由は，両社の事業内容が重複しないため，さらにはこの合併・統合には救済の色合いがないためである。この統合の背景は，①少子化，②家庭用ゲーム機の機能向上による開発費の高騰，③事業の相互補完である。特にゲーム専業のナムコは，純玩具に強いバンダイと統合することによって，商品開発の幅や販路を拡大できるのである。

あとがき

　本書は筆者のはじめての単著である。本書の着想は，1998年ごろに得た。それは，大学院生時代に抱き始めた居心地の悪さからだった。当時，経営学のどのテーマにも魅力を感じなかった。世に問われる数多の書籍が私の皮膚をすべって肉体の骨にまで響かないのだ。何をライフワークとするべきなのか。一学徒としての存在理由さえ見いだせない焦燥を感じた。肚のなかに重い鉛を抱いたままで輾転反側する日々が続いた。

　さらにいえば，学界にも空疎なものを感じ始めた。私は，現実社会と経営学界とのあいだに密着がないように思えた。どれもこれも皮相的で，その内奥にまでメスを加えているようにはみえなかった。その両者に途方もない懸隔があるように思った。

　学界には若者に有無をいわせぬ空気がただよっていた。戦略論批判をいささかなりとも標榜すれば，そこでは大きな誹謗中傷を受けることになる。疑問をもつことは学界・学術人の条件であるはずなのに，なぜかある一定方向の疑問には抑圧がくわえられる。鋳型にはめられてしまって，みな身うごきがとれない。その雰囲気は一見自由のようでいて本当はそうではなかった。隅々まで巧みにしつらえられた柵のなかに閉じこめられていた。射竦めるような数多の眼光にさらされているようだった。

　だから，だろうか。まわりには小粒な作風ばかりである。心を躍動させるような発見がない。なるほどなるほどわかるわかると微笑ませるような内容であるため，挑戦的なところがない。戦端を開くような凄みもない。私を引きつけるような磁力などない。

　それぞれの点と点がばらばらに議論はされているけれども，それらがつながって線となるような発展がない。その線と線を人為的に結んで面とするような拡がりがない。深みもない。個々人がそれぞれの主義主張を言いっぱなしのままで済ましているようであった。

　私は書くことを決意した。書くべきことを書かないでいるとするならば，それは一学徒としての敗北である。もちろん畏縮したまま学界の末席でちんまりといすわっていることもお利口なのかもしれない。けれども，私は学界の主流の囚繋に陥るよりはむしろ，自己の思考をのびのびと披露したいと考えた。喪家の狗に陥ってはならないと覚悟をきめた。つねに念頭にはバーナード主著の巻頭のことばがあった。「やらずに後悔するよりは，やって後悔せよ。」進化論者ダーウィンもこう叫んだ。「勇気がなければ真実は見えない。」こうした日々の煩悶と憤懣と疑念の濃縮が

あとがき

本書だといえる。外界からみれば，本書が抱え込んだ課題は，学界という一部の数人の間だけの，いわば蝸牛角上の争いのように思われるかもしれない。しかし，こうした理論構築がささやかなれども試されなければならないという愚直な思いが，私の胸にはある。棘のないバラはない（Thre is no rose without a thorn.）という。本書は，その意味で，多くの棘に満ちているかもしれない。けれども，研究とはいつでも果敢に仕掛けるべきものである。格好よくいえば，それが独創でありオリジナリティーであり新風なのである。

「変化とは何か」。本書はこれを徹底的に追究した。

本書の構成は次の通りであった。戦略論は，戦略内容－戦略プロセス論という合理的な側面を基本とする分析枠組みをもって確立された１つの学問領域である。しかし，いまではその枠組み自体が戦略論の発展の妨げとなっている。それを理論的に解明するためには，組織内部を注視し，しかもその中の個々の組織メンバーのもつパワーやポリティクスを重視するという立場から再構築することが必要なのである。

ただし，この主張は誤解されやすいものかもしれない。戦略論は周知の通り合理性を基調とする議論である。それゆえに，多くの論者はこうした設定に対してそれは戦略論ではないとか，戦略論の存在理由を見失っているという見解をただちに想起し，忌避したがるだろう。あるいは，本書の主張しようとしていることは戦略に関わる実務家は重々承知しているとして，本書の理論的含意に目を向けることはないだろう。けれども，こうした批判にあえて挑戦してみようという筆者の意気込みが本書の根底にある。本書では，先人の学業を踏襲して，それ以後に発見発掘した新資料を基に私の考えを独創・醸成・編述したにすぎない。よって，豊富な知見を駆使して創り上げた結果が，もしかしたら読者に衒学的だなどと思われるかもしれない。先人の英知の糟粕をなめるような拙い研究だと揶揄されるかもしれない。しかし，本書は堂々たる自我をもちながら，形を成すことに粉骨砕身しようと試みたものである。そうした批判を撥ね返すだけの覇気を本書の奥底に感じとっていただければ幸甚である。

本書は壮大なテーマを抱えてしまった。まずはここでいったん筆を擱く。書き足りなかったことは次著にて追究する。

2014年８月末日
名古屋学院大学白鳥学舎の研究室にて　林　淳一

参考文献

Aaker, D.A., *Strategic Market Management*, John Wiley&Sons, 1984(石井淳蔵他訳『戦略市場経営:戦略をどう開発し評価し実行するか』ダイヤモンド社,1986年).
Abell, D.F., *Defining the Business: The Starting Point of Strategic Planning*, Prentice-Hall, 1980(石井淳蔵訳『事業の定義』千倉書房,1984年).
Abell, D.F. & J.S. Hammond, *Strategic Market Planning: Problems and Analytical Approaches*, Prentice-Hall, 1979(片岡一郎・古川公成・滝沢茂・嶋口充輝・和田充夫訳『戦略市場計画』ダイヤモンド社,1982年).
Abernathy, W.J., K.B. Clark & A.M. Kantrow, *Industrial Renaissance: Producing a Competitive Future for America*, Basic Books, 1983(日本興業銀行産業調査部訳『インダストリアルルネサンス:脱成熟化時代へ』TBSブリタニカ,1984年).
Adler, P. S.,(ed.), *Technology and the Future*, Oxfornd University Press, 1992.
Adler, P. S., "The Learning Bureaucracy: New United Motor Manufacturing, Inc,"in L. L. Cummings & B. M. Staw(eds.), *Research in Organizational Behavior*, Vol.15, JAI Press, 1993, pp.111-194.
Adler, P. S., B. Goldoftas & D. I. Levine, "Flexibility versus Efficiency? A Case Study of Model Changeovers in the Toyota Prodction System," *Organization Science*, Vol.10, No.1, 1999, pp.43-68.
Aldrich, H. E., "Incommensurable Paradigms? Vital Signs from Three Perspectives," in M., Reed & M. Hughes(eds.), *Rethinking Organization: New Directions in Organization Theory and Analysis*, London, Sage, 1992, pp.17-45.
Alexander, J. et al., *The Micro-Macro Link*, University of California Press, 1987(石井幸夫他訳『ミクロ-マクロ・リンクの社会理論』新泉社,1998年).
Alexander, L. G. & A. Bennett, *Case Studies and Theory Development in the Social Sciences*, MIT Press, 2005(泉川泰博訳『社会科学のケース・スタディ:理論形成のための定性的手法』勁草書房,2013年).
Allison, G.T., *Essence of Decision: Explaining the Cuban Missile Crisis*, Little, Brown and Company, 1971(宮里政玄訳『決定の本質:キューバ・ミサイル危機の分析』中央公論社,1977年).
Anderson, D. & L. A. Anderson, *Beyond Change Management: How to Achieve Breakthrough Results through Concious Change Leadership*, Pfeiffer, 2010.
Andrews, K.R., *The Concept of Corporate Strategy*, Dow Jones-Irwin, 1971(山田一郎訳『経営戦略論』産業能率短期大学出版部,1976年).
Ansoff, H.I., *Corporate Strategy*, McGraw-Hill, 1965(広田寿亮訳『企業戦略論』産能大学出版部,1969年).
Ansoff, H.I., *Strategic Management*, London, Macmillan, 1978(中村元一訳『戦略経営論』産業能率大学出版部,1980年).
Ansoff, H.I., "The Emerging Paradigm of Strategic Behavior," *Strategic Management Journal*, Vol.8, No.6, 1987, pp.501-515.
Armenakis, A.A. & A.G. Bedeian, "Organizational Change: a Review of Theory and Research in the 1990s," *Journal of Management*, Vol.25, No.3, 1999, pp.293-315.

参考文献

Arthur, G., *Digital Wars: Apple, Google, and the Battle for the Internet*, Kogan Page, 2012（林れい子訳『アップル，グーグル，マイクロソフト：仁義なきIT興亡史』成甲書房，2012年）．

Axelrod, R., *The Evolution of Cooperation*, Basic Books, 1984（松田裕之訳『つきあい方の科学：バクテリアから国際関係まで』ミネルヴァ書房，1998年）．

間場寿一「政治過程」森岡清美・塩原勉・本間康平他編『新社会学辞典』有斐閣，1993年，845-846頁．

雨宮寛二『アップル，アマゾン，グーグルの競争戦略』NTT出版，2012年．

安西祐一郎『心と脳：認知科学入門』岩波書店，2011年．

Bachrach, P. & M.S. Baratz, "Two Faces of Power," *American Political Science Review*, Vol.56, No.4, 1962, pp.947-952.

BarkerⅢ, V.L. & I.M. Duhaime, "Strategic Change in the Turnaround Process: Theory and Empirical Evidence," *Strategic Management Journal*, Vol.18, No.1, 1997, pp.13-38.

Balogun, J. & V. H. Hailey, *Exploring Strategic Change*, 2nd ed., Englewood Cliffes, Prentice-Hall, 2004.

Bareil, C., A. Savoie & S. Meunier, "Patterns of Discomfort with Organizational Change," *Journal of Change Management*, Vol.7, No.1, 2007, pp. 13-24.

Barr, P. S., "Adapting to Unfamiliar Environmental Events: A Look at the Evolution of Interpretation and its Role in Strategic Change," *Organization Science*, Vol.9, No.6, 1998, pp.644-669.

Barringer, B. R. & J. S. Harrison, "Walking a Tightrope : Creating Value through Interorganizational Relationships," *Journal of Management*, Vol.26, No.3, 2000, pp.367-403.

Barnard, C.I., *The Functions of the Executive*, Harvard University Press, 1938（山本安次郎・田杉競・飯野春樹訳『新訳　経営者の役割』ダイヤモンド社，1968年）．

Barney, J.B., "Integrating Organizational Behavior and Strategy Formulation Research: A Resource Based Analysis," in P. Shrivastava, A.S. Huff & J.E. Dutton(eds.), *Advances in Strategic Management*, Vol.8, JAI Press, 1992, pp.99-120.

Barney, J. B., *Gaining and Sustaining Competitive Advantage*, Prentice Hall, 2002（岡田正大訳『企業戦略論：競争優位の構築と持続（上・基本編，中・事業戦略編，下・全社戦略編）』ダイヤモンド社，2003年）．

Barney, J. B. & A. M. Arikan, "The Resource-based View : Origins and Implications,"in M. A. Hitt, R. E. Freeman & J.S. Harrison(eds.), *The Blackwell Handbook of Strategic Management*, Blackwell, 2001, pp.124-188.

Barney, J. B. & W. Hesterly, "Organizational Economics : Understanding the Relationship between Organizations and Economic Analysis," in S.R.Clegg, C. Hardy & W.R. Nord(eds.), *Handbook of Organization Studies*, Sage, 1996, pp.115-147.

Bartlett, C.A. & S. Ghoshal, *Managing across Borders: The Transnational Solution*, Harvard Business School Press, 1989（吉原英樹監訳『地球市場時代の企業戦略』日本経済新聞社，1990年）．

Bartlett, C.A. & S. Ghoshal, "Global Strategic Management: Impact on the New Frontiers of Strategy Theory," *Strategic Mamagement Journal*, Vol.12, Special Issue, Summer, 1991, pp.5-16.

Bauer, M. W., "Resistance to Change: A Monitor of New Technology," *Systems Practice*, Vol.4, No.3, 1991, pp.181-196.

Berger, P.L. & T. Luckmann, *The Social Construction of Reality: A Treatise in the Sociology of*

Knowledge, Doubleday&Company, 1966（山口節郎訳『日常世界の構成：アイデンティティと社会の弁証法』新曜社，1977年）．

Bergh, D. D. & J. F. Fairbank, "Measuring and Testing Change in Strategic Management Research," *Strategic Management Journal*, Vol.23, No.4, 2002, pp.359-366.

Besanko, D., D. Dranove & M. Shanley, *Economics of Strategy*, 2nd ed.John Wiley & Sons, 2000（奥林昭博・大林厚臣監訳『戦略の経済学』ダイヤモンド社，2002年）．

Bettis, R.A., "Strategic Management and the Straightjacket: An Editorial Essay," *Organization Science*, Vol.2, No.3, 1991, pp.315-319.

Bjorkman, I., "Factors Influencing Processes of Radical Change in Organizational Belief Systems," *Scandinavian Journal of Management*, Vol. 5, No. 4, 1989, pp.251-271.

Blackler, F., "Formative Contexts and Activity Systems: Postmodern Approaches to the Management of Change," in M., Reed & M. Hughes(eds.), *Rethinking Organization: New Directions in Organization Theory and Analysis*, London, Sage, 1992, pp.273-294.

Blau, P.M., *Exchange and Power in Social Life*, Wiley, 1964（間場寿一・居安正・塩原勉訳『交換と権力：社会過程の弁証法社会学』新曜社，1974年）．

Boddy, D., D. Macbeth & B. Wagner, "Implementing Cooperative Strategy" in D.O.Faulkner & M. de Rond(eds.), *Cooperative Strategy: Economic, Business, and Organizational Issues*, Oxford University Press, 2000, pp. 193-210.

Boeker, W., "Strategic Change: The Effects of Founding and History," *Academy of Management Journal*, Vol.32, No.3, 1989, pp.489-515.

Bosch, F. A. J. van den & A. P. de Man(eds.), *Perspectives on Strategy : Contributions of Michael E. Porter*, Kluwer Academic Publishers, 1997.

Burke, W.W., *Organization Change: Theory and Practice*, Sage, 2002.

Bouchikhi, H., "Living with and Building on Complexity: A Constructivist Perspective on Organizations," *Organization*, Vol.5, No.2, 1998, pp.217-232.

Boud, D., P. Cressey & P. Docherty(eds.), *Productive Reflection at Work : Learning for Changing Organizations*, London, Routledge, 2006.

Bourgeois, L.J. & D. Brodwin, "Strategic Implementation: Five Approaches to an Elusive Phenomenon," *Strategic Management Journal*, Vol.5, No.3, 1984, pp.241-264.

Bowman, E. H., "Epistemology, Corporate Strategy, and Academe," *Sloan Management Review*, Vol.15, No.2, 1974, pp.35-50.

Bowman, E. H., "Generalizing about Starategic Change: Methodological Pitfalls and Promising Solutions," in J. M. Pennings et al.(eds.), *Organizational Strategy and Change: New Views on Formulating and Implementing Strategic Decisions*, Jossey-Bass, 1985, pp.319-335.

Bowman, E. H., "Strategy Changes: Possible Worlds and Actual Mind," in J.W. Fredrickson(ed.), *Perspectives on Strategic Management*, Harper Business, 1990, pp.9-37.

Bowman, E. H., "Strategy History: Through Different Mirrors," in P. Shrivastava, A.S.Huff & J.E. Dutton(eds.), *Advances in Strategic Management*, Vol.11A, JAI Press, 1995, pp.25-45.

Bracker, J., "The Historical Development of the Strategic Management Concept," *Academy of Management Review*, Vol.5, No.2, 1980, pp.219-224.

Bradshaw-Camball, P. & V. Murray, "Illusions and Other Games : A Theoretical View of Organizational Politics," *Organization Science*, Vol.2, No.4, 1991, pp.379-398.

Brightman, B. K. & J. W. Moran, "Managing Organizational Priorities," *Career Development International*, Vol.6, No.5, 2001, pp.245-288.

参考文献

Bromiley, P., "Strategic Management," in N. Nicholson (ed.), *Encyclopedic Dictionary of Organizational Behavior*, Blackwell, 1995, pp.535-538.

Brunsson, N., "The Irrationality of Action and Action Rationality: Designs, Ideologies and Organizational Actions," *Journal of Management Studies*, Vol.19, No.1, 1982, pp.29-44.

Buchanan, D. & R. Badham, *Power, Politics, and Organizational Change: Winning the Turf Game*, London, Sage, 1999.

Burgelman, R.A., "A Model of the Interaction of Strategic Behavior, Corporate Context, and the Concept of Strategy," *Academy of Management Review*, Vol.8, No.1, 1983, pp.13-31.

Burgelman, R.A., *Strategy Is Destiny: How Strategy-Making Shapes a Company's Future*, Free Press, 2002（石橋善一郎・宇田理監訳『インテルの戦略：企業変貌を実現した戦略形成プロセス』ダイヤモンド社，2006年).

Burgelman, R.A. & L.R. Sayles, *Inside Corporate Innovation: Strategy, Structure, and Managerial Skills*, Free Press, 1986（小林肇監訳『企業内イノベーション：内ベンチャー成功への戦略組織化と管理技法』ソーテック社，1987年).

Burke, W. W., *Organization Change: Theory and Practice*, Thousand Oaks, Sage, 2002.

Burnes, B., "Kurt Lewin and the Planned Approach to Change : A Re-Appraisal," *Journal of Management Studies*, Vol.41, No.6, 2004, pp.977-1002.

Burnes, B., "Reflections : Ethics and Organizational Change Time for a Return to Lewinian Values," *Journal of Change Management*, Vol.9, No.4, 2009, pp.359-381.

Burns, T. & G.M. Stalker, *The Management of Innovation*, Tavistock, 1961.

Burrell, G., "Back to the Future: Time and Organization," in M. Reed, & M. D. Hughes (eds.), *Rethinking Organization: New Directions in Organization Theory and Analysis*, London, Sage, 1992, pp.165-183.

Burrell, G. & G. Morgan, *Sociological Paradigms and Organizational Analysis*, Heinemann, 1979（鎌田伸一他訳『組織理論のパラダイム：機能主義の分析枠組』千倉書房，1988年).

Bowman, E. H., "Strategy History: Through Different Mirrors," in P. Shrivastava, A. S. Huff & J. E. Dutton (eds.), *Advances in Strategic Management*, Vol.11A, Greenwich: JAI Press, 1995, pp.25-45.

Bromiley, P., *The Behavioral Foundations of Strategic Management*, Oxford: Blackwell, 2005.

Cameron, E. & M. Green, *Making Sense of Change: A Complete Guide to the Models, Tools & Techniques of Organizational Change*, London, Kogan Page, 2004.

Chreim, S. & V. Kisfalvi, "CEO Succession Research: Methodological Bridges over Troubled Waters," *Strategic Management Journal*, Vol.21, No.6, 2000, pp.625-648.

Chaffee, E.E., "Three Models of Strategy," *Academy of Management Review*, Vol.10, No.1, 1985, pp.89-98.

Chakravarthy, B.S. & Y. Doz, "Strategy Process Research: Focusing on Corporate Self-Renewal," *Strategic Management Journal*, Vol.13, Special Issue, Winter, 1992, pp.5-14.

Chandler, A.D., *Strategy and Structure: Chapters in the History of the Industrial Enterprises*, MIT Press, 1962（三菱経済研究所訳『経営戦略と組織』実業之日本社，1967年).

Chandler, A.D., *Scale and Scope : The Dynamics of Industrial Capitalism*, Harvard University Press, 1990（安部悦生・川辺信雄・西牟田祐二・日高地景・山口一臣訳『スケール・アンド・スコープ：経営力発展の国際比較』有斐閣，1993年).

Child, J., "Organizational Structure, Environment and Performance: The Role of Strategic Choice," *Sociology*, Vol.6, No.1, 1972, pp.1-22.

Clark, K.B. & T. Fujimoto, *Product Development Performance: Strategy, Organization, and Management in the World Auto Industory*, Harvard Business School Press, 1993（田村明比古訳『製品開発力』ダイヤモンド社, 1993年）.
Clegg, S.R., M. Kornberger & T. Pitsis, *Managing and Organizations : An Introduction to Theory and Practice*, London, Sage, 2005.
Clegg, S.R., C. Hardy & W.R. Nord(eds.), *Handbook of Organization Studies*, Sage, 1996.
Clegg, S.R., C. Hardy, T. Lawrence & E.R. Nord(eds.), *The Sage Handbook of Organization Studies, Second Edition*, Sage, 2006.
Coghlan, D. & N. S. Rashford, *Organizational Change and Dynamics: An Interlevel Dynamics Approach*, New York, Routledge, 2006.
Colins, T.M. & T. L.Doorley Ⅲ, *Teaming Up for the 90s*, Business One Irwin, 1991（監査法人トーマツ戦略コンサルテイング部門訳『グローバルアライアンス戦略の実際：国際市場で鶴争優位を確保するために』ダイヤモンド社, 1993年）.
Collins, R., *Sociological Insight: An Introduction to Nonobvious Sociology*, Oxford University Press, 1982（井上俊・磯部卓三訳『脱常識の社会学：社会の読み方入門』岩波書店, 1992年）.
Collis, D. J. & C. A. Montgomery, *Corporate Strategy: A Resource-based Approach*, New York: McGraw-Hill, 1998（根来龍之・蛭田啓・久保亮一訳『資源ベースの経営戦略論』東洋経済新報社, 2004年）.
Crozier, M., *The Bureaucratic Phenomenon*, The University of Chicago Press, 1964.
Cummings, S., *Recreating Strategy*, London, Sage, 2002.
Cummings, T. G. & C. G. Worley, *Organizational Development and Change*, 5th ed., West, 1993.
Cummings, T. G. & C. G. Worley, *Organization Development and Chagne*, 7th ed., South-Westem College Publishing, 2001.
Cyert, R.M. & J. G. March, *A Behavioral Theory of the Firm*, Prentice-Hall, 1963（松田武彦・井上恒夫訳『企業の行動理論』ダイヤモンド社, 1967年）.
Daft, R.L., *Organization Theory and Design*, 6th ed., West Publishing Company, 1998.
Daft, R.T., *Essentials of Organization Theory and Design*, 2nd ed., South-Western College, 2001（高木晴夫訳『組織の経営学：戦略と意思決定を支える』ダイヤモンド社, 2002年）.
Daft, R. L., *The Leadership Experience*, 3rd ed., Mason, Thomson / South-Western, 2005.
Daft, R. L., *New Era of Management*, 2nd ed., Mason, Thomson / South-Western, 2008.
Dahl, R.A., "The Concept of Power," *Behavioral Science*, Vol.2, No.3, 1957, pp.201-215.
D'aveni, R.A. *Hyper-competition*, Free Press, 1994.
Dertouzos, M, R. Solow & R. Lester, *Made in America*, MIT Press, 1989（衣田直也訳『Made in America：アメリカ再生のための米日欧産業比較』草思社, 1990年）.
Das, T. K. & B. Teng, "Instabilities of Strategic Alliances : An Intemal Tensions Perspective," *Organization Science*, Vol.11, No.1, 2000, pp.77-101.
Dent, E. B. & S. G. Goldberg, "Challenging "Resistance to Change"," *The Journal of Applied Behavioral Science*, Vol. 35, No.1, 1999, pp.25-41.
Detert, J. R., R. G. Schroeder & J. J. Mauriel, "A Framework for Linking Culture and Improvement Initiatives in Organizations," *Academy of Management Review*, Vol.25, No.4, 2000, pp.850-863.
Dooley, J.K. & A.H. Van de Ven, "Explaining Complex Organizational Dynamics," *Organization Science*, Vol. 10, No.3, 1999, pp.358-372.
Doz, Y.L. & O. Baburoglu, "From Competition to Collaboration: The Emergence and Evolution of

参考文献

R & D Cooperatives" in D.O.Faulkner & M. de Rond(eds.), *Cooperative Strategy: Economic, Business, and Organizational Issues*, Oxford University Press, 2000, pp.173-192.

Doz, Y. & C.K. Prahalad, "Managing DMNCs : A Search for a New Paradigm," *Strategic Management Journal*, Vol.12, Special Issue, Summer, 1991, pp.145-164.

Doz, Y. L. & G. Hamel, *Alliance Advantage: The Art of Creating Value through Partnering*, Harvard Business School Press, 1998（志田勤一・柳孝一監訳・和田春正訳『競争優位のアライアンス戦略：スピードと価値創造のパートナーシップ』ダイヤモンド社、2001年）.

Driskill, G. W. & A. L. Brenton, *Organizational Culture in Action: A Cultural Analysis Workbook*, Thousand Oaks, Sage, 2005.

Drucker, P., *The Practice of Management*, Harper&Row, 1954（現代経営研究会訳『現代の経営』ダイヤモンド社、1965年）.

Duncan, R.B., "Characteristics of Organizational Environment and Perceived Environmental Uncertainty," *Administrative Science Quarterly*, Vol.17, No.3, 1972, pp.313-327.

Duncan, J. Watts, *Everything is Obvious: Once You Know Answer*, Crown Business, 2011（青木創訳『偶然の科学』早川書房、2012年）.

Durand, R., *Organizational Evolution and Strategic Management*, London, Sage, 2006.

Dyer, D., F. Dalzell & R. Olegario, *Rising Tide: Lessons from 165 Years of Brand Building at Procter & Gamble*, Harvard Business School Press, 2003（足立光・前平謙二訳『P&Gウェイ：世界最大の消費財メーカーP&Gのブランディングの軌跡』東洋経済新報社、2013年）.

Easton, D., The *Political System: An Inquiry into the State of Political Science*, Knopf, 1953.

Eccles, T., *Succeeding with Change: Implementing Action-Driven Strategies*, London, McGraw-Hill, 1994.

Edelman, M., *The Symbolic Uses of Politics*, University of Illinois Press, 1964（法貴良一訳『政治の象徴作用』中央大学出版部、1998年）.

Eisenhardt, K.M. & L. Bourgeois, "Politics of Strategic Decision Making in High Velocity Environment toward a Midrange Theory," *Academy of Management Journal*, Vol.31, No.4, 1988, pp.737-770.

Eisenhardt, K.M.& M.J. Zbaracki, "Strategic Decision Making," *Strategic Management Journal*, Vol.13, Special Issue, Winter, 1992, pp.17-37.

Elster, J., *The Nuts and Bolts for the Social Sciences*, Cambridge University Press, 1989（海野道郎訳『社会科学の道具箱：合理的選択理論入門』ハーベスト社、1997年）.

Evans, J. & C. Schaefer, *Ten Tasks of Change: Demystifying Changing Organizations*, San Francisco, Jossey-Bass / Pfeiffer, 2001.

江坂彰監修『世襲について：事業・経営篇』日本実業出版社、2001年．

Fahey, L.& H.K. Christensen, "Evaluating the Research on Strategy Content," *Journal of Management*, Vol.12, No.2, 1986, pp.167-183.

Faulkner, D.O. & M. de Rond, "Perspectives on Cooperative Strategy," in D.O.Faulkner & M. de Rond(eds.), *Cooperative Strategy: Economic, Business, and Organizational Issues*, Oxford University Press, 2000, pp.3-39.

Fenton, E. M. & A. M. Pettigrew, "Theoretical Perspectives on New Forms of Organizing," in A. M. Pettigrew & E. M. Fenton(eds.), *The Innovating Organization*, Sage, 2000, pp.1-46.

Finkelstein, S., *Why Smart Executives Fail: and What You can Learn from their Mistakes*, New York, Portfolio, 2003（橋口寛監訳・酒井泰介訳『名経営者が、なぜ失敗するのか？』日経BP社、2004年）.

Fombrun, C.J., "Envisioning Strategic Change," in P. Shrivantava, A. Huff & J. Dutton (eds.), *Advances in Strategic Management*, Vol.9, JAI Press, 1993, pp.157-188.
Ford, J. D., L.W. Ford & R.T. McNamara, "Resistance and the Background Conversations of Change,"*Journal of Organizational Change Management*, Vol.15, Issue.2, 2002, pp.105-121.
Foss, N.J. (ed.), *Resource, Firms, and Strategies: A Reader in the Resource-Based Perspective*, Oxford University Press, 1997.
Foster, R.N., *Innovation: The Attacker's Advantage*, McKinsey and Co.1986（大前研一訳『イノベーション：限界突破の経営戦略』TBSブリタニカ，1987年）．
Foucault, M., *Histoire de la foile à l'âge classique*, Gallimard, 1972（田村俶訳『狂気の歴史：古典主義時代における』新潮社，1975年）．
Franko, F., *The European Multinationals*, Greylock Press : Stanford, 1976.
French, J.R.P & B.H. Raven, "The Basic of Social Power," in D. Cartwright (ed.), *Studies in Social Power*, Institute for Social Research, 1959（千輪浩監訳『社会的勢力』誠信書房，1962年）．
Frost , J.P. & C.P. Egri, "The Political Process of Innovation," in L.L. Cummings & B.M. Staw (eds.), *Research in Organizational Behavior*, Vol.13, Greenwich, JAI Press, 1991, pp.229-295 (C. Hardy (ed.), *Power and Politics in Organizations*, Brookfield, Dartmouth, 1995. にも所収)．
藤井 一『分割NTTvs 郵政省 大義なき戦い』ダイヤモンド社，1996年．
藤本光夫・大西勝明『グローバル企業の経営戦略』ミネルヴァ書房，1999年．
藤本隆宏「アンゾフの戦略論」土屋守章編『現代の企業戦略』有斐閣，1982年，23-58頁．
藤本隆宏『生産システムの進化論：トヨタ自動車にみる組織能力と創発プロセス』有斐閣，1997年．
降旗武彦『経営学原理』実教出版，1986年．
降旗武彦「経営戦略論に関する若干の考察（1）」『経済論叢』京都大学，第133巻第3号，1984年，105-131頁．
Galbraith, J.K., *The Anatomy of Power*, Hougton Mifflin Company, 1983（山本七平訳『権力の解剖：[条件づけ] の論理』日本経済新聞社，1984年）．
Galbraith, J.R., *Designing Complex Organizations*, Addison-Wesley, 1973（梅津祐良訳『横断組織の設計』ダイヤモンド社，1980年）．
Galbraith, J.R. & D.A. Nathanson, *Strategy Implementation: The Role of Structure and Process*, St. Paul,West, 1978（岸田民樹訳『経営戦略と組織デザイン』白桃書房，1989年）．
Gersick, C.J.G., "Pacing Strategic Change: The Case of a New Venture," *Academy of Management Journal*, Vol.37, No.1, 1994, pp.9-45.
Ghoshal, S. & C. A. Bartlett, "Rebuilding Behavioral Context : A Blueprint for Corporate Renewal," *Sloan Management Review*, Vol.37, No.2, 1996, pp.23-36.
Giangreco, A & R. Peccei, "The Nature and Antecedents of Middle Manager Resistance to Change: Evidence from an Italian Context," *The International Journal of Human Resource Management*, Vol.16, Issue10, October, 2005, pp.1812-1829.
Graetz, F., M. Rimmer, A. Lawrence & A. Smith, *Managing Organizational Change*, 2nd ed., Sydney, John Wiley & Sons Australia, 2006.
Grandori, A., "A Prescriptive Contingency View of Organizational Decision Making," *Administrative Science Quarterly*, Vol.29, No.2, 1984, pp.192-209.
Granovetter, M.S., "The Strength of Weak Ties," *American Journal of Sociology*, Vol.78, 1973, pp.1360-1380.
Grant, D., C. Hardy, C. Oswick & L. Putnam (eds.), *The Sage Handbook of Organizational*

参考文献

Discourse, Sage, 2004 (高橋正泰・清宮徹監訳・組織ディスコース翻訳プロジェクトチーム『ハンドブック組織ディスコース研究』同文舘出版，2011年).

Grant, J.H., "Strategy in Research and Practice," in G.H. Grant(ed.), *Strategic Management Frontiers*, JAI Press, 1988, pp.5-15.

Grant, R.M., *Contemporary Strategy Analysis:Text and Cases 8th ed.*, John & Wiley Sons, 2013.

Gray, D.H., "Uses and Misuses of Strategic Planning," *Harvard Business Review*, Vol.64, No.1, Jan-Feb, 1986, pp.89-97 (「戦略プランニング：成功と失敗のわかれ目」『ダイヤモンド・ハーバード・ビジネス』1986年，4-5月号，4-15頁).

Green, M., *Change Management Masterclass: A Step by Step Guide to Successful Change Management*, London, Kogan Page, 2007.

Greenwood, R. & C. R.(Bob) Hining, "Radical Organizational Change," in S.R. Clegg, C. Hardy, T.B. Lawrence & W.R. Nord, *The Sage Handbook of Organization Studies*, 2nd ed., London, Sage, 2006, pp.814-842.

Greenwood, R. & C.R. Hinings, "Understanding Strategic Change: The Contribution of Archetypes," *Academy of Management Journal*, Vol.36, No.5, 1993, pp.1052-1081.

Greiner, L.E., "Evolution and Revolution as Organizations Grow," *Harvard Business Review*, Vol.50, No.4, 1972, pp.37-46.

Greiner, L. E. & A. Bhambri, "New CEO Intervention and Dynamics of Deliberate Strategic Change," *Strategic Management Journal*, Vol.10, Special Issue, Summer, 1989, pp.67-86.

Goodstein, J. & W. Boeker, "Turbulence at the Top: A New Perspective on Governance Structure Changes and Strategic Change," *Academy of Management Journal*, Vol.34, No.2, 1991, pp.306-330.

Gulati, R. & E. Zajac, "Reflections of the Study of Strategic Alliance," in Faulkner, D. O. & M. de Rond(eds.), *Cooperative Strategy : Economic, Business, and Organizational Issues*, Oxford Universty Press, 2000, pp.365-374.

Guth, W. D., "Toward a Social System Theory of Corporate Strategy," *Journal of Business*, Vol.49, No.3, 1976, pp.374-388.

Hambrick, D. C. & J. W. Fredrickson, "Are you sure you have a strategy?," *Academy of Management Executive*, Vol.19, No.4, 2005, pp.51-62.

Hamel, G., Y. L. Doz & C. K. Prahalad, "Collaborate with Your Competitors and Win," *Harvard Business Review*, No.1, Jan-Feb, 1989, pp.133-139.

Hamel, G. & C.K. Prahalad, *Competing for the Future*, Harvard Business School Press, 1994 (一条和生訳『コア・コンピタンス経営』日本経済新聞社，1995年).

Hammer, H. & J. Champy, *Reengineering the Corporation*, Harper Collins, 1993 (野中郁次郎監訳『リエンジニアリング革命』日本経済新聞社，1993年).

Hannan, M. T. & J. Freeman, "The Population Ecology of Organizations," *American Journal of Sociology*, Vol.82, No.5, 1977.

Harbison, J. R. & P. Pecker Jr., *Smart Alliances : A Practical Guide to Repeatable Success*, Jossey-Bass Inc., 1998 (日本ブーズ・アレン・アンド・ハミルトン株式会社訳『アライアンススキル：合従連衡の成功要因』ピアソン・エデュケーション，1999年).

Hardy, C., *Managing Strategic Action: Mobilizing Change*, London, Sage, 1994.

Hardy, C., "Managing Strategic Change: Power, Paralysis and Perspective," in P. Schrivastava & C. Stubbart(eds.), *Advances in Strategic Management*, Vol.12B, Greenwich, JAI Press, 1995, pp.3-31.

Hardy, C., "Understanding Power : Bringing about Strategic Change," *British Journal of Management*, Vol.7, Special Issue,1996, pp.3-16.

Hardy, C. & S. Clegg, "Some Dare Call it Power," in S. Clegg, C. Hardy & W. R. Nord(eds.), *The Sage Handbook of Organization Studies, 2nd ed.*, London, Sage, 2006, pp.754-775.

Harigopal, K., *Management of Organizational Change: Leveraging Transformation*, Thousand Oaks, Sage, 2006.

Hart, S., "An Integrative Framework for Strategy-making Process," *Academy of Management Review*, Vol.17, No.2, 1992, pp.327-351.

Hart, S. & C. Banbury, "How Strategy-making Processes Can Make a Difference," *Strategic Management Journal*, Vo.15, No.4, 1994, pp.251-269.

Harvey-Jones, J., *Managing to Survive: A Guide to Management through the 1990s*, London, Mandarin, 1994.

Hassard, J., "Multiple Paradigm Research in Organizations: A Case Study," *Organization Studies*, Vol.12, No.2, 1991, pp.275-299.

Hatch, M.J., *Organization Theory: Modern, Symbolic, and Postmodern Perspectives*, Oxford University Press, 1997.

Hayes, R.H. & W.J. Abernathy, "Managing our Way to Economic Decline," *Harvard Business Review*, Vol.58, No.4, Jul-Aug,1980, pp.67-77 (「経済停滞への道をいかに制御し発展に導くか」『ダイヤモンド・ハーバード・ビジネス』1980年, 11-12月号, 67-79頁).

Helfat, C. E., *The SMS Blackwell Handbook of Organizational Capabilities: Emergence, Development, and Change*, Malden, Blackwell Publishing, 2003.

Hendry, J., "Business Strategy and Business History: A Framework for Development," in P. Shrivastava, A.S. Huff & J.E. Dutton(eds.), *Advances in Strategic Management*, Vol.8, JAI Press, 1992, pp.207-225.

Heracleous, L., *Strategy and Organization: Realizing Strategic Management*, Cambridge University Press, 2003.

Heracleous, L, *Discourse, Interpretations, Organization*, Cambridge University Press, 2006.

Heracleous, L. & M. Barrett, "Organizational Change as Discourse: Communicative Actions and Deep Structures in the Context of IT Implementation," *Academy of Management Journal*, Vol.44, No.4, 2001, pp.755-778.

Hills, C. W. L. & G. R. Jones, *Strategic Management : An Integrated Approach*, 5th ed., Houghton Mifflin Company, 2001.

Hitt, M. A., R. D. Ireland, S. M. Camp & D. L. Sexton, "Strategic Entrepreneurship: Integrating Entrepreneurial and Strategic Management Perspectives," in M. A. Hitt, R. D. Ireland, S. M. Camp & D. L. Sexton(ds.), *Strategic Entrepreneurship: Creating a New Mindset*, Oxford: Blackwell, 2002, pp.1-16.

Hofer, C.W.& D. Schendel, *Strategy Formulation: Analytical Concepts*, West Publishing, 1978 (奥村昭博・榊原清則・野中郁次郎訳『戦略策定：その理論と手法』千倉書房, 1981年).

Holbeche, L., *Understanding Change: Theory, Implementation and Success*, Elsevier Butterworth-Heinemann, 2005.

Horniman, A., "Change," in P. H. Werhane & R. E. Freeman, *The Blackwell Encyclopedic Dictionary of Business Ethics*, London, Blackwell, 1997, pp.104-107.

Hoskisson, R.E., M.A. Hitt, W.P. Wan & D.Yiu, "Theory and Research in Strategic Management: Swings of a Pendulum," *Journal of Management*, Vol.25, No.3, 1999, pp.417-456.

参考文献

Hrebiniak, L.G., "Implementing Strategy," *Chief Executive*, Vol.57, 1990, pp.74-77.
Hrebiniak, L. G. & W. F. Joyce, *Implementing Strategy*, MacMillan, 1984.
Hrebiniak, L.G., W.F. Joyce & C.C.Snow, "Strategy, Structure, and Performance: Past and Future Research," in C.C. Snow(eds.), *Strategy Organization Design and Human Resource Management*(Strategic Management Policy and Planning, Vol.3), JAI Press, 1989, pp.3-54.
Huber, G.P. & W. H. Glick, "Sources Forms of Organizational Change," in G.P. Huber & W. H. Glick, eds., *Organizational Change and Redesign: Ideas and Insights for Improving Performance*, Oxford, Oxford University Press, 1995, pp.3-15.
Huber, G.P. & A.H. Van de Ven(eds.), *Longitudinal Field Research Methods: Studying Processes of Organizatonal Change*, Sage, 1995.
Huff, A.S. & R.K. Reger, "A Review of Strategic Process Research," *Journal of Management*, Vol.13, No.2, 1987, pp.211-236.
Huy, Q. N., "Time, Temporal Capability, and Planned Change," *Academy of Management Review*, Vol.26, No.4, 2001, pp. 601-623.
林昇一・高橋宏幸編『戦略経営ハンドブック』中央経済社, 2003年．
林昇一・徳永善昭『グローバル企業論』中央経済社, 1995年．
林淳一「戦略変化とパワー」第17回組織学会中部支部例会レジュメ, 1998年11月7日．
林淳一「戦略変化とポリティクス」『経済科学』第47巻第1号, 1999年, 77-94頁．
林淳一「戦略変化とポリティクス：ICIのケースをもとに」組織学会編『1999年度組織学会研究発表大会要旨集』1999年．
林淳一「戦略の連続と不連続：アサヒビールの事例より」組織学会編『2000年度組織学会研究発表大会要旨集』2000年．
林淳一「競争と戦略：急成長企業の連続と不連続」『経済科学』第48巻第4号, 2000年, 63-83頁．
林淳一「経営戦略論の構図：組織と戦略変化」岸田民樹編『現代経営組織論』有斐閣, 2005年, 158-183頁．
林淳一『組織における戦略変化とパワー』名古屋大学大学院経済学研究科博士論文, 2000年．
林淳一「戦略論の理論的課題：戦略内容-プロセス論」『経済科学』第49巻第3号, 2002年, 125-142頁．
林淳一「経営戦略論」羽ід駒次・小嶋博編『新経営学』晃洋書房, 2003年a, 53-70頁．
林淳一「変化の理論：組織論と戦略論の視点から」『関東学園大学経済学紀要』第30集第2号, 2003年b, 1-27頁．
林淳一「経営者と戦略」上總康行他編『次世代管理会計の構想』中央経済社, 2006年a, 41-61頁．
林淳一「経営者交替と戦略（上）」『名古屋学院大学論集（社会科学篇）』第43巻第2号, 2006年b, 57-70頁．
林淳一「経営者交替と戦略（下）」『名古屋学院大学論集（社会科学篇）』第43巻第3号, 2007年a, 113-134頁．
林淳一「経営の継承とマネジメント－経営者交替論序説－」日本経営学会編『新時代の企業行動：継続と変化』（経営学論集第77集）2007年b, 146-147頁．
林淳一「変化のマネジメント」岸田民樹編『組織論から組織学へ：経営組織論の新展開』文眞堂, 2009年, 149-172頁．
林淳一「企業内大学のススメ」『中部経済新聞』2013年8月23日, 5頁．
日高克平「グローバル企業のリストラクチャリング戦略とMAAs」藤本光夫・大西勝明編『グローバル企業の経営戦略』ミネルヴァ書房, 1999年, 39-71頁．
廣田俊郎「戦略的提携」中橋國蔵・柴田悟一編『経営戦略・組織辞典』東京経済情報出版, 2001

年，212-213頁．

Inkpen, A.C., "Strategic Alliance," in M. A. Hitt, R. E. Freeman & J. S. Harrison, *The Blackwell Handbook of Strategic Management*, Blackwell, 2001, pp.409-432.

Inkpen, A. C. & P. W. Beamish, "Knowledge, Bargaining Power, and the Instability of International Joint Venture," *Academy of Management Review*, Vol.22, No.1, 1997, pp.177-202.

Inkpen, A. C. & A. Dinur, "Knowledge Management Processes and International Joint Ventures," *Organization Science*, Vol.9, No.4, 1998, pp.454-468.

Isabella, L.A., "Evolving Interpretations as a Change Unfolds: How Managers Construe Key Organizational Events," *Academy of Management Journal*, Vol.33, No.1, 1990, pp. 7-41.

石井真一「国際戦略提携」大阪市立大学商学部編『国際ビジネス』有斐閣，2001年，155-179頁．

石井淳蔵『ブランド：価値の創造』岩波書店，1999年．

石井淳蔵・嶋口光輝『現代マーケティング』有斐閣，1987年．

生田久美子『「わざ」から知る』東京大学出版会，1987年．

井庭崇・福原義久『複雑系入門：知のフロンティアへの冒険』NTT出版，1998年．

今田高俊『自己組織化：社会理論の復活』創文社，1986年．

稲葉元吉「組織変革における移行過程の管理」『組織科学』第19巻第4号，1985年，46-60頁．

伊藤光利・田中愛治・真渕勝編『政治過程論』有斐閣，2000年．

Johnson, G., *Strategic Change and the Management Process*, Oxford, Basil Blackwell, 1987.

Johnson, G., "Rethiking Incrementalism," *Strategic Management Journal*, Vol.9, No.1, 1988, pp.75-91.

Johnson, G., A. Langley, L. Melin & R. Whittington, *Strategy as Practice: Research Directions and Resources*, Cambridge University Press, 2007（高橋正泰監訳・宇田川元一・高井俊次・間嶋崇・歌代豊訳『実践としての戦略：新たなパースペクティブの展開』文眞堂，2012年）．

Jones, G., *The Evolution of International Business : An Introduction*, International Thomson Business Press, 1995（桑原哲也他訳『国際ビジネスの進化』有斐閣，1998年）．

Jones, B.B. & M. Brazzel, eds., *The NTL Handbook of Organization Development and Change: Principles, Practices, and Perspectives*, San Francisco, Pfeiffer, 2006.

Kanter, R.M., B.A. Stein & T.D. Jick, *The Challenge of Organizational Change: How Companies Experience It and Leaders Guide It*, Free Press, 1992.

Kale, P., H. Singh & H. Perlmutter, "Learning and Protection of Proprietary Assets in Strategic Alliances : Building Relational Capital," *Strategic Management Journal*, Vol.21, No.3, 2000, pp.217-237.

Kanter, R. M., *The Challenge of Organizational Change: How Companies Experience it and Leaders Guide it*, New York, Free Press, 1992.

Kanter, R. M., B. A. Stein & T. D. Jick, *The Challenge of Organizational Change: How Challenge of Organizational Change : How Companies Experience It and Leaders Guide It*, Free Press, 1992.

Karp, H.B., *The Change Leader: Using a Gestalt Approach with Work Group*, San Francisco, Jossey-Bass/Pfeiffer, 1996.

Karp, T. & T. I. T. Helgo, "From Change Management to Change Leadership: Embracing Chaotic Change in Public Service Organizations," *Journal of Change Management*, Vol.8, No.1, 2008, pp.85-96.

Kelly, D. & T.L. Amburgey, "Organizational Inertia and Momentum: A Dynamic Model of Strategic Change," *Academy of Management Journal*, Vol.34, No.3, 1991, pp.591-612.

Kertzer, D.I., *Ritual, Politics, and Power*, Yale University Press, 1988（小池和子訳『儀式・政治・

参考文献

権力』勁草書房, 1989年).
Ketchen, D.J., J.B.Thomas & R.R. McDaniel, "Process, Content and Context: Synergistic Effects on Organizational Performance," *Journal of Management*, Vol.22, No.2, 1996, pp.231-257.
Kiefer, T., "Feeling Bad: Antecedents and Consequences of Negative Emotions in Ongoing Change," *Journal of Organizational Behavior*, Vol.26, Issue.8, 2005, pp.875-897.
Kishida, T., "Process of Organizing: Organized and Organizational Innovation," in S. B. Dahiya (ed.), *The Current State of Business Disciplines : Management*-Ⅱ, Spellbound, 2000, pp.2053-2069.
Kogut, B., "Joint Ventures : Theoretical and Empirical Perspctives," *Strategic Management Journal*, Vol.9, No.4, 1998, pp.319-322.
Koopman, P., "Decision Making," in N. Nicholson, Randall S. Schuler & Andrew H. Van de Ven (eds.), *The Blackwell Encyclopedic Dictionary of Organizational Behavior*(*Blackwell Encyclopedia of Management*), Cambridge, Blackwell, 1995, pp.128-133.
Kotabe, M. & K. Helsen, *Global Marketing Management*, 2nd ed., John Wiley & Sons, 2001 (横井義則監訳・三浦俊彦・谷地弘安・石川和男・丸谷雄一郎・太田真治・嶋正訳『グローバルビジネス戦略』同文舘, 2001年).
Kotter, J. P., *Leading Change*, Harvard Business School Press, 1996.
Kotter, J.P., *Organizational Dynamics: Diagnosis and Intervention*, Mass., Addison-Wesley, 1978 (加護野忠男・谷光太郎訳『組織革新の理論』白桃書房, 1987年).
Kotter, J.P., *John P. Kotter on What Leaders Really Do*, Boston, Harvard Business School Press, 1999 (黒田由貴子訳『リーダーシップ論：いま何をすべきか(ダイヤモンド・ハーバード・ビジネス経営論集)』ダイヤモンド社, 1999年).
Kuhn, T.S., *The Structure of Scientific Revolutions*, 2nd ed., The University of Chicago, 1962, 1970 (中山茂訳『科学革命の構造』みすず書房, 1971年).
加護野忠男『企業のパラダイム変革』講談社, 1988年 a.
加護野忠男『組織認識論：企業における創造と革新の研究』千倉書房, 1988年 b.
加護野忠男「戦略の歴史に学ぶその定義と本質」『ダイヤモンド・ハーバード・ビジネス』1997年, 2-3月号, 58-63頁.
加護野忠男「経営戦略の意味」経営学史学会編『経営理論の変遷：経営学史研究の意義と課題』文眞堂, 1999年, 76-90頁.
川原晃『競争力の本質：日米自動車産業の50年』ダイヤモンド社, 1995年.
苅谷剛彦『知的複眼思考法』講談社, 1996年.
岸田民樹『経営組織と環境適応』三嶺書房, 1985年.
岸田民樹「訳者あとがき」『経営戦略と組織デザイン』白桃書房, 1989年, 183-195頁.
岸田民樹「組織と組織論：組織論の分析枠組み」『経済科学』第41巻第4号, 1994年 a, 27-42頁.
岸田民樹「革新のプロセスと組織化」『組織科学』第27巻第4号, 1994年 b, 12-26頁.
岸田民樹「組織学説史分析序説」『経済科学』第47巻第3号, 1999年, 1-20頁.
岸田民樹「状況適合理論：回顧・現状・展望」『組織科学』第33巻第4号, 2000年 a, 9-18頁.
岸田民樹「複雑系と企業経営」岸田民樹・史世民編『変革時代の企業経営』名古屋大学国際経済動態研究センター, 2000b, 9-28頁.
岸田民樹「組織化と Loose Coupling」『経済科学』第37巻第2号, 1989年, 1-24頁.
岸田民樹『経営組織と環境適応』白桃書房, 2006年.
清成忠男「編訳者による解説 4．企業家論の展開とシュンペーター」清成忠男編訳『企業家とは何か』東洋経済新報社, 1998年, 149-193頁.

参考文献

金原達夫「ジョイント・ベンチャー」中橋國蔵・柴田悟一編『経営戦略・組織辞典』東京経済情報出版, 2001年, 178-179頁.

久世洋一「戦略提携」林昇一・高橋宏幸編『戦略経営ハンドブック』中央経済社, 2003年, 137-43頁.

古森重隆『魂の経営』東洋経済新報社, 2013年.

Langley, A., "Strategies for Theorizing from Process Data," *Academy of Management Review*, Vol.24, No.4, 1999, pp.691-710.

Landes, D.S., *Dynasties: Fortunes and Misfortunes of the World's Great Family Business*, New York, The Viking Press, 2006 (中谷和男訳『世界のファミリービジネス研究 ダイナスティ：企業の繁栄と衰亡の命運を分けるものとは』PHP研究所, 2007年).

Laughlin, R., "Empirical Research in Accounting: Alternative Approaches and a Case for Middle-Range Thinking," *Accounting, Auditing & Accountability Journal*, Vol.8, No.1, 1995, pp.63-87.

Lawrence, P.R. & J.W. Lorsch, *Organization and Environment: Managing Differentiation and Integration*, Harvard University Press, 1967 (吉田博訳『組織の条件適応理論』産業能率大学出版部, 1997年).

Learned, E. P., C. R. Cristensen, K. R. Andrews & W. D. Guth, *Business Policy: Text and Cases*, Irwin, 1965.

Lechner, C. & G. Muller-Stewens, "Strategy Process Research: What Do We Know, What Should We Know?," in S. B. Dahiya(ed.), *The Current State of Business Disciplines*, Vol.4, Spellbound, 2000, pp.1863-1893.

Leontiades, J.C., *Multinational Corporate Strategy: Planning for World Markets*, Lexington Books, 1985.

Lewin, K., *Field Theory in Social Science*, Harper&Brothers, 1951 (猪股佐登留訳『社会科学における場の理論（増補版）』誠信書房, 1979年).

Lewin, A. Y. & H. W. Volberda, "The Future of Organization Studies: Beyond the Selection-Adaptation Debate," in H. Tsoukas & C. Knudsen(eds.), *The Oxford Handbook of Organization Theory*, Oxford: Oxford University Press, 2003, pp.568-595.

Lewis, J. D., *Partnerships for Profit : Structuring and Managing Strategic Alliances*, The Free Press, 1990 (中村元一・山下達哉・JSMSアライアンス研究会訳『アライアンス戦略：連携による企業成長の実現』ダイヤモンド社, 1993年).

Lewis, M.W. & A.J. Grimes, "Metatriangulation: Building Theory from Multiple Paradigms," *Academy of Management Review*, Vol.24, No.4, 1999, pp.672-690.

Lincoln, Y.S.(ed.), *Organizational Theory and Inquiry: The Paradigm Revolution*, Sage, 1985 (寺本義也他訳『組織理論のパラダイム革命』白桃書房, 1990年).

Lines, R., "Using Power to Install Strategy: The Relationships between Expert Power, Position Power, Influence Tactics and Implementation Success," *Journal of Change Management*, Vol.7, No.2, 2007, pp.143-170.

Lukes, S., *Power: A Radical View*, Macmillan, 1974 (中島吉弘訳『現代権力論批判』未来社, 1995年).

Lyles, M.A., "A Research Agenda for Strategic Management in the 1990s," *Journal of Management Studies*, Vol.27, No.4, 1990, pp.363-375.

March, J. & H.A. Simon, *Organizations*, John Wiley & Sons, 1958 (土屋守章訳『オーガニゼーションズ』ダイヤモンド社, 1977年).

March, J. & H.A. Simon, *Organizations, Second Edition*, John Wiley & Sons, 1993 (高橋伸夫訳

参考文献

『オーガニゼーションズ〔第2版〕：現代組織論の古典』ダイヤモンド社，2014年）．

Macri, D.M., M. R. Tagliaventi & F. Bertolotti, "A Grounded Theory for Resistance to Change in a Small Organization," *Journal of Organizational Change Management*, Vol.15, No.3, 2002, pp.292-310.

Madhok, A., "Reassessing the Fundamentals and Beyond : Ronald Coase, the Trasaction Cost and Resorce-based Theories of the Firm and the Institutional Structure of Production," *Strategic Management Journal*, Vol.23, No.6, 2002, pp.535-550.

Magretta, J., *Understanding Michael Porter : The Essential Guide to Competition and Strategy*, Harvard Business School Press, 2011（櫻井祐子訳『〔エッセンシャル版〕マイケル・ポーターの競争戦略』早川書房，2012年）．

Marshak, R.J., "Managing the Metaphors of Change," *Organizational Dynamics*, Vol.22, No.1, 1993, pp.44-55.

Martin, G., *Managing People and Organizations in Changing Contexts*, Oxford, Butterworth-Heinemann, 2006.

Maslow, A.H., *Motivation and Personality*, 2nd ed., New York, Harper & Row, 1970（小口忠彦訳『改訂新版 人間性の心理学：モティベーションとパーソナリィティー』産業能率大学出版部，1987年）．

Mattsson, L., "Management of Strategic Change in a 'Markets-as Networks' Perspective," in A.M. Pettigrew (ed.), *The Management of Strategic Change*, Basil Blackwell, 1987, pp.234-256.

Maurer, R., *Beyond the Walls of Resistance: Unconventional Strategies that Build Support for Change*, Austin, Bard, 1996.

McDonald, D, *The Firm: The Story of McKinsey and Its Secret Influence on American Business*, Simon & Schuster, 2013（日暮雅通訳『マッキンゼー：世界の経済・政治・軍事を動かす巨大コンサルティング・ファームの秘密』ダイヤモンド社，2013年）．

McGrath, R. G., *The End of Competitive Advantage: How to Keep Your Strategy Moving as Fast as Your Business*, Harvard Business Review Press, 2013（鬼澤忍訳『競争優位の終焉：市場の変化に合わせて，戦略を動かし続ける』日本経済新聞社，2014年）．

McNulty, T. & A. Pettigrew, "Strategists on the Board," *Organization Science*, Vol.20, No.1, 1999, pp.47-74.

Meyer, A. D., G. R. Brooks & J. B. Goes, "Environmental Jolts and Industry Revolutions : Organizational Responses to Discontinuous Change," *Strategic Management Journal*, Vol.11, Special Issue, 1990, pp.93-110.

Meyer, C. D., H. M. Neck & M. D. Meeks, "The Entrepreneurship: Strategic Managemenet Interface," in M. A. Hitt, R. D. Ireland, S. M. Camp & D. L. Sexton (eds.), *Strategic Entrepreneurship: Creating a New Mindset*, Oxford: Blackwell, pp.19-44, 2002.

Miles, R.E. & C.C. Snow, *Organizational Strategy, Structure, and Process*, McGraw-Hill, 1978（土屋守章・内野崇・中野工訳『戦略型経営：戦略選択の実践シナリオ』ダイヤモンド社，1983年）．

Mintzberg, H., *The Nature of Managerial Work*, Harper Collins Publishers, 1973a（奥村哲史・須貝栄訳『マネジャーの仕事』白桃書房，1993年）．

Mintzberg, H., "Strategy-Making in Three Modes," *California Management Review*, Vol.16, No.2, 1973b, pp.44-53.

Mintzberg, H., "Patterns in Strategy Formation," *Management Science*, Vol.24, No.9, 1978, pp.934-948.

Mintzberg, H., "The Strategy Concept I: Five Ps for Strategy," *California Management Review*, Vol.30, No.1, 1987a, pp.11-24.

Mintzberg, H., "Crafting Strategy," *Harvard Business Review*, Vol.65, No.4, July-Aug, 1987b, pp.66-75 (「秩序ある計画化から工芸的に練りあげる戦略へ」『ダイヤモンド・ハーバード・ビジネス』1987年 b，7-8月号，4-17頁；DIAMOND ハーバード・ビジネス・レビュー編集部編訳『戦略論1957-1993』ダイヤモンド社，2010年，129-163頁にも「戦略クラフティング」と改題され所収).

Mintzberg, H., "The Design School: Reconsidering the Basic Premises of Strategic Management," *Strategic Management Journal*, Vol.11, No.3, 1990a, pp.171-195.

Mintzberg, H., "Strategy Formation: School of Thought," in J.W. Fredrickson(ed.), *Perspectives on Strategic Management*, Harper&Row, 1990b, pp.171-195.

Mintzberg, H., *Mintzberg on Management*, Free Press, 1989（北野利信訳『人間感覚のマネジメント：行き過ぎた合理主義への抗議』ダイヤモンド社，1991年).

Mintzberg, H., *The Rise and Fall of Strategic Planning*, Prentice-Hall, 1994（中村元一監訳『「戦略計画」創造的破壊の時代』産能大学出版部，1997年).

Mintzberg, H., *The Structuring of Organizations*, Prentice-Hall, 1979.

Mintzberg, H., *Managers Not MBAs*, Berrett-Koehler, 2004（池村千秋訳『MBA が会社を滅ぼす：マネジャーの正しい育て方』日経BP社，2006年).

Mintzberg, H., D. Raisinghani & A.Theoret, "The Structure of 'Unstructured' Decision Process," *Administrative Science Quarterly*, Vol.21, No.2, 1976, pp.246-275.

Mintzberg, H. & J.A. Waters, "Tracking Strategy in an Entrepreneurial Firm," *Academy of Management Journal*, Vol.25, No.3, 1982, pp.257-272.

Mintzberg, H. & J.A. Waters,"Of Strategies, Deliberate and Emergent," *Strategic Management Journal*, Vol.6, No.3, 1985, pp.257-272.

Mintzberg, H.& A. McHugh, "Strategy Formation in an Adhocracy," *Administrative Science Quarterly*, Vol.30, No.2, 1985, pp.160-197.

Mintzberg, H., B. Ahlstrand & J.Lampel, *Strategy Safari: A Guided Tour through the Wilds of Strategic Management*, Free Press, 1998（齋藤嘉則監訳『戦略サファリ』東洋経済新報社，1999年).

Milgrom, P. & J. Roberts, "Complementarities and Fit : Strategy, Structure and Organizational Change in Manufacturing," *Journal of Accounting and Economics*, Vol.19, No.2-3, pp.179-208.

Mohr, L.B., *Explaining Organizational Behavior: The Limits and Possibilities of Theory and Research*, Jossey-Bass, 1982.

Montgomery, C.A. , B. Wernerfelt & S.Balakrishnan, "Strategy Content and the Research Process: A Critique and Commentary," *Strategic Management Journal*, Vol.10, No.2, 1989.

Morgan, G., *Images of Organization*, 2nd ed., Sage, 1997.

Morris, K. F. & C. S. Raben, "The Fundamentals of Change Management," in D. A. Nadler, R. B. Shaw & A. E. Walton and Associates(eds.), *Discontinuous Change : Leading Organizational Transformation*, Jossey-Bass, 1995, pp.47-65.

森 博「社会過程」森岡清美・塩原勉・本間康平他編『新社会学辞典』有斐閣，1993年，605頁．

森田松太郎・杉之尾宜生『撤退の本質』日本経済新聞出版社，2010年．

森本三男「組織有効性と組織開発」一寸木俊昭他編『現代の経営組織』有斐閣，1983年，157-192頁．

Narayanan, V.K. & L. Fahey, "The Micro-Politics of Strategy Formulation," *Academy of*

参考文献

Management Review, Vol.7, No.1, 1982, pp.25-34.
Newman, W.H. & J.P. Logan, *Business Policies and Management*, South-Western, 1959（阪柳豊秋・増地昭男編訳『経営方針』日本生産性本部, 1962年).
中川敬一郎「企業戦力としての社史」『中央公論経営問題』第17巻第3号, 1983年, 66-72頁.
西原和久・張江洋直・井出裕久・佐野正彦『現象学的社会学は何を問うのか』勁草書房, 1998年.
NHKプロジェクトX制作班編『プロジェクトX挑戦者たち1：執念の逆転劇』NHK出版, 2000年.
Nonaka, I., "Toward Middle-up-down Management: Accelerating Information Creation," *Sloan Management Review*, Vol.29, No.3, 1988, pp.9-18.
野家啓一『科学の解釈学』新曜社, 1993年.
野家啓一『物語の哲学：柳田國男と歴史の発見』岩波書店, 1996年.
野家啓一『クーン：パラダイム』講談社, 1998年.
Oliver, T., *The Real Coke, the Real Story*, Random House, 1986（仙名紀訳『コカ・コーラの英断と誤算』早川書房, 1986年).
Oreg, S., "Resistance to Change: Developing an Individual Differences Measure," *Journal of Applied Psychology*, Vol.88, No.4, 2003, pp.680-693.
Osborn, R. N. & J. Hagedoorn, "The Institutionalization and Evolutionary Dynamics of Interorganizational Alliances and Networks," *Academy of Management Journal*, Vol.40, No.2, 1997, pp.261-278.
大貝威芳『競争と戦略のグローバル化：21世紀多国籍企業の展望』中央経済社, 2000年.
岡本康雄『日立と松下：日本経営の原型（上・下）』中央公論社, 1979年.
岡本康雄「経営戦略論の諸側面とその全体像」『組織科学』第16巻第3号, 1982, 60-74頁.
岡本康雄「日本企業のグランド・ストラテジー」『季刊中央公論経営問題秋季号』1981年, 277-306頁.
大澤真幸「社会秩序はいかにして可能か？」大澤真幸編『社会学の知33』新書館, 2000年, 18-23頁.
大滝精一「ネットワーク戦略」大滝精一・金井一頼・山田英夫・岩田智『経営戦略』有斐閣, 1997年, 179-205頁.
大塚久雄『社会科学の方法：ヴェーバーとマルクス』岩波書店, 1966年.
Palmer, I., R. Dunford & G. Akin, *Managing Organizational Change: A Multiple Perspective Approach*, McGraw-Hill: Irwin, 2006.
Palmer, I.& C. Hardy, *Thinking about Management: Implications of Organizational Debates for Practice*, Sage, 2000.
Papadakis, V. M., S. Lioukas & D. Chambers, "Strategic Decision-Making Processes: The Role of Management and Context," *Strategic Management Journal*, Vol.19, No.2, 1998, pp.115-147.
Pardo del Val, M. & C. M. Fuentes, "Resistance to Change: A Literature Review and Empirical Study," *Management Decision*, Vol.41, No.2, 2003, pp.148-155.
Park, S. H. & G. R. Ungson, "Interfirm Rivalry and Managerial Complexity : A Conceptual Framework of Alliance Failure," *Organization Science*, Vol.12, No.1, 2001, pp.37-53.
Parkhe, A., "Interfirm Diversity, Organizational Learning, and Longevity in Global Strategic Alliances," *Journal of International Business Studies*, Vol.22, No.4, 1991, pp.579-601.
Parkhe, A., "Strategic Alliances Structuring : A Game Theoretic and Transaction Cost Examination of Interfirm Cooperation," *Academy of Management Journal*, Vol.36, No4, 1993, pp.794-829.
Parsons, T., *Politics and Social Structure*, Free Press, 1969（新明正道監訳『政治と社会構造』誠信書房, 1974年).

参考文献

Paul, S., "Choosing the Right Change Path," *California Management Review*, Vol.36, No.2, 1994, pp.29-51.

Peggy Holman, P., T. Devane & S. Cady, *The Change Handbook: The Definitive Resource on Today's Best Methods for Engaging Whole Systems*, Berrett-Koehler (Short Disc); 2nd ed., 2006.

Peker, P., Jr. & R. Allio, "Making Alliances Work : Guidelines from Success," *Long Range Planning*, Vol.27, No.4, 1994, pp.54-65.

Pendergrast, M., *For God, Country and Coca-Cola*, Macmillan, 1993（古賀林幸訳『コカ・コーラ帝国の興亡：100年の商魂と生き残り戦略』徳間書店，1993年）．

Pennings, J. M., "Introduction: On the Nature and Theory of Strategic Decisions," in J. M. Pennings et al. (eds.), *Organizational Strategy and Change: New Views on Formulating and Implementing Strategic Decisions*, Jossey-Bass, 1985, pp.1-34.

Pennings, J.M. & Associates (eds.), *Organizational Strategy and Change: New Views on Formulating and Implementing Strategic Decisions*, Jossey-Bass, 1985.

Penrose, E.T., *The Theory of the Growth of the Firm*, 2nd ed., New York, Wiley, 1959, 1980（末松玄六訳『会社成長の理論（第2版）』ダイヤモンド社，1980年）．

Peters, T.J. & H.Waterman, *In Search of Excellence*, Harper&Row, 1982（大前健一訳『エクセレント・カンパニー』講談社，1983年）．

Pettigrew, A., *The Politics of Organizational Decision-Making*, Tavistock, 1973.

Pettigrew, A., *The Awakening Giant : Continuity and Change in ICI*, Oxford, Basil Blackwell, 1985.

Pettigrew, A., "Introduction: Researching Strategic Change," in A. Pettigrew (ed.), *The Management of Strategic Change*, Basil Blackwell, 1987a, pp.1-13.

Pettigrew, A. (ed.), *The Management of Strategic Change*, Oxford, Basil Blackwell, 1987b.

Pettigrew, A., "Context and Action in the Transformation of the Firm," *Journal of Management Studies*, Vol.24, No.6, 1987c, pp.649-670.

Pettigrew, A. , *Managing Change for Competitive Success*, Blackwell, 1991.

Pettigrew, A., "The Character and Significance of Strategy Process Research," *Strategic Management Journal*, Vol.13, Special Issue, Winter, 1992, pp.5-16.

Pettigrew, A., "Longitudinal Field Research on Change," in G.P. Huber & A.H. Van de Ven (eds.), *Longitudinal Field Research Methods: Studying Processes of Organizatonal Change*, Sage, 1995, pp.91-125.

Pettigrew, A., "Longitudinal Field Research on Change," in G. P. Huber & A. H. Van de Ven (eds.), *Longitudinal Field Research Methods : Studying Processes of Organizatonal Change*, Sage, 1995, pp.267-292.

Pettigrew, A., H. Thomas & R. Whittington (eds.), *Handbook of Strategy and Management*, Sage, 2002.

Pettigrew, A.M. & R. Whipp, "Managing the Twin Processes of Competition and Change: The Role of Intangible Assets," in P. Lorange, B. Chakravarthy, J. Roos & A. Van de Ven (eds.), *Implementing Strategic Process: Change, Learning and Co-operation*, Basil Blackwell, 1993, pp.3-42.

Pettigrew, A.M. & R. Whipp, *Managing Change for Competitive Success*, Blackwell, 1991.

Pfeffer, J., *Power in Organizations*, Pitman, 1981.

Pfeffer, J., *Organization and Organizational Theory*, Pitman, 1982.

参考文献

Pfeffer, J., "Bringing the Environment Back In: The Social Context of Business Strategy," in D. J.Teece(ed.), *The Competitive Challenge: Strategies for Industrial Innovation and Renewal*, Harper&Low, 1987, pp.119-135(「環境の再考：経営戦略の社会的文脈」石井淳蔵他訳『競争への挑戦：革新と再生の戦略』白桃書房，1988年，143-163頁).

Pfeffer, J.& G. R. Salancik, *The External Control of Organizations: A Resource Dependence Perspective*, Harper&Row, 1978.

Pfeffer, J. & R. I. Sutton, *The Knowing-Doing Gap : How Smart Companied Turn Knowledge into Action*, Harvard Business School Press, 2000(長谷川喜一郎監訳・菅田絢子訳『実行力不全：なぜ知識を行動に活かせないのか』ランダムハウス講談社，2007年).

Phillips, N. & C. Hardy, *Discourse Analysis: Investigating Processes of Social Construction (Qualitative Research Methods)*, Thousand Oaks, Sage, 2002.

Pinchot, G., Ⅲ, *Intrapreneuring*, New York: Harper & Row, 1985(清水紀彦訳『社内企業家』講談社，1985年).

Porac, J. F. & H. Thomas, "Managing Cognition and Strategy: Issues, Trends and Future Directions," in A. Pettigrew, H. Thomas & R. Whittington, *Handbook of Strategy and Management*, London: Sage, 2002, pp.165-181.

Porter, M.E., *Competitive Strategy: Techniques for Analyzing Industries and Competitors*, Free Press, 1980(土岐坤・中辻萬治・服部照夫訳『競争の戦略』ダイヤモンド社，1982年).

Porter, M.E., *Competitive Advantage: Creating and Sustaining Superior Performance*, Free Press, 1985(土岐坤・中辻萬治・服部照夫訳『競争優位の戦略：いかに高業績を持続させるか』ダイヤモンド社，1985年).

Porter, M.E., "From Competitive Advantage to Corporate Strategy," *Harvard Business Review*, Vol.65, No.3, May-Jun, 1987, pp.43-59(「競争優位戦略から総合戦略へ」『ダイヤモンド・ハーバード・ビジネス』1987年，8-9月号，69-88頁).

Porter, M.E., "Towards a Dynamic Theory of Strategy," *Strategic Management Journal*, Vol.12, Special Issue, Winter, 1991, pp.95-118.

Porter, M.E., *On Competition*, HBS Press, 1998(竹内弘高訳『競争戦略論Ⅰ』ダイヤモンド社，1999年).

Powell, G. & B. Z. Posner, "Resistance to Change Reconsidered: Implications for Managers," *Human Resource Management*, Vol.17, Issue.1, 1978, pp.29-34.

Prahalad, C.K. & G. Hamel, "The Core Competence of the Corporation," *Harvard Business Review*, Vol.68, No.3, May-Jun, 1990, pp.79-91(「コア競争力の発見と開発」『ダイヤモンド・ハーバード・ビジネス』1990年，8-9月号，4-18頁).

Poole, M. S., "Central Issue in the Study of Change and Innovation," in M. S. Poole & A. H. Van de Ven(eds.), *Handbook of Organizational Change and Innovation*, Oxford, Oxford University Press, 2004, pp.3-31.

Poole, M.S., A.H. Van de Ven, K. Dooley & M.E. Holmes(eds.), *Organizational Change and Innovation Processes: Theory and Methods for Research*, Oxford, Oxford University Press, 2000.

Pugh, D. S. & D. Mayle(eds.), *Change Management*, Vol.1-4, Sage: London, 2009.

Quinn, J.B., *Strategies for Change: Logical Incrementalism*, Richard D. Irwin, 1980.

Rajagopalan, N., A.M.A. Rasheed & D.K. Datta, "Strategic Decision Processes: Critical Review and Future Directions," *Journal of Management*, Vol.19, No.2, 1993, pp.349-384.

Rajagopalan, N. & G.M. Spreitzer, "Toward a Theory of Strategic Change: A Multi-Lens

Perspective and Integrative Framework," *Academy of Management Review*, Vol.22, No.1, 1997, pp.48-79.
Reader, W.J., *Imperial Chemical Industries: A History Vol.* Ⅰ, *The Forerunners 1870-1926*, Oxford University Press, 1970.
Reader, W.J., *Imperial Chemical Industries: A History Vol.* Ⅱ, Oxford University Press, 1975.
Reed, J., *Appreciative Inquiry: Research for Change*, London, Sage, 2007.
Reed, M., "Organizational Theorizing: A Historically Contested Terrain," in S.R. Clegg, C. Hardy & W.R. Nord(eds.), *Handbook of Organization Studies*, Sage, 1996, pp.19-54.
Reed, M. & M. Hughes(eds.), *Rethinking Organization: New Directions in Organization Theory and Analysis*, London, Sage, 1992.
Rogers, D., "Politics," in N. Nicholson(ed.), *Encyclopedic Dictionary of Organizational Behavior*, Blackwell, 1995, pp.428-432.
Romano, C., "Managing Change: Diversity and Emotions," *Management Review*, Vol.84, No.7, 1995, pp.6-7.
Roos, D., J.P. Womack & D. Jones, *The Machine That Changed the World*, Macmillan Publishing Company, 1990（沢田博監訳『リーン生産方式が，世界の自動車産業をこう変える。』経済界, 1990年）.
Rouleau, L. & F. Seguin, "Strategy and Organization Theories : Common Forms of Discourse," *Journal of Management Studies*, Vol. 32, No.1, 1995, pp.101-117.
Rowley, D. J. & H. Sherman, *From Strategy to Change: Implementing the Plan in Higher Education*, San Francisco, Jossey-Bass, 2001.
Rumelt, R., *Good Strategy Bad Strategy: The Difference and Why It Matter*, Crown Business, 2011（村井章子訳『良い戦略，悪い戦略』日本経済新聞出版社，2012年）.
Sadler, P., *Strategic Management*, 2nd ed., London, Kogan Page, 2003.
Salter, M., "Stages of Corporate Development," *Journal of Business Policy*, Vol.1, No.1,1970, pp.23-27.
Schendel, D., "Strategy Futures: What's Left to Worry About," in P. Shrivastava, A.S. Huff & J.E. Dutton(eds.), *Advances in Strategic Management*, Vol.11B, 1995, pp.143-188.
Schendel, D. & K. Cool, "Development of the Strategic Management Field" in J. Grant(ed.), *Strategic Management Frontiers*, JAI Press, 1988, pp.17-31.
Schendel, D. & C.W. Hofer, *Strategic Management: A New View of Business Policy and Planning*, Little, Browm, 1979.
Scherer, A.G., "Pluralism and Incommensurability in Strategic Management and Organization Theory: A Problem in Search of a Solution," *Organization*, Vol.5, No.2, 1998, pp.147-168.
Schoonhoven, C. B. & E. Romanelli(eds.), *The Entrepreneurship Dynamic: Origins of Entrepreneurship and the Evolution of Industries*, Stanford, Stanford University Press, 2001.
Schumperter, J. A., *Theorie Der Wirtschaftlichen Entwicklung, 2. Aulf.*, München, 1926（塩野谷祐一・中山伊知郎・東畑精一訳『経済発展の理論：企業者利潤・資本・信用・利子および景気の回転に関する一研究』岩波書店，1977年）.
Schutz, A., *On Phenomenology and Social Relations*, The University of Chicago Press, 1970（森川眞規男・浜日出夫訳『現象学的社会学』紀伊國屋書店，1980年）.
Schwenk, C.R., *The Essence of Strategic Decision Making*, Lexington Books, 1988a（山倉健嗣訳『戦略決定の本質』文眞堂，1998年）.
Schwenk, C.R., "The Cognitive Perspective on Strategic Decision Making," *Journal of

参考文献

Management Studies, Vol.25, No.1, 1988b, pp.41-55.
Schwenk, C.R., "Strategic Decision Making," *Journal of Management*, Vol.21, No.3, 1995, pp.471-493.
Schwenk, C.R. & D.R. Dalton, "The Changing Shape of Strategic Management Research," in P. Shrivastava, A.S. Huff & J.E. Dutton(eds.), *Advances in Strategic Management*, Vol.7, JAI Press, 1991, pp.277-300.
盛山和夫『制度論の構図』創文社, 1995年．
盛山和夫・海野道郎編『秩序問題と社会的ジレンマ』ハーベスト社, 1991年．
Selznick, P., *Leadership in Administration*, Harper&Row, 1957（北野利信訳『組織とリーダーシップ』ダイヤモンド社, 1963年）.
Smollan, R. K., "Minds, Hearts and Deeds: Cognitive, Affective and Behavioural Responses to Change," *Journal of Change Management*, Vol.6, No.2, 2006, pp.143-158.
Shoonhoven, C. B. & E. Romanelli(eds.), *The Entrepreneurship Dynamic: Origins of Entrepreneurship and the Evolution of Industries*, Stanford, California: Stanford University Press, 2001.
Simon, H. A., *Administrative Behavior*, Free Press, 1945, 3rd ed., 1967（松田武彦・高柳暁・二村敏子訳『新版・経営行動』ダイヤモンド社, 1976年）.
Sloan, Jr., A.P., *My Years with General Motors*, Doubleday, 1963（田中融二・狩野貞子・石川博友訳『GMとともに』ダイヤモンド社, 1967年）.
Snow, C.C. & D.C. Hambrick, "Measuring Organizational Strategies: Some Theoretical and Methodological Problems," *The Academy of Management Review*, Vol. 5, No. 4, 1980, pp. 527-538.
Starbuck, W.H., "Acting First and Thinking Later: Theory versus Reality in Strategic Change," in J.M. Pennings et al.(eds.), *Organizational Strategy and Change: New Views on Fomulating and Implementing Strategic Decisions*, Jossey-Bass, 1985, pp.336-372.
Stevenson, H. H. & D. E. Gumpert, "The Heart of Entrepreneurship," *Harvard Business Review*, March-April, 1985, pp.85-93（「企業家精神の真髄：革新と機会を追求する」『DIAMONDハーバード・ビジネス』1985年6-7月, 33-54頁）.
Steingraber, F., "Twenty Years of Strategy Theory and Practice: What Have We Learned?: A Response," in P. Shrivastava, A.S.Huff & J.E. Dutton(eds.), *Advances in Strategic Management*, Vol.11A, JAI Press, 1995, pp.47-53.
Stiles, J., "Strategic Alliances," in H. W. Volberda & T. Elfring(eds.), *Rethinking Strategy*, Sage, 2001, pp.128-139.
Stopford, J. & L. Wells, *Managing the Multinational Enterprise*, Longmang: New York, 1972（山崎清訳『多国籍企業の組織と所有政策』ダイヤモンド社, 1976年）.
Storey, D. J., *Understanding the Small Business Sector*, London: International Thomson Business Press, 1994（忽那憲治・安田武彦・高橋徳行訳『アントレプレナーシップ入門』有斐閣, 2004年）.
Stuart, R., "Experiencing Organizational Change: Triggers, Processes and Outcomes of Change Journeys," *Personnel Review*, Vol.24, No.2, 1995, pp.3-88.
Summer, C.E., R.A. Bettis, I.H. Duhaime, J.H. Grant, D.C.Hambrick, C.C.Snow & C.P. Zeithaml, "Doctoral Education in the Field of Business Policy and Strategy," *Journal of Management*, Vol.16, No.2, 1990, pp.361-398.
佐伯胖『認知科学の方法』東京大学出版会, 1986年．

佐伯胖『「きめ方」の論理:社会的決定理論への招待』東京大学出版会, 1980年.
佐藤正明『映像メディアの世紀:ビデオ・男たちの産業史』日経BP社, 1999年.
佐藤正明『ホンダ神話:教組のなき後で』文藝春秋, 2000年.
佐々木利廣「企業間関係」経営学史学会編『経営学史事典』文眞堂, 2002年, 91-94頁.
島田晴雄『ヒューマンウェアの経済学:アメリカのなかの日本企業』岩波書店, 1988年.
鈴木聡志『会話分析・ディスコース分析:ことばの織りなす世界を読み解く』新曜社, 2007年.
Tagiuri, R., "Notes on the Management of Change: Implications of Postulating a Need for Competence," in J.P. Kotter, L.A. Schlesinger & V. Sathe, eds., *Organization: Test Cases and Reading on the Management of Organization Design and Change*, Homewood, Irwin, 1979, pp.466-474.
Teece, D.J., "Applying Concepts of Economic Analysis to Strategic Management," in J.M. Pennings et al.(ed.), *Organizational Strategy and Change: New Views on Fomulating and Implementing Strategic Decisions,*, Jossey-Bass, 1985, pp.35-63.
Teece, D.J., G. Pisano & A. Shuen, "Dynamic Capabilities and Strategic Management," *Strategic Management Journal*, Vol.18, No.7, 1997, pp.509-533.
Temin, P. with L. Galambos, *The Fall of the Bell System: A Study in Prices and Politics*, Cambridge University Press, 1987(山口一臣・高橋洋文監訳『ベル・システムの崩壊:20世紀最大の企業分割』文眞堂, 1989年.).
Tichy, N., "The Essentials of Strategic Change Management," *The Journal of Business Strategy*, Vol.3, Spring, 1983, pp.55-67.
Tichy, N. & M. Devanna, *The Transformational Leader*, John Wiley&Sons, 1986(小林薫訳『現状変革型リーダー:変化・イノベーション・企業家精神への挑戦』ダイヤモンド社, 1988年).
Thomas, H. & M. Pruett, "Introduction to the Special Issue: Perspectives on Theory Building in Strategic Management," *Journal of Management Studies*, Vol.30, No.1, 1993, pp.3-10.
Toyne, B. & D. Nigh(eds.), *International Business : An Emerging Vision*, University of South Carolina Press, 1997(村山元英監訳・国際経営文化学会訳『国際経営学の誕生Ⅰ:基礎概念と研究領域』文眞堂, 2001年).
高多清在『社内企業家:その立志と戦略』東洋経済新報社, 1990年.
竹田志郎『多国籍企業と戦略提携』文眞堂, 1998年.
高橋陽一郎「混沌の数理」東京大学公開講座編『混沌』東京大学出版会, 1991年, 145-170頁.
高野さんを偲ぶ本制作委員会編『夢中で……。:ミスターVHS・高野鎮雄さんを偲ぶ』りびんぐ社, 1994年.
土屋守章『企業と戦略:事業展開の論理』リクルート出版, 1984年.
土屋守章「"企業戦略論"文献解題」『組織科学』第13巻第3号, 1979年, 54-58頁.
東北大学経営学グループ編『ケースに学ぶ経営学』有斐閣, 1998年.
徳田昭雄「国際戦略提携」吉原英樹編『国際経営論への招待』有斐閣, 2002年, 197-214頁.
富永健一『現代の社会科学者』講談社, 1993年.
植田一博「現実の研究・開発における科学者の複雑な認知活動:インタビュー手法によるデータ収集とその分析」岡田猛・田村均・戸田山和久・三輪和久編『科学を考える:人工知能からカルチュラル・スタディーズまでの14の視点』北大路書房, 1999年, 56-95頁.
内橋克人『「引き際」の研究』講談社, 1993年.
Vancil, R.F., *Passing the Baton: Managing the Process of CEO Succession*, Harvard College, 1987(諸野幸雄・高梨直子訳『後継経営者の条件:決定プロセスとその法則性』中央経済社, 1996年).

参考文献

Van Dam, K., S. Oreg & B. Schyns, "Daily Work Contexts and Resistance to Organizational Change: The Role of Leader-Member Exchange, Development Climate, and Change Process Characteristics," *Applied Psychology: International Review,* Vol.57, No.2, 2007, pp.1-22.

Van de Ven, A.H., "Review Essay: Four Requirements for Processual Analysis," in A.M. Pettigrew (ed.), *The Management of Strategic Change,* Basil Blackwell, 1987, pp.330-341.

Van de Ven, A.H., "Suggestions for Studying Strategy Process: A Research Note," *Strategic Management Journal,* Vol.13, Special Issue, Summer, 1992, pp.169-188.

Van de Ven, A.H., "An Assessment of Perspectives on Strategic Change," in L. Zan, S. Zambon & A. M. Pettigrew (eds.), *Perspectives on Strategic Change,* Kluwer Academic Publishers, 1993, pp.313-323.

Van de Ven, A.H., H.L. Angle & M.S. Poole, *Research on the Management of Innovation: The Minnesota Studies,* Harper&Row, 1989.

Van de Ven, A.H. & M.S. Poole, "Explaining Development and Change in Organization," *Academy of Management Review,* Vol.20, No.3, 1995, pp.510-540.

Venkataraman, S. & S. D. Sarasvathy, "Strategy and Entrepreneurship: Outlines of an Untold Story," in M. A. Hitt, R. E. Freeman & J. S. Harrison (eds.), *The Blackwell Handbook of Strategic Management,* London: Blackwell, 2001, pp.650-668.

Volberda, H. W. & T. Elfring, *Rethinking Strategy,* London: Sage, 2001.

Volberda, H. W., R .E. Morgan, P. Reinmoeller, M. A. Hitt, R. D. Ireland & R. E. Hoskisson, *Strategic Management: Competitiveness and Globalization, Concepts and Cases,* South-Western Cengage Learning, 2011.

von Bertalanffy, L., *General System Theory,* George Braziller, 1968（長野敬・太田邦昌訳『一般システム論』みすず書房，1973年）.

von Neumann, J. & O. Morgenstern, *Theory of Games and Economic Behavior,* Princeton University Press, 1947（銀林浩他監訳『ゲームの理論と経済行動』東京図書，1972-1973年）.

Watzlawick, P., J. H. Weakland & R. Fisch, *Change: Principles of Problem Formation and Problem Resolution,* New York, W. W. Norton Company, 1974（長谷川啓三訳『変化の原理：問題の形成と解決』法政大学出版局，1992年）.

Weber, M., *The Theory of Social and Economic Organization,* Free Press, 1947.

Webster, F. E. Jr., "The Changing Role of Marketing in the Corporation," *Journal of Marketing,* Vol.56, No.4, pp.1-17.

Weick, K.E., *The Social Psychology of Organizing,* Addison-Wesley, 1969（金児暁訳『組織化の心理学』誠信書房，1980年）.

Weick, K.E., *The Social Psychology of Organizing,* 2nd ed., Addison-Wesley, 1979（遠田雄志訳『組織化の社会心理学（第2版）』文眞堂，1997年）.

Weick, K.E., "Substitutes for Corporate Strategy," in D.J. Teece (ed.), *The Competitive Challenge: Strategies for Industrial Innovation and Renewal,* Ballinger, 1987, pp.222-233（石井淳蔵他訳「戦略の代替物」『競争への挑戦：革新と再生の戦略』白桃書房，1988年，269-288頁）.

Weick, K. E.& R. E. Quinn, "Organizational Change and Development, *Annual Review of Psychology,* Vol. 50, 1999, pp.361-386.

Wernerfelt, B., "A Resource-based View of the Firm," *Strategic Management Journal,* Vol.5, No.1, 1984, pp.171-180.

Westley, F. & H. Mintzberg, "Visionary Leadership and Strategic Management," *Strategic Management Journal,* Vol.10, Special Issue, Summer, 1989, pp.17-32.

Westwood, R. & S. Clegg(eds.), *Debating Organization: Point-Counterpoint in Organization Studies,* Blackwell, 2003.

Whipp, R., "Creative Deconstruction: Strategy and Organizations," in S.R. Clegg, C. Hardy & W.R. Nord(eds.), *Handbook of Organization Studies,* Sage, 1996, pp.261-275.

Worley, C.G., D. E. Hi tchin & W. L. Ross, *Integrated Strategic Change: How OD Builds Competitive Advantege,* Addison-Wesley, 1996.

Williamson, O.E., "Strategy Research: Governance and Competence Perspectives," *Strategic Management Journal,* Vol.20, No.12, 1999, pp.1087-1108.

Wilson, J.F., *British Business History: 1720-1994,* Manchester University Press, 1995（萩本眞一郎訳『英国ビジネスの進化：その実証的研究，1972-1994』文眞堂，2000年）.

Whittington, R., *What is Strategy and Does It Matter?,* Routledge, 1993.

Whittington, R., *What is Strategy and Does It Matter?,* Thomson Learning, 2001（須田敏子・原田順子訳『戦略とは何か？：本質を捉える４つのアプローチ』慶應義塾大学出版会，2008年）.

Whittington, R., A. Pettigrew, S. Peck, E. Fenton & M. Conyon, "Change and Complementarities in the New Competitive Landscape: A European Panel Study, 1992-1996," *Organization Science,* Vol.10, No.5, 1999, pp.583-600.

Wood, J. C. & M. C. Wood,(eds.), *Michael Porter: Critical Evaluations in Business and Management,* Vol.1-4, Routledge, 2010.

Woodward, J., *Industrial Organization, Theory and Practice,* Oxford University Press, 1965（矢島欽次・中村寿雄訳『新しい企業組織』日本能率協会，1970年）.

Worley, C.G., D.E. Hitchin & W.L. Ross, *Integrated Strategic Change: How OD Builds Competitive Advantege,* Addison-Wesley, 1996.

Wright, P., M. J. Kroll & J. A. Parnell, *Strategic Management : Concepts,* Prentice-Hall, 1998.

和田一夫「正当性獲得と突出部依存による事業創造：豊田家の人々：佐吉，喜一郎，英二（トヨタ自動車）」伊丹敬之・宮本又郎・加護野忠男・米倉誠一郎編『企業家の群像と時代の息吹（ケースブック日本企業の経営行動４巻）』有斐閣，1998年，82-109頁.

和田一夫・由井常彦『豊田喜一郎伝』名古屋大学出版会，2002年.

若林幹夫「地図としての社会」駒井洋編『社会知のフロンティア：社会科学のパラダイム転換を求めて』新曜社，1997年，55-81頁.

Yin, R. K., *Case Study Research: Design and Methods, 2nd ed.,* Sage, 1994（近藤公彦訳『ケース・スタディの方法』千倉書房，1996年）.

Yoshino, M. Y. & U. S. Rangan, *Strategic Alliances : An Entrepreneurial Approach to Globalization,* Harvard Business Press, 1995.

藪家鉄治「戦略提携」経営学史学会編『経営学史事典』文眞堂，2002年，229-230頁.

山倉健嗣『組織間関係』有斐閣，1993年.

山倉健嗣「戦略的提携」山倉健嗣・岸田民樹・田中政光『経営キーワード』有斐閣，2001年，117-118頁.

山田英夫・山根節・根来龍之『「日経ビジネス」で学ぶ経営戦略の考え方』日本経済新聞社，1993年.

吉岡洋『〈思想〉の現在形』講談社，1997年.

吉田猛「組織間システム開発論」『経済科学』第41巻第１号，1993年，1-15頁.

吉田猛「NTTの組織変革のプロセス：環境変化・学習の慣性・構造の慣性」『組織科学』第27巻第４号，1994年，45-56頁.

吉田猛『組織の変化と組織間関係：結びつきが組織を変える』白桃書房，2004年.

参考文献

吉原英樹『国際経営』有斐閣，1997年．
米倉誠一郎『経営革命の構造』岩波書店，1999年．
湯川秀樹『旅人：ある物理学者の回想』角川学芸出版，2011年．
Zaltman, G. & R. Duncan, *Strategies for Planned Change*, John Wiley & Sons, 1977.
Zan, L., "Looking for Theories in Strategy Studies," *Scandinavian Journal of Management*, Vol.6, No.2, 1990, pp.89-108.
Zan, L. & S. Zambon, "Strategy, Change, and the Strategic Approach : Making Sense in Process, in L.Zan, S. Zambon & A. M. Pettigrew (eds.), *Perspectives on Strategic Change*, Kluwer Academic Publishers, 1993, pp.1-34.
Zan, L., S. Zambon & A. M. Pettigrew (eds.), *Perspectives on Strategic Change*, Boston, Kluwer Academic Publishers, 1993.

事例参考資料

（第3章のアサヒビールのケース・スタディ）
Salter, M.S. et al., "Asahi Breweries, Ltd.," Harvard Business School, 1989（野村マネジメント・スクール訳「アサヒビール株式会社」）．
アサヒビール株式会社社史資料室編『Asahi100』アサヒビール株式会社，1990年．
飯塚昭男『アサヒビール・大逆転の発想：真の経営革新とは何か』扶桑社，1999年．
石山順也『アサヒビールの快進撃』日本能率協会，1987年．
石山順也『アサヒビールの奇跡』講談社，1999年．
海藤守『2000年度版比較日本の会社洋酒・ビール』実務教育出版，1999年．
国税庁課税部酒税課編『酒のしおり』国税庁，1999年．
国税庁長官官房企画課編『第123回国税庁統計年報書：平成9年度版，1997』国税庁，1997年．
清丸忠三郎『スーパードライ vs 発泡酒』東洋経済新報社，1999年．
生島淳「ビール：差別化の戦略」宇田川勝他編『日本の企業間競争』有斐閣，2000年，110-129頁．
新納一徳『アサヒビールの秘密：成熟市場を制する「マーケティング戦略」の強さとは何か』こう書房，1997年．
瀬戸雄三「変化の時代に生き残るには」『組織科学』第31巻第4号，1998年，71-76頁．
瀬戸雄三『逆境はこわくない』徳間書店，2008年．
瀬戸雄三『給料取りになったらアカン：私の履歴書』日本経済新聞社，2012年．
藤沢摩彌子『アサヒビール大逆転：どん底時代をいかに乗り越えたか』ネスコ，1999年．
飛田悦二郎・島野盛郎『新・ビールはどこが勝つか：構造変化を乗り切る四社の知恵と野心』ダイヤモンド社，1997年．
西村晃『アサヒビールの経営戦略』たちばな出版，1999年．
日本経済新聞社編『日経ムック：ビール大事典《決定版》』日本経済新聞社，1998年．
樋口廣太郎『知にして愚："緩"の精神が，奇跡を生む』祥伝社，1993年．
樋口廣太郎『樋口廣太郎の元気と勇気が出る仕事術』オーエス出版社，1994年．
平林千春『[ビール戦争]成熟市場突破のマーケティング：消費はどのように活性化されたか』ダイヤモンド社，1993年．
松井康雄『たかがビールされどビール：アサヒスーパードライ，18年目の真実』日刊工業新聞社，2005年．
水川侑『日本のビール産業：発展と産業組織論』専修大学出版局，2002年．
溝上幸伸『アサヒ・スーパードライの奇跡』あっぷる出版，1996年．
村井勉『村井勉の辞めるヤツは教育しない』中経出版，1996年．

参考文献

村井勉『人間万事塞翁が馬：村井流 人と企業の活性化哲学』ブレーンセンター，1997年．
山田泰造『アサヒビール「ガリバーに勝った最前線の男たち」』プレジデント社，1999年．
（付論2のタカラのケース・スタディ）
石田直己「M&Aで拡大するタカラの"勝算"」『週刊エコノミスト』2004年1月13日号，87-92頁．
大竹剛「『拡玩具路線』でつまずいたタカラ：背水の陣で2度目の"再建"へ」『日経ビジネス』2004年12月6日号，20頁．
Gawer, A. & M. A. Cusumano, *Platform Leadership,* Harvard Business School, 2002（小林敏男監訳『プラットフォーム・リーダーシップ：イノベーションを導く新しい経営戦略』有斐閣，2005年）．
北川文子「レポート：バンダイ・ナムコの合併をきっかけに加速するゲーム・玩具業界の再編劇」『財界』2005年6月7日号，54-55頁．
佐藤安太『人生ゲーム：人生は1マス5年で考えよう』マイナビ，2013年．
トイジャーナル編集局編『おもちゃのメーカーと問屋の歴史と今がわかる本』2003年．
竹森健太郎『「タカラ」の山：老舗玩具メーカー復活の軌跡』朝日新聞社，2002年．
トイジャーナル編集局編『おもちゃのメーカーと問屋の歴史と今がわかる本』東京玩具人形問屋協同組合，2003年．
中村正毅「ターニングポイント7：タカラ『原点回帰』で再建」『日経流通新聞』2004年12月1日，9頁．
西川留美「ダイヤモンドアイズ：バンダイ・ナムコが統合へ　玩具業界に再編機運高まる」『週刊ダイヤモンド』2005年5月21日号，22頁．
矢野経済研究所編『玩具産業白書2006年版』2005年．
山口敦雄「エコノミストレポート　M&Aで台頭するインデックスという会社」『週刊エコノミスト』2005年6月7日号，100-103頁．
McGrath, M. E., *Product Strategy for High-Technology Companies,* 2nd ed., McGraw-Hill Companies, 2001（菅正雄・伊藤武志訳『プロダクトストラテジー：最強最速の製品戦略』日経BP社，2005年）．
森園泰寛「会社分析：コナミ　M&Aの後遺症重く再編進まず業績踊り場」『日経金融新聞』2006年2月16日，7頁．

〔参考新聞・雑誌記事〕
朝日新聞編集部編「タカラの長男更迭，父が社長に復帰」『朝日新聞』1999年7月20日，10頁．
朝日新聞編集部編「池田哲也さん　イーカラを作ったタカラを救った（ひっとびっと）」『朝日新聞』2001年11月10日，6頁．
朝日新聞編集部編「フロントランナー：ドサ回りの次男坊が『玩具の夢』で会社救う　タカラ社長佐藤慶太さん（45歳）」『朝日新聞』2003年5月3日，51頁．
週刊エコノミスト編集部編「コロンブスの林檎：商品開発物語第58回チョロQ発売から22年　運転できるタカラの『Qカー』」『週刊エコノミスト』2002年8月27日号，104-105頁．
週刊エコノミスト編集部編「落合正美インデックス会長兼CEOインタビュー」『週刊エコノミスト』2005年6月7日号，103頁．
週刊ダイヤモンド編集部編「産業レポート：次世代ゲーム機が続々登場で新たな競争の構図へ突入！」『週刊ダイヤモンド』2005年5月28日号，44-46頁．
週刊ダイヤモンド編集部編「インサイド：竜の子プロの買収を決めたタカラのきわどい台所事情」『週刊ダイヤモンド』2005年7月16日号，18頁．
週刊ダイヤモンド編集部編「企業レポート：コナミ　ゲーム業界大再編のなかでも独自路線をひた走る理由」『週刊ダイヤモンド』2005年9月3日号，102-104頁．

参考文献

週刊ダイヤモンド編「産業レポート：加速するゲーム・玩具業界再編は異業種を巻き込む"世界大戦"へ」『週刊ダイヤモンド』2005年10月1日号，55頁．

週刊東洋経済編集部編「タカラが5年ぶりの最終赤字：正念場迎える『佐藤改革』」『週刊東洋経済』2004年12月18日号，19頁．

週刊東洋経済編集部編「玩具・ゲーム業界に再編・統合の嵐」『週刊東洋経済』2005年5月21日号，22頁．

週刊東洋経済編集部編「ビジネスレポート：スクエニの勝利戦略"オンラインを制覇せよ"」『週刊東洋経済』2005年10月29日号，98-103頁．

週刊東洋経済編集部編「インタビュー　ポーター自身が語る『ポーター賞』選考の理由」『週刊東洋経済』2005年12月17日号，62-63頁．

日経エレクトロニクス編集部編「遊びの原点に返って：中川克也新世代代表取締役社長」『日経エレクトロニクス』2005年4月11日，186-188頁．

日経金融新聞編集部編「会社分析：タカラ　『買収路線』に市場冷淡」『日経金融新聞』2003年7月16日，5頁．

日経金融新聞編集部編「企業チェック：タカラ，情報開示遅く株価急落」『日経金融新聞』2004年4月27日，20頁．

日経金融新聞編集部編「タカラ，5期ぶり最終赤字嫌気」『日経金融新聞』2004年10月13日，20頁．

日経金融新聞編集部編「会社分析：タカラ，収益安定化へ改革裏目」『日経金融新聞』2004年12月28日，5頁．

日経産業新聞編集部編「カリスマの息子もつらいよ　合理的経営めざしたが……」『日経産業新聞』1999年8月3日，24頁．

日経産業新聞編集部編「タカラ再生へ一歩　食い違った『博久時代』組織経営カジきれず」『日経産業新聞』1999年11月16日，15頁．

日経産業新聞編集部編「開発最前線：タカラ　家庭用カラオケ装置」『日経産業新聞』2000年12月20日，25頁．

日経産業新聞編集部編「だからタカラの宝物：ながーく稼ぐチョロQ」『日経産業新聞』2001年6月28日，29頁．

日経産業新聞編集部編「老舗玩具　社風の壁を越えて」『日経産業新聞』2005年6月3日，28頁．

日経産業新聞編集部編「エンタビジネス　オンラインゲーム市場，熱く離陸」『日経産業新聞』2005年9月26日，2頁．

日経情報ストラテジー編集部編「佐藤慶太タカラ社長　赤字一転，奇跡の回復　権限委譲でやる気を創出」『日経情報ストラテジー』2002年2月号，46-47頁．

日経ビジネス編集部編「敗軍の将，兵を語る：佐藤安太氏」『日経ビジネス』2000年5月22日号，93-96頁．

日経ビジネス編集部編「ヒット商品の法則　エイジレス①　親にも買わせるタカラの『拡玩具戦略』」『日経ビジネス』2001年12月17日号，35頁．

日経ビジネス編集部編「戦略　市場拡大　タカラ（玩具大手）チョロQが道路を走る理由」『日経ビジネス』2002年3月4日号，54-56頁．

日経ビジネス編集部編「ひと列伝：タカラ社長佐藤慶太氏：次の社長を育てています」『日経ビジネス』2002年10月7日号，114-117頁．

日経ビジネス編集部編「人スクランブル　犬語翻訳機『バウリンガル』の生みの親，タカラの梶田政彦氏」『日経ビジネス』2002年12月9日号，16頁．

日経ビジネス編集部編「ケーススタディー：タカラ　踊り場迎えた『拡玩具路線』」『日経ビジネス』2004年6月21日号，46-49頁．

日経ビジネス編集部編「歴史は繰り返された:タカラ,業績悪化で佐藤社長引責辞任」『日経ビジネス』2005年2月7日号,13頁．

日経ビジネス編集部編「敗軍の将,兵を語る:佐藤慶太氏[タカラ社長]」『日経ビジネス』2005年2月7日号,113-116頁．

日経ベンチャー編集部編「検証:成長の踊り場タカラ」『日経ベンチャー』2000年10月号,46-50頁．

日経流通新聞編集部編「任天堂OB率いるVB 新世代 体感ゲームで躍進」『日経流通新聞』2002年12月5日,6頁．

日経流通新聞編集部編「タカラ社長佐藤慶太さん」『日経流通新聞』2003年3月11日,19頁．

日本経済新聞社編集部編「好調タカラに潜む課題:佐藤慶太社長就任1年」『日本経済新聞』2001年2月22日,22頁．

日本経済新聞社編集部編「玩具を創る① タカラ『ベイブレード』昔をアレンジ親にも的」『日本経済新聞』2002年1月16日,18頁．

日本経済新聞社編集部編「チョロQ25年目の再加速」『日本経済新聞』2003年11月11日,3頁．

日本経済新聞社編集部編「株価シナリオ:タカラ,M&A効果薄く軟調」『日本経済新聞』2004年9月29日,7頁．

日本経済新聞社編集部編「タカラ,今期無配に」『日本経済新聞』2004年10月9日,15頁．

D&M日経メカニカル編集部編「ソニーに学ぶ 人真似なんかしなかっただからこそ世界で勝てた」『D&M日経メカニカル』2002年11月,578号,60-70頁．

D&M日経メカニカル編集部編「ウチだからできることそれがあるから家電もやる:奥出信行氏インタビュー」『D&M日経メカニカル』2003年1月,580号,58頁．

〔参考HP等〕

e-karaWEB http://www.takaratoys.co.jp/e-kara/ （アクセス日時:2005年7月20日）

株式会社インデックス・ホールディングス http://www.index-hd.com/ （アクセス日時:2006年10月13日）

株式会社タカラHP http://www.takaratoys.co.jp/ir/jp/financial/highlight.html# （アクセス日時:2005年11月18日）

株式会社タカラトミーHP http://www.takaratomy.co.jp/ （アクセス日時:2006年3月1日）

コナミ株式会社HP http://www.konami.co.jp/ （アクセス日時:2006年10月26日）

社団法人日本玩具協会HP http://www.toys.or.jp/ （アクセス日時:2006年4月16日）

東京玩具人形問屋協同組合HP http://www.gangu-kumiai.com/ （アクセス日時:2006年10月26日）

事項索引

( ) 付きは図表ページのページ数

【欧文・数字】

Chandler-Ansoff 論争　152
DuPont　35
e-kara　277
GAS 文字盤　90, 227, 228
M&A　250, 251, 287, 289, 290
NUMMI　243, 246, 252, 253
PPM　76, (77)
SWOT 分析　139
5フォース・モデル　42

【ア行】

アサヒビール　63
アップル　146
アマゾン　206
意思決定における政治性　189
意思決定の本質　94
意図的戦略　45, 47, 48
イベントヒストリー法　88
意味付け　150
インクリメンタリズム　99, 105
影響力　195

【カ行】

外部コンテクスト　221
科学的管理法　118
価値連鎖　43
環境決定論　101
観察者の視点　78, 116
間主観性　166
感情　158, 161, 162, 167
企業家　143
企業家精神　143
企業文化　48
企業パラダイム　48
企業内イノベーション　102
客観主義　23
吸収能力　51
急進的変化　114
競争戦略　42
競争戦略論　42, 77
協調戦略　52, 53
グーグル　206

経営過程　35
経営者　138
経営者交替　151, 152
経営政策　35, 203
経営戦略　39, 145
経営戦略論　39, 145, 224, 254
計画論批判　40
決定論　23
現象学　18
権力（概念）　208, (219)
コア・コンピタンス　52
合理的モデル　20
コカ・コーラ　69
個と全体　228
コンティンジェンシー理論　91, (141), 219
コンテクスト主義　181, 188
コンフィギュレーション　5

【サ行】

時間　23, 55
事業部制　35, 129, 261
資源依存理論（資源依存パースペクティヴ，RBV）　50, 54, 139
自己組織化　29, (115)
自然体系モデル　20
シナジー　36
社内企業家　105, 143
社内ベンチャー　105
ジョイント・ベンチャー　233, (239)
状況適合理論　128, 202
職能部門制　129, 261
職能部門制組織　129, 261
自律的戦略行動　47, 48
進化論　19, (140)
ステークホルダー理論　258
政治学　87
製品開発能力　52
戦略　2
戦略型経営　75
戦略から変化へ　152
戦略計画　39
戦略的　34, 169
戦略的アライアンス　53, 236, (237), 238, 239, 240, 241,

242, 243, 244, 245, 246, 247, 248, 249, 252, (253), 254, 255, 259, 261, 262
戦略的意思決定　94, 99, 100
戦略的企業家精神　148
戦略的選択　101, 204
戦略の要因　34, 144, 169
戦略内容-プロセス論　7, 8, 11, 12, 13, 14, 25, 171, 221, 223
戦略内容論　10, 86
戦略の代替案　44
戦略の主体　138
戦略プロセス（論）　10, 86, 91
戦略変化　21, 169, 170, 171, 172, 173, 174, 175, 176, 177, 178, 179, 224, 225, 230
戦略変化モデル　25, 169, 221, 222, 224, 225, 230
戦略変化論　24
戦略論　2
戦略論におけるミッシング・リンク　167
漸進的変化　114
創発的戦略　45, 46, 48
組織　34
組織学習　51
組織間関係（論）　53, 257, 258, 259
組織のポリティクス　126
組織分析　15
組織論　14

【タ行】

タカラ　266
タカラトミー　269
多元主義　105
脱構築　135
段階的均衡　132
長期的ケース・スタディ　27, 182
長期的研究　88
直観　168
提携（アライアンス）　233, 266, 290, 292
抵抗への対策　162
ディスクルス（ディスコース）

324

20
特定個人　26, 27, 172, 203, 222, 223, 228, 229
トヨタ生産方式（TPS）　48

【ナ行】
内部コンテクスト　188
認知　95
認知マップ　99

【ハ行】
発展段階モデル（経営組織の発展段階モデル）　127, 261
パワー　177, 178, 179, 196, 198, 199, 206, 207, 208, 209, 210, 213, 214, 215, 216, 217, 218, 219, 221, 222, 223, 228, 229
パワー・パースペクティヴ　209
不確実性　40, 214
複雑系　29
部分的無知　33, 36

変化　114
変化（定義）　111
変化エージェント　117, 156, 157
変化に対する抵抗　158
変化の介入　118
変化の契機　154, 155
変化の主体　156
変化のプロセス　26, 55, 155, 156, 171
変化のマネジメント　152, 153, 154
変化の理論　111, 152
変化モデル　111
変化リーダー　156
方法論的個人主義　23
方法論的集合主義　23
ポストモダン　15
ホッブズ問題（ホッブズの秩序問題）　29
ポリティカル・プロセス　97, 194
ポリティクス　126, 196, 198, 199, 206, 207, 208, 209, 210, 213, 214, 215, 216, 217, 218, 219, 221, 222, 223, 228

【マ行】
マイクロソフト　206
マクロ　23, 219, 222
マトリックス組織　129, 261
ミクロ-マクロ・リンク　23, 24, 222, 226, 228
物語（ナレイティブ）　88, 224

【ヤ行】
誘導的戦略行動　47, 48

【ラ行】
ライン・スタッフ組織　129, 261
利害　55
利己心　178
理論と実践　14
連続的変化　114

人名索引

（　）付きは図表ページのページ数

【A】

Aaker, D.A.　39
Abell, D.F.　39
Abernathy, W.J.　40, 49
Adler, P.S.　265
Ahlstrand, B.　74
Aldrich, H.E.　105
Alexander, J.　23
Allison, G.T.　94
Anderson, D.　166
Andrews, K.R.　10
Ansoff, H.I.　6
Arthur, G.　206

【B】

Bachrach, P.　200
Baratz, M.S.　200
Barnard, C.I.　34, 144, 151, 223
Barney, J.B.　8
Bartlett, C.A.　50
Berger, P.L.　135
Bettis, R.A　7
Blau, P.M.　259
Bourgeois, L.J.　92
Bowman, E.H.　54
Burgelman, R.A.　47
Burke, W.W.　118
Burns, T.　259
Burrell, G.　17

【C】

Chaffee, E.E.　4
Chakraverthy, B.S.　11
Champy, J.　49
Chandler, A.D.　2, 35, 40, 152
Child, J.　101
Christensen, H.K.　8
Clegg, S.R.　159
Collins, R.　206
Collis, D.J.　139
Crozier, M.　215
Cummings, T.G.　125

【D】

Daft, R.L.　201
Dahl, R.A.　200
Devanna, M.　185
Doz, Y.　11, 209
Drucker, P.　35
Duncan, R.B.　203

【E】

Edelman, M.　217
Eisenhardt, K.M.　94

【F】

Fahey, L.　8, 194
Fombrun, C.J.　172
Foster, R.N.　230
Foucault, M.　29
French, J.R.P　215

【G】

Galbraith, J.R.　26, 216
Ghoshal, S.　50
Guth, W. D.　138

【H】

Hamel, G.　52, 241
Hammer, H.　49
Hannan, M. T.　(59)
Hardy, C.　2
Harigopal, K.　118
Hart, S.　92
Harvey-Jones, J.　183
Hatch, M. J.　15
Hayes, R.H.　40
Hofer, C.W.　10

【I】

Isabella, L.A.　123

【J】

Johnson, G.　155

【K】

Kanter, R. M.　125
Kotter, J. P.　125, 160
Kuhn, T.S.　28

【L】

Lampel, J.　74
Langley, A.　88
Lawrence, P.R.　202
Lechner, C.　9
Lewin, A.Y.　139
Lewin, K.　122
Lorsch, J.W.　202
Luckmann, T.　135
Lukes, S.　(180), 200, (208), (211)

【M】

March, J.　149
Maslow, A.H.　121
McGrath, R. G.　138
McHugh, A.　45
Miles, R.E.　145
Mintzberg, H.　4, 26, 45, 74, 141, 146, 193, 241
Montgomery, C.A.　139
Morgan, G.　17
Muller-Stewens, G.　9

【N】

Narayanan, V.K.　194
Nathanson, D.A.　26

【P】

Palmer, I.　2
Parsons, T.　219
Pennings, J. M.　2
Penrose, E.T.　51
Peters, T.J.　48
Pettigrew, A.　22, 25, 91, 181, 262
Pfeffer, J.　8, 208, 213, 214
Porter, M.E.　42, 77
Prahalad, C.K.　52, 209, (264)

【Q】

Quinn, J.B.　99

【R】

Raisinghani, D.　193
Rajagopalan, N.　172

Raven, B.H   215
Rouleau, L.   5
Rowley, D. J.   138
Rumelt, R.   138

[S]

Salancik, G.R.   214
Schendel, D.   10, 32
Schumperter, J.A.   143
Schutz, A.   45
Schwenk, C.R.   48
Seguin, F.   5
Selznick, P.   51
Sherman, H.   138
Simon, H.A.   149
Sloan, Jr., A.P.   113
Snow, C.C.   145

Spreitzer, G.M.   172
Stalker, G.M.   259

[T]

Tayler, F.W.   (17)
Teece, D.J.   49
Theoret, A.   193
Tichy, N.   185

[V]

Van de Ven, A.H.   23, 92, 113, 131, 188
Volberda, H.W.   138, 139
von Bertalanffy, L.   202

[W]

Waterman, H.   48

Waters, J.A.   45
Watzlawick, P.   116
Weber, M.   219
Weick, K.E.   28, 44, 90, 113, 114, 149, 219, 227
Whipp, R.   54
Whittington, R.   5, 262
Williamson, O.E.   52
Woodward, J.   259

[Y]

Yin, R. K.   293

[Z]

Zan, L.   5

■著者略歴

林　淳一（はやし　じゅんいち）　名古屋学院大学商学部教授

1970年　愛知県に生まれる
1996年　名城大学商学部卒業
2001年　名古屋大学大学院経済学研究科経営学専攻修了（博士（経済学）取得）
2001年　関東学園大学経済学部専任講師
2004年　名古屋学院大学商学部准教授
2016年　名古屋学院大学商学部教授

主要研究業績
博士学位論文「組織における戦略変化とパワー」（名古屋大学大学院経済学研究科学位論文第61号授与）

■ 変化の経営学
－組織・戦略・経営者－　　　　　　　　　　　〈検印省略〉

■発行日──2015年8月26日　初版発行
　　　　　　2022年4月16日　第3刷発行

■著　者──林　淳一（はやし　じゅんいち）

■発行者──大矢栄一郎

■発行所──株式会社　白桃書房（はくとうしょぼう）
　　　　　〒101-0021　東京都千代田区外神田5-1-15
　　　　　☎03-3836-4781　🖷03-3836-9370　振替00100-4-20192
　　　　　https://www.hakutou.co.jp/

■印刷／製本──藤原印刷

　　Ⓒ HAYASHI, Junichi 2015 Printed in Japan　ISBN978-4-561-26657-0 C3034
　本書のコピー，スキャン，デジタル化等の無断複製は著作権法上での例外を除き禁じられています。本書を代行業者等の第三者に依頼してスキャンやデジタル化することは，たとえ個人や家庭内の利用であっても著作権法上認められておりません。
　JCOPY ＜出版者著作権管理機構委託出版物＞
　本書の無断複写は著作権法上での例外を除き禁じられています。複写される場合は，そのつど事前に，出版者著作権管理機構（電話03-5244-5088，FAX03-5244-5089，e-mail：info@jcopy.or.jp）の許諾を得てください。
　落丁本・乱丁本はおとりかえいたします。